Ludwig Fürbaß · Krieg kann man nicht spielen …

Ludwig Fürbaß

Krieg kann man nicht spielen …

Lebensjahre zwischen 1923 und 1950

Ein ehemaliger Angehöriger
der 8. SS-Kavallerie-Division
»Florian Geyer« erzählt

ISBN 978-3-200-02583-7

Inhaltsverzeichnis

Prolog des Enkels

Es ist nicht so einfach, seine Erlebnisse aus dem II. Weltkrieg nach 50 Jahren aus dem Gedächtnis zu holen, um daraus einen authentischen, chronologisch geordneten Bericht zu schreiben. Entweder man gibt sich mit einigen herausgefilterten Bruchstücken zufrieden oder man ergänzt die fehlenden Lücken mit einer lebhaften Phantasie.

Aus Letzterem würde zweifellos wieder eines der vielen Bücher entstehen, die den Krieg im Lichte von unbestrittenen Heldentaten glorifizieren oder er wird absichtlich boshaft von diversen Menschen so interpretiert, dass der Leser in allen Soldaten blutgierige Monster sieht. Mein Großvater wollte ganz sicherlich keines von beiden. Weder glorifizieren noch irgendetwas zurechtrücken oder beschönigen.

Diese Zeilen wurden geschrieben, um zu zeigen, wie mein Großvater aufwuchs, wie er die Zeit des Bürgerkrieges erlebte, den Anschluss Österreichs an Nazi-Deutschland, zum RAD (Reichsarbeitsdienst) einberufen wurde und währenddessen von der Waffen-SS zum Eintritt »geködert« wurde. Seine Jugend verbrachte mein Großvater von 1942 bis zum Kessel von Budapest 1945 an der Front und danach weitere 5 Jahre in russischer Kriegsgefangenschaft unter wohl unmenschlichen Bedingungen. Diese Zeilen wurden von einem einfachen Soldaten geschrieben, so wie er den Krieg mit wenigen Unterbrechungen durch Heimaturlaub oder Verwundungen erlebt und auch empfunden hat.

Schließlich ist es ein authentischer Bericht geworden mit unauslöschbaren Erlebnissen, Eindrücken und Empfindungen aus der Sicht eines einfachen Soldaten. Es wurde ein Dokument der vielen Namenlosen, die die meiste Zeit des Krieges in den dreckigen Erdlöchern Russlands steckten und diese bei den zahllosen Kämpfen verlassen mussten. Ob sie nun wollten oder nicht. Niemand fragte danach, ob im Winter bei schneidender Kälte oder im Sommer bei brütender Hitze, bei Regen im kniehohen Schlamm oder im tiefen Schnee der eisigen Wüste Russlands.

Mittlerweile 65 Jahre nach dem unseligen Krieg, der Millionen von Menschen das Leben kostete, werden uns noch stets Millionen mahnender Kreuze daran erinnern, dass einst junge Menschen auf beiden Seiten in einem grausamen, menschenverachtenden Krieg ihr kostbares Leben verloren haben, noch ehe es für sie richtig begann. Und einige wenige haben Bücher geschrieben, damit dies niemals vergessen wird.

Wolfgang Fasching (Enkel)

Vorwort

Diese Zeilen der Erinnerungen wurden geschrieben, um aus der Vergangenheit zu erzählen. Es sollen damit die gemachten Erfahrungen und Eindrücke übermittelt werden. Es werden politische Situationen beschrieben und auch die Infrastruktur der Handlungsorte aufgezeigt. Es wird die Situation von Arbeiterfamilien und bäuerlichen Hilfskräften und deren Altersversorgung betrachtet. Die dreißiger Jahre, der Schulbetrieb in dieser Zeit sowie der Putsch der Sozialdemokraten und der Putsch der Nazionalsozialisten kommen zur Sprache. Auch der Anschluss 1938 an Deutschland wird in diesen Erinnerungen behandelt. Nicht zuletzt wird über den Krieg und die Möglichkeit des Widerstandes erzählt, wobei das Beispiel Katz Ignatz für diese Zeit von besonderer Tragik ist, dieser musste die Wehrdienstverweigerung mit dem Leben bezahlen. Solche Vorkommnisse hat es viele gegeben, aber niemand hat diesen Menschen geholfen. Es wird auch vom Arbeitsdienst berichtet, von der Wehrmacht, dem Krieg, der Gefangenschaft und der Heimkehr. Das Klima in den Betrieben vor dem Jahr 1938 und danach, sowie auch die Situation, die man 1950 vorfand, werden thematisiert.

Die Menschen hatten sich geändert. Aus alten verbissenen Nazis wurden Freiheitskämpfer. So fand man bei der Heimkehr lauter gestandene Österreicher vor. Nur die heimkehrenden Soldaten wurden schief angeschaut. Ich halte es deswegen für sehr wichtig, diese Erinnerungen aufzuschreiben, um aufzuzeigen, wie man Soldat wurde, was man als Soldat erleben musste und mit welchem Elend man konfrontiert war. Hunger war der ständige Begleiter bei schwerster Arbeit in der Gefangenschaft. Das Leben war ständig bedroht, die Angst immer vorhanden und den Heldentod wollte auch keiner freiwillig sterben. Menschen, die sagen, sie hätten keine Angst gehabt, sprechen nicht die Wahrheit.

Dieses Buch ist der Familie meiner Tochter mit den Enkeln Wolfgang und Sigrid sowie der Familie meines Neffen mit den Nichten Bianca und Kerstin gewidmet.

Ludwig Fürbaß

1. Kapitel
Fernitz vor 1938

Fernitz und Umgebung, um 1928

Fernitz ist ein Ort südlich von Graz und bestand um diese Zeit vorwiegend aus größeren und kleineren Landwirtschaften. Die Bevölkerung setzte sich aus Bürgern zusammen, das waren in erster Linie die Geschäftsleute, die Lehrer und der Pfarrer mit seinem Kaplan sowie verschiedene Gewerbetreibende. Außer den unselbständigen, vorwiegend in der Landwirtschaft beschäftigten Menschen lebten auch einige Arbeiterfamilien im Ort, die ihr Brot bei der Firma Adolf Finze in Kalsdorf verdienten. Es gab auch noch den Einleger, der von der Gemeinde versorgt wurde, es handelte sich um jene Menschen, die für einen Arbeitseinsatz nicht mehr tauglich waren. Der erste Mann im Ort war der Gewerke Franz Purkarthofer als Bürgermeister und größter Arbeitgeber mit seinem Parkett- und Elektrizitätswerk.

Der Hauptplatz liegt in der Mitte des Dorfes, dort steht die Wahlfahrtskirche mit dem alten Friedhof. Zwei Gasthäuser gibt es, davon eines mit einer Bäckerei, das Max Purkarthofer gehört. Besitzer des zweiten Gasthauses ist der Herr Gewerke Purkarthofer, auch eine Fleischhauerei ist dort untergebracht. Es gibt auch eine Schneiderwerkstätte am Hauptplatz, diese gehört Herrn Fabian. Ein Kaufhaus und das Gasthaus Zöllner könnte man noch zum Hauptplatz zählen. Ein Autobusunternehmer namens Matzer sorgte für die Verbindung Fernitz – Graz und Fernitz – Allerheiligen. Dieser Autobus verkehrte dreimal täglich und war ein Fahrzeug, bei dem man hinten einsteigen musste.

Die Straßen von Fernitz

Die Straßen waren durchwegs Schotterstraßen, eine führte von Graz über Gössendorf nach Fernitz und weiter nach Enzelsdorf, die zweite von Graz über Hausmannstätten nach Fernitz und weiter nach Kalsdorf. Die Mur war die Grenze zwischen Fernitz und Kalsdorf, über diesen Fluss führte eine Holzbrücke, die nicht mehr entsprach. Ging man über diese Brücke, konnte man zwischen den Pfosten das Wasser sehen.

Weiters gab es einen Mühlgang, dieser wurde zur Stromerzeugung genützt. Zwei Bäche spielen in den Erinnerungen auch eine Rolle, und zwar der Zornbach, welcher quer durch Fernitz fließt und in den Mühlgang mündet. Der zweite Bach plätschert östlich von Fernitz durch die Auen. Der Zornbach war sehr fischreich und das Wasser konnte man ohne Weiteres trinken.

Die Schule von Fernitz

Die Schule mit 2 Klassen zu je vier Abteilungen war nur für Knaben gedacht, für die Mädchen gab es eine Klosterschule. In der Knabenschule waren der Oberlehrer Wagner und der Lehrer Metowitsch tätig. Einen Sportplatz oder gar eine Turnhalle gab es nicht, hatten wir Glück, durften wir im Hof der Schule etwas Ball spielen. Für Sport hatte niemand Interesse und so dachte auch keiner der Gemeinderäte daran, dafür etwas zu tun. Der Religionsunterricht war in dieser Zeit ein Hauptgegenstand und eine gute Note in Religion konnte später im Leben manche Tür öffnen. In der Schule wurde vor und nach dem Unterricht ein Vaterunser gebetet. Weitere öffentliche Einrichtungen waren das Gemeindeamt, das Pfarramt und das Postamt.

Das Vereinsleben in Fernitz

Das Vereinsleben im Ort war sehr bescheiden, es gab wohl einen Männer-Gesangsverein, eine Musikkapelle, die sogar in der Steiermark sehr bekannt war und in der auch mein Großvater mitspielte. Im Kegelklub konnten nur bürgerliche Männer Mitglied sein. In der Feuerwehr waren vorwiegend Männer aus dem Bauernstand aktiv. Weiters gab es eine Theatergruppe, in der auch meine Schwester Stanzi mitwirkte. Besondere Ereignisse waren die Märkte, wie der am Schutzengel-Sonntag oder am Schwarz-Sonntag. Bei diesen Kirtagen gab es viele Standeln und auch das Ringelspiel und die Schiffsschaukel fehlten nicht.

Unsere Familie

Wir waren sechs Personen, davon lebten in einem Haushalt mein Vater, meine Mutter, mein Bruder und ich. Meine beiden Schwestern befanden sich nicht zu Hause, Stanzi war bei der Tante Rosa und Justi bei der Familie Krenn. Wir wohnten in einem Haus, das Tante Rosa gehörte, und die Wohnung neben uns wurde vom Großvater, Tante Agerl und Tante Mitzi bewohnt. Diese Wohnung war gleichzeitig auch eine Werkstatt. In der Küche hatte Großvater seine Hobelbank und auch das Werkzeug, das er in seinem Beruf brauchte. Im gleichen Haus wohnte auch Onkel Franz mit seiner Familie. Es waren 7 Personen: Onkel Franz, Tante Pepi und die Kinder Mitzi, Sofie, Justi, Gretl und Hans. Sie waren die engsten Verwandten meines Vaters. An die Großmutter kann ich mich nicht mehr erinnern, aus Erzählungen weiß ich, dass sie eine Bauerstochter war. Dieser Bauernhof stand neben dem Zornbach, der Hausname war Trulln und die Familie stellte viele Jahre den Mesner für die Pfarre.

Unsere Wohnung

Die Wohnungen in diesem Haus waren sehr einfach, man ging vom Hof direkt in die Küche und von der Küche in den Schlafraum, der Fußboden war ein Bretterboden und wurde jede Woche gescheuert. Es gab auch Wohnungen, die noch keinen solchen Boden hatten, sondern einen Lehmboden, somit gehörte unsere Wohnung schon zu den etwas fortschrittlicheren. Die Einrichtung war sehr bescheiden und bestand nur aus den notwendigsten Gegenständen. Keller war keiner vorhanden, für die Unterbringung von Holz und Kohle hatte jeder Mieter ein Abteil in einer Holzhütte, ca. 50 Meter von der Wohnung entfernt. In diesem Bereich lag auch das WC, es war eine primitive kleine Hütte mit einer Senkgrube, die nicht einmal abgedeckt war. Alles war sehr ärmlich und trotzdem hatten viele nicht einmal diesen einfachen Lebensstandard. Es gab allerdings auch bei uns kein elektrisches Licht (Petroleumlampe), kein Radio, kein Fernsehen, keinen Kühlschrank, keinen E-Herd, keine Waschmaschine, kein elektrisches Bügeleisen und viele andere Dinge nicht, die heute bereits in den ärmsten Familien vorhanden sind.

Die Einrichtung unserer Wohnung entsprach der einer Arbeiterfamilie und bestand aus folgenden Gegenständen: In der Küche gab es einen Sparherd, eine Kredenz, ein Kasterl, eine Kohlenkiste, einen Tisch, zwei Sessel und eine Bank sowie ein Stockerl, auf der eine Waschschüssel stand. Außerdem ein Wasserbankerl, eine Uhr und eine Petroleumlampe. Im Schlafzimmer oder besser gesagt im Schlafraum standen zwei Betten, zwei Nachtkästchen, ein Kasten und noch ein weiteres Bett, eine Wanduhr und an der Wand ein Gefäß für Weihwasser. Nicht vergessen darf ich den kleinen Ofen, man nannte diese Art von Öfen »Kasperl«. Es gab keine Matratzen, die Strohsäcke wurden mit Maisstroh gefüllt, im Frühjahr auf der Wiese gereinigt und jedes zweite oder dritte Jahr erneuert. Weiters war ein großer Spiegel vorhanden.

Meine Mutter

Meine Mutter wurde 1900 in Mellach, ca. 15 km südlich von Graz, geboren. Meine Großeltern lebten dort mit ihrem Sohn Pepi in einem kleinen Haus. Die weiteren Geschwister waren bereits ausgezogen, die Tante Fani nach Wundschuh, Tante Rosa nach Fernitzbergen, Tante Mitzi nach Felgitsch bei Heiligenkreuz, meine Mutter heiratete nach Fernitz. Die angeführten Personen sind die wichtigsten Verwandten meiner Mutter.

Die Mitbewohner

Nun wieder zurück nach Fernitz. Im gleichen Haus wie wir wohnte eine Frau Resi. Sie betrieb einen Handel mit landwirtschaftlichen Produkten. Diese brachte die Frau mit einem zweirädrigen Karren nach Graz und zurück nach Fernitz, so legte sie ca. 26 Kilometer Karren schiebend zurück. Es war nie sicher, ob sie ihre Ware auch verkaufen konnte, wenn nicht, musste sie diese wieder mit nach Hause nehmen. Um 3:00 Uhr in der Früh trat sie den Marsch nach Graz an und spät am Abend kam sie nach Hause. Diese Tour machte sie jeden zweiten Tag, den dazwischenliegenden Tag benutzte sie zum Einkauf bei den Bauern. Sie war nicht die Einzige, die versuchte, auf diese Weise ihr Brot zu verdienen. Dabei gab es noch das Hindernis der Zollstelle, sie musste die Ware verzollen, bevor sie in die Stadt durfte.

Weiters wohnte auch ein Sattler in diesem Haus, in der Wohnung neben der Straße. Beim ihm waren Wohnung und Werkstatt, Küche und Schlafraum in einem Raum untergebracht. Zwei weitere Mieter gab es noch, aber sie spielen in meinen Erinnerungen keine große Rolle.

Der Verkehr in Fernitz

Die Verkehrsmöglichkeiten waren sehr bescheiden, zwei- bis dreimal am Tag fuhr durch Fernitz ein alter Omnibus, dessen Strecke von Graz nach Allerheiligen bis Schloß-Waasen führte. Diesen Omnibus betrat man hinten über eine Holztreppe und im Innern gab es Holzbänke, wie man sie heute noch bei alten Straßenbahnen sehen kann. Besetzt war dieses Fahrzeug, man kann es ja kaum Omnibus nennen, mit einem Chauffeur und einem Kassier. Es gab in Fernitz zu dieser Zeit nach meinen Erinnerungen nur zwei Personenkraftwagen (Luxusautos). Die Fortbewegungsmittel auf der Schotterstraße waren vorwiegend Pferdefuhrwerke bzw. Fuhrwerke, die von Ochsen oder Kühen gezogen wurden. Die großen Bauern hatten noch Kutschen, denen zwei oder vier Pferde vorgespannt waren. Die Möglichkeit, solche Kutschen mit Pferden und Fahrer zu mieten, gab es, wenn man sich eine solche Ausfahrt leisten konnte. In Kalsdorf konnte man in einen Zug einsteigen. Zum Bahnhof musste man zwei Kilometer zu Fuß gehen, um nach Graz oder gar nach Wien oder in eine andere Stadt zu fahren. Viele Kinder gingen schon zur Schule und hatten noch nie einen Zug gesehen. Auch für uns war es ein Erlebnis, wenn wir mit unserer Mutter Zugschauen gehen durften. Meine Eltern fuhren einmal im Jahr mit dem Zug nach Lebring und mein Bruder und ich durften mit, das war jedes Mal ein Erlebnis.

Der Bürgermeister und die Gemeinderäte

Der Bürgermeister und seine Gemeinderäte waren vorwiegend Geschäftsleute oder große Bauern, aber es gab darunter auch zwei Arbeiter, die als Sozi bezeichnet wurden, und einer davon war mein Vater. Der Bürgermeister, der Gewerke Purkarthofer, war einer der Reichsten in der Gemeinde. Was zu geschehen hatte, bestimmte dieser Mann, dafür gab es nach den Sitzungen eine Einladung in Purkarthofers Gasthaus. Dort konnten die Bauern und die zwei Arbeiter diskutieren, doch die Beschlüsse waren bereits gefallen. Darüber möchte ich später noch berichten.

Der Pfarrer und seine Kapläne

Der Pfarrer und seine Kapläne waren zu dieser Zeit hoch angesehene Persönlichkeiten, sie zählten zu den ersten Bürgern der Gemeinde. Die Kirche hatte auf die Schule und das öffentliche Leben einen großen Einfluss. So mussten wir Kinder den Pfarrer und seine Kaplane auf der Straße mit »Gelobt sei Jesus Christus« grüßen und bekamen als Antwort: »In Ewigkeit Amen.« Sonntags zur Messe zu gehen war für uns Schüler Pflicht und es besagte nichts Gutes, wenn ein Schüler nicht in der Kirche war.

Mein Großvater

Mein Großvater väterlicherseits wurde 1844 geboren und war bei meiner Geburt bereits Witwer. Er arbeitete als Knecht beim Bauer Ügerl und war mit einer Kohlmann-Tochter verheiratet. Nachdem mein Großvater geheiratet hatte, machte er sich selbstständig. Durch seine Tätigkeit schon als Bub mit der Landwirtschaft verbunden, war es für ihn naheliegend, landwirtschaftliche Geräte zu erzeugen. Seine Hauptprodukte waren: Sensenwürfe, Handrechen, Ziehrechen, Heugabeln und Krautschaben, weiters verschiedene Kleingeräte aus Holz. Die Erzeugung dieser Geräte war auf ganz einfachen Arbeitsmethoden aufgebaut. Es wurde alles mit Werkzeugen wie einer Hobelbank, einer kleinen und einer großen Handhobel, verschiedenen Stemmeisen, mehreren Handbohrern, Hämmern und Zangen, Holzzwingen und verschiedenen Drechslerwerkzeugen hergestellt. Der Werkstoff war vorwiegend Holz, nur die Sensen wurden fertig gekauft. Zur Befestigung verschiedener Teile wurden Holznägel verwendet, die er selbst produzierte. Die Werkstatt war zugleich Küche und die Hobelbank Küchentisch. Ein alter Küchenherd war zugleich die Feuerstelle für seine Werkstatt, denn darauf wurde der Leim gekocht und auch heißes Wasser zubereitet, das er für das Auskochen von Holz brauchte. Als kleiner Bub schaute ich dem Großvater oft bei der Arbeit zu. Besonders interessierte mich die Pendeluhr an der Wand. Es war eine Bilduhr mit einem Schlagwerk und sie war zu dieser Zeit schon älter als 100 Jahre. Sie stellte sicher das Wertvollste dar, was mein Großvater besaß, außer seiner Taschenuhr vielleicht, die an einer dicken, silbernen Kette hing.

Die Vermarktung der Ware wurde durch den guten Ruf dieser Produkte möglich, die Bauern erzählten von seinen Sensenwürfen und den übrigen Geräten, sodass bis ins Burgenland bekannt wurde, in Fernitz gebe es einen Mann, der erstklassige Geräte erzeugt. Ich kann mich an die Pferdekutschen erinnern, die hinten eine Ladefläche hatten, so ähnlich wie heute die Kleintransporter. Seine Kunden aus dem Burgenland waren Gutsbesitzer und große Bauern. Das Geschäft wurde nur in bar abgewickelt. Man erzählte, seine Sensenwürfe seien die besten, und so kamen auch viele Akkordmäher zum ihm, um ein solches Gerät zu erstehen. Das waren Männer, die große Flächen übernahmen und sie in einer bestimmten Zeit abmähten. Großvater war ein sehr sparsamer Mensch und legte jeden Schilling zusammen, um sich nach der Arbeit spät am Abend das Vergnügen zu machen, Geld zu zählen. Dies wurde auch gemacht, wenn es am Tag keine Einnahmen gegeben hatte. Ich kann mich nicht erinnern, dass mein Bruder oder ich jemals einige Groschen vom Großvater bekommen hätten. Eine Konzession hatte er für diesen Betrieb bestimmt nicht, aber die Behörden tolerierten es, weil er eine große Familie zu versorgen hatte. Später machte man ihm keine Schwierigkeiten aufgrund seines hohen Alters.

Meine Großmutter

Meine Großmutter väterlicherseits habe ich nicht gekannt, sie ist vor meiner Geburt verstorben. Ich weiß nur, dass sie aus einer Bauernfamilie stammte. Das Bauernhaus war mit Stroh gedeckt und die Einrichtung sehr einfach. Nachdem sie fünf Kinder zu versorgen hatte, war es für sie notwendig, bei ihren Eltern zu arbeiten, um Lebensmittel zu bekommen. Der Großvater kaufte nur sonntags Fleisch oder er bekam von Bauern, die kein Geld hatten, Lebensmittel, die er für die Familie zur Verfügung stellte.

Mein Vater

Mein Vater war Fabrikarbeiter bei der Firma Lapp-Finze-AG in Kalsdorf. Sein Schicksal hat Gültigkeit für viele Arbeiter in den Fabriken. Mit 14 Jahren musste er sich bei der Firma bewerben. Sein älterer Bruder Franz arbeitete bereits dort und nahm meinen Vater mit nach Kalsdorf, um eine Aufnahme in der Firma zu versuchen. Bei der Vorstellung wollte der Meister meinen Vater nicht nehmen, da er für sein Alter viel zu klein war. Er erzählte später, wie es doch gelungen ist, diesen freien Arbeitsplatz zu bekommen. Nachdem der Meister die Aufnahme abgelehnt hatte, gab mein Vater nicht auf, er weinte und bat und ersuchte den Meister so lange, bis dieser Erbarmen zeigte und eine Kiste holte, auf die er meinen Vater stellte. Dieser versuchte sich so groß wie nur möglich zu machen, um in die Aufschüttschüssel schauen zu können. Der Meister war zufrieden und sagte: »Ich weiß nicht, was ich mit dir anfangen soll, aber du kannst bleiben.« So konnte er gleich in der Holzschraubenabteilung anfangen und seine Aufgabe bestand darin zu schauen, dass die Holzschrauben-Automaten ständig genug Rohlinge in der Schüssel hatten. So lief er von Automaten zu Automaten mit einer Schaufel voll Rohlingen und sorgte dafür, dass ja keine Maschine leer lief. Die Arbeitszeit war pro Tag 10 Stunden und auch samstags wurde gearbeitet. Ein solcher Tag war sehr lange und mein Vater musste dann noch mit seinem Bruder von Kalsdorf nach Fernitz zu Fuß gehen. Zum Mittagessen konnte man nicht nach Hause gehen, dieses wurde bis zur Murbrücke nachgebracht. Dann kam der Freitag, dieser Tag war Zahltag und auch mein Vater freute sich auf sein Lohnsackerl, nachdem er nun eine Woche fleißig gearbeitet hatte. Aber leider bekam er noch keinen Lohn, da die erste Woche eine sogenannte Stehwoche war. Nun hatte er die zweite Woche hinter sich gebracht, die Einsteller und Messerschleifer waren mit seiner Arbeit zufrieden, da ja auch von seinem Fleiß der Verdienst diese Leute abhing, sonst mussten sie auch selbst Rohlinge aufschütten. Die Vorfreude, diese Woche am Freitag auch ein Lohnsackerl zu bekommen, war groß. Er stellte sich auch bei der Meisterkanzlei an und diesmal mit Erfolg, auch er bekam sein Lohnsackerl mit Kronen und Heller. Nach jeder Freude gibt es auch eine Enttäuschung. Als er nach Hause kam, fragte ihn mein Großvater, ob er diese Woche bereits seinen Lohn bekommen habe. Mein Großvater erklärte meinem Vater, dass er ab jetzt Kost zahlen müsse und so musste mein Vater sein Geld abliefern. Für den 14-jährigen Buben war das Aufschütten keine leichte Arbeit und so kam er jeden Tag todmüde nach Hause. Das Geld, das er verdiente, ging für das wenige Essen auf. Seine Vorgesetzten waren der Messerschleifer, der Maschineneinsteller, der Vizemeister und der Meister. Die Abrechnung erfolgte im Gruppenakkord, der Einsteller bekam von dem erarbeiteten Lohn 20 % mehr als der Messerschleifer. Eine Gruppe bildeten 12–20 Automaten, die ständig einzustellen waren, und auch die Messer mussten immer scharf sein. Der Kampf um den Arbeitsplatz war sehr groß, jeder versuchte sein Bestes zu geben, um ja nicht die Arbeit zu verlieren. So kam es vor, dass sich Arbeitskollegen gegenseitig beim Meister anschwärzten. Der Verdienst, der in Gulden, Kronen und Heller ausbezahlt wurde, reichte kaum aus, eine Familie zu erhalten. Für die Lehrlinge und jugendlichen Hilfsarbeiter war es doppelt schwer, denn es kam auch vor, dass Vorgesetzte die jungen Leute mit Ohrfeigen bei Fehlverhalten misshandelten. Rechte hatten die Arbeiter fast keine, die Gewerkschaften waren erst im Enstehen und erst viel später hatte man auf derartige Fehlentwicklungen einen Einfluss.

Nach der Zeit als jugendlicher Hilfarbeiter wurde mein Vater Messerschleifer, für diese Tätigkeit wurde er angelernt. Als Messerschleifer war mein Vater einige Jahre tätig. Nachdem der Einsteller aus Altersgründen mit 65 Jahren aus dem Betrieb ausscheiden musste, musste die Entscheidung getroffen werden, welcher von den Messerschleifern Einsteller werden sollte. Der Kampf um den Einstellerposten war voll im Gange. Der Brotneid war groß und so blieb es nicht aus, dass der Unternehmer die Arbeiter gegenseitig ausspielte. Wie auch immer, es glückte meinem Vater, den Einstellerposten zu bekommen, was sich im Weltkrieg für ihn günstig auswirken sollte, denn als Einsteller der Holzschraubenabteilung wurde mein Vater freigestellt. Statt Holzschrauben wurden Patronenhülsen erzeugt. Da auch Kartuschen produziert wurden, bekam die Firma das Prädikat »Rüstungsbetrieb«.

Mein Großvater, der Tischler und Musiker

Mein Großvater mütterlicherseits war Tischler und Musiker und wohnte mit Großmutter und deren Bruder in Mellach. Wir gingen oft von Fernitz zu Fuß nach Mellach. Eine eigene Werkstatt hatte Großvater nicht, er ging zu den Bauern und Geschäftsleuten auf die Stör, das heißt, er arbeitete bei den Auftraggebern, bekam dort Kost und Quartier und für den Auftrag eine vereinbarte Summe an Geld. Bei den Bauern erzeugte er meistens die Aussteuer für die Kinder, wenn diese heirateten und von zu Hause fortgingen. So fertigte er Schlafzimmer, Küchen oder auch einzelne Kästen, Betten, Stühle und Bänke. Durch diese Tätigkeit war er meistens auswärts und kam samstags nach Hause. Um die Bezahlung bei den Bauern stand es fallweise schlecht, sodass es vorkam, dass der Großvater nach wochenlanger Arbeit ohne Geld nach Hause kam. Er brachte wohl Fleisch, Mehl und was eben die Bauern selbst produzierten, mit, aber kein Geld, um beim Greißler einkaufen zu können. Sonntags war er meistens mit der Musik unterwegs und kam oft erst dienstags nach Hause, das bedeutet, er hatte den Montag blaugemacht. Durch diese Arbeitsweise war er vollkommen unabhängig und die Auftraggeber mussten froh sein, wenn er überhaupt kam. Ein weiteres großes Problem war das Einkaufen. Hatte er von seinem Auftraggeber Geld bekommen, so brachte er

Zucker, Kaffee und andere notwendige Artikel vom Greißler mit. Hatte er kein Geld bekommen oder dieses verbraucht, so musste meine Großmutter beim Greißler anschreiben lassen. Es war eine arme Familie, die fünf Kinder hatten nicht viel und es war alles so bescheiden, dass nicht einmal für das Anziehen der Kinder Geld vorhanden war. Meine Tanten erzählten oft, wie schlecht es ihnen gegangen ist und wie wenig sie hatten. So musste Tante Mitzi schon als kleines Kind zu fremden Leuten, Tante Fani und Tante Rosl sowie meiner Mutter passierte dasselbe, Onkel Pepi lernte bei einem Meister das Tischlerhandwerk. Es gab noch eine Tante, Frau Matschek war ein lediges Kind, für das mein Großvater Alimente hätte zahlen müssen, aber nie welche zahlte. Zu uns Kinder war Großvater immer großzügig und wir bekamen oft Geld, sobald er beim Musizieren etwas verdiente.

Meine Großmutter mütterlicherseits

Das Haus, in dem meine Großeltern mütterlicherseits wohnten, gehörte dem Bauern vulgo Jumurren. Das Dach war teilweise mit Stroh und teilweise mit Schindeln gedeckt. Es standen zwei Räume zur Verfügung und ein kleiner Vorraum. Weiters gab es noch einen offenen Raum, in diesem waren ein Schweinestall, ein Hühnerstall und ein Stall für Geißen sowie Raum für das Heizmaterial untergebracht. Auch ein Hund war vorhanden, sie nannten ihn Schippserl, er lag an der Kette. Kamen wir zu Besuch, dann hatte es der Hund schön. Wir ließen ihn frei laufen oder nahmen einen Strick als Leine und führten ihn spazieren. Auch die Hühner, die Geiß und die Schweinderl durften wir streicheln. Vor allem hatte Großmutter auch Steinhühner, das waren kleinwüchsige und vollkommen zahme Hühner, man konnte sie leicht fangen.

Nun zurück zu den Räumen. Sie bargen eine alte wackelige Kredenz, einen eingebauten Herd und ein Wasserbankerl, der Boden war mit Ziegeln ausgelegt. Im Schlaf- und Wohnraum gab es auch nur alte Möbel, obwohl Großvater Tischler war. Drei alte Betten, zwei Kästen und ein Tisch mit einigen Sesseln – das war alles, was meine Großeltern besaßen. Nicht einmal zum Zudecken hatten sie genug, in den Betten lagen auch alte Mäntel, die zwei Funktionen hatten, man konnte sie bei Tag anziehen und in der Nacht als zusätzliche Decken verwenden. Wenn ich zurückdenke, habe ich kaum noch eine Vorstellung, mit wie wenig diese Leute leben konnten. Trotzdem war Großmutter immer bereit, uns von dem Wenigen noch etwas zu geben, so bekamen mein Bruder und ich sofort bei der Ankunft eine Eierspeis und ein Bauernbrot.

Hinter dem Haus war ein Obstgarten, auf diesen Bäumen kletterten mein kleiner Bruder und ich und holten uns die Äpfel herunter. Es war jedesMal ein Erlebnis, wenn wir bei unserer Großmutter waren. Seit ihrem Schlaganfall sah sie alles doppelt und musste sich an der Wand in der Wohnung entlangtasten, sodass eine Spur vom Zimmer bis in die Küche an der Wand zu sehen war.

Mutter und der Haushalt

Meine Mutter heiratete meinen Vater im Jahre 1922. Als sie die bereits beschriebene Wohnung in Fernitz bezogen, war ich schon unterwegs. Meine beiden Schwestern waren bei den beschriebenen Familien untergebracht, es war auch noch ein sehr behinderter Bruder vorhanden, der später in eine geschlossene Anstalt gebracht wurde, wo er in den 30er Jahren verstarb.

Meine Mutter hatte die Aufgabe, den Haushalt zu führen und dafür Sorge zu tragen, dass meinem Vater das Essen bis zur Murbrücke nachgebracht wurde. Sie kannte jede Arbeit, angefangen von der bei den Bauern, auf den Feldern oder auch im Haushalt. Sie war eine gute Köchin, dies hatte sie in Kalsdorf bei der Familie Meyer, wo sie in Dienst stand, gelernt. Nicht nur die erwähnten Arbeiten machte sie hervorragend, auch konnte sie sehr gut nähen und so Geld dazuverdienen. Die Aufbesserung kam in erster Linie meinem Bruder und mir zugute. Nachdem meine Mutter auch für fremde Leute Wäsche übernommen hatte, musste sie sehr viel waschen. Das war zu dieser Zeit eine Schwerarbeit, es wurde die Wäsche in einem Kessel ausgekocht und nachher mit einer Rumpel bearbeitet sowie einige Male im klaren Wasser durchgeschwemmt.

Als Hilfsmittel gab es einen Kessel mit einer Feuerstelle, einen Bottich und eine Rumpel, dies war ein Gerät mit Wellblech. Es wurden Persilpulver und Hirschseife oder auch selbst gekochte Seife verwendet. Die Arbeit wurde im Sommer im Freien durchgeführt und im Winter in einer provisorischen Waschküche, welche einen Betonboden hatte. Zum Trocknen hängte man die Wäsche hinter dem Haus auf. Gebügelt wurde die Wäsche im Sommer mit einem Bügeleisen, in das man Holzkohle einfüllen konnte. Durch Schwingen begann es zu glühen und so konnte man mit einer Füllung eine Menge Wäsche bügeln. Die zweite Möglichkeit, vorwiegend im Winter angewandt, war ein Stachelbügeleisen, mit dem die Wäsche gebügelt wurde. Der Stachel wurde in den Ofen eingebracht und sobald er glühte, in das Bügeleisen gegeben, ein zweiter Stachel in den Ofen gegeben und so wurde laufend gewechselt und es konnte auf diese Art viel Wäsche gebügelt werden, ohne dass zusätzliche Kosten anfielen.

Zum Nähen hatte sie eine alte Singer-Nähmaschine, die allerdings oft kaputt war, aber immer wieder von einem Bekannten in Ordnung gebracht wurde. Ohne die Schneiderei gelernt zu haben, konnte sie außer Ausbesserungsarbeiten auch neue Kleider nähen. Besonders war sie auf Winterdirndlkleider spezialisiert. Ihre Kunden waren der Bäckermeister Purkarthofer mit seinen Gesellen, der Schmiedemeister, der Autobusbesitzer Matzer, die Kapläne und einige bürgerliche Familien. Im Sommer ging meine Mutter zu den Bauern arbeiten, um zusätzliche Lebensmittel für ihren Haushalt zu bekommen. Sie war eine sehr fleißige Frau und trug zum Haushalt sehr viel bei. Das war in dieser Zeit auch unbedingt notwendig, es war kaum möglich, in der Fabrik so viel zu verdienen, um eine größere Familie zu ernähren. So wie heute hatten es auch damals Frauen leichter, die keine Kinder zu versorgen hatten. Diese Frauen konnten ohne Belastung in die Fabriken arbeiten gehen oder auch einen anderen Dienst annehmen. Frauen mit Kindern konnten nicht ohne Weiteres in eine Fabrik gehen, sie mussten zuerst ihre Kinder versorgt wissen und erst dann konnten sie sich um eine Arbeit kümmern. Immer unter der Voraussetzung, dass es

Arbeit gab und man diese Arbeit auch bekam. Das Angebot war sehr groß, der Bedarf bei Weitem nicht so. Familien mit vier bis fünf Kindern waren keine Seltenheit und in meiner Erinnerung waren diese Familien sehr arm und es hatten oft mehrere Kinder nur ein paar Schuhe.

Der Bäcker und die Backstube

Die Bäckerei gehörte Max Purkarthofer und stand, wie schon beschrieben, am Hauptplatz, wo heute die Post untergebracht ist. Daneben gab es einen Friseur. In dieser Backstube war auch mein Cousin Hans beschäftigt, der Sohn von Onkel Franz. Die Arbeitsbedingungen der Bäcker waren sehr schwer, auch in diesem Beruf musste alles von Hand gemacht werden. Es gab keine Maschinen und so wurde der Teig mit der Hand geknetet und das Brot, die Semmeln, Kipferl, Salzstangerl und vieles andere von Hand geformt. Der Ofen, in dem diese Produkte gebacken wurden, musste schon Stunden vorher geheizt werden, um die richtige Temperatur zu haben. Für einen der Gesellen war der Arbeitsbeginn aus diesem Grund bereits um 1:00 Uhr früh. Nach dem Backen wurde alles herausgeholt und in den Verkaufsraum gebracht. Der größere Teil wurde sehr früh zu Fuß oder mit dem Fahrrad von einem Gaischütz (Brotausführer einer Bäckerei) zugestellt. Die Gaischütz oder Zusteller würden wir sagen, hatten eine große Kraxe, das war ein großer geflochtener Korb mit einer Vorrichtung, um diesen auf dem Rücken tragen zu können. Die Zusteller mussten bis in die Fernitzberge und nach Mellach Brot und Gebäck täglich liefern. Fallweise nahmen diese Arbeit auch Gesellen nach ihrer Schicht an, um etwas mehr Geld zu verdienen. Die Zustellarbeit war auf Provision und so musste jeder Zusteller schauen, dass er so viel wie möglich verkaufte. Wenn man diese Arbeit mit den jetztigen Zuständen vergleichen will, so ist dies nicht möglich, kein Bäcker könnte heute mit dieser Arbeitsweise leben.

Die Greißler in Fernitz

Auch den Beruf des Greißlers schildere ich aus den Erinnerungen meiner frühesten Kindheit. Es gab in Fernitz drei Greißler: Die Zechner Resi im unteren Teil von Fernitz, im oberen Teil war der Kaufmann Dobida und am Hauptplatz das Kaufhaus Krombas. Meine Schwester Stanzi arbeitete bei der Zechner Resi als Verkäuferin. Die Ausstattung dieser Geschäfte war sehr einfach, vorne gab es eine sogenannte Budl (ein längliches Pult), hinten standen Kästen mit vielen Laden, man muss wissen, dass die Lebensmittel nicht abgepackt waren, diese kamen von den Firmen in Säcken oder Kisten. Die Verkäufer mussten für die Kunden das verlangte Gewicht oder auch die Stückzahl sowie die flüssige Ware in 1/4 oder 1/2 Liter abfüllen, abwiegen oder auch zählen. Bei flüssiger Ware musste der Kunde eine Flasche oder einen Behälter mitbringen, die übrige Ware wurde in Papiersäcken eingewogen oder auch in Papier eingewickelt. Die Zuckerl standen in großen Glasbehältern vorne auf dem Pult, sodass sie für die Kinder gleich zu sehen waren. Die Verkäufer mussten so viel wie möglich verkaufen und so wurde beim Einwiegen schon dafür Sorge getragen, dass es immer etwas mehr war. Aus dieser Strategie entstand der Spruch »Darf es etwas mehr sein?«. Die Menschen kauften sehr bescheiden ein, der Schilling war schwer zu verdienen. Viele Familien waren beim Greißler bereits so verschuldet, dass dieser nichts mehr aufschreiben ließ, bevor die alten Schulden nicht bezahlt wurden. Solchen Familien ging es besonders schlecht, sie bekamen auch beim anderen Kaufmann nichts und mussten sich mit Erdäpfeln oder dergleichen über die Runden bringen. Diese Art des Einkaufens erzeugte keinen Müll, wie wir ihn heute kennen, es wurde alles verwertet. Auch hier ist kein Vergleich möglich, in der Zeit der Kaufhausketten ist alles verpackt und somit wird ständig Müll produziert.

Die Landwirtschaft und der Gutsbetrieb

Unsere Nachbarn waren alles größere und kleinere Bauern, wobei man einen kleinen Landwirt mit bis zu 10 Joch Grund Keuschler nannte. Ein richtiger Bauer musste mehr als 20 Joch Grund besitzen und vor allem wurde er nach seinem Bestand an Pferden gemessen. In der Landwirtschaft waren sehr viele Menschen beschäftigt. Beim Klosterbauern, wo wir die Milch holten, gab es einen Rossknecht und zwei Mägde, eine für den Schweinestall und die andere für den Kuhstall, und beide waren auch für die Arbeit auf den Feldern zuständig. Für diese Leute gab es keinen 8-Stunden-Tag, sie mussten von Morgengrauen bis in die Nacht hinein arbeiten. Die Bezahlung war bescheiden und es wurde monatlich ausbezahlt. Es kam aber auch vor, dass der Bauer kein Geld hatte, dann hatten die Dienstboten eben zu warten, bis der Bauer Kälber oder Schweine verkaufte. Die Arbeitskraft der Menschen wurde ausgenützt, es gab ein großes Angebot und wenig Arbeitsplätze. Für manchen Bauern war es schon eine Katastrophe, wenn er die Krankenkasse für seine Dienstleute bezahlen musste. Es gab auch Bauern, die nur freiwillige Helfer, welche für Lebensmittel in den Stoßzeiten aushalfen, beschäftigten. Es war eine Zeit, in der die meisten Bauern verschuldet waren und es auch sehr viele Versteigerungen gab. Überall bei den kleinen Leuten mangelte es an Geld.

Anders ging es bei den großen Grundbesitzern zu, dort kamen bereits Traktoren zum Einsatz und Saisonarbeiter aus Jugoslawien wurden über den Sommer eingesetzt. Für diese Leute musste der Gutsbesitzer keine Versicherung bezahlen, bei Krankheit wurde der Mann oder die Frau nach Hause geschickt. Auch hier gab es nur einen fixen Monatslohn und je nach Tätigkeit eventuell eine Erfolgsprämie. Die Zieheltern meiner Schwester Justi arbeiteten auf einem solchen Gut in Lebring (Murhof). Der Vater war Traktorfahrer und die Mutter hatte die Schweinezucht über. Meine Schwester arbeitete als junges Mädchen in der Gutsgärtnerei. Der Familie ging es gut, alle drei waren auf diesem Gut beschäftigt. Ich verbrachte meine Ferien jedes Jahr bei ihr und sah, wie der Betrieb lief. Der Vater baute die ganzen Flächen mit dem Traktor um und besorgte auch mit den Maschinen das Anbauen, soweit dies möglich war. Die restlichen Produkte sowie Erdäpfel mussten händisch in die Furchen gelegt werden. Für die Ernte waren die Saisonarbeiter zuständig. Die Schweine wurden mit den Produkten aus der

Ernte gefüttert, das waren Kartoffeln und Maismehl sowie Kleie. Das Wasser für die Schweine musste aus einem Ziehbrunen gepumpt und mit Eimern in die einzelnen Boxen geschüttet werden. Die Schweine hatten viel Platz und es befand sich in einer Box immer nur ein Wurf.

In der Gefangenschaft habe ich mich mit anderen Kameraden oft daran erinnert, wie gut es die Schweine in der Heimat haben, sie bekamen einen Brei aus Kartoffeln und Mehl, was wir von uns nicht behaupten konnten.

Der Huf- und Wagenschmied

Ein Kunde meiner Mutter war Huf- und Wagenschmied, dieser Beruf war ein sehr wichtiger. Das Beschlagen der Pferde sowie der Wägen musste vom Schmied vorgenommen werden. So gesehen hing der ganze Transport von der Arbeit des Schmieds ab. Die Pferde wurden mit Hufeisen beschlagen und im Winter gab es welche, in die man auch Stollen (ähnlich Spikes) einschrauben konnte. Bei den Wägen musste der Schmied auf die Holzräder Eisenringe aufziehen und auch die Verbindungen wurden aus Eisen hergestellt. In der Werkstatt war eine Feuerstelle mit einem Blasbalg eingerichtet, die mittels Koks beheizt wurde. Der von Hand betriebene Blasbalg hatte die Aufgabe, genügend Sauerstoff an die Flamme zu bringen. Das Eisen wurde in der Feuerstelle geglüht, um es anschließend formen zu können. Die Hilfsmittel bei dieser Arbeit waren ein großer und ein kleiner Amboss, verschiedene Zangen und Hämmer, auch Schneidwerkzeuge gehörten dazu. Einige Raspeln und Feilen ergänzten das Werkzeug. Es gab in der Werkstatt kein einziges motorbetriebenes Gerät. Alles wurde händisch gemacht und mit Muskelkraft. Wenn ich Wäsche zustellte, habe ich dem Schmied immer eine Zeit lang zugesehen, wie er das Eisen formte, und ich war immer begeistert, dass ein Mensch Eisen verbiegen kann, wie er will. Manchmal ersuchte mich der Schmied, den Blasbalg zu bedienen, dann gab es außer dem Trinkgeld fürs Wäschezustellen auch noch ein Fünferl (!) für die Arbeit (Fünferl = 50 Groschen, eine kleine Silbermünze). Von der Wohnung bis zum Schmied waren es nicht mehr als 100 Meter und ich konnte 70 Groschen verdienen. Zu dieser Zeit war ich 6–7 Jahre alt und ich kann mich heute noch an alle Details erinnern.

Der Schneider

Ein Großonkel in St. Ulrich war Schneider und wir besuchten die Familie Schuchlenz ein- bis zweimal im Jahr. Bei dieser Gelegenheit konnte ich die Arbeit des Schneiders beobachten. Auch hier waren Wohnstube und Werkstatt ein Raum. Eine alte Nähmaschine und ein großer Tisch stellten die Hauptgegenstände für die Schneiderei dar. Weiters waren zwei Bügeleisen vorhanden, die mit Holzkohle beheizt wurden. Vorwiegend wurden Steirer-Anzüge produziert, es wurde Maß genommen und auf dem großen Tisch zugeschnitten, den Stoff musste der Kunde mitbringen. Nach dem Zuschneiden wurde alles geheftet und die erste Probe gemacht. Anschließend wurden fallweise noch Änderungen durchgeführt und alle Teile zusammengenäht, ausgebügelt und fertig war der Anzug. Es gab keine Pressen und auch keine elektrischen Nähmaschinen, sondern es wurde alles mit Muskelkraft, wie auch bei den anderen Berufen, gemacht. Im Haus gab es ohnedies keinen Strom, so wären Geräte, wie man sie heute in der Schneiderei benützt, nicht brauchbar gewesen. Die Familie war sehr groß und es lebten nach meiner Erinnerung 7 Personen in zwei Räumen. Die Großtante versorgte die Familie und musste zusätzlich noch auf dem Feld arbeiten. Das Leben lief wie überall bei den armen Familien ziemlich einfach ab. Es gab im Haus kein Wasser, kein WC und auch kein Licht.

Der Fleischhauer

Ein Freund meines Vaters war Fleischhauer und hatte sein Geschäft und seine Schlagbrücke, so nannte man den Raum, wo die Tiere geschlachtet wurden, am Hauptplatz. Es lag neben dem Gasthaus Purkarthofer. Karl Purkarthofer war auch ein Cousin von Franz Purkarthofer. So gab es am Hauptplatz drei desselben Namens. Der Fleischhauer war mein Firmpate und so verkehrte ich sehr viel bei dieser Familie. Ich hatte auch Gelegenheit, beim

Schlachten von Schweinen und Rindern zuzusehen. Die Schweine wurden umgeworfen und gestochen, ohne dass man sie betäubte. Bei den Rindern, Kühen, Ochsen und Stieren war die Schlachtung schon viel schwieriger, die mussten an einem Eisenring festgebunden werden, der in der Mitte der Schlachtbank angebracht war. Nach dieser Prozedur wurde mit einem Fäustl das Tier niedergeschlagen, wehe der Mann traf den Stier nicht richtig hinter den Hörnern und dieser riss sich los. Da wurde es für den Fleischhauer gefährlich. Meistens ging das Tier mit dem ersten Schlag in die Knie und fiel um. Danach wurde ihm die Kehle durchtrennt, es wurde mit einem Flaschenzug hochgezogen und konnte so ausbluten. Manchmal durfte ich Blut auffangen und mit nach Hause nehmen, dann gab es am nächsten Tag Blutauflauf. Das Fäustl möchte ich noch näher beschreiben. Es war an einem langen Stiel befestigt, hatte die Form eines Eis und vorne war ein langer Stift, der bei dem Schlag in das Gehirn eindrang. Auch diese Arbeitsweise ist nicht mit der heutigen vergleichbar, die Tierschützer würden ein solches Schlachten nicht zulassen. Ganz selten findet man heute noch Bauern, die bei der Hausschlachtung ohne Betäubung die Tiere abstechen (Schächten).

Die Tabaktrafik

Auch eine Tabaktrafik gab es in Fernitz, die von dem Kriegsinvaliden Schölauf betrieben wurde. Es war eine Holzhütte gegenüber dem Kriegerdenkmal. Er führte Zigaretten um 1 Groschen, in 100 Stück gepackt, es waren die Film-Zigaretten. Um 10 Groschen bekam man 10 Stück Zigaretten und wir Buben kauften diese Zigaretten und rauchten sie natürlich auch im Geheimen. Es gab auch Zigaretten um 5 Groschen, es waren die Sport, und um 6 Groschen bekam man die Memphis. Auch eine Kedive mit einem Mundstück in verschiedenen Farben konnte man kaufen und die Dames um 5 Groschen war eine Zigarette mit Filter. Filterzigaretten wurden aber kaum gekauft, die meisten Raucher rauchten Zigaretten ohne Filter und noch dazu die billigsten. Sport und Memphis wurden von den Bürgern geraucht, sowie die Virginia-Zigarre. Meiner

Tante Agnes hatte es der Schnupftabak angetan, sodass sie oft ganz schwarz unter der Nase war. Leute, die sich auch die Film nicht leisten konnten, begnügten sich mit dem Landtabak, den sie in der Pfeife rauchten, oder sie benützten den Tabak als Kautabak, obwohl es Kautabak gab, aber der war teurer als der Landtabak. Mein Bruder und ich probierten alles aus, davon aber später.

Mein kleiner Bruder

Zu meinen Erinnerungen gehören natürlich auch die an meinen Bruder. Er wurde am 31. Dezember 1926 geboren, als ich schon bald 4 Jahre alt war. Ich weiß nicht, ob es meine persönliche Erinnerung ist oder ob dies aus Erzählungen stammt. Jedenfalls wurde ich auf die Ankunft meines Bruders vorbereitet, indem man mir sagte: »Der Storch wird dir einen Bruder bringen.« Mein Bruder Karl war drei Jahre alt, als er fast tödlich verunglückte. Es war im März, der Schnee schmolz und der Zornbach führte Hochwasser. Der Hang hinter dem Haus war aber gefroren, so konnte man gut Schlittenfahren. Onkel Franz hatte uns einen Schlitten gebaut, der unter den Kufen einen Eisenbeschlag hatte, daher rutschte er auf Eis noch viel besser als im Schnee. Wir fuhren immer hinter dem Haus und ich musste auf meinen kleinen Bruder aufpassen und dafür sorgen, dass wir ja nicht zu nahe an das Wasser herankamen. An diesem fraglichen Tag war ich nicht dabei, als mein Bruder mit seinem Freund Fritz, der um zwei Jahre älter war als er, hinter dem Haus mit dem Schlitten fuhr. Da es sehr eisig war, vermochte Fritz den Schlitten nicht zum Stehen zu bringen, ließ sich hinten herunterfallen und mein kleiner Bruder fuhr mit vollem Tempo in den Hochwasser führenden Bach. Das Glück im Unglück war, dass der Nachbar den beiden Buben zusah und die Gefahr sofort erkannte. Er lief den Bach entlang und sprang in das eiskalte Wasser, um meinen Bruder herauszufischen. Schwimmen konnte er ja noch nicht, aber er strampelte und blieb so über dem Wasser, sodass der Nachbar ihn retten konnte. Meine Mutter war furchtbar erschrocken, als der Nachbar meinen Bruder in Decken eingewickelt brachte und ihr erzählte, was geschehen war. Nun wurde Karli ins Bett gesteckt und betreut, Arzt wurde keiner geholt, denn es war üblich, dass die Mütter selbst mit Hausmitteln die Behandlung der Kinder übernahmen. Nach zwei Tagen war mein kleiner Bruder wieder gesund und konnte nach neuen Abenteuern Ausschau halten.

Eine weitere Geschichte gibt es zu erzählen, die aber ebenso nicht harmlos war. Tante Rosa besaß Hühner und auch eine Bruthenne, die junge Küken hatte. Die Bruthenne und die Küken hatten es meinem Bruder angetan, zum Leidwesen meiner Tante war er auf die Kleinen besonders scharf, was der Bruthenne aber nicht gefiel. Es wird wohl ein Rätsel bleiben, wie es meinem Bruder gelungen ist, einige Küken zu zertreten. Jedenfalls kam er zu unserer Mutter und teilte ihr in kindlichen Worten mit: »I hoab Piperl zaomtritt.« Diese Worte wurden oft erzählt und mein Bruder, als er schon größer war, damit gehänselt.

Das nächste Abenteuer war ebenso nicht von schlechten Eltern, denn auch dabei geriet er in Lebensgefahr. Aber er hatte auch in dieser Situation einen Schutzengel, der auf ihn aufpasste. In der Mitte des Hofes war ein Brunnen und daneben standen mit Wasser gefüllte Bottiche. Meinen Bruder reizten diese sehr und so wollte er in den niedrigsten klettern. Nach einigen Versuchen gelang es ihm, den Bottich zu erklimmen, er konnte aber das Gleichgewicht nicht halten und stürzte kopfüber hinein. Es schauten nur noch die Füße heraus, die zum Glück eine Nachbarin aus dem Bottich ragen sah. Sie lief hin und zog meinen Bruder heraus, der schon eine Menge Wasser geschluckt hatte. Dann brachte sie ihn zu unserer Mutter, die wieder entsetzt war, was dem Buben alles passierte. Das nächste Unglück geschah wieder im Winter. Die Senkgrube beim Clo war zugefroren und mein Bruder probierte, ob das Eis hielt und man darauf gehen könne. Es hielt nicht und er landete in der Senkgrube. Wieder wurde er gerettet und meine Mutter musste den Buben in den Bottich stecken und baden, da der Kerl stank, dass man es kaum aushalten konnte. So könnte ich von meinem Bruder noch einige Geschichten erzählen, die nicht ungefährlich waren.

Meine Mutter hatte für meinen kleinen Bruder einen Kosenamen, sie verwöhnte den Kleinen sehr und nannte ihn »Kazmann«. Vielleicht trug es dazu bei, dass mein kleiner Bruder alles Mögliche anstellte.

An dieser Stelle sollte ich eine Episode erwähnen, in der auch ich mit einem Unfall beteiligt war. Mein Vater verkehrte sehr viel im Gasthaus Matzner, das nicht mehr als 100 Meter von unserer Wohnung entfernt war. An diesem Tag hatte die Familie ein Schwein geschlachtet und ich durfte zusehen. Als ich keine Lust mehr hatte, ging ich zur Frau Matzer in die Küche – ich wusste, da gab es immer ein gutes Bauernbrot. Dort sah ich die Frau Matzer bei Tisch, sie hatte einen Laib Brot in der Hand und das Messer lag auf dem Brot. Ich umarmte die Frau. Sie erschrak und das Messer fiel herunter und genau mit dem Spitz auf meine Wange, die in der Folge durchgeschnitten wurde. Es herrschte helle Aufregung und man versuchte gleich, diese Wunde zu verbinden. Mein Vater maschierte mit mir nach Hause, meine Mutter war erschrocken, weil ich voll Blut war. Nun wurde meine Wunde mit Lisolwasser ausgewaschen und neu verbunden, Arzt wurde keiner aufgesucht, es war wie schon erwähnt üblich, die Verletzungen selbst zu behandeln. Aber es kam doch etwas anders, als meine Leute sich das vorstellten. Am dritten Tag bekam ich Fieber und die Wunde heilte nicht, sondern es wuchs wildes Fleisch. Nun musste meine Mutter doch zum Arzt nach Kalsdorf und Dr. König schimpfte, warum man erst jetzt komme. Er konnte die Wunde nicht mehr nähen und musste das wilde Fleisch mit Labis ausbrennen. Diese Schmerzen konnte ich lange nicht vergessen und bei jedem Arztbesuch zitterte ich. Einige Monate mussten wir zur Behandlung nach Kalsdorf. Vorerst dreimal in der Woche und zum Schluss der Behandlung alle 14 Tage, denn die Wunde wollte nicht heilen. Von Frau Matzer wurde ich verwöhnt, sie gab sich selbst die Schuld, weil sie das Messer auf das Brot gelegt hatte. Das passierte, als ich cirka fünf Jahre alt war.

Kleidung und Spielzeug

Unsere Kleidung im Winter und Sommer sollte man auch mit einigen Zeilen beschreiben. Sie war für 80 % der Jugendlichen zwischen 3 und 14 Jahren zutreffend. Winters wie sommers wurde eine kurze Teufelshauthose getragen, die mein Vater am Jahrmarkt immer beim gleichen Standl kaufte. In anderen Familien bekam nur der Erstgeborene neue Hosen und die anderen Kinder mussten dieses Kleidungsstück, wenn es dem Älteren zu klein war, auftragen, und zwar einer nach dem anderen. Zu dieser Zeit war es keine Seltenheit, dass in einer Familie fünf und mehr Kinder vorhanden waren. Im Winter gab es als Ergänzung eine selbst gestrickte Weste und Strümpfe sowie ein warmes Hemd aus Flanell, das meine Mutter selbst nähte. Weiters gab es hohe Schuhe, die beim Schuster angemessen wurden und deren Sohle mit Mauskopf-Nägeln beschlagen wurde, um eine lange Lebensdauer zu erreichen. Egal ob Mädchen oder Bub, es wurden als Unterwäsche Leibzellhosen getragen, das waren Unterhosen, die von der Schulter bis zu den Knöcheln reichten. Von April an wurden meistens schon Sommerkleider getragen, man ging barfuß, das heißt ohne Schuhe, und auch die Teufelshauthose wurde durch ein Klotthose ersetzt, die meine Mutter ebenso selbst nähte. So kam man im Sommer mit einem Ruderleiberl und einer kurzen Klotthose aus. Viele gingen auch so in die Schule, aber in unserer Familie durften wir mit der Sonntagshose und einem Roseggerjanker gehen, da mein Vater ständig Arbeit hatte. Wir mussten uns aber sofort nach der Schule umziehen. Aber nicht alle Kinder verfügten über eine solche Garderobe. Viele hatten nicht einmal Schuhe, von Sonntags- oder Schulkleidung ganz zu schweigen.

Die Winter waren sehr kalt und es gab sehr viel Schnee. Die Straßen wurden mit Holzpflügen geräumt, die mit zwei oder vier Pferden gezogen wurden. Der Schnee war am Straßenrand oft so hoch, dass wir Kinder nicht über den Straßenrand sehen konnten. Wenn wir bei minus 20 Grad und mehr draußen spielten, hingen die Eiszapfen an unseren Strümpfen, was uns aber nicht davon abhielt, im Schnee herumzuspringen. Völlig erfroren kamen wir in die Stube, wo uns unsere Mutter ins Bett steckte. Zum Wärmen bekamen wir einen vorgewärmten Dachziegel oder einen großen Stein, denn das Zimmer wurde meistens nicht geheizt. Die heutigen Kinder würden unter diesen Voraussetzungen krank werden, aber wir waren abgehärtet.

Zum Spielen hatten wir im Winter einen selbst gemachten Schlitten und einen Eisstock zur Verfügung, beides war von Onkel Franz gefertigt worden. Alte Schlittschuhe hatten wir auch, diese musste man an der Schuhsohle anschrauben und es waren richtige Schuhzerreißer. Zum Schifahren hatten wir Fassdauben, an diesen wurden Riemen befestigt, in die man mit den Schuhen hineinschlüpfen konnte, und ab ging die Post. Schlittschuhlaufen konnten wir hinter dem Haus, wo der Zornbach zugefroren war. Zum Schifahren mit unseren Fassdauben eigneten sich die Fernitzberge. Ich wohnte schon in Kalsdorf, als meine Mutter die ersten Schi um 5 Schilling einem Sattler in Fernitz abkaufte. Wir hatten auch sonst noch einige Spielsachen, die wir von unseren Tanten bekamen. So etwa eine Kegelbahn, ein Schaukelpferd, ein Ziehwagerl, einen Holzreifen, Bausteine, einen Zug, Bälle und ein Holzauto. Ein besonderes Spielzeug war das Klavier, das wir von Tante Rosa bekommen hatten. Dieses Kinderklavier hatte Tasten aus Elfenbein und war ein Erbstück aus der Familie ihres ersten Mannes. Es muss zu dieser Zeit schon sehr alt gewesen sein, aber es funktionierte perfekt. In Unkenntnis tauschte ich dieses wertvolle Stück bei einem Freund gegen ein anderes Spielzeug ein, was meinen Eltern überhaupt nicht gefiel. Ich wurde gescholten und musste versuchen, dieses alte Stück wieder zurückzubekommen, aber leider war nichts mehr zu machen. Die Eltern meines Freundes hatten es bereits verkauft, jedenfalls wurde es von seinem Vater behauptet. Was dieses Kinderklavier wirklich wert war, konnte ich nie genau in Erfahrung bringen, aber dass es sehr kostbar war, erkannte ich erst viel später, als ich solche Dinge bereits abschätzen konnte.

Die Schule in Fernitz

Der Ernst des Lebens begann 1929, denn ab April musste ich in die Schule gehen. Vorbereitungen dafür gab es keine, denn ein Kindergarten oder Ähnliches war uns vollkommen unbekannt. So hatte man keine Ahnung, was auf einen zukam. Einkaufen für den Schulanfang war kein besonderes Problem, man brauchte ja nur einige Sachen. Ein kleiner Rucksack wurde angeschafft, eine Schiefertafel und zwei Griffel, ein Schwamm und eine Federpennal. Das war ein länglicher Holzbehälter im Ausmaß des Griffels, der später auch als Behälter für Bleistifte und Federstiel sowie für die Federn dienen sollte. Nun ergänzte meine Mutter noch die Schulausrüstung mit zwei Stofflappen und einem Schwamm, die zum Abwischen der Tafel gedacht waren.

Der Tag des Schulbeginns war da und ich marschierte mit meiner Mutter in Richtung Schulgebäude. Stolz lief ich neben ihr her, den Rucksack auf dem Rücken, der Schwamm und die Tücher hingen herunter und ich kam mir schon sehr groß vor. Meine Mutter wurde von einigen Bekannten gefragt: »Geht der Kleine auch schon in die Schule?« Das Wort »der Kleine« gefiel mir überhaupt nicht, wie schon erwähnt, ich kam mir sehr groß vor. Obwohl ich erst vor wenigen Tagen 6 Jahre alt geworden war, ging ich voll Stolz zur Schule, um lesen, schreiben und rechnen zu lernen. Meine Mutter lieferte mich in der Schule ab und die Freude bekam einen Dämpfer, als sie dann nach Hause ging und ich in der Schulbank Platz nehmen musste. Es waren der Pfarrer und der Lehrer anwesend und sie fragten jeden Einzelnen nach dem Beruf des Vaters. Das hatte mit der Sitzordnung zu tun, man war schon am Anfang bemüht, die Kinder nach der gesellschaftlichen Stellung der Eltern zu gruppieren. Es wurden noch einige Änderungen in der Sitzordnung vorgenommen, so etwa wurde Othmar, der Sohn des Gemeindesekretärs, in die erste Bank versetzt, obwohl er zu den größeren Buben gehörte und eigentlich hätte hinten sitzen müssen. In den ersten Sitzreihen saßen die Bevorzugten. In der Klasse waren vier Abteilungen untergebracht und der Unterricht erfolgte je nach Abteilung. Während der Lehrer die erste Abteilung (Schulanfänger) abfragte, mussten die zweite, dritte und vierte Abteilung (Klasse) nur zuhören und ansonsten nichts tun. Der Ernst, mit dem es weitergehen würde, wurde uns bewusst, dass, wenn einer der größeren Schüler störte, der Lehrer ihn gleich zu Verantwortung zog, indem er ihn zu sich kommen ließ und wir nun der Bestrafung zusehen mussten. Der Schüler hatte eine Hand vorzustrecken, der Lehrer schlug mit voller Wucht mit einem Haselnussstecken auf die Fingerspitzen und da der Schüler zuckte, musste er auch die zweite Hand vorstrecken und das Geschehen wiederholte sich. Wir glaubten, der Strafvollzug sei beendet, was aber nicht der Fall war. Nun musste der Schüler, weil er nicht weinte, jeden Schlag mitzählen. Beim zehnten Schlag stellte der Lehrer den Strafvollzug ein, der Knabe weinte leise vor sich hin und musste nun in einer Ecke der Klasse strafstehen. Wir Kleinen waren vollkommen eingeschüchtert und wussten nun, wo es langging. Diese ersten Eindrücke werde ich nie vergessen. Man kann sich vorstellen, wie geschockt wir waren. Für die größeren Schüler war es nichts Besonderes, denn es kam ja jeden Tag einige Male vor. Später sollte ich merken, dass nicht alle Knaben gleich behandelt wurden, nur bestimmte wurden mit der Prügelstrafe bedacht. Die Lieblinge des Lehrers mussten bestenfalls einmal im Winkel stehen oder, waren sie sehr schlimm, im Winkel knien. Nachdem alle Kinder eingeteilt waren und der Knabe seine Prügel bezogen hatte, mussten wir aufstehen und ein Vaterunser beten. Der Pfarrer achtete ganz genau darauf, ob jeder Einzelne mitbetete. Danach mussten wir zu zweit antreten und ab ging es in die Kirche, wo eine Schulmesse gefeiert wurde. Danach konnten wir heimgehen. Der nächste Schultag diente dazu, die Schüler mit Büchern auszurüsten, auch ich bekam Leihbücher, aber diese waren schon so zerrissen, dass daraus lernen kaum möglich war. Als meine Mutter sie sah, stand fest: »Wir müssen dem Buben neue Bücher kaufen.« Meine Eltern besorgten das Rechen- und das Lesebuch neu, den Kathechismus nahm ich als Leihbuch. Nun konnte ich die übrigen geliehenen Bücher zurückgeben, was dem Lehrer sehr gut gefiel. Seine Bemerkung, dass meine Eltern Wert darauf legten, dass ich in der Schule etwas lerne, spricht Bände. Nicht viele Kinder hatten neue Bücher, denn Geld war sehr rar und die Schulbücher teuer. Es gab auch Eltern, die sich diese für ihre Kinder leisten hätten können, aber keinen Wert darauf legten.

Der Unterricht in den vier Abteilungen, die der ersten, zweiten, dritten und vierten Schulklasse entsprach, wurde phasenweise durchgeführt. Beschäftigte sich der Lehrer mit einer Abteilung, so mussten die anderen aus dem Lesebuch abschreiben, Rechnungen aus dem Rechenbuch durchführen oder auch nach Vorlage etwas zeichnen. Somit waren alle vier Volksschulklassen beschäftigt. Die Aufgabenstellung wurde ständig verändert, sodass jede Abteilung eine Stunde mit dem Lehrer arbeiten konnte. Der Religionsunterricht war einer der wichtigsten Unterrichtsgegenstände und wurde von einem Kaplan namens Schinagel gehalten. Es bestand auch der Zwang, sonntags in die Kirche zu gehen, auch das wurde vom Kaplan genau kontrolliert. In der Schule wurde immer gefragt, ob man am Sonntag in der Kirche war. Er wollte sogar wissen, ob auch die Eltern in die Kirche gehen. War man aus irgendeinem Grund nicht in der Kirche, bekam man eine Strafarbeit und musste aus der Bibel einige Seiten abschreiben. Im Sommer konnten wir die 10:00-Uhr-Pause im Schulhof verbringen, außer wir waren nach Meinung des Lehrers schlimm gewesen, dann hatten wir uns in der Pause in der Klasse aufzuhalten. Ansonsten verbrachten wir sie mit Abfangenspielen, fallweise auch mit Ballspielen im Hof. Dort fand auch die Turnstunde statt, denn es gab keinen Sportplatz und auch keine Turnhalle, so war die sportliche Betätigung sehr eingeschränkt. Freiübungen, Laufen und Ballspielen war schon ziemlich alles, was am Programm stand. In der Erntezeit entfiel auch diese sportliche Tätigkeit, dafür gab es landwirtschaftlichen Unterricht. Er wurde auf den Feldern des Lehrers durchgeführt und wir mussten Kartoffel klauben oder Kürbisse verladen, im Herbst auch Mais pflücken oder den Hof aufräumen und kehren. Das ging so weit, dass die Schulkinder auch für das Kürbisputzen eingesetzt wurden, fallweise hatten wir auch das Gras zusammenzurechen und im Stall zu helfen. Am Anfang wurden alle Schüler für diese Aufgaben eingeteilt, es wurde aber geändert, nachdem einige einflussreiche Bauern sich beschwerten und die Ansicht vertraten, dass die Kinder bei Entfall der Turnstunde in der eigenen Landwirtschaft genug Arbeit hätten. Es gab natürlich Einschränkungen, die erste Klasse (Abteilung) wurde für diese Tätigkeiten noch nicht herangezogen, sondern wie die Söhne der großen Bauern nach Hause geschickt. Es gab auch Differenzen unter den Kindern, sodass Gruppen gebildet wurden, Fernitzer gegen Enzelsdorfer oder Dörfler gegen Fernitzer und Gnaninger gegen Enzelsdorfer und so weiter. Bei diesen Auseinandersetzungen war man nicht sehr kleinlich, so konnte es schon vorkommen, dass einem der kämpfenden Buben ein Loch im Kopf geschlagen wurde. Als Wurfgeschoße wurden Steine verwendet und davon gab es auf der Schotterstraße ja reichlich. Auch Steinschleudern kamen zum Einsatz und es ist ein Wunder, dass es nicht mehr Verletzungen gab. Ich hatte einmal bei einer dieser Schlachten Pech und traf nicht meinen Gegner, sondern die Auslagenscheibe des Kaufhauses Dobida. Es war eine Qual, nach Hause zu gehen und meiner Mutter von dem großen Unglück zu erzählen. Sie schalt mich, aber sie ging zum Kaufhaus und sprach mit Herrn Dobida. Dieser wusste inzwischen bereits von dem Vorfall. Eine solche große Scheibe war sehr teuer und für meine Mutter eine Belastung, diese zu bezahlen, aber sie erklärte sich bereit, die Kosten zu übernehmen. Das Kaufhaus Dobida stand gegenüber der Landwirtschaft unseres Lehrers und ich hatte Bauchweh, am nächsten Tag in die Schule zu gehen. In der ersten Stunde kam das Donnerwetter über mich, der Lehrer wusste natürlich bereits davon. Meine Mutter hatte mir einen Zettel mitgegeben, auf dem Herr Dobida geschrieben hatte, dass der Schaden bereits ersetzt war. Diesen Zettel gab ich dem Lehrer, so kam ich ohne Prügelstrafe durch.

Wir waren Kinder, wie auch heute Kinder sind, doch der Unterschied war sehr groß, denn wir hatten nur wenig und manche Kinder nicht einmal genug zu essen. Trotzdem waren wir sicher schlimmer, als es die heutige Jugend in diesem Alter ist. Wir kamen auf alle möglichen Gedanken und so konnten wir nach

Schulschluss nicht bei der Kirche vorbeigehen, ohne uns bei den Stricken zu hutschen und in der Folge läuteten natürlich die Kirchenglocken.

Ich muss das näher beschreiben, um eine bessere Vorstellung zu ermöglichen. Wir gingen durch den alten Friedhof und beim Vorbau der Kirche hingen lange Stricke herunter, die dazu dienten, die Glocken zum Schwingen zu bringen. Die Versuchung war zu groß, mit diesen Stricken zu schaukeln. Es blieb nicht aus, dass die Glocken zu schwingen anfingen und ein Geläute einleiteten. Für die Bevölkerung von Fernitz hatte aber jedes Geläute eine besondere Bedeutung. Je nach Anschlag der Glocken konnte es Feuerarlam sein oder es war ein Zeichen, dass im Ort jemand gestorben war. Der nächste Schultag kam bestimmt und mit ihm die Befragung, wer diese Lausbuben gewesen waren.Trotz Androhung von Strafe konnte der Täter meistens nicht festgestellt werden. Wir wussten ja bereits, welchen Kindern wir nicht trauen konnten, und machten unsere Streiche nur, wenn keiner von den Klagröcken dabei war. Kinder, die bei jeder Gelgenheit meldeten, »Bitte, Herr Lehrer, der hat das oder dies gemacht«, wurden in der Kindergemeinschaft nicht aufgenommen und als Außenseiter betrachtet. In der 4-stufigen Klasse gab es auch Schüler, die bereits im 14. Lebenjahr waren und das letzte Schuljahr besuchten. Diese Buben sind nicht weiter gekommen als bis zur 4. Abteilung der 1. Klasse, was der 4. Klasse Volksschule nach dem heutigen System entspricht. Der Lehrer konnte mit diesen Burschen oft nicht viel anfangen, denn lernen wollten sie nicht, Aufgaben machten sie keine, den Unterricht störten sie ständig, sodass ihm nichts anderes übrig blieb, als sie mit Hieben zu bestrafen. Selbst das war nicht sehr einfach, denn sie wehrten sich, waren kräftig und wäre der Lehrer nicht ein so starker Mann gewesen, hätte die Bestrafung auch umgekehrt ablaufen können. Als ich in der dritten Abteilung war, fing mein Cousin in der ersten an. Franzi war ein sehr armer Bub, dessen Eltern nicht sehr besorgt um ihn waren, so bekam er bald Probleme in der Schule. Oft hatte er keine Aufgaben oder seine Mitschüler hatten die Aufgaben auf seiner Tafel gelöscht. Der Lehrer glaubte das aber dem Franzi nicht und so gab es eine Strafe nach der anderen. Er wohnte in den Fernitzbergen, entlang seines Schulweges wuchsen viele Haselnuss- und Weidenbüsche neben dem Zornbach. Der kleine Knirps musste daumenstarke Stecken mitbringen, mit denen dann der Lehrer den kleinen Buben verprügelte. Es kam auch vor, dass, wenn kein geeigneter Stock zur Verfügung stand, der Lehrer einfach den Meterstab für den Strafvollzug verwendete. Diese Eindrücke von Ungerechtigkeit und Macht der Lehrer sind mir bis heute in bester Erinnerung. Ich glaube, dieser Lehrer war ein Sadist und empfand große Freude beim Verprügeln von Kindern. Es ist ein Glück, dass es heute strengstens verboten ist, Kinder in der Schule bei Fehlverhalten zu verprügeln, die Eltern würden sich eine solche Vorgangsweise auch nicht mehr gefallen lassen.

Bei bürgerlichen Veranstaltungen wurden auch Kinder herangezogen, Gedichte aufzusagen oder eine Singeinlage darzubieten. Bei einer derartigen Aufführung des Männer-Gesangsvereins hatte unser Lehrer die Aufgabe übernommen, mit einem Gedicht beizutragen. Wir Kinder mussten nun das Gedicht »Ich bin ein deutscher Knabe« lernen. Der Lehrer hatte schon vorher einem seiner Lieblinge zugesagt, dass nur er für das Aufsagen des Gedichtes in Frage käme. Es stand nur ein kurzer Zeitraum für das Lernen zur Verfügung. Nun war die Zeit um, der Lehrer befragte seine Lieblinge, keiner beherrschte den Text und schon gar nicht die Betonung, mit einem Wort, es funktionierte nicht. Jetzt blieb dem Lehrer nichts anderes übrig, auch die anderen Kinder das Gedicht aufsagen zu lassen. Einige hatten es sehr brav gelernt, aber es fehlte die richtige Betonung, so kam es, dass ich der Beste war. Ich sprach laut, beim Text brauchte der Lehrer nicht helfen und auch mit der Betonung hatte ich keine Schwierigkeiten. Die Entscheidung fiel zu meinen Gunsten aus und ich durfte bei der Veranstaltung das Gedicht vortragen. Ich glaube, sie hatte schon einen deutschnationalen Charakter. Ich war wohl etwas aufgeregt, aber es ging ohne Steckenbleiben und so gab es viel Applaus. Einer der Bürger nahm seinen Hut und sammelte bei den Gästen für mich. So bekam ich für das Aufsagen mehr als 10,00 Schillinge, das war sehr viel Geld. Dafür hätte ich mir einen Rock und eine Hose kaufen können. Meine Eltern hatten aber bereits vorgesorgt und so konnte ich den Betrag in meine Sparkasse werfen. Nun gehörte auch ich zu den Lieblingen des Lehrers, das brachte mir viele Vorteile.

Nun noch einige Zeilen zu den vier Abteilungen (2. Klasse), diese wurden von Oberlehrer Schmied unterrichtet. Er war ein sehr strenger Mann, aber korrekter als unser Lehrer, obwohl er die größeren Buben hatte. In der zweiten Klasse waren im Sommer fast überhaupt keine Schüler da, die Buben hatten von Mai bis Oktober Schulbefreiung und mussten zu Hause in der Landwirtschaft helfen. Auch einige ganz arme Kinder bekamen Sommerbefreiung und gingen zu den Bauern arbeiten oder Kühe halten. Es war üblich, die Kühe den ganzen Tag auf die Wiese zu treiben. Die zweiklassige Volksschule in Fernitz entsprach nicht den Anforderungen, die bei meiner Überstellung in die sechsklassige Volksschule nach Kalsdorf verlangt wurden. Von der ersten bis zur vierten Abteilung ging ich in Fernitz zur Schule, ab Jänner 1933 besuchte ich die 4. Klasse in Kalsdorf.

Meine Freunde in Fernitz

Meine Freunde stammten aus verschiedenen Gesellschaftsschichten. Einer davon war der Max Purkarthofer, er war einige Jahre älter als ich und besuchte die Bürgerschule in Graz, sein Vater war Gastwirt und Bäckermeister und ein sehr reicher Mann in Fernitz. Ein weiterer Freund war der Weinhandl Hans, auch er einige Jahre älter als ich. Sein Vater, ein Kriegsinvalide und Werkelmannspieler, wohnte mit seiner Familie im Armenhaus der Gemeinde. Der Bauschuster Peperl zählte auch zu meinen Freunden, er war ein Bauernsohn, dessen Landwirtschaft sich ganz in der Nähe, wo ich wohnte, befand. Smodic Hansl war ein Schulkollege von mir und auch ein Freund, mit dem ich sehr viel zusammen war. Sein Vater war Fabrikarbeiter wie mein Vater, nur war Hansls Vater oft arbeitslos. Ein weiterer Schulkollege und Freund war der Held Peter, sein Vater war Eisenbahner und sie hatten in Oberfernitz ein

Häuschen. Auch bei der Familie Scheucher hielt ich mich sehr viel auf. Sie hatten ebenfalls eine Landwirtschaft und fünf Kinder, vier Mädchen und einen Buben. Unsere Spielplätze waren die Straße oder die Höfe der Bauern, weiters der Zornbach im Sommer, wo wir badeten und fischten, sowie die Fernitzberge und die Wiesen, wo die Kühe gehalten wurden.

Ich hatte Glück und den Vorteil, dass ich Kegelsetzen gehen konnte und dadurch selbst Geld verdiente, was meinem Freund Max unmöglich war. Seine Eltern hätten das niemals erlaubt. Beim Kühehalten und auch beim Herumtoben in den Fernitzbergen versuchten wir, unsere ersten Zigaretten zu rauchen. Ich musste sie kaufen, mein Freund Max und auch die anderen Freunde hatten meistens kein Geld und welches zu verdienen, hatten sie keine Möglichkeit. Manchmal hatte Max Glück und fand einen schönen Käfer oder er fing einen Schmetterling, den gab er uns und wir lieferten ihn bei seinem Vater ab, der eine Käfer- und Schmetterlingsammlung besaß. Das Geld, das wir dafür bekamen, gaben wir Max und so verdiente auch er hin und wieder etwas. So reich seine Eltern waren, die Kinder wurden kurz gehalten. Diese Möglichkeit nützten wir Kinder voll aus und brachten seinem Vater manchen schönen Käfer oder Schmetterling. Durch den Zustelldienst für meine Mutter, das Kegelsetzen beim Wirt Zöllner, fallweise einen schönen Schmetterling oder Käfer, hatte ich keine finanziellen Probleme. Ein Teil dieses Geldes wurde in die Sparkasse gegeben und der andere Teil vertranschelt (verbraucht), für Zuckerl oder Ähnliches. Mit Blumen versuchten wir es bei der Marktfahrerin Resi, vor allem in der Schneeglöckerlzeit. Um viele Büscherl zu pflücken, mussten wir nach Weißenegg gehen, dort gab es noch und noch Schneeglöckerl, doch auch hier musste man schauen, einer der Ersten zu sein, man bekam pro Büscherl 10 Groschen.

Ein besonderes Erlebnis war das Fischwasser von Maxens Vater. So hieß der Bach nach dem Mühlgang Richtung Kalsdorf. Er hatte in diesem Bach viele Zuchtfische eingesetzt. Max durfte darin fischen, aber nur bestimmte Fische. Er nahm mich mit und ausgerüstet mit einem Ger, das war eine eiserne Gabel mit Widerhaken, zogen wir los und waren sehr erfolgreich. Wir waren stolz, einen Fisch nach dem anderen herauszuholen und so gingen wir auch freudig nach Hause, um Maxens Vater unsere Ausbeute zu zeigen. Die Reaktion kam überraschend, zuerst empfing der Max eine Ohrfeige, dass es nur so knallte, und auch ich wurde nicht verschont. Nachdem nichts mehr zu machen und das Donnerwetter vorbei war, hatte der Vater von Max doch ein schlechtes Gewissen, auch mich in die Schläge mit einbezogen zu haben, obwohl ich doch einige Jahre jünger war als sein Sohn und die Idee, mit dem Ger zu fischen, nicht von mir ausgegangen sein konnte. Um alles wieder gutzumachen, bekam ich einige Kilo Fisch mit nach Hause.

In der Familie von Hans gab es viele Kinder, der Vater war Werkelmannspieler, wie schon erwähnt, und musste von einer kleinen Invalidenrente und dem Geld, das er mit seinem Werkel verdiente, eine große Familie erhalten. Hans beanspruchte die Sommerbefreiung und wurde bei Maxens Vater als Halterbub eingestellt. Wir gingen oft mit ihm Kühe halten und es war immer abenteuerlich. Wir machten ein Lagerfeuer und es wurden Kartoffeln gebraten, fallweise auch ein Fisch und Maisstritzel. Geraucht wurden Filmzigaretten, wenn wir keine Zigaretten hatten, genügte auch der Maisbart. Es kam natürlich auch vor, dass uns schlecht wurde beim Maisbartrauchen.

Der Sommer war die schönste Zeit, wir konnten ständig draußen sein und zum Anziehen benötigten wir auch nicht sehr viel. War ich mit meinen Freunden nicht zusammen, so ging ich mit den Nachbarskindern aufs Feld und half beim Kartoffelklauben. Frau Scheucher war sehr großzügig und ich bekam außer dem Essen auch noch einen Korb Kartoffeln mit nach Hause, was meine Mutter sehr gut gebrauchen konnte. Auch beim Aufräumen und Kehren des Hofes half ich den Nachbarskindern, sie waren für den ordentlichen Hof zuständig. Für diese Arbeit bekam ich von Frau Scheucher immer ein anständiges Stück Schmalzbrot. In der Tenne hatte Herr Scheucher eine Hutsche gebaut und im Hof konnten wir Versteckenspielen. Dabei hätte es bald ein Unglück gegeben. Steffi und ich haben uns in einem Strohschober versteckt, und da es dort sehr finster war und ich Streichhölzer hatte, versuchte ich, Licht zu machen und um ein Haar wären wir beide verbrannt.

Eine weitere Arbeit, die wir Kinder machen mussten, war, mit einer Winde, die von Hand aus betrieben wurde, die Spreu vom Getreide zu trennen. Diese Arbeit war sehr schwer und wir mussten uns immer wieder ablösen. Auch beim Maisstrohschneiden halfen wir, indem wir das Stroh zureichten. Das geschnittene Maisstroh diente auch als Futter für die Kühe. Im Herbst mussten wir auch beim Kürbisputzen helfen, dafür gab es eine gute Jause.

Ein weiteres Freizeitvergnügen war das Baden im aufgestauten Zornbach. Der Vater von Max hatte für seine Gesellen und deren Familie den Zornbach aufgestaut und es entstand ein Bad, in dem man auch schwimmen konnte. Auch andere Leute versuchten dort zu baden, indem sie die andere Seite benutzten, aber sie wurden vom Bauern mit der Peitsche verjagt, denn der Besitzer hatte Angst um sein Gras.

Bei meinem Freund Peter in Oberfernitz war es auch immer sehr lustig. Wir durften uns eine Hütte bauen und Peter hatte auch sehr viel Spielzeug. In der Schule waren wir gleich gut und hatten auch die gleichen Interessen. Besondere Freude hatten wir mit den Sandhaufen, dort konnten wir Burgen bauen mit Brücken und Wegen.

Die Brechtlhütte

Ein beliebter Spielplatz war auch die Brechtlhütte. Es handelte sich um ein offenes Gebäude, auf dessen Dachboden wir herumklettern konnten, und auch unsere ersten Zigaretten haben wir in diesem Gebäude geraucht. Es hatte einst dazu gedient, den Hanf zu bearbeiten und zu trocknen. Ganz in der Nähe der Brechtlhütte mündete der Zornbach in den Mühlgang. Auch hier gab es die Möglichkeit zu baden. Leider wurden wir auch hier meistens von dem Bauern verscheucht, dem die Wiese am Bach gehörte. Wenn er kam, versteckten wir uns in der Brechtlhütte. Die Bauern sahen es nicht gerne, dass wir Kinder uns dort aufhielten. Eines Tages mussten wir leider feststellen, dass jemand Glasscherben in den

Bach geschüttet hatte und vorbei war es mit der Möglichkeit, dort zu baden. Es war nicht immer leicht, den richtigen Platz zu finden, der auch von den Erwachsenen akzeptiert wurde.

Der Faschingsumzug in Fernitz

Im Winter gab es den großen Faschingsumzug, daran beteiligten sich die großen Bauern mit ihren Wägen und Pferden. Das ganze Dorf war unterwegs, die meisten Leute liefen maskiert herum und auch die Kinder trugen Masken. Für 20 bis 50 Groschen gab es welche zu kaufen, wer dieses Geld nicht hatte, bastelte sich selbst eine Maske. Der Umzug fand von Unterfernitz bis Oberfernitz mit Musik statt und die Leute standen an der Straße, um die schönen Wägen zu bewundern. Einige auf Wägen, die großen Bauern gehörten, hatten Krapfen mit und warfen diese den Leuten am Straßenrand zu. Andere Wägen hatten Zuckerl, Getränke und Mehlspeisen geladen und es wurde alles an die Kinder und Erwachsenen verteilt. Es war eine große Ehre für die reichen Bauern, bei diesem Fest großzügig zu sein.

Fronleichnamsumzug in Fernitz

Der Fronleichnamsumzug war wohl der größte Umzug, der in Fernitz stattfand, die Vorbereitungen dafür waren sehr umfangreich. Links und rechts der Straße wurden Birkenbäume gesetzt und einzelne Familien bauten vor ihrem Haus einen Altar im Freien auf und schmückten diesen mit Blumen. Der Hauptplatz wurde schön hergerichtet, auch einige Standler hatten ihre Verkaufsstandln aufgestellt. Die Gasthäuser waren auf ein großes Geschäft vorbereitet. Nun war es so weit und der Umzug wurde zusammengestellt, vorne ging die Musik und danach der Pfarrer mit dem Kaplan unter dem Himmel, welcher von jungen Burschen getragen wurde. Danach kamen die Jungfrauen und die Schulkinder. Die jungen Burschen und die Erwachsenen bildeten den Schluss. Bei jedem Altar wurde haltgemacht, gesegnet und gebetet. So ging der Umzug mit Musik von der Kirche bis zum E-Werk Purkarthofer und wieder zurück in die Kirche, wo anschließend eine Messe gefeiert wurde. Dieser

Tag war ein Volksfest, denn am Nachmittag spielte die Musik in den Gasthäusern und es ging lustig her, was aber oft auch mit einer großen Rauferei endete. Für mich und meinen Bruder bedeutete es wieder einen guten Tag, Großvater war bei der Musik und schlug die große Trommel und Tante Fani schenkte beim Wirt Zöllner ein. Wir liefen neben dem Großvater so lange mit, bis er seine Brieftasche herausholte und uns ein Fünferl gab. Nun ging es zum Zöllner, dort waren viele Leute und es war nicht einfach, unsere Tante zu erwischen. Mit viel Geduld gelang es uns und auch hier bekamen wir ein Fünferl (50 Groschen). Jetzt hatten wir viel Geld, mit dem von Tante Agerl und dem von unserer Mutter besaßen wir fast zwei Schillinge. Mein kleiner Bruder und ich gingen von Stand zu Stand, um zu schauen, was es alles zu kaufen gab. Lange wurde überlegt, ob es ein Auto sein solle oder vielleicht ein Gewehr. Man könnte aber das Geld auch sparen. Es dauerte lange, bis der Entschluss reif war, das Geld doch nicht zu sparen, sondern es bei den Standln auszugeben. Der erste Einkauf war für jeden eine Zuckerwatte, als Nächstes ein Eis und auch einen Met konnten wir uns leisten, so ging es weiter, bis die zwei Schilling verbraucht waren. Nun versuchten wir weitere Verwandte zu treffen, um auch von ihnen einige Groschen zu bekommen. Der Vormittag verging sehr schnell und für den Nachmittag war ein Ausflug in den Fernitzbergen vorgesehen. Daran nahmen immer einige Familien und mehrere Kinder teil. Für uns Kinder war es ein schöner Tag und auch für die Erwachsenen bedeutete es eine Erholung.

Der Kirtag in Fernitz

Wie schon erwähnt, gab es in Fernitz im Jahr einige große Kirtage. Einer davon war der Schutzengel-Sonntag oder der Schwarz-Sonntag. Bei diesen Kirtagen wurden an den Standeln für uns die Kleider gekauft. Danach konnten sich mein Bruder und ich selbstständig machen und uns überall umschauen. Die Finanzierung erfolgte, wie bereits beschrieben, man versuchte bei allen Verwandten etwas zu bekommen, was auch immer funktionierte. Nachdem wir alle Standeln abgegangen waren, hatten wir auch unser Geld verbraucht. Nun kamen wir zum Ringelspiel, hatten aber kein Geld mehr, so musste ich versuchen, beim Ringelspieltreiben zum Zug zu kommen. Für jedes Mal Treiben bekam man eine Marke und für fünf Marken durfte man einmal fahren. Ich benötigte 10 Marken, um auch meinem kleinen Bruder die Möglichkeit zu schaffen, mit dem Ringelspiel zu fahren. Das Treiben ging folgendermaßen vor sich: Man musste durch ein Schlupfloch hinaufsteigen und oben im Kreis gehen und fest anschieben, damit durch Übersetzungen das Ringelspiel in Schwung kam.

Es gab auch noch eine weitere Möglichkeit, zu Geld zu kommen, indem man Kegelsetzen ging. So etwa marschierte ich zum Zöllner und löste dort den Kegelbuben ab. Der war froh, als ich auftauchte, und verschwand mit seinem Geld. Zum Kirtag war es üblich, dass die großen Bauern um hohe Beträge spielten, und so war auch für den Kegelbuben einiges zu verdienen.

Umzug nach Kalsdorf

Die Tage in Fernitz waren bald vorbei, meine Eltern hatten sich um eine Wohnung in Kalsdorf bemüht und es konnte jeden Tag sein, dass wir diese Wohnung in den Personalhäusern zugeteilt bekamen. Weshalb wollten meine Eltern von Fernitz wegziehen? Der Anlass war Tante Rosa, die ganz überraschend verstarb und kein Testament hinterließ. Durch Zeugenaussagen von Fernitzer Bürgern erbte ihr Mann die Hälfte der Liegenschaft, obwohl meine Tante ihn nicht berücksichtigt hätte. Aber es kam noch besser, Großvater erbte die andere Hälfte und schenkte sie dem Mann meiner Tante, der inzwischen bereits wieder eine Frau genommen hatte. Dafür wurde ein Leibrentenvertrag abgeschlossen, der laut Aussage des Notars nicht einmal für eine Jause reichte. Aber Großvater ließ sich nichts sagen und behauptete, dass diese Leute gute Leute seien und er jeden Tag Backhendl bekomme. Es dauerte nicht lange und der Großvater bekam keine Backhendln mehr und der Mann meiner Tante hatte bereits die Hälfte an seine neue Frau weitergegeben. Den Versuch, diesen unwürdigen Leibrentenvertrag ungültig zu machen, ist nicht gelungen. So kam es zu einem totalen Streit und wir und Onkel Franz mit seiner Familie zogen aus. Tante Rosa verkehrte sehr viel im Gasthaus Zöllner und hatte nur für die Bürger viel übrig, für die eigenen Verwandten wesentlich weniger. Dies alles passierte in einer Zeit, in der es sehr schwer war, sich zu verändern. Keiner war sicher, ob er nicht arbeitslos würde, und so gesehen musste mein Vater schauen, solange er noch in Arbeit war, eine neue Wohnung zu beziehen. Es war eine große Veränderung für mich, ich musste nun in Kalsdorf die Schule besuchen. Für meinen Bruder war es leichter, er fing erst in Kalsdorf mit der Schule an.

Meinem Großvater war es nun nicht recht, dass wir nach Kalsdorf zogen und auch Onkel Franz auszog. Aber der Mann meiner Tante hatte den Zins so erhöht, dass ein Verbleiben in der Wohnung nicht möglich war. Der Großvater hatte inzwischen auch bemerkt, dass diese Leute, nachdem er ihnen alles überschrieben hatte, für ihn nichts mehr übrig hatten. Jetzt war mein Großvater im hohen Alter mit einem Leibrentenvertrag von monatlich 7 Schilling sich selbst überlassen und auch Tante Mitzi war noch zu erhalten, die kein Einkommen besaß. Dass man mit 7 Schilling nicht leben konnte, ist wohl klar, und schon gar nicht zwei Personen, so musste der Großvater in hohem Alter noch mit Onkel Franz landwirtschaftliche Geräte erzeugen, um etwas Geld zu verdienen. Als er nicht mehr arbeiten konnte, musste die Fürsorge beide erhalten. Hätte Großvater nicht auf alles verzichtet, so hätten beide vom Zins für die Wohnungen leben können.

2. Kapitel
Kalsdorf vor 1938

Übersiedlung nach Kalsdorf

Die Übersiedlung nach Kalsdorf wurde mit einem Pferdefuhrwerk bewältigt. Ein bekannter Bauer fuhr zweimal und unsere ganzen Habseligkeiten waren in der neuen Wohnung. Es war Anfang Jänner 1933 und ein kalter Tag. Mein Bruder und ich gelangten mit der ersten Fuhre nach Kalsdorf, unsere Eltern kamen am nächsten Tag mit der letzten Fuhre nach. Wir konnten bei der Familie Halbwirth bleiben, die auch drei Kinder hatte. Sie hatten auch einmal im Zinshaus der Tante Rosa gewohnt, waren aber schon einige Jahre früher nach Kalsdorf gezogen. In den Personalhäusern gab es viele Kinder, sie spielten im Hof, mein Bruder und ich schauten vom Gang unserer neuen Wohnung zu. Frau Halbwirth heizte unsere neue Wohnung in den ersten Tagen ein, wir mussten ja allein in der neuen Wohnung schlafen. Die Wohnung hatte eine Küche mit einem eingemauerten Herd und ein Schlafzimmer. Das Clo und ein Ausguss für gebrauchtes Wasser befanden sich auf dem Gang. Das Wasser musste vom Brunnen geholt werden, es war ein hervorragendes Wasser, man konnte es ohne Bedenken trinken. Zur Wohnung gehörten auch ein Keller und ein großer Garten. Der gemauerte Herd hatte ein Wasserschiff für Warmwasser. Der Fußboden war ein Bretterboden, welcher mit brauner Farbe gestrichen war. Die Küche hatte kein Fenster, dafür aber eine doppelte Glastür als Eingangstür. Im Schlafzimmer befand sich ein großes Fenster, wodurch der Raum viel heller als die Küche war. Elektrisches Licht gab es in der Küche und auch im Schlafzimmer. Die Räume waren einigermaßen groß, sodass wir auch in der Küche ein Bett aufstellen konnten. Der erste Tag war nun vorbei und wir gingen in die Wohnung, um zu schlafen. Es war schon schön warm, Frau Halbwirth hatte fest geheizt. Wir wollten aber nicht alleine schlafen und so erlaubte Frau Halbwirth, dass der Franzi bei uns schlief, obwohl er nächsten Tag in die Schule musste. In der Früh standen wir mit Franzi auf und zogen uns an und gingen zur Frau Halbwirth, die auch uns mit einem Frühstück versorgte. Franzi, Otto und Tonerl gingen in die Schule und wir schauten, als von überall Kinder auftauchten, die ebenfalls in die Schule unterwegs waren. Es dauerte sehr lange, bis wir uns entschließen konnten, das Haus, in dem wir in Zukunft wohnen würden, etwas genauer unter die Lupe zu nehmen. So gingen wir zuerst in den zweiten Stock und schauten in die Tiefe. Einige Mitbewohner sprachen uns an und wollten wissen, woher wir kämen und wie unser Name sei. Ich glaube, wir waren sehr schüchtern und konnten uns nicht vorstellen, dass wir nun in einem so großen Haus wohnen würden. Die meisten Personalhäuser hatten 12 Wohnungen, es gab aber auch einige, die 16 Wohnungen umfassten. Dann gingen wir in den Hof und hinter das Haus, wo die Leute ihre Wäsche zum Trocknen aufhängten. Wir dachten, dieser Platz sei für uns Kinder zum Spielen gedacht, sollten aber eines Besseren belehrt werden. Leider wurde beim Ballspielen die Wäsche beschmutzt, sodass wir beschimpft wurden, und erwischten uns die Erwachsenen, gab es auch Ohrfeigen. Gegen Mittag kamen unsere Eltern mit der letzten Fuhre und somit war die Übersiedlung abgeschlossen.

Die Firma Adolf Finze und die Personalhäuser

Die Personalhäuser ließ Adolf Finze erbauen, um seinen Angestellten und Arbeitern eine Wohnung zu bieten und vor allem seine Mitarbeiter sesshaft zu machen. Die Unterteilung in alte und neue Personalhäuser ist darauf zurückzuführen, dass ein Teil der Häuser vor und während des Ersten Weltkrieges, die restlichen danach gebaut wurden. Im Meisterhaus wohnten vorwiegend Angestellte, in den anderen Häusern Arbeiter. Für den Unternehmer Adolf Finze war das Schaffen von Wohnungen sicherlich eine sehr fortschrittliche Tat. Es muss auch vermerkt werden, dass die Arbeiter sich diese Wohnung locker leisten konnten. Als wir nach Kalsdorf zogen, betrug die Miete fünf Schillinge für eine Küche-Zimmer-Wohnung. Ein Grund war natürlich auch, Facharbeitern, die auf

Wanderschaft waren, eine Möglichkeit zu bieten, in Kalsdorf sesshaft zu werden. Obwohl die Bauern über die Fabrikler schimpften, gingen die Söhne der Bauern im Winter in die Fabrik arbeiten, im Sommer mussten die Burschen ja in der eigenen Landwirtschaft helfen. Für den Unternehmer Adolf Finze war es aber notwendig, die Arbeitskräfte im Sommer wie im Winter zur Verfügung zu haben und vor allem mussten es eingearbeitete Arbeitskräfte sein. Aus dem gleichen Grund wurde auch das Ledigenheim gebaut, um Facharbeiter, sprich Werkzeugmacher, Schlosser, Dreher und Modelltischler usw., in Kalsdorf sesshaft zu machen. Diese Facharbeiter wanderten bis ins bayrische Gebiet hinauf, um in den Betrieben Werkzeuge herzustellen oder auch Reparaturen an Maschinen durchzuführen. Diese wandernden Facharbeiter hielten sich nur so lange bei einem Betrieb auf, als es unbedingt notwendig war, und wanderten nach getaner Arbeit zum nächsten Betrieb. Leider wurden der größte Teil des Ledigenheimes und der Heinrichshof abgerissen, da diese Häuser schon sehr baufällig waren. Die Beschäftigungspolitik von Adolf Finze war, durch die Vergabe der Wohnungen an seine Mitarbeiter, diese abhängig zu machen, und so hatte der Betrieb ein ständig verfügbares Personal.

Wie wurden das Ledigenheim und die Personalhäuser sowie die Finzevilla gebaut? Man brachte das gesamte Material mit eigenem Pferdefuhrwerk zur Baustelle und ohne wesentliche Hilfmittel baute man die Häuser. Der Ziehvater meiner Schwester erzählte oft, wie sehr die Leute sich plagen mussten. Er war Pferdeknecht bei der Firma. Wo heute das Bürogebäude ist, war früher der Pferdestall. Auch das Vormaterial für die Produktion wurde per Pferdefuhrwerk vom Bahnhof in die Firma gebracht und die Fertigware wieder zum Bahnhof gefahren. Ein Anschlussgleis vom Bahnhof zur Firma gab es zu diesem Zeitpunkt noch nicht. Erst viel später wurde es gebaut und ab diesem Zeitpunkt die Pferde nicht mehr für diese Arbeit eingesetzt.

Nach Erzählungen der alten Kalsdorfer, sollen es vier Schimmel gewesen sein, mit denen Herr Dr. A. Finze durch Kalsdorf fuhr. Man erzählte auch, dass er sich sehr um die Angelegenheiten der

Gemeinde kümmerte, so wurde etwa ein Mitarbeiter des Lohnbüros der Firma Finze als Sekretär in die Gemeindestube versetzt. Auch um die Mitarbeiter nahm sich Dr. Finze an und traf er einen Familienvater betrunken auf der Straße an, so schickte er diesen sofort nach Hause und er musste sich am nächsten Arbeitstag bei ihm melden. Was später mit dieser Firma geschah, war tragisch, aber wohl nicht zu vermeiden. Die Frau von Dr. Finze verspielte in Monte Carlo Millionen, sodass Dr. Finze den Freitod wählte und sich mit einer Pistole erschoss.

Es sollten große Veränderungen kommen, nach dieser Misere wurde die Bank Besitzer der Firma A. Finze. Später kam die Firma Brüder Läpp dazu, die sich vorwiegend mit der Erzeugung von Beschlägen und Schlössern beschäftigte. Beide Firmen wurden zu einer Aktiengesellschaft zusammengeführt und daraus entstand die Firma Lapp-Finze-AG mit Sitz in Kalsdorf und Graz. In den 30er Jahren wurde der Grazer Betrieb nach Kalsdorf verlegt und Schrauben, Stifte, Beschläge, Schlösser und noch einige andere Artikel erzeugt.

Straßennetz Kalsdorf 1933

Das Straßennetz von Kalsdorf war größer als jenes von Fernitz. Die Hauptstraße von Graz in Richtung jugoslawischer Grenze führte mitten durch den Ort. Es war eine Schotterstraße, außerhalb des Ortes standen links und rechts am Straßenrand Bäume. Vom Hauptplatz zweigte die Fernitzerstraße ab und von dieser die Straße nach Kleinsulz und die Zufahrt zur Lapp-Finze-AG Weiters führte in westlicher Richtung die Bahnhofstraße nach Thalerhof und von dieser gingen die Römerstraße und die Pulverturmstraße weg. Auch südlich von Kalsdorf zweigten von der Hauptstraße Nebenstraßen in Richtung Friedhof, eine in Richtung Wundschuh und die Dorfstraße nach Großsulz ab. Alle diese Straßen waren Schotterstraßen, die Hauptstraße und die Fernitzstraße waren gepflegter, hingegen handelte es sich bei allen anderen Straßen um bessere Feldwege. Es gab natürlich auch viele Wege, die man aber nicht zum Straßennetz zählen kann. Ein besonderer Weg war der

Alleeweg, der von den Personalhäusern durch das Ledigenheim in die Firma führte. Dieser Weg war mit großen alten Bäumen gesäumt, leider gibt ihn nicht mehr und auch die Bäume sind geschlägert worden.

Bevölkerung von Kalsdorf

Kalsdorf ist eine sogenannte rote Gemeinde, der überwiegende Teil der Bevölkerung waren Arbeitnehmer und der restliche Teil Bauern, Gewerbetreibende sowie Geschäftsleute. Der Unterschied zu Fernitz war sehr groß, hier wurde der Arbeiter nicht als Fabrikler abgetan, sondern die Arbeit und Leistungen der Arbeiter auch geschätzt. Nur so war es möglich, dass Kalsdorf ein aufstrebender Ort wurde, in dem es eine 6-klassige Schule, einen Sportplatz und auch einen Turnsaal gab. Schon die Tatsache, dass bei den freien Wahlen bis 1934 immer ein sozialistischer Bürgermeister gewählt wurde, den auch die anderen Gesellschaftsschichten akzeptierten, ließ viele Erneuerungen zu. Bei uns Kindern kam der gesellschaftliche Unterschied überhaupt nicht zum Tragen, da wir die Kinder aus bürgerlichen Familien wohl akzeptierten, aber nicht respektierten. So kam es manchmal vor, dass die bürgerlichen Kinder von den Lehrpersonen bevorzugt wurden, was wir auf unsere Art regelten. Wenn sich der eine oder andere zu sehr darauf berief, wer er sei und von wo er abstamme, dann wurde dieser Bursche einfach verprügelt, was meistens mit einer großen Beschwerde der betroffenen Eltern endete. Auch Kämpfe wurden ausgetragen, die meistens von den Arbeiterkindern gewonnen wurden, da diese Kinder viel robuster waren.

Betriebe und Gewerbe, Ärzte und Kaufleute

In Kalsdorf waren Betriebe und Gewerbe sowie Geschäfte und Gasthäuser viel stärker vertreten als in Fernitz. Schon durch den großen Betrieb der Lapp-Finze mit seinen zwei E-Werken. Diese lieferten auch Strom für das gesamte Gemeindegebiet. Die Lapp-Finze-AG bestand aus dem Betrieb in Graz, Bahnhofgürtel, mit ca. 1.300 Mitarbeitern und dem Werk in Kalsdorf mit ca. 800 Mitarbeitern. Diese Zahlen wurden bei guter Beschäftigung erreicht. Je nach Beschäftigungslage wurden Leute abgebaut oder auch wieder aufgenommen. Der zweite größere Betrieb war das Sägewerk Meyer mit seiner Fassbinderei und Landwirtschaft. Weiters zu erwähnen sind die Haindlmühle in Kleinsulz und der Sauerbrun in Großsulz, sie gehörten zu den größeren Gewerbebetrieben, welche auch einige Mitarbeiter beschäftigten. Die vielen Gewerbetreibenden und Geschäftsleute konnten in Kalsdorf alle ganz gut leben und brachten es zu einem gehobenen Wohlstand, da die Arbeiter und Angestellten die verdienten Schillinge vorwiegend im Ort ausgaben.

Einige Beispiele von Familien, die klein angefangen haben und es zu einem beträchtlichen Vermögen brachten: Die Familie Pecigus hatte die Fleischhauerei in einem Holzzubau im Elternhaus, in dem sich heute der Konsum befindet. Dieser war damals im Finzehof untergebracht, wo nun der Seniorenclub ist. Heute besitzt die Familie Pecigus das ganze Areal des Pratlhofs sowie das Haus vom Schmiedbauern. Ähnlich wie bei der Familie Pecigus verlief es auch bei der Familie Stibitzhofer. Diese hatte im Pratlhaus eine mechanische Werkstatt und war vorwiegend mit der Reparatur von Fahrrädern beschäftigt. Nach dem Krieg kaufte die Familie von der Lapp-Finze den Grund, auf dem heute ein wunderschönes großes Geschäft steht. Auch die Tischlerei Kotschar war in einem der Pratlhäuser untergebracht und auch sie baute in der Bahnhofstraße ein Haus und eine Tischlerwerkstatt. Die Familie Schusterbauer hatte das Gasthaus im Pratlhaus in Pacht und konnte sich ein eigenes Gasthaus erwirtschaften. Die Familie Glaz pachtete den Lapp-Finze-Hof, auch sie brachte es zu einem großen Vermögen. Auch der Bäcker Nitsche war im Pratlhaus untergebracht und hatte hier seine Wohnung, Geschäft und Backstube, weiters gab es dort auch den Uhrmacher Binder und die Gemischtwarenhandlung Nitsche, eine Milchabgabestelle namens Hütter und den Friseur Findner. Alle diese Geschäftsleute waren sehr tüchtig und fleißig, brachten es zu Wohlstand, aber die Basis dazu kam von der Industrie, die wöchentlich und monatlich an ihre Mitarbeiter eine große Summe auszahlte, welche zum größten Teil in Kalsdorf verblieb. Ich will es bei diesen Beispielen belassen und die weiteren Betriebe nur aufzählen. Es gab in Kalsdorf vier Fleischhauer: Pecigus, Rasch, Platzer und Fedl. Lebensmittelgeschäfte: Konsum, Hirtl, Schweiger, Nitsche, Reicher und Romich, sowie eine Nitsche-Filiale im Nebenhaus der Blumauer-Villa. Bäcker: Nitsche und eine Verkaufsstelle im Finzehaus der Firma Purkarthofer, Fernitz. Schmiede: Bauer und Bretterklieber. Gasthäuser: Glatz, Schusterbauer, A. Pendl, Fedl. Reinthaler, J. Pendl, Meyer, Radi und Seidler. Die meisten Gasthäuser hatten Lehmkegelbahnen und diese wurden von der Bevölkerung fleißig benützt. Schuster: Leeb, Spanitz und Suppan. Sattler: Stranz. Tischler: Botschak, Kotscher und Scherfranz. Mechaniker: Stipitzhofer. Ärzte: Dr. König, Dr. Blumauer, Dr. Ortner, Dr. Gufler, später Dr. Waltersdorfer, Dr. Stiplovsek, Dr. A. Ortner und Dr. Pongratz. Im Finzehaus gab es auch ein Kino, was für uns Kinder sehr wichtig war, jeden Sonntag fand eine Kindervorstellung statt. Wir fanden diese aber gar nicht so interessant wie die Vorstellungen ab 18:00 Uhr, die nur für Erwachsene bestimmt waren, und so versuchten wir Kinder uns bei der Hintertür hineinzuschwindeln.

Der Rauchfangkehrer in Kalsdorf war Herr Stiplovsek, beziehungsweise sein Pächter König, auch dieser Name wird öfter in den Erinnerungen vorkommen. Der Flughafen Thalerhof gehörte ebenso zur Gemeinde Kalsdorf, war aber nicht ausgebaut. Es gab nur eine Landewiese und ein Gasthaus. Unsere Kirche stand dort, wo sich heute der Konsum befindet. Schade um das Kirchlein, für die ältere Generation wären viele Erinnerungen damit verbunden. Kalsdorf war keine eigene Pfarrgemeinde, wir gehörten nach Feldkirchen.

Nach diesem Überblick wieder zurück zur Übersiedlung von Fernitz nach Kalsdorf und dem ersten Schultag.

Erster Schultag in Kalsdorf

Nun war ich zwei Tage zu Hause in der neuen Wohnung, es wurde Zeit, in die Schule zu gehen. Ich hatte riesige Angst vor dem ersten Schultag in Kalsdorf. Mit meinem Freund Franz Halbwirth ging ich in der Früh um 7:30 Uhr mit und er lieferte mich in der vierten Klasse ab. Ich stand nun in der Klasse und wusste nicht, was ich machen sollte, denn die Lehrerin war noch nicht da. Einige Buben und Mädchen wollten wissen, woher ich käme, wie mein Name sei usw. Ich war ziemlich eingeschüchtert und überhaupt nicht gewohnt, dass Mädchen in der Klasse sitzen, das hatte es in Fernitz nicht gegeben. Frau Lehrerin Lesky nahm meinen Überstellungsschein, trug mich ins Klassenbuch ein und fragte mich einiges, dann teilte sie der Klasse mit, dass ich der neue Schüler sei und aus Fernitz komme. Ich wurde in der fünften Reihe zu Hermann Krischanetz gesetzt und brauchte an diesem Tag nicht mitarbeiten. Es dauerte sehr lange bis zur 10:00-Uhr-Pause und ich hatte schon einen großen Hunger. Endlich war es so weit und es klingelte. Die Kinder nahmen die Jausenbrote aus Schultasche oder Rucksack und setzten sich in Gruppen zusammen. Ich blieb in meiner Bank sitzen und beobachtete die Mädchen und Buben. Die Frau Lehrerin Lesky hatte einen Buben als Aufsicht bestimmt, er sollte, wenn einer schlimm war, diesen aufschreiben. Nicht alle Kinder hatten eine gute Jause mit, manche hatten überhaupt keine, andere wieder nur ein Stück Brot und eventuell einen Apfel. Es waren ganz wenige Kinder, die eine Wurstsemmel oder ein Wurstbrot als Jause besaßen. In der Pause war es ziemlich ruhig und so brauchte der Bub niemanden aufschreiben. Es klingelte, die Lehrerin kam wieder in die Klasse und der Unterricht ging weiter bis 13:00 Uhr. Es war alles ganz anders als in Fernitz, denn die Lehrerin hatte ja nur eine Klasse zu unterrichten. Punkt 13:00 Uhr war der Unterricht zu Ende, alle mussten aufstehen und es wurde ein Vaterunser gebetet, wobei die Lehrerin einige Schüler auffordern musste mitzubeten. Wir hatten zu zweit anzutreten, die Lehrerin führte uns über den Schulhof zum Tor, wo sie uns jeweils zu zweit auf die Straße entließ. Die meisten Kinder marschierten Richtung Hauptplatz und weiter bis zu den Personalhäusern, ein anderer Teil nach Kleinsulz oder Großsulz. Ich ging mit den Kindern Richtung Personalhaus und versuchte, mich dem Krischanetz Hermann anzuschließen. Der wohnte im zweiten Haus neben der Hauptstraße, ich musste noch einige Meter gehen, denn ich wohnte im letzten Haus Nr. 117. Meine Mutter wartete schon auf mein Kommen und war sehr neugierig, wie es mir ergangen ist. Ich erzählte, dass ich für den morgigen Schultag Hefte mitbringen müsse, die Bücher aber von der Schule bekomme. Nach dem Essen begleitete mich meine Mutter zum Kaufhaus Hirtl, um die auf einen Zettel aufgeschriebenen Hefte zu besorgen. Nun ging es wieder nach Hause, meine Mutter gab mir und meinem Bruder ein Schmalzbrot und wir liefen in den Hof, um zu spielen. Mein Bruder hatte schon einige gleichaltrige Freunde gefunden, er brauchte ja noch nicht zur Schule zu gehen. Für mich war es schon etwas schwieriger und so lief ich hinter das Haus, wo einige Mädchen und Buben Völkerball spielten. Ich schaute lange zu und als die Kinder neu auswählten, fragte mich ein Bub, ob ich auch mitspielen möchte. Ich sagte gerne und so durfte ich mich auch zu dem Haufen gesellen. Es wurde mit Schuhlängen über einige Meter festgestellt, wer mit dem Wählen beginnen dürfe. Es wurde einer nach dem anderen ausgewählt, nur ich stand noch immer da, scheinbar wollte mich keine Gruppe. Die konnten ja nicht wissen, dass ich dieses Spiel schon in Fernitz gespielt hatte und ich im Fangen gar nicht schlecht war. Die Erwachsenen hatten hinter dem Haus alles freigeschaufelt, es war ja Winter und es gab sehr viel Schnee. Es dauerte nicht lange und wir mussten uns verziehen, denn es kam eine Frau, die ihre Wäsche aufhängen wollte. Sie schimpfte mit uns und erklärte, dass der Schnee nicht für uns entfernt worden war, sondern für die Frauen, damit diese die Wäsche trocknen können. Nun gab es noch eine Schneeballschlacht, alte Personalhäuser gegen neue Personalhäuser. Inzwischen wurde es dunkel und mein Bruder und ich gingen in die Wohnung, die meine Mutter schön warm geheizt hatte. Wir durften noch etwas spielen, dann kam mein Vater von der Arbeit nach Hause, es wurde zu Abend gegessen und ab ging es ins Bett. Am nächsten Tag ging ich schon um 7:15 Uhr in die Schule, um ja nicht zu spät zu kommen. Um 7:30 Uhr war ich dort, es befanden sich schon einige Mädchen und Buben in der Klasse. Sie standen neben dem Ofen, der mit Kohle geheizt wurde und eine angenehme Wärme ausstrahlte. Fünf Minuten vor 8:00 Uhr kam die Lehrerin, wir mussten aufstehen und der Unterricht begann mit einem Vaterunser. Die Lehrerin nahm das Klassenbuch und rief alle Schüler auf, die mit »Hier« antworten mussten. Als mein Name aufgerufen wurde und ich auch antwortete, sagte die Lehrerin: »Komm heraus.« Ich ging zum Podium und sie übergab mir die Schulbücher mit dem Auftrag, diese einzubinden und darauf achtzugeben, bei Verlust müssten die Eltern die Bücher ersetzen. Es war für mich eine Überraschung, dass ich neue Bücher bekam, was einigen Mitschülern überhaupt nicht gefiel, sie selbst hatten alte, zerrissene Bücher. Nun musste ich den Unterricht von der ersten Stunde an mitmachen und ich merkte erst jetzt, dass wir in Fernitz mit dem Unterricht noch nicht so weit gewesen waren, wie die Schüler in Kalsdorf. In einem Fach jedoch waren wir weiter gewesen als in Kalsdorf und das war die Religion. Ich dachte mir, wenn das nur gut geht, aber die Lehrerin hatte Verständnis und schrieb mir auf einen Zettel auf, was ich nachlernen musste. In der dritten Stunde war Religion und der Pfarrer hatte es auf mich abgesehen, er fragte mich sehr viel aus dem Katechismus und ich konnte fast alles. Er stellte mich als Beispiel hin, was den Kindern nicht sehr gefiel. Viele Eltern der Arbeiterkinder waren Freidenker (aus der Kirche ausgetreten), vor allem die Arbeiter der Lapp-Finze-AG. Der Pfarrer gab mir ein Heiligenbild als Anerkennung und bemerkte dazu: »Bleib brav und lerne fleißig.« Um 12:00 Uhr war die Schule aus und die Buben und Mädchen hänselten mich beim Nachhausegehen. Ich versuchte ihnen zu erklären, dass in Fernitz Religion der wichtigste Gegenstand gewesen war und es bei Nichtkönnen auch Schläge mit einem Stock auf die Fingerspitzen gegeben habe. Die Kinder nannten mich aber trotzdem einen Heiligen, der in Religion sehr gut ist, aber sonst nichts kann. Ich hatte keine andere Wahl, als alle Fächer nachzulernen, um den Rückstand aus Fernitz aufzuholen. Mein Freund Hermann unterstützte mich dabei und so ging alles viel leichter. In wenigen Wochen hatte ich alles gelernt und kam mit dem laufenden Unterricht gut zurecht. Jetzt wurde ich auch von den anderen Schülern akzeptiert und durfte mich beim Raufen und Spielen anschließen. Obwohl wir in Fernitz kein Turnen gehabt hatten, war ich darin nicht der Schlechteste, sondern beim Geräteturnen und bei den Freiübungen ganz gut. Der Turnsaal und der Sportplatz gehörten der Lapp-Finze A. G. Später wurde aus dem Turnsaal eine Garage und aus dem Sportplatz ein Abstellplatz für Autos.

In der Schule gab es in den 30er Jahren für arme Kinder gratis Schuhe. Viele Eltern waren nicht in der Lage, ihre Kinder mit Schuhen zu versorgen. Auch ich hätte gerne neue Schuhe gehabt, aber da mein Vater nicht arbeitslos war, gab es auch keine. Es waren hohe Schuhe mit einer dicken Sohle und diese war mit Nägeln beschlagen (Mausköpfe). Es wurden nur solche Kinder berücksichtigt, deren Vater im Arbeitslosen-Notstand war oder überhaupt ausgesteuert (auch das Arbeitslosengeld wurde gestrichen). Die 30er Jahre waren für die Arbeiter und Angestellten, aber auch für die Bauern eine sehr schwere Zeit. Ich schaffte die vierte Klasse Volksschule ohne Weiteres und stieg in die 5. Klasse auf.

Wie lebten die Menschen 1933?

Wie schon erwähnt, waren viele Arbeiter und Angestellte arbeitslos, die jungen Männer und Frauen meistens ausgesteuert oder Notstandsbezieher. So mussten diese jungen Leute von dem Wenigen, was die Alten hatten, mitleben. Viele gingen auf Wanderschaft, zogen musizierend in Gruppen von Haus zu Haus, um einige Schillinge zu verdienen. Andere gingen betteln und waren schon glücklich, wenn sie 5 oder 10 Groschen bekamen. Viele Bewohner der Personalhäuser konnten allerdings den Bettlern nicht einmal die 5 oder 10 Groschen geben. Es war eine schwere und schlechte Zeit, die Menschen waren mit allem zufrieden, was sie bekamen. Es konnte nur das Notwendigste gekauft werden. Nach meiner Erinnerung kamen immer zwei Juden in die Personalhäuser und boten auf Monatsraten Kleider, Wäsche und Bettwäsche an. Einer der beiden wurde als »Pingeljud« bezeichnet, weil er immer einen Pingel voll Wäsche mit sich herumschleppte und versuchte, diese an den Mann zu bringen. Dieser Jude verkaufte Sachen an die Arbeiter für Wochenraten von 1 Schilling. Dabei konnte man noch mit ihm handeln und er war auch mit einer Rate von 50 Groschen pro Woche zufrieden. Hatte ein Arbeiter den Schilling in einer Woche nicht, machte es dem Juden nichts aus, so bekam er eben nächste Woche seinen Schilling. Mir ist nicht bekannt, dass der »Pingeljude« einmal über das Gericht die Schulden eintreiben ließ. Für viele war es die einzige Möglichkeit, Bettwäsche oder etwas zum Anziehen zu kaufen. Auch meine Eltern kauften auf Raten beim ihm, aber auch beim Juden Schnee wurde gekauft. Dieser schleppte keine Pingel durch die Gegend, sondern nahm Bestellungen auf, lieferte eine Woche später und kam auch wöchentlich kassieren. Die Juden waren etwas teurer als die christlichen Geschäftsleute, dafür aber viel entgegenkommender. Es kam auch vor, dass wir in Graz bei Kastner & Öhler einkauften, natürlich auch auf Monatsraten, die ein Arbeitskollege meines Vaters monatlich kassieren kam. Kastner & Öhler war ein sehr großes Geschäft. Mein Bruder und ich freuten uns jedes Mal, wenn wir mit nach Graz fahren durften. In diesem Kaufhaus gab es im ersten Stock einen Schwarzafrikaner, der den Leuten Auskunft gab, wenn sie nicht wussten, wo eine bestimmte Ware angeboten wurde. Mein kleiner Bruder und ich gingen oft auf und ab, um den Schwarzafrikaner betrachten zu können. Es war schon etwas ganz Besonderes, diesen dunkelhäutigen Mann zu sehen und zu bestaunen. Ich glaube in dieser Zeit gab es in ganz Graz kaum Schwarzafrikaner, außer diesem einen bei Kastner & Öhler. Auch mit der Schule besuchten wir einmal dieses große Geschäft. Wir wurden zu einer Jause eingeladen und außerdem bekam jeder eine Füllfeder, die meisten Kinder besaßen keine, sondern nur einen Federstiel mit einer Feder. Auch hier muss man sagen, dass es den christlichen Geschäftsleuten nie eingefallen wäre, Kinder aus dem Land einzuladen. Es gab in Graz sehr viele jüdische Geschäfte und überall konnte man auf Raten kaufen. Die ausgesprochen schlechte wirtschaftliche Lage wurde restlos ausgenützt. Die Menschen hatten so wenig Geld, dass es meistens nicht einmal fürs Essen reichte.

Nun wieder zurück nach Kalsdorf. Was machten die Menschen den ganzen Tag, wenn sie keine Arbeit hatten? Die Zeit wurde mit Schachspielen und Kegelscheiben verbracht. Die Leute saßen in den Stiegenhäusern und spielten Schach oder auch Karten, ein anderer Teil beschäftigte sich mit Kegelscheiben auf einer russischen Kegelbahn. Wir Kinder durften Kegel aufsetzen und bekamen dafür einige Groschen. Die Leute hatten ja sehr wenig Geld und so wurde um einen halben Groschen von 100 runter Liweg geschoben. Das ging so vor sich, wenn einer auf Null war, konnte er hinaufschreiben, bis die Zahlen ausgeglichen waren. Nun musste jener, dem von seinen Hundert etwas übrig geblieben war, jenem pro Kegel einen halben Groschen bezahlen, der mehr als 100 Kegel getroffen hatte. Der Kegelbub bekam von jedem zwei Groschen pro Partie, das war sehr wenig und man konnte nicht viel verdienen, obwohl das Kegelsetzen sehr schwer war. In Fernitz war das anders gewesen, dort zahlten die Bürger 10 Groschen pro Partie und zusätzlich bekam man von dem Mann, der ein Kranzl traf – es durfte nur der König stehen bleiben, mit dem man schnell hinauslaufen musste – 50 Groschen (Fünferl). Es bestand eben ein großer Unterschied, die einen waren die Herren und die Männer in den Personalhäusern waren eben die Fabrikler.

Politisch waren fast alle Arbeiter Sozialdemokraten und somit auch der Großteil beim Schutzbund. Diese Organisation war so etwas wie eine Kampftruppe innerhalb der Sozialdemokraten. Auch im Arbeiter-Turnerbund waren viele organisiert. Wir jungen Mädchen und Buben waren beim Turnerbund, bei den roten Falken und bei den Pfeiferlbuben, das war ein Musikzug. Ein Jahr später sollte das alles anders sein, damals wurden die Organisationen der Arbeiterschaft verboten. Man spürte 1933 bereits den Druck, der auf der Arbeiterschaft lastete. Die Organisationen der Bürgerlichen und auch die Nationalsozialisten suchten bei jeder Gelegenheit die Konfrontation mit den Schutzbündlern. Es gab auch den Heimatschutz, dies war die Partei des Fürsten Starhemberg, dann noch die Sturmscharen, die Partei des Kanzlers Dollfuß. Eine weitere Gruppe waren die Freiheitsbündler und auch noch einige kleinere Parteien. Jede versuchte ihre Leute in den Industrie-Betrieben unterzubringen und dies auf Kosten der Arbeiter, meistens waren es Bauernburschen, die versuchten, über die Parteien Arbeit zu bekommen. Es war auch ganz wichtig, sich mit dem Pfarrer gutzustellen, auch er hatte großen Einfluss und konnte seine Leute unterbringen. Aus diesen Zeilen ist ersichtlich, wie schwer es die Arbeiter hatten und von wo überall die Konkurrenz drohte. Es sollte aber noch schlechter für den Arbeiter werden, ab 1934 wurden die sozialistische und kommunistische Partei verboten.

Der Reicherwald und unsere Streiche

Inzwischen war es Frühjahr geworden und für uns Kinder kam wohl die schönste Zeit. Wir hielten uns sehr viel im Reicherwald auf und spielten Räuber und Gendarm oder versuchten, Tarzan zu imitieren, indem wir von Baum zu Baum kletterten.

Im Reicherwald spielte sich auch eine Geschichte ab, die erzählenswert ist. Unser Pfarrer marschierte jeden Vormittag Richtung Reicherwald, er hatte dort einen Baum, auf dem er seine Turnübungen durchführte. Als wir wussten, um welchen Baum es sich handelte und welcher Ast sein Turngerät war, fiel uns nichts Besseres ein, als diesen Ast mit Kot zu beschmieren. Nun versteckten wir uns, um zu beobachten, was geschehen würde. Wir mussten nicht sehr lange warten, der Herr Pfarrer kam auf den Baum zu, zog den Rock aus und – ein Sprung zum Ast, er rutschte mit den Händen aus und schon saß er am Boden. Nun begann er zu schimpfen, indem er seine Hände betrachtete. Diese Arbeiterkinder, denen werde ich es zeigen. Wir verließen unser Versteck und hatten kein gutes Gefühl, als wir nach Hause gingen. Ich glaube, der Herr Pfarrer tat uns leid. Wir hatten ihm seinen versteckten Baum versaut. Die nächste Religionsstunde kam bestimmt und wir durften ihr entgegenzittern. Es war ziemlich sicher, dass der Pfarrer uns in Verdacht hatte. Er meldete unseren Bubenstreich dem Schuldirektor Roschka, einem kleinen, dicken Mann, der sehr streng war. Der Schuldirektor holte sich diejenigen Burschen, die bereit waren, Auskunft zu geben. So wurde festgestellt, welche Buben sich ständig im Reicherwald aufhielten. Meine Freunde und ich wurden zum Direktor bestellt, der uns beschuldigte, die Sauerei gemacht zu haben. Wir wussten natürlich nichts von diesem Baum im Reicherwald und hatten auch nichts gesehen. Nun kam der Pfarrer und hoffte, dass der Schuldirektor inzwischen bereits festgestellt hat, um welche Buben es sich handelte, aber er wurde enttäuscht, da wir nicht bereit waren, es zuzugeben. Wir wurden vom Direktor beschimpft und auch vom Pfarrer, der uns Arbeitergesindel nannte, man drohte mit der Gendarmerie und mit dem Einsperren, falls wir nicht sagten, wer die Buben wären, die diesen Ast beschmiert hatten. Es half alles nichts, wir waren eben nicht bereit, trotz Drohungen etwas zuzugeben. Es blieb dem Pfarrer und dem Direktor nichts anderes übrig, als uns mit der Bemerkung gehen zu lassen, sie würden schon noch draufkommen, wer diese Lausbuben waren. In einem solchen Fall hielten wir Arbeiterkinder fest zusammen, obwohl es auch unter uns Streitereien gab.

Die Murauen und das weiße Bacherl

Waren wir nicht im Reicherwald, so machten wir die Murauen unsicher. In den Auen spielten wir Räuber und Gendarm, auch Kriegspiele wurden abgehalten. Im weißen Bacherl gab es ein Bad der Kinderfreunde, das Wasser war sehr kalt, aber uns machte es nichts aus, trotzdem schon im Mai dort zu baden. Man soll es nicht für möglich halten, aber man konnte das Wasser ohne Weiteres trinken. Noch etwas gab es im weißen Bacherl, und zwar sehr viele Forellen. Mit der Hand Forellen fangen hatte ich schon in Fernitz gelernt und in Kalsdorf konnte ich diese Technik noch verbessern. Es kam schon vor, dass ich für unsere ganze Bande mit Erfolg fischte. Zwei Buben hielten mich bei den Beinen, so konnte ich mich weit über die Böschung beugen und die Forellen aus den Höhlen herausholen. Die Fische wurden auf einen Stecken gespießt und über dem Lagerfeuer gebraten. Zwei Buben mussten Posten stehen, damit es keine Überraschungen gab. Mein Großonkel Stranz war Wachmann in Kalsdorf und hatte auch die Fischaufsicht. Als Wachmann (Gemeindepolizei) hatte er entsprechende

Vollmachten, um unsere Eltern in Schwierigkeiten zu bringen. Einmal hätte er uns bald erwischt, aber sein langer Säbel, den er zu seiner Uniform trug, hinderte ihn und so waren wir schneller und kamen mit einem blauen Auge davon. Wir Buben waren nicht die Einzigen, die im weißen Bacherl fischten, es gab auch einige Arbeitslose und Ausgesteuerte, die dem Fischfang mit Kupferdrahtschlingen nachgingen. Diese Burschen waren so perfekt, dass sie mit der Schlinge jeden Fisch erwischten. Es kam auch vor, dass mein Großonkel die Burschen durchsuchte, ob sie Kupferdraht oder andere Hilfsmittel bei sich hätten. Die Durchsuchung war meistens ohne Erfolg und wurde etwas gefunden, so machte es den Burschen auch nichts aus, sie waren ja ausgesteuert und hatten kein Geld. Mussten sie für einige Tage in den Knast, so waren sie wenigstens von der Schüssel zu Hause weg.

Es gab beim Spielen natürlich auch Unfälle, so stürzte mein Freund Alois von einem hohen Baum und brach sich das Schlüsselbein. Wir schleppten ihn zum Doktor, der den Buben ins Spital schickte. Ein weiterer Unfall passierte beim Indianerspielen, da erwischte es den Helli, ihm wurde mit einem Pfeil der Vorderfuß durchschossen. Ein ganz eigenartiger Unfall passierte dem Holzer Ottl beim Spielen auf dem Bahngelände. Auf einem Abstellgeleise standen einige Waggons und wir Buben wussten nichts Besseres zu tun, als diese ein Stück nach Norden zu schieben, dann aufzuspringen und hinunterzufahren. Der Ottl stellte sich zwischen zwei Waggons, um diese anzukoppeln, kam dabei mit einem Finger zwischen die Puffer und weg war der Finger. Wir liefen mit ihm zum Arzt und dieser konnte sich nicht erklären, wie eine solche Verletzung möglich sei. Ottl sagte aber nicht, wie es passiert war. Auch ich hatte einmal mit den Waggons meine Probleme. Als ich sie zusammenkoppeln wollte, fiel mir ein Eisenteil auf den Handrücken und die Hand schwoll dermaßen an, dass auch ich zum Arzt musste. Meine Eltern glaubten, die Hand sei gebrochen.

Ein beliebter Spielplatz waren auch beide Schottergruben, dort konnte man Höhlen bauen, ohne dass wir jemanden störten. Wenn es regnete, verkrochen wir uns in unsere Fuchsbauten und fühlten uns wohl und geborgen. Fallweise machten wir auch ein Lagerfeuer, klauten auf den Feldern Kartoffeln oder Mais, um sie am Feuer zu braten. Im Schachenwald wussten wir einige Nester, wo die Hühner ihre Eier legten, so gab es auch manchmal zu den Kartoffeln gekochte Eier. Auch Äpfel holten wir uns aus den Obstgärten, um diese ebenfalls zu braten. Es fehlte nur noch das Brot, aber es gab auch eine Möglichkeit, dieses zu besorgen. Der Bäcker Koller fuhr jeden Tag mit seinem Pferdewagen von Feldkirchen nach Kalsdorf, um seine Produkte auch in den Häusern zu verkaufen. Meistens kam er spät am Abend in die Personalhäuser und ersuchte Hermann, auf Wagen und Pferd aufzupassen. Das war für diesen die beste Gelegenheit, ein Brot zu klauen und es zu verstecken. Auch der Alois beteiligte sich an dieser Besorgung von Brot; das ging dann so vor sich, dass der Hermann dem Alois einen Wecken vom Wagen hinunterreichte und dieser damit verschwand. Ich selbst habe wohl auch von diesem Brot gegessen, aber ein Brot zu klauen, davor hatte ich große Angst. Fürs Aufpassen bekam Hermann immer eine Semmel oder auch ein Kipferl. Die beiden Buben hatten von zu Hause nie genug zum Essen und daher ständig Hunger. Beide Väter waren die meiste Zeit arbeitslos, Alois hatte einen Stiefvater, Hermann eine Stiefmutter und bei beiden war das Brot ständig eingesperrt. Zum Anziehen hatten die beiden Buben auch nichts Anständiges, sondern nur alte zerrissene Sachen. Ich glaube, der Bäcker wusste von den fehlenden Broten, aber er tolerierte auf Grund der Armut dieser beiden Buben den Verlust.

Auch in Thalerhof hatte ich Freunde und so ging ich manchmal dorthin zum Rauch Pepo und zum Friedl Hans. Beide wohnten am Rande des Flughafens und so hielten wir uns vorwiegend auf dem Fluggelände auf. Das Schießgelände befand sich am Ende der Rollbahn, wo große Erdhügel aufgeschüttet waren und man nach Eisenkugeln graben konnte, die wir für das Kegelscheiben brauchten. Auch Massengräber aus dem Ersten Weltkrieg lagen am Rande der Startbahn und zu dieser Zeit wurden dort Grabungen durchgeführt. Man konnte viele Totenschädel und Knochen sehen, was für uns Buben ein besonderes Erlebnis war. Die Arbeiter gingen mit den Gebeinen der ehemaligen Soldaten nicht gerade fein um. Ich glaube, es waren vorwiegend Kriegsgefangene, die dort begraben waren. Für uns war das Graben ein Abenteuer, denn wir hofften im Stillen immer, auf einen verborgenen Schatz aus dem Ersten Weltkrieg zu stoßen. Die Freundschaft mit Pepo und Hans hielt bis nach dem Zweiten Weltkrieg. Beide waren in meinem Alter und wir gingen auch in Kalsdorf gemeinsam in die Schule.

Der Bürgerkrieg 1934

Das Jahr 1933 ging zu Ende, wir hatten Weihnachtsferien und das Christkind würde in einigen Tagen zu uns kommen. Mein kleiner Bruder und ich waren schon sehr aufgeregt, was es uns wohl bringen würde. Trotz der schlechten Zeiten hatten meine Eltern immer dafür gesorgt, dass wir Kinder zu Weihnachten außer Kleidern auch einen schönen Christbaum hatten und es unter dem Baum Spielsachen gab. In dieser Zeit hatten viele Kinder zu Weihnachten nicht einmal etwas Besseres zu essen und schon gar nicht einen Christbaum oder Geschenke. Dass es uns besser ging, war darauf zurückzuführen, dass meine Mutter mit Nähen und Herstellen von Dirndlkleidern Geld verdiente und dies vorwiegend für uns Buben ausgab. Ich bekam in diesem Jahr ein paar Ski, die allerdings gebraucht gekauft wurden. Wenn ich mich richtig erinnere, zahlte meine Mutter fünf Schillinge dafür. Die Skier waren mit Durchstemmbacken und Zehenriemen ausgestattet, aber ich war mächtig stolz, echte Ski zu besitzen. Mein Brüderlein bekam ein Schaukelpferd und Bausteine sowie ein Bilderbuch. Der Christbaum war mit selbst gebackenen Keksen, die in Schokolade getunkt waren, behangen. In Papier eingedrehte Zuckerl, etwas Christbaumschmuck, einige Schokoladestücke und Christbaumkerzen ergänzten die Pracht. Wir hatten, wie schon erwähnt, immer schöne Weihnachten. Es gab natürlich schon am ersten Tag Probleme, denn mein kleiner Bruder wollte bereits mit dem Abräumen des Christbaums beginnen, was meinen Eltern nicht gefiel. Der Baum sollte bis zum Heiligen-Dreikönigtag stehen bleiben und erst dann abgeräumt werden. Als der Tag kam, war nicht mehr viel auf dem Baum, aber wir hatten auch mit dem Wenigen unsere Freude. Es wurde ganz gerecht geteilt, aber mein kleiner Bruder wollte immer tauschen, so tauschten wir eben, bis er nichts mehr hatte. Nun ging mein Brüderlein zu unserer Mutter, um sich zu beklagen, dass ich ihm alles abgeluchst hätte. Meine Mutter bestimmte, dass ich Karli wieder alles zurückgeben musste, was ich so mühsam erobert hatte.

In dieser Zeit gab es in Kalsdorf sehr viel Schnee und wir konnten beim Alleeriegel hinauf bis zum Kunersdorfer überall Ski fahren. Bei Zweiterem hatten wir eine Naturschanze und konnten Ski springen, was sich für die Ski nicht immer als gut erwies. Mancher Bub brach beim Skispringen die Ski ab und musste diese Schiffte »inlassen« (schiffteln, leimen). In Kalsdorf fuhren auch viele Mädchen mit Ski, was in Fernitz nicht der Fall gewesen war.

Ein Ereignis sollte im Februar 1934 eintreten, das uns Kindern, aber auch den Erwachsenen in furchtbarer Erinnerung bleiben sollte. Die Spannungen zwischen den Parteien wurden immer größer, sogar wir Kinder bekamen es zu spüren. In der Schule wurden die Lehrer vorsichtiger, vor allem jene Lehrer, die man der sozialistischen Partei zuordnete. Ich will hier nur wiedergeben, was wir als Kinder empfunden hatten und in welcher Zeit wir lebten. Für mich war es unverständlich, warum mein Vater sich so große Sorgen machte und sogar vom Keller eine Holzhacke mit in die Küche nahm. Er musste wohl schon gewusst haben, was in den nächsten Tagen passieren würde. In der Religionsstunde schimpfte der Pfarrer über die Schutzbündler und das rote Arbeitergesindel, aber es sollte noch schlimmer kommen. Man hörte von Generalstreik, die Menschen in den Personalhäusern waren nervös, sie steckten die Köpfe zusammen und es muss wohl was Großes im Gange gewesen sein. Eines Morgens hörten wir Schüsse von Weitem und man erzählte, dass in Graz bereits gekämpft würde. Einige wussten sogar zu erzählen, dass um den Konsum (Geschäft) schwere Kämpfe stattfänden. Es sollte auch bereits das Militär zum Einsatz gekommen sein, daher konnten wir in Kalsdorf den Kanonendonner hören. In den Personalhäusern war alles gespannt und der Schutzbund war in Bereitschaft. Die Waffen wurden aus den Verstecken geholt, aber es blieb vorläufig alles ruhig. Man erzählte, dass die Bahnstrecke von Graz nach Jugoslawien unterbrochen sei, angeblich wurde sie von den Schutzbündlern gesprengt. Wir Arbeiterkinder zitterten um die kämpfenden Arbeiter und hofften, dass sie siegen würden. In der Obersteiermark sollten die Kämpfe zugunsten der Arbeiter stehen und man wartete auf den Generalstreik. Auch von Wien hörte man, dass dort schwere Kämpfe stattfänden. In der Schule sprach der Pfarrer von Frauen mit von Pulver geschwärzten Gesichtern und bezeichnete sie als Teufelsweiber. Wir Arbeiterkinder wurden von den anderen schief angesehen, obwohl in Kalsdorf noch alles ruhig war. Wir zitterten die ganze Nacht mit unseren Eltern, die ja auch alte Sozialisten waren, und hatten riesige Angst, dass auch sie in diesen Kampf hineingezogen würden oder die Gendarmerie sie abholen würde. Der Kampf ging für die Arbeiter verloren und nun stellten sich die Folgen ein. Einige Kinder mussten nun zusehen, wie sie den Vater abholten und einsperrten. Ich stand mit meinem Bruder im Hof, als sie Herrn Salamon und einige andere holten, obwohl diese am Kampf nicht beteiligt gewesen waren. Weitere Schutzbündler wurden eingesperrt, einige flüchteten nach Jugoslawien. Auch der Sohn von Bürgermeister Fink war darunter und kam erst nach dem Zweiten Weltkrieg nach Österreich zurück. Der ehemalige Schutzbündler Fink begann in Leibnitz mit einem ganz kleinen Betrieb und war schließlich der Gewerke Fink mit einigen Betrieben. Jetzt kam für die Sozialdemokraten eine schwere Zeit, diese Partei wurde verboten.

Die Menschen in den Personalhäusern waren verängstigt und keiner wusste, was weiter passieren würde. In der Schule war eine große Spannung zu verspüren, die sozialistischen Lehrer hatten Angst, arbeitslos zu werden. Das Wort Freundschaft wurde aus dem Wortschatz der Arbeiter verbannt, es war der übliche Gruß unter Sozialisten. Der Schutzbund hatte Waffen und Munition wieder vergraben, so wurden bei den Hausdurchsuchungen keine Waffen gefunden und es blieb doch einigen die Verhaftung und Verschickung nach Wöllersdorf erspart. Dort war ein Anhaltelager für Sozialisten und Kommunisten. Man hörte auch, dass die Steirer Kohlmann und Stanek verhaftet worden waren und ihnen die Todesstrafe drohte. Inzwischen hatte sich der Genosse Bauer mit einigen anderen in die Tschechei abgesetzt, um etwas später in der Schweiz ein angenehmes Leben zu beginnen. Die Arbeiterschaft verurteilte zum größten Teil diese Flucht, vor allem weil es während der Kämpfe zu keinem Generalstreik gekommen war. Niemand wollte verstehen, warum die führenden Kräfte dieses Putsches mit der Kassa ins Ausland verschwanden. Als Kind hatte man, wenn man den Erwachsenen zuhörte, das Gefühl, dass nun alles verloren sei. Insgeheim hatten wir Kinder auf alle einen Hass, die nicht der Arbeiterklasse angehörten. So dauerte es nicht lange und die Spannung zwischen den Arbeiterkindern und den bürgerlichen Kindern sowie den Bauernkindern wurde immer größer. Es wurden zwischen diesen Gruppen richtige Straßenschlachten durchgeführt, was sich früher zwischen einzelnen Ortsteilen abspielte, wurde jetzt zu politischen Kämpfen. Bei jeder Gelegenheit wurden die bürgerlichen Kinder, von denen wir wussten, dass es Dollfuß-Anhänger waren, verprügelt. Kalsdorf ist eine rote Gemeinde, Fernitz eine schwarze. Auch hier kam es zwischen den Gemeinden unter den Jugendlichen zu Straßenschlachten. Für mich wurde es nun sehr schwierig, in Fernitz die Milch zu holen, denn die Fernitzer Buben versuchten mich zu erwischen. So musste ich ständig einige Kameraden ersuchen, mich nach Fernitz zu begleiten, alleine hatte ich Angst, nach Fernitz zu gehen. Wir holten, solange ich denken konnte, die Milch beim Klosterbauer. Daran hatte sich auch nichts geändert, als wir nach Kalsdorf zogen. Jeden zweiten Tag wurde die Milch von mir in Fernitz geholt und das nicht mit dem Fahrrad, sondern zu Fuß. Nur hin und wieder holte meine Mutter die Milch in Fernitz. Nachdem ich nicht mehr wollte, holten wir die Milch beim Hütter in Kleinsulz. Mir fiel ein Stein vom Herzen. Man hat keine Ahnung, welche Angst ich in dieser Zeit ausgestanden habe. Meine Freunde in Fernitz wurden plötzlich meine Feinde, diese Spannung hielt an, bis wir größer waren und eine ganz andere Zeit angebrochen war.

Das Jahr 1934

Das Jahr 1934 verging sehr schnell und ich kam im Sommer in die fünfte Klasse zu Lehrer Spat. Auch in der Schule gab es Auswirkungen der politischen Veränderungen, denn es wurde noch strenger auf alle katholischen Werte geachtet. Der Pfarrer hatte noch größeren Einfluss, um uns Kinder für dieses System zu erziehen. Wir mussten alle ein Abzeichen mit der Aufschrift »SEID EINIG« tragen. Hatte ein Bub oder Mädchen dieses rot-weiß-rote Abzeichen verloren, war ein neues um 50 Groschen zu kaufen. Es wurde in der Schule ständig kontrolliert, ob wohl jeder das Abzeichen angesteckt hatte. Wurde man öfter ohne Abzeichen angetroffen, bekamen wir Strafarbeit. Fünfzig Groschen kosteten 1 ½ Kilogramm Brot und es war nicht immer einfach, diese 50 Groschen aufzubringen.

Die politischen Auswirkungen gingen so weit, dass bei der Lapp-Finze-AG Burschen aufgenommen wurden, die sich im Kampf gegen die Arbeiter bewährt hatten. Es waren vorwiegend Bauernburschen, die der Heimwehr angehörten. Auch bei uns in den Personalhäusern gab es im Nebenhaus eine Familie, die mit den Schwarzen zusammenarbeitete, die hatten es aber nicht leicht, zwischen den roten Familien zu wohnen. Jedenfalls mussten alle auf der Hut sein, nichts Falsches zu sagen. Es gab genug Leute, die bereit waren, den besten Freund zu verkaufen. Eine Verhaftung war in den meisten Fällen auch gleich mit einer Einweisung nach Wöllersdorf verbunden. Dort war ein Anhaltelager für politische Gefangene.

Die Sommerferien verbrachte ich wieder bei den Zieheltern meiner Schwester Justi in Lebring. Die Ferien waren sehr schnell vorbei, auch der Herbst verging im Flug und wir hatten schon wieder Weihnachten. Es gab viel Schnee und wir konnten in den Fernitzbergen Ski fahren. Wir nahmen eine Jause mit und so marschierten wir schon vormittags nach Fernitz, um unseren Lieblingssport zu betreiben.

Das Jahr 1935

Das Jahr 1935 war um nichts besser als das Jahr 1934. Es gab nach wie vor viele Arbeitslose und auch viele junge Leute, die bereits ausgesteuert waren und keine Arbeitslose bekamen. Ausgesteuert hatte die Bedeutung, dass man überhaupt keine Arbeit mehr bekam. So mussten viele junge Leute auf Wanderschaft gehen, um so den Lebensunterhalt mit Musizieren, Singen und Betteln zu verdienen. Es war eine schreckliche Zeit für die Arbeiterschaft, aber auch die kleinen Bauern hatten große Probleme, ihre Produkte anzubringen. In dieser Zeit wurden sehr viele bäuerliche Betriebe versteigert, worauf die Familien obdachlos waren. Arbeiter, die in den Arbeitsprozess eingegliedert waren, hatten ständig Angst, die Arbeit zu verlieren.

Ich war zwölf Jahre alt und das Zeugnis fiel zur Zufriedenheit meiner Eltern aus. Auch dem Pfarrer fiel mein gutes Zeugnis auf und ich musste mich bei ihm melden. Er teilte mir mit, dass ich mit einigen anderen Burschen die Möglichkeit hätte, die kirchliche Internatschule in Premstätten zu besuchen, um Missionar zu werden. Als ich meinen Vater über das Gespräch mit dem Pfarrer informierte, war dieser nicht gerade begeistert von meinem Anliegen. Ich sagte ihm, ich würde aber trotzdem gerne diese Schule besuchen, die mit einer Realschule vergleichbar war. Mein Vater meinte, ob ich verrückt sei, eine solche Internatsschule besuchen zu wollen. In den Sommerferien übersiedelten die Burschen nach Unterpremstätten und ich war traurig, dass ich nicht dabei war. Diese Internatsschule wurde sehr streng geführt und es herrschte eine eiserne Disziplin. Ein Bub kam schon im Herbst in unsere Schule zurück, weil er die Anordnungen nicht 100 % ausgeführt hatte. So erzählte er uns, dass die Buben miteinander nur sprechen durften, wenn dazu von den Erziehern die Erlaubnis gegeben wurde. Der Tagesablauf war restlos verplant mit Beten, Lernen und Freizeit, wobei die Freizeit in Essen, Mittagsruhe und etwas Sport eingeteilt war. Einer der Buben wurde Pfarrer, aber keiner erreichte das Ziel, Missionar zu werden, denn 1938 sattelten die Kalsdorfer Buben, die das Internat in Unterpremstätten besuchten, um. Einer wurde Arzt, ein anderer Notar. Hätte auch ich nach Unterpremstätten gehen dürfen, die mittlere Reife hätte ich bestimmt erreicht und mein Leben wäre wahrscheinlich anders verlaufen.

Auf Erholung in Burgau

In den Ferien gab es von der Schule aus vier Wochen Erholungsaufenthalte und auch ich wurde dafür vorgesehen. Die Aufenthalte wurden von der Caritas organisiert und es waren vorwiegend oststeirische und burgenländische Familien, die Kinder für vier Wochen aufnahmen. Die Ferien waren da und ich musste von zu Hause Abschied nehmen. Wir fuhren mit dem Zug bis Burgau und wurden dort am Bahnhof den einzelnen Familien zugeteilt. Ich hatte nicht sehr viel Glück, denn ich kam zu einer Familie mit Kindern. Es war eine kleine Landwirtschaft vorhanden, die von der Familie bearbeitet wurde. Andere Kinder hatten mehr Glück und kamen zu großen Bauern oder auch zu Geschäftsleuten. Ein Freund von mir war bei einem reichen Bauern, ein anderer Freund beim Bäckermeister und ein Mädchen beim Bahnvorstand untergebracht, die drei hatten wohl die besten Plätze erwischt. Mein Gastgeber war zusätzlich noch Wegmacher und ich glaube, die hatten nur ein Kind genommen, um dafür von der Caritas Geld zu bekommen und zusätzlich eine Hilfskraft für die Landwirtschaft zu haben. So musste ich jeden Tag die Milch von zwei Kühen zur Milchsammelstelle bringen bzw. die Milch durch eine Zentrifuge drehen, sodass Magermilch und Rahm entstanden. Dann hatte ich auch den Rahm zur Sammelstelle zu schaffen. Die Magermilch wurde für den Haushalt und die Schweine verwendet. Mit dem größeren Sohn musste ich auch auf die Felder mitfahren und dort die Kühe halten, damit sie nicht in die fremden Äcker gingen, um dort zu grasen. Auch beim Kartoffelausgraben hatte ich mitzuhelfen und Grünfutter für die Schweine musste besorgt werden. Ich war jedenfalls die ganze Woche reichlich beschäftigt und konnte nicht erwarten, dass die vier Wochen um waren. Nur der Sonntag war eine Ausnahme, da musste ich in die Kirche gehen und hatte nachher frei, so konnte ich die anderen Kameraden besuchen, die mehr Glück gehabt hatten als ich. Sie konnten baden gehen. In Burgau gab es einen schönen Teich, der als Schwimmbad ausgebaut war. In diesem Ort waren auch viele Wiener auf Sommerfrische, die in den Gasthöfen wohnten oder bei Familien, die Fremdenzimmer hatten. Im August gab es einen Kirtag und einige Buben bekamen von zu Hause Besuch. Meine Eltern hatten keine Möglichkeit dazu, obwohl ich im Stillen hoffte, dass meine Mutter mit meinem Bruder kommen würde. Aber leider war es nicht so, dafür schickte sie durch eine Bekannte Geld, und zwar einen Schilling und 50 Groschen. Ich war sehr glücklich, denn nun konnte auch ich auf den Kirtag gehen und mir etwas kaufen. Alles durfte ich nicht verbrauchen, sonst hätte ich für die letzte Woche in Burgau kein Geld mehr gehabt. Die anderen Kinder bekamen von der Gastfamilie Geld für den Kirtag, ich leider nicht. Die Besuche fuhren am Abend wieder nach Hause und ein Mädchen reiste mit seinen Eltern mit, diesem Mädchen ging es so ähnlich wie mir. Ich dachte, es wäre ein großes Glück für mich, könnte auch ich jetzt mit nach Hause fahren.

Für Dienstag war ein Ausflug in die Burgauberge vom Pfarrer geplant und es mussten alle Ferienkinder mitkommen, was meiner Gastfamilie nicht sehr große Freude bereitete. In den Bergen bekamen wir bei einem Bauern Himbeersaft und gebackene Mäuse, so etwas Ähnliches wie Krapfen. Vielleicht sollte ich noch erzählen, wie es meinem Freund Kurtl bei der Messe ergangen ist. Der Pfarrer hatte keine Ministranten und so holte er den Kurtl für diese Aufgabe in den Umkleideraum und verlangte von ihm, er müsse ministrieren. Kurtl sagte, das könne er nicht. Der Pfarrer erklärte ihm, wenn er mit der Ferse einmal wackelt, so muss er das Messbuch auf die linke Seite tragen, bei zweimal Wackeln auf die rechte Seite und noch einiges für die Bedienung bei der Messe. Es ging natürlich drunter und drüber und funktionierte überhaupt nicht und der Pfarrer wurde wütend, weil alle schon lachten. Er schickte den Kurtl in den Umkleideraum und nach der Messe kam dieser weinend heraus, der Pfarrer hatte ihm einige Ohrfeigen verpasst.

Ein anderes Erlebnis hatte sich eine Woche vorher beim Kirchgang abgespielt, da hatten uns die Äpfel aus dem Garten des Herrn Pfarrer besonders gut gefallen. Bevor wir in die Kirche gingen, holten wir uns welche und verstauten sie unter dem Hemd. Wieder war es der Kurtl, der die gestohlenen Äpfel in der Kirche verlor. Wieder gab es einen furchtbaren Wirbel, die Leute erzählten dem Pfarrer, welche Buben es gewesen waren, die seine Äpfel gestohlen hatten. So gab es einige Lausbubenstückerl, sie alle aufzuzählen würde den Rahmen sprengen. Dann waren die Erholungsferien vorbei und wir wurden verabschiedet. Einige bekamen von der Gastfamilie Kleider und auch Essen mit nach Hause. Ich bekam einige Äpfel und ein großes Stück Brot, damit war alles erledigt. Ich weiß nicht, ob es für mich eine Erholung war, jedenfalls bin ich im nächsten Jahr nicht mehr auf Erholungsferien über die Caritas gefahren.

Wieder bei meiner Familie

Wieder zu Hause bei meinen Eltern und bei meinem Bruder war ich wohl am glücklichsten. Ich konnte meine Freizeit genießen und vor allem tun, was ich wollte.

Nun kam ich in die sechste Klasse, diese hatte zwei Abteilungen, das heißt, wir blieben bis zum Austreten aus der Schule in dieser Klasse und hatten auch bis zum Schluss den gleichen Lehrer. Aber ganz so war es letztlich nicht, der Lehrer Wagner wurde nach Mürzzuschlag versetzt und wir bekamen Herrn Lehrer Spat. Leider, denn Lehrer Wagner war ein hervorragender Lehrer, aber nachdem er Sozialist war, wurde er versetzt. Auch Lehrer Spat war Sozialist, konnte sich aber in Kalsdorf halten, da er es verstand, sich den neuen politischen Gegebenheiten anzupassen. Ich verstand mich auch mit ihm sehr gut, nur besaß er den Fehler, in der Klasse seine Lieblinge zu haben, und außerdem war er sehr jähzornig. Einen neuen Direktor bekamen wir auch, er gehörte der schwarzen Partei an. Die politische Macht wurde von Schuschnigg ausgeübt und wie schon erwähnt waren die sozialistische Partei, die kommunistische Partei und auch die nationalsozialistische Partei verboten. Ich ging zur Jugendorganisation der Sturmscharen, dort bekamen wir gratis eine Uniform, kurze Hose und ein Hemd, eine Mütze mit einer Feder nach vorne. Mein Vater musste zur vaterländischen Front. Den Leuten ging es nach wie vor schlecht, obwohl Schuschnigg versuchte, Arbeit zu schaffen.

Die Hauptstraße wird saniert

In Kalsdorf wurde in dieser Zeit die Hauptstraße asphaltiert und es bekamen viele Leute Arbeit. Aber auch dies hatte Nachteile, denn in erster Linie waren jene begünstigt, die noch Arbeitslose bezogen, welche noch dazu eingerechnet wurde. So kamen die Männer auf einen sehr niedrigen Stundenlohn. Wir Kinder waren oft zuschauen, aber es ging alles sehr langsam vor sich, die Arbeitsmethode war sehr primitiv, es standen nur Schubkarren aus Holz zu Verfügung, Schaufel und Krampen. Der Asphalt wurde direkt auf der Baustelle gemischt und verarbeitet. Der Schotter wurde geschlagen, wo sich heute die Apotheke Meyer befindet. Die dafür notwendigen Steine wurden mit dem Zug gebracht. Beim Schotterschlagen entstand auch ein feiner Steinstaub, diesen holten wir uns für die Erzeugung von »Bomben«. Denn in Papiersäckchen abgefüllt und in die Höhe geschleudert, ergab er beim Aufprall eine wunderbare Staubwolke. Bei einem Kampf in den Personalhäusern wurde diese Methode angewendet, nur die Bewohner waren nicht einverstanden und verständigten die Gendarmerie, diese kam und versuchte uns zu erwischen. Wir flüchteten in den zweiten Stock, warfen von dort unsere »Bomben« und es gab herrliche weiße Wolken. Die Gendarmerie verzog sich wieder, es war keiner bereit, diesen Steinstaub einzuatmen. Aber am nächsten Tag musste jede Familie, die Kinder zwischen 10 und 14 Jahren hatte, zur Gendarmerie. Keiner gab zu, bei dieser Stauborgie dabei gewesen zu sein, so bekamen die Eltern eine Belehrung und es wurde im Falle einer Wiederholung eine strenge Bestrafung angedroht. In der Folge wurde bei der Schotterschlagmaschine in den Pausen ein Posten aufgestellt, sodass wir keinen Steinstaub mehr holen konnten. Wir verlegten unsere Aktivitäten wieder in den Reicherwald und in die Murauen.

Die Weinbergschnecken

Im Herbst gab es eine neue Möglichkeit, Geld zu verdienen, wenn man bereit war, in den Auen Weinbergschnecken zu sammeln. Kisten wurden vorbereitet und nachmittags ging es los. Die Preise waren gut und die Schnecken wurden wöchentlich abgeholt. Ich hatte im Keller eine Kiste schlecht abgedichtet, so kamen mir jede Menge Schnecken aus und ich musste die Bewohner unseres Hauses bitten, mich die Schnecken wieder einsammeln zu lassen. Einige hatten Verständnis, aber es gab auch welche, die mit mir schimpften. Doch alle ließen mich in ihr Kellerabteil hinein. Mit dem Schneckensammeln war es nun vorbei, meine Eltern erlauben nicht mehr, dass ich im Keller Schnecken abstellte.

Fischfang und Boxarena

Inzwischen war mein Brüderlein auch 9 Jahre alt und wollte überall dort sein, wo auch ich war. Leider war es nicht immer möglich, meinen Bruder mitzunehmen. Wenn wir in den Auen spielten oder auch Fische fingen, konnte ich meinen Bruder nicht gebrauchen, wurden wir erwischt, mussten wir in den verschiedensten Richtungen verschwinden. Wir hatten in den Auen auch eine Boxarena aus Sand gebaut. Das Material hatten wir von der Mur bis in unser Lager transportiert. Wir Jüngeren waren dazu natürlich nicht in der Lage, aber unser Josef war ein starker Bursche und ihm luden wir die Sandsäcke auf, die er bis ins Lager schleppte. Richtige Boxhandschuhe hatten wir nicht, als Ersatz wurden Strümpfe mit weichen Fetzen ausgefüllt und diese über die Hände gezogen. Das waren unsere Boxhandschuhe. Pepo trainierte uns und manchmal kam einer oder der andere mit einer geschwollenen Nase nach Hause.

Holz aus den Auen

Eine weitere Beschäftigung von uns war, im Herbst Holz nach Hause zu fahren. Mein Freund Hermann musste laut seinem Vater Holz aus den Auen holen, was natürlich verboten war. Die Bauern tolerierten allerdings, wenn wir Holz vom Boden nahmen.

Das war uns zu wenig, wir suchten Bäume, die schon abgestorben waren und auch trocken. Es kam vor, dass wir erwischt wurden, wenn wir solche Bäume auf unsere Ziehwagerl verladen hatten, sodass wir sie wieder abladen mussten. Es gab aber auch Bauern, die uns das Holz nicht wegnahmen, uns aber aufmerksam machten, dass sie uns nicht so billig davonlassen. Viele Familien holten sich das Holz für den Winter aus den Auen und den umliegenden Wäldern. Manche gingen dazu sogar bis in den Kaiserwald. Eine weitere Möglichkeit für die Arbeitslosen war das Stockgraben, um auch für den Winter Holz zu bekommen. Mein Cousin Hans hatte einen Bauern, von dem er die Erlaubnis bekommen hatte, die Stöcke auszugraben bzw. mit Schwarzpulver zu sprengen. Mein Bruder und ich gingen am Wochenende mit und man sollte nicht glauben, wie schnell Hans einen Stock ausgegraben hatte. Wir konnten ihm dabei nicht viel helfen, es war eine sehr schwere Arbeit. Wenn er den Stock angebohrt und mit Pulver gefüllt, das Loch mit Ziegelstaub fest verschlossen hatte und die Zündschnur in Brand setzte, mussten wir in Deckung gehen. Es gab eine starke Explosion und die Holztrümmer flogen durch die Luft. Jetzt kamen mein Bruder und ich dran, dieses Holz einzusammeln und auf einem Platz neben dem Waldweg zu schlichten. Mit Hans war es immer lustig, ob wir beim Stockgraben dabei waren oder mit ihm fischen gingen.

Fischen in der Mur

Zu dieser Zeit hatte die Mur noch viele Fische und Hans besaß eine Fischkarte, die bis Wildon reichte. Die Fische verkaufte er, um wieder etwas Geld zu haben und sich im nächsten Jahr wieder eine Fischkarte leisten zu können. Sie wurden mit Angeln gefangen, davon legte er einige aus und wir mussten die Stangen halten. Er selbst fischte mit einem Trauper, das war ein Gerät an einer langen Stange, an dessen Ende ein mit Ruten gespanntes Netz von zirka ein bis eineinhalb Quadratmetern Fläche hing. Dieses Trauperfischen ist heute verboten, war aber in den 30er Jahren erlaubt. Um mehr Fische zu erwischen, hatte Hans eine Taschenlampe, mit der er auf die Wasseroberfläche leuchtete, wo er die Trauper gesetzt hatte. Mit etwas Glück erwischte er bei einmal Heben einige Kilo. Zum Fischen konnten mein Bruder und ich nur mitgehen, wenn wir keine Schule hatten, Hans ging bereits um 3:00 Uhr, also noch im Stockfinstern los.

Schwammerlsuchen in den Fernitzbergen

Mit Hans Schwammerl suchen war auch sehr lustig, er kannte alle Plätze in den Fernitzbergen und auch viele im Kaiserwald, so kamen wir immer mit einer reichen Ausbeute nach Hause. Manchmal kam es dabei vor, dass wir zu viel vom Most erwischten und uns nachher furchtbar schlecht wurde. Hans vertrug den Most leicht, obwohl auch er auf ziemlich schwachen Beinen nach Hause wackelte. Die Bauern, bei denen Hans einkehrte, waren großzügig und wir bekamen auch ein anständiges Stück Bauernbrot und wenn wir Glück hatten, auch etwas Schmalz darauf. Obwohl die Bauern in den Fernitzbergen nicht viel hatten, waren sie großzügiger als die reicheren Bauern in Kalsdorf und Fernitz.

Schwarzbeeren pflücken im Kaiserwald

Eine weitere Möglichkeit, Geld zu verdienen, war, indem man im Kaiserwald Schwarzbeeren pflücken ging. Damals marschierten viele Kalsdorfer zu diesen Zwecken in Richtung Kaiserwald. Manche Familien sammelten an einem Tag etliche Eimer und verkauften die Beeren an Familien, die sich den Ankauf leisten konnten. Wir Kinder hatten gleichzeitig die Gelegenheit, in den Wundschuher Teichen baden zu gehen. Badehosen brauchten wir keine, wir hatten ja alle eine Klotthose an und mit dieser sprangen wir ins Wasser. Die Mädchen gingen mit der Unterhose baden. Zum Essen hatte meine Mutter einen Wecken mitgenommen und in einer Flasche Kaffee, Beeren gab es ohnedies genug, so hatten wir nicht Hunger zu leiden.

Wieder Weihnachten

So verging der Herbst und es kamen abermals die Weihnachtsfeiertage. Das Jahr war wieder um. Es war wieder für viele ein Jahr gewesen, mit großen Ängsten, arbeitslos zu werden und für die Familie nicht sorgen zu können. Wir Kinder spürten diese Spannung und litten sehr darunter. Oft mussten wir zusehen, wie manche Kinder nicht einmal ein Stück Brot zur Jause hatten. So etwa Hermann, wo in der Familie das Brot ständig eingesperrt war und es nur zu Mittag ein Stück gab. Was dies betraf, hatten mein Bruder und ich kein Problem, für uns war jederzeit das Brot zugänglich und auch zum Fett konnten wir. Leider war es nicht immer reines Schweinefett, sondern es wurde mit Kernfett gemischt und war damit als Brotaufstrich nicht besonders geeignet.

Ich kann nur immer wieder feststellen, mein Bruder und ich hatten eine schöne Jugendzeit und unsere Eltern taten alles, um uns das Leben leicht zu machen. Wir hatten nichts im Überfluss, aber trotzdem mehr als viele unserer Kameraden. Es war uns sogar möglich, wenn wir angebettelt wurden, anderen Buben etwas von unserer Jause abzugeben.

Das Jahr 1936

Auch das Jahr 1936 war nicht viel besser als die Jahre davor und das Zittern um die Arbeitsplätze hatte auch nicht aufgehört. Die ständige politische Spannung änderte sich nicht, obwohl man bemüht war, neue Programme zu bringen. In der Lapp-Finze-AG mussten die Arbeiter der Vaterländischen Front beitreten, dies war, glaube ich, ein Ersatz für die verbotene Gewerkschaft. Auch in der Schule spürte man nach wie vor, dass Schuschnigg mit eiserner Faust regierte und alle Organisationen der Arbeiter verboten blieben. Es gab in der Illegalität natürlich noch die sozialistische Partei und den Schutzbund. Im Sommer 1936 begann in Spanien ein Bürgerkrieg und einige junge Burschen aus Kalsdorf fuhren nach Frankreich und von dort nach Spanien, um auf der Seite der Roten freiwillig zu kämpfen. In diesem Bürgerkrieg unterstützten die Deutschen Franco, die Roten erhielten Beistand von den Russen.

Die Roten verloren und unsere Kalsdorfer mussten nach Frankreich flüchten. So hörte man, dass der Starler Erwin gefallen sei, der Schadenbauer Adi überlebt habe und der Hofer Willi angeblich von Frankreich aus zu seinem Bruder nach Afrika gefahren sein soll. Diese Männer konnten nicht nach Österreich zurück, wurden beim Frankreich-Feldzug 1940 gefangen genommen und kamen in ein deutsches Konzentrationslager. Wenn man ihr Schicksal betrachtet, so war die Ursache, dass sie nach Spanien gingen, doch in erster Linie die Arbeitslosigkeit im eigenen Land gewesen und die Hoffnungslosigkeit, jemals wieder Arbeit zu bekommen. Ihr späteres Schicksal war umso tragischer, sie konnten nicht mehr in die Heimat zurückkehren und blieben bis 1945 eingesperrt.

Die meisten Leute, die 1934 inhaftiert wurden, waren wieder zu Hause bei ihren Familien und konnten, soweit sie eine Arbeit hatten, dieser nachgehen. Es wurde aber immer wieder von der Gendarmerie überprüft, ob diese Männer sich ohnehin nicht politisch betätigten. Beim Spielen entdeckten Buben einmal in der Schottergrube Gewehre, die dem Schutzbund gehörten, und meldeten es der Gendarmerie. Die Folge waren wieder Hausdurchsuchungen und verschiedene Schikanen, die die bekannten Schutzbundleute aushalten mussten. Wir Kinder bekamen es auch zu spüren, in der Schule wurden die Buben gelobt, die der Gendarmerie den Waffenfund gemeldet hatten, und wir Arbeiterkinder wurden beschimpft.

Man spricht von Deutschland

Nach dem Putsch war es um die Nationalsozialisten ziemlich ruhig, aber später hörte man auch von diesen Leuten wieder einiges. Viele gingen nach Deutschland, dort gab es keine Arbeitslosen und es wurde hinter vorgehaltener Hand viel von Deutschland und Hitler gesprochen. Wir marschierten nach wie vor oft zum Reicherwald und trafen dort mit der Ablöse der Pulverturmbewachung zusammen. Für diese Leute holten wir Zigaretten und auch fallweise etwas zum Trinken, bekamen dafür einige Groschen oder auch Zigaretten. Wir hörten, was diese Soldaten untereinander sprachen, es wurden oft Deutschland und Hitler erwähnt. Sehr viel konnten wir allerdings mit dem Gehörten nicht anfangen, die Soldaten waren sehr vorsichtig bei ihren Diskussionen. Eines konnten wir allerdings den Gesprächen entnehmen, dass es den Deutschen sehr gut gehen solle und es keine Arbeitslosen gäbe. Ich sollte 1937 davon profitieren, denn mein Vorgänger in der Lapp-Finze-AG war auch ein Illegaler und hatte sich nach Deutschland abgesetzt.

Grazer-Werk kommt nach Kalsdorf

Ein weiteres Ereignis gab es bald darauf in unserem Ort: Die Lapp-Finze-AG wurde vollständig nach Kalsdorf verlegt. Das Beschlägewerk in Graz am Bahnhofsgürtel übersiedelte mit den Maschinen und der restlichen Belegschaft zu uns. Diese Zusammenlegung wurde wohl aus wirtschaftlichen Gründen notwendig: Das Grazer-Werk hatte früher weit über 1.000 Beschäftigte und lieferte Beschläge nach ganz Europa. Ich glaube, das Werk war auch das größte seinesgleichen in Europa, aber aufgrund der wirtschaftlichen Situation wurde der Betrieb immer kleiner, bis zur Zusammenlegung in Kalsdorf. In den Personalhäusern standen etliche Wohnungen leer, die jetzt von den Grazern, soweit diese bereit waren, nach Kalsdorf zu ziehen, belegt wurden. Viele zogen es natürlich vor, in Graz zu bleiben, und fuhren täglich mit dem Zug zum neuen Betriebsstandort. Die Lapp-Finze-AG war in der Krisenzeit nur einige Monate gesperrt, großteils wurde in verschiedenen Abteilungen Kurzarbeit angeordnet, so blieb es vielen Arbeitern erspart, arbeitslos zu werden. So auch meinem Vater. Nach meiner Erinnerung war er nur kurze Zeit arbeitslos und da setzte sich sein Schulfreund Gewerke Purkarthofer dafür ein, dass er gleich wieder Arbeit fand. In der Firma gab es einen Obermeister, der schikanierte meinen Vater bei jeder Gelegenheit und er konnte diesem Mann auch nichts gut genug machen. Ich hatte auf diesen Mann große Wut und hoffte, wenn ich groß wäre, ihm alles zurückzahlen zu können. Die Rechnung haben aber andere beglichen, da er nach dem Krieg die Lapp-Finze nicht mehr betreten durfte. Es gab in der Firma aber auch noch einige andere Meister und Angestellte, welche die Not der Menschen in den 30er Jahren ausnützten.

Das letzte Schuljahr

Ich hatte das letzte Schuljahr begonnen und ging in die 6. Klasse, 2. Abteilung. Nachdem es sich in diesem Jahr vorwiegend um Wiederholungen handelte, gab es überhaupt keine Probleme und ich brauchte kaum etwas zu lernen. Hausaufgaben machte ich meistens in der Früh, so hatte ich den ganzen Nachmittag für mich. Auch ein Mädchen verehrte ich in meiner Klasse, sie war zierlich und lieb und wohnte in Großsulz. Es war eine rein platonische Liebe und leider auch eine sehr kurze, da ihre Eltern aus Großsulz fortzogen und damit jeder Kontakt abgebrochen war. Mit meinen Freunden diskutierte ich sehr viel, was wir nach der Schule machen wollten. Es war sehr schwer, Arbeit zu bekommen, und noch schwieriger, einen Lehrplatz zu ergattern. Für die Eltern war es kaum möglich, uns Buben über die Schulzeit hinaus zu erhalten. Mein Vater ließ mich bei der Firma vormerken in der Hoffnung, dass ich vielleicht doch eine Chance hätte, nach meiner Schule in die Fabrik arbeiten zu gehen. Allerdings war ich nicht der Einzige, der sich darauf Hoffnung machte. Es war ja noch ein halbes Jahr Zeit und ich sollte doch Glück haben, wie sich später herausstellte. Einige Freunde konnten schon in der Lapp-Finze arbeiten, dadurch hatten diese Burschen auch Geld. Ich versuchte alles Mögliche, um auch zu einigen Schillingen zu kommen, was nicht immer einfach war. Mein Vater versprach mir, wenn ich mit dem Ziehwagerl Holz nach Hause bringen würde, pro Wagerl 50 Groschen. Meine Mutter sagte: »Wenn du den Küchenboden scheuerst, bekommst du ebenfalls 50 Groschen.« Am Wochenende sah man die Burschen, die bereits Arbeit hatten, beim Kreuzerbecken. Das war ein Spiel, bei dem man mit der Münze von einer bestimmten Entfernung auf ein Kreuz warf und der am nahesten am Strich war, durfte die Münzen aufwerfen und auch Adler oder Zahl bestimmen. Wenn ich Geld hatte, spielte ich auch mit und war gar nicht so schlecht, manchmal gewann ich und manchmal verlor ich. Für mich war Letzteres eine Katastrophe, denn nun hatte ich die ganze Woche kein Geld.

Auch dieses Jahr verging sehr schnell und wir hatten schon wieder Nikolo und Weihnachten. Wie immer war Weihnachten schön, wir bekamen etwas zum Anziehen und einige Spielsachen. Auch mein kleiner Bruder war nun am 31. Dezember bereits 10 Jahre alt und besuchte die 4. Klasse. Seine Lehrerin, Frau Lesky, hatte oft Probleme mit ihm. Wenn etwa die Klasse Turnen hatte und mein Bruder ständig störte, indem er seine Witze machte, gefiel dies der Lehrerin nicht und sie holte den Karli heraus und verprügelte ihn. Mein Bruder wurde zornig und biss die Lehrerin in die Waden. Daraufhin ließ sie ihn los und holte mich aus meiner Klasse, um mir zu sagen und zu zeigen, was mein Bruder angestellt hatte. Ich konnte der Lehrerin nur sagen, hätte sie meinen Bruder nicht verprügelt, was bei Fehlverhalten ja nicht gerade empfohlen wird, so wäre der Biss auch ausgeblieben. Sie drohte mit Erziehungsheim und dem Direktor, aber es geschah nichts. Der Direktor war vorsichtiger geworden, denn es zeichneten sich bereits politische Veränderungen ab.

Winter 1937 /1938

Wir hatten den Winter 1937 und ich verbrachte sehr viel Zeit mit Skifahren und Turnen im Turnsaal. Inzwischen war ich schon einige Zeit beim Deutschen Turnerbund und unsere Betreuer versuchten viele Jugendliche anzusprechen, dem Turnerbund beizutreten. Der Obmann war Herr Breuer, ein ausgesprochen netter Mann, und auch die Vorturner waren feine Männer, zum Teil aus dem Arbeiterturnverein. Die Mitgliedschaft beim Deutschen Turnerbund sollte mir noch sehr nützen, denn dadurch bekam ich eine gute Arbeit, auf der ich aufbauen konnte.

Eine große Entscheidung

Die Vorgeschichte, wie ich zum Posten bei Lapp-Finze kam, ist bezeichnend für diese damalige Zeit. Im Büro war ein Mann beschäftigt, der wie so viele Angestellte der illegalen nationalsozialistischen Partei angehörte. Schilcher Gusterl hatte es vorgezogen, über Nacht Kalsdorf zu verlassen, um nach Deutschland zu emigrieren. Damit war der Posten als Laufbursche bei Lapp-Finze frei. Nun ging es nur darum, diesen Posten auch zu bekommen. Ich sprach mit Herrn Breuer und sagte, dass ich ihn gerne hätte, da ich mit 27. März meine Schule beenden würde. Herr Breuer teilte mir mit, dass es sehr viele Bewerber gäbe, und empfahl mir, zu Herrn Dir. DI Härtung zu gehen. Er sagte auch, er werde bei Dir. DI Härtung meine Bewerbung befürworten. Am nächsten Tag stellte ich mich bereits beim Alleeriegel auf, um Herrn DI Härtung zu erwischen und ihm meine Bitte vorzutragen. Erst beim dritten Anlauf gelang es mir. Herr DI Härtung war sehr freundlich zu mir, fragte einiges über meinen Vater und sagte, Herr Breuer habe mit ihm bereits gesprochen und ich solle mich Anfang April mich bei Herrn Wistan melden. Dieser würde sehen, ob genug Kenntnisse vorhanden seien. Herr Wistan war ein sehr netter Mann, in seinem Büro gab es auch den Kanzleidiener Sailer. Dieser wollte mich prüfen, aber Herr Wistan hielt es nicht für notwendig, nachdem er mein Zeugnis gesehen hatte. Er meinte: »Schreiben und rechnen kannst du ja, also kommst du morgen und machst ein Probemonat und dann werden wir weitersehen.« Meine Aufgabe war, am Montag alle Uhren aufziehen und zu richten, die Postmappen im Büro von DI Härtung nach Sitzordnung auf den Konferenztisch aufzulegen, während der Postkonferenz die Postmappen in die zuständige Abteilung zu bringen. Im Postzimmer gab es einen Kasten mit Nummern und eine Glocke. Wenn die Direktion oder eine Abteilung läutete, musste ich hinlaufen und den Auftrag ausführen. Nach der Postkonferenz hatte ich die Abteilungen durchzugehen, für die Angestellten die Jause aufzunehmen und sie beim Greißler zu holen. Um 11:00 Uhr musste ich zum Bahnhof gehen, die Frachtbriefe holen, sie in der zuständigen Frachtabteilung abgeben, bestätigen lassen und wieder zum Bahnhof bringen. Um alles bewältigen zu können, war es notwendig, sehr schnell zu sein. Nachmittags war es etwas ruhiger, bis Herr Wistan und Sailer von der Registratur kamen, um die Ausgangspost fertig zu machen.

Bei dieser Arbeit war meine Aufgabe, die Kuverts zu verschließen, auch das musste sehr schnell gehen, den nur bis 17:00 Uhr konnten wir die Briefe bei der Post abgeben. Weiters musste ich Kuverts mit Adressen versehen, die sich ständig wiederholten, es waren große Kuverts dafür notwendig. Die Adress-Stempel dafür musste ich auch verwalten. Es gab auch verschiedene Sonderwünsche der Abteilungen, die an Herrn Wistan herangetragen wurden. Manche Angestellte waren sehr nett zu mir, aber es gab auch solche, die in mir einen armen Buben sahen, mit dem man machen konnte, was man wollte. Einige Angestellte, für die ich die Jause holte, waren sehr großzügig mit dem Trinkgeld. Es gab aber auch Leute, die keinen Groschen hergaben, aber alles kritisierten, was man brachte. Einmal stimmte das Gewicht nicht, das andere Mal war die Semmel alt, irgendetwas war eben immer nicht in Ordnung. Ich meldete es Herrn Wistan, der zum Direktor ging und dieser holte die gewissen Leute und machte sie darauf aufmerksam, dass das Jausenholen ein Service sei, und Leute, die nicht zufrieden wären, sollten ihre Jause von daheim mitnehmen. Bald sollte das Jausenholen gänzlich eingestellt werden.

Mein Einkommen wurde mit 32 Groschen pro Stunde festgelegt. Mein Brutto-Verdienst in der Woche betrug 15,36 Schilling, nach Abzug bekam ich etwas mehr als S 12 ausbezahlt. Davon musste ich meinen Eltern S 5 für Kost und Quartier zahlen. Die jugendlichen Hilfsarbeiter verdienten brutto etwa S 20 in der Woche, mussten aber schwer arbeiten. Ein Akkordarbeiter verdiente in der Woche durchschnittlich zwischen S 50 bzw. S 60 brutto, dies entsprach etwa dem Gehalt eines mittleren Angestellten, der zwischen S 200 und S 300 im Monat brutto bekam. Anders bei den leitenden Angestellten, die zwischen S 400 bis 600 brutto pro Monat verdienten. Höhere Angestellte und die Direktoren kamen in den Genuss von über S 1.000 im Monat brutto. Obwohl das Leben nicht sehr teuer war, konnten sich ein wenig besser Verdienende auch kaum ein Auto leisten. Jedenfalls war es schon viel wert, Arbeit zu haben und einem Verdienst nachgehen zu können. Wenn man bedenkt, wie schlecht es den Arbeitslosen mit Familie ging – diese hatten nicht einmal S 20 in der Woche zur Verfügung und davon mussten oft mehr als vier Personen leben. Einen Vorteil hatten die Mitarbeiter der Lapp-Finze-AG, sie brauchten für das Wohnen nur S 5 im Monat aufbringen. Meine Arbeit gefiel mir sehr und ich war auch glücklich, dass ich diesen Posten bekommen hatte. Die Probezeit lief aus, man zeigte sich mit mir zufrieden und ich war auch bei der Direktion gut angeschrieben. Bei den Angestellten spürte man immer stärker die politischen Veränderungen, die Leute waren nicht mehr so ängstlich wie ein Jahr davor.

3. Kapitel:
Kalsdorf 1938–41

Änderungen stehen bevor

Auch ich hatte inzwischen mitbekommen, welche Angestellten bereits der nationalsozialistischen Partei angehörten. Man sprach ziemlich offen darüber, wie gut es den Leuten in Deutschland gehe, es gäbe keine Arbeitslosen und der Verdienst sei auch besser. Es waren nicht nur einzelne, sondern fast alle führenden Angestellten sympathisierten mit den Nationalsozialisten. Jene, die vielleicht anders dachten, hatten keine Chance, ihre Meinung zu vertreten. Der Anschluss an Deutschland war für diese Angestellten bereits theoretisch vollzogen. Man machte auch ganz offiziell Witze über Schuschnigg und seine Minister, ohne besondere Angst zu haben, es könnte böse Folgen haben. Mein Freund Hermann bekam in der Zwischenzeit auch bei Lapp-Finze Arbeit, und zwar in der Schlosserzeugung, dort musste er die Grade bei den Fallen abfeilen. Es war für einen 14-jährigen Burschen keine Kleinigkeit, im Akkord diese Arbeit zu verrichten. Einige Freunde bekamen einen Lehrplatz in der Firma und lernten Schlosser, Dreher und Elektriker, aber die meisten waren als jugendliche Hilfsarbeiter in der Firma beschäftigt und konnten erst 1938 eine Lehre antreten. Zu diesem Zeitpunkt wurde eine Lehrwerkstätte eingerichtet. Das Jahr 1937 verging sehr schnell. Einen Streich, den wir 1937 durchführten, muss ich noch erzählen. Obwohl wir beim Deutschen Turnerbund waren, vergaßen wir doch nicht, dass unsere Väter Arbeiter waren und auch noch immer Sozialisten. Uns Buben fiel nicht Besseres ein, als in der Freizeit aus Zeitungspapier die Symbole der sozialistischen Partei auszuschneiden, es waren dies die drei Pfeile, auch das kommunistische Symbol hatten wir ausgeschnitten. Einige Wochen waren wir bei Hermann in der Wohnung damit beschäftigt, hatten jede Menge dieser Symbole parat und nun wurde geplant, wo wir sie überall ausstreuen sollten. Wir kamen zu dem Schluss, dies in Kleinsulz, in Großsulz und vor den Firmen Lapp-Finze und Meyer zu tun. Wir machten es an einem Samstag am Abend im Herbst, sodass wir am Sonntag die Wirkung beobachten konnten. Es herrschte eine Aufregung, die Gendarmerie gab Alarm und holte die bekannten Sozialisten und Kommunisten zusammen. Jetzt wurde uns erst das Ausmaß unserer Aktion bewusst. Diese Leute, die nun verhaftet wurden, hatten ja keine Ahnung, wer diese Tat begangen hatte. Die festgenommenen Burschen und Männer mussten mit Besen und Schaufel alle Zettel von der Straße entfernen. Die Gendarmerie versuchte über Wochen hinaus festzustellen, wer die Täter gewesen waren, und es wurden immer wieder Arbeitslose zum Verhör geholt. Man glaubte, in diesem Kreis die Schuldigen zu finden. Keiner ahnte, dass wir Buben es gewesen waren. Wir hielten zusammen und keiner erzählte daheim etwas von dieser Sache, so wurden wir als Täter auch nie entlarvt. Es gab auch noch Streit zwischen den Sozialisten und Kommunisten, denn jeder verdächtigte den anderen als Urheber dieser Aktion.

Es war wieder die Weihnachtszeit da und alles verlief wie in den Jahren vorher. Mein Bruder und ich bekamen unsere Geschenke und erstmalig konnte auch ich von meinem Geld Geschenke kaufen. Ich kam mir schon sehr gut vor, ich verdiente nun bereits etwas mehr, da ich zu Weihnachten eine kleine Lohnerhöhung bekommen hatte.

Das Jahr 1938 sollte ein ganz besonderes Jahr werden und darüber zu berichten ist mir ein besonderes Bedürfnis. Es gibt viele Menschen, die diese Zeit völlig falsch beurteilten.

Wie schon erwähnt, merkte man bereits im Jänner 1938, dass Veränderungen in Gang waren. In der Firma wurde viel diskutiert und man konnte verschiedene Ansichten hören. Männer und Burschen, die bereits illegal zu den Nazis zu zählen waren, kamen mit einem Hakenkreuzabzeichen unter dem Rockaufschlag zur Arbeit. Die Vorgesetzten wurden freundlicher und vorsichtiger, keiner wusste, was wirklich geschehen würde. Es wurde auch davon gesprochen, Schuschnigg werde vom Duce, dem Führer von Italien, unterstützt. Diese Verunsicherung dauerte bis März 1938. Dann sollte das Ganze ins Rollen kommen.

Der Anschluss an Deutschland

Schuschnigg trat als Kanzler zurück und es gab ganz kurze Zeit wieder alle Parteien. Die Funktionäre gingen auf die Straße und jede Partei versuchte, die Leute für sich zu gewinnen. Dies dauerte nur einige Tage, dann war der Spuk verschwunden. Es wurde zur Abstimmung aufgerufen, was in Kalsdorf nicht einstimmig erfolgte, es gab eine Gegenstimme. Ganz in Ordnung war diese Abstimmung wahrscheinlich nicht, weil doch einige, wenn sie dagegen stimmten, mit Benachteiligung rechnen mussten.

Als 15-Jähriger konnte ich sehr wohl beurteilen, warum auch eingefleischte Sozialisten es nicht wagten, dagegen zu stimmen, später aber behaupteten, dagegen gewesen zu sein. Jedenfalls waren wir nun ein Teil des Deutschen Reiches, man taufte uns Ostmark und teilte uns in Gaue ein. Nun war es ganz offiziell, in der Firma wurden die Nationalsozialisten aktiv und stellten sich für Funktionen zur Verfügung. Es gab aber auch Männer und Burschen, die zwar mitgingen, aber wenig Begeisterung zeigten. Auch solche gab es, die in Uniform arbeiten gingen und jeden beanstandeten, der nicht mit »Heil Hitler« grüßte, und nachdem der Krieg verloren war, als Widerstandskämpfer auftraten. Der 11. und 12. März 1938 waren die entscheidenden Tage und bereits am 13. März 1938 war der formelle Anschluss vollzogen. Fürs Erste hofften viele Menschen auf Arbeit und die Firmen stellten auch tatsächlich Leute ein. Junge Männer mit einem Beruf hatten die Möglichkeit, nach Deutschland arbeiten zu gehen, davon machten auch einige Gebrauch. Bei den Gehältern und Löhnen wurde größtenteils der Umrechnungskurs S 1.50 = 1 Deutsche Mark nicht angewendet, da eine Anpassung an die deutschen Gehälter und Löhne ohnehin erfolgte. Es gibt eine sehr interessante Aussage eines Direktors der Firma, welcher vor 1938 den Angestellten immer gesagt hatte, die Preise seien schlecht, die Firma arbeite mit Verlust, es könne keine Gehaltserhöhung geben. Nach dem Anschluss meinte der gleiche Direktor, obwohl die

Preise stark gesenkt worden waren, da sie ja dem deutschen Markt anzupassen waren, die Preise seien gut und dadurch könnten wir auch für die Gehälter etwas tun. Was vor 1938 nicht möglich war, wurde jetzt ohne zu murren durchgezogen.

Vom Laufburschen zum Lehrling

Auch ich hatte meine Vorteile, denn die Firma stellte Lehrlinge ein, eröffnete eine Lehrwerkstätte und auch uns Laufburschen wurde die Möglichkeit eingeräumt, den Beruf eines Industrie-Angestellten zu lernen. So wurden meine Freunde Baumgartner A., Röber Otto, Hofer Kurt und ich mit 1. Jänner 1939 als Büropraktikanten angestellt. Unsere Gehälter wurden mit 50 DM festgelegt und die Firma zahlte für uns sämtliche Abgaben. Weiters durften wir in eine Abendhandelsschule gehen, auch diese Kosten wurden von der Firma getragen. Eine Wohnung wurde uns in Graz zur Verfügung gestellt, so konnten wir mit dem Angestelltenbus um 17:00 Uhr nach Graz fahren, gingen von 18:00 Uhr bis 21:00 oder 22:00 Uhr in die Schule und fuhren am nächsten Tag wieder um 6:30 Uhr nach Kalsdorf. Die Aufgabe durften war am Nachmittag in der Firma machen. Jeder von uns war in einer anderen Abteilung und zum Glück hatten die Abteilungsleiter dafür Verständnis und gaben uns manchmal mehr Zeit als vorgesehen.

Unsere Wohnung bestand aus zwei Zimmern und einer Küche und in jedem Zimmer standen zwei Betten. Hin und wieder kochten wir uns am Abend Kartoffeln oder auch einen Sterz und meistens dazu einen Tee. Für Ordnung in der Wohnung mussten wir selbst sorgen und es wurde auch von einem Angestellten kontrolliert, ob wir wohl immer aufgeräumt hatten. Inzwischen bekam mein Freund Otto Röber eine Puch 200 und fuhr mit dieser meistens nach der Schule nach Kalsdorf zurück. Manchmal nahm er mich auf dem Gepäckträger mit, denn er hatte keinen zweiten Sitz. Bei einer solchen Fahrt nach Kalsdorf hatte ich anschließend kein Sitzfleisch mehr. Es blieb auch nicht aus, dass der Röber, der Hofer und ich uns für die Nachtlokale interessierten, und so zogen wir einige Male im Kaffee Braun, Griesplatz, ein. Es war schon toll, diese Nachtprogramme als junger Bursch zu sehen, aber auch nicht ungefährlich, wir waren ja noch Jugendliche und es war strengstens verboten, unter 18 Jahren solche Lokale aufzusuchen. Das ging eine Zeitlang gut, aber nachdem Baumgartner nicht mit von der Partie war, kam die Firmenleitung auf unsere Ausflüge drauf und es gab einen schweren Verweis. Inzwischen wurden wir jeder in eine andere Abteilung versetzt, ich kam von der Rechnungsabteilung in den Verkauf II zu Herrn Hager, damit verbunden war auch eine Gehaltserhöhung. Herr Hager war sehr daran interessiert, dass ich etwas lerne, und so durfte ich sogar kleine Geschäftsbriefe oder Auftragsbestätigungen selbstständig abwickeln. Diese Arbeit war natürlich viel abwechslungsreicher als die Arbeit in der Rechnungsabteilung. Von dieser Abteilung sollte ich im Dezember 1941 zum Arbeitsdienst einrücken.

Hitlerjunge und Jungvolk

Nach dem Anschluss entstanden Vereine wie: SA, SS, NSKK, Hitler-Jugend, BDM, Jungvolk und Jungmädeln und natürlich die nationalsozialistische Partei mit den vielen Funktionen. Auch ich musste mich nun entschließen, entweder zur HJ zu gehen oder mit meinem Freund Röber das Jungvolk aufzubauen. Mein Entschluss stand fest, ich wollte mit Otto beim Jungvolk in Kalsdorf mithelfen. Otto wurde Fähnleinführer und ich als sein Stellvertreter Hauptjungzugsführer. Nachdem wir mit dem Jungbannführer Zuckert klarkamen, die Gebiete feststanden und wir dem Stamm zugeteilt worden waren, konnten wir mit der Werbung beginnen. Ich musste einige Wochen darauf in ein Schulungslager nach Stift Rein. Es war eines der ersten Lager in der Steiermark und dort lernten wir schon die Kehrseite kennen. Wir wurden geschliffen und man schonte uns nicht im Geringsten. Die Küche war im Stift untergebracht und die Lagerführer hatten keinerlei Respekt vor den Mönchen, das gefiel mir überhaupt nicht, aber ich war still wie alle anderen auch. Die Ausbildner waren zum größten Teil Burschen aus Deutschland oder Österreicher, die nach Deutschland emigriert waren. Das Lager dauerte 14 Tage und ich war sehr froh, als dieses Theater vorbei war. Aber es sollte nicht das einzige Lager bleiben, das ich absolvieren musste. Als Otto Röber zur Marine einrückte, wurde ich Fähnleinführer und damit verbunden war das Führungslager auf der Tollingshöhe, St. Peter Freienstein. Dieses Lager war berühmt, es wurde von einem der Brüder Bauernfeind geführt und dauerte drei Wochen. Hier gab es alles von den verrücktesten Mutproben an bis zu den Boxkämpfen gegen den Lagerführer, der ohnedies ein Boxer war. Auch hier bereute ich, dass ich die Stelle als Fähnleinführer angenommen hatte. Der Betriebsführer DI Härtung war ebenso nicht begeistert, als ich einberufen wurde, und meinte, ob ich nicht absagen könnte. Ich habe es versucht, aber der Jungbannführer rief Herrn DI Härtung an und plötzlich ersuchte mich dieser, keinen Blödsinn zu machen und ja der Einberufung Folge zu leisten, denn er wolle wegen meiner Person keine Schwierigkeiten bekommen. So war die damalige Zeit, zuerst war der Herr Betriebsführer dagegen und nach dem Telefonat war er dafür. Keiner wollte bei der oberen Führungsschicht anstoßen, scheinbar war diese Erziehung so wichtig, dass alles andere, selbst das Wirtschaftliche, zurückgestellt wurde.

Nun zurück zum Lager und der Ausbildung. Es gab einen festen Dienstplan mit sehr vielen Geländeübungen, dort wurde der Umgang mit Karten und Kompass gelernt, Gewaltmärsche, Nachtübungen und Kampfhandlungen mit HJ-Einheiten von Leoben und Brück standen ebenso auf dem Programm. Auch sehr viel politischen Unterricht gab es, ebenso mussten Ansprachen gelernt werden und ständig wurde die Rhetorik verbessert. Als die drei Wochen vorbei waren, war ich der glücklichste Mensch. Meine Begeisterung für diese Organisation hielt sich in Grenzen, aber es war noch immer besser, ein Fähnleinführer zu sein, statt als Hitlerjunge in Reih und Glied zu stehen.

Jungvolk-Fähnlein Kalsdorf

Zum Fähnlein Kalsdorf gehörten die Ortschaften: Thalerhof-Forst, Zettling, Wundschuh, Werndorf, Dillach, Mellach, Enzelsdorf, Fernitz und Fernitzbergen sowie Gössendorf. Die größeren

Orte wurden als Standort für einen Jungzug festgelegt, und wo es weniger Kinder gab, wurde eine Jungenschaft eingerichtet, die dem nächstliegenden Jungzug zugeordnet wurde. Elternabende mussten organisiert werden, auch Schulungslager sollten veranstaltet werden. So wurde 1940 ein großes Fähnlein-Schulungslager auf Schloss Klingenstein abgehalten. Dazu bekamen wir vom Fliegerhorst Thalerhof sämtliche notwendigen Zelte zur Verfügung gestellt. Außer den Lebensmittelkarten wurden zusätzlich Lebensmittel aufgetrieben und auch die Buben der Bauern brachten welche mit. Es war ein Lager von 10 Tagen und auch hier wurde eine Fehde gegen ein Grazer Fähnlein ausgetragen, das auf Schloss Vasoldsberg untergebracht war. Im Jahre 1941 gab es ein Lager in Wundschuh, bei dem doch beträchtliche Schwierigkeiten mit dem Schuldirektor und dem Pfarrer auftraten. Nach dem Morgensport mussten wir Buben uns waschen, wobei sich einige Buben nackt im Schulhof auszogen. Schuldirektor und Pfarrer machten Krach und holten sogar die Gendarmerie. Diese wollte keine Schwierigkeiten bekommen und versuchten uns darauf aufmerksam zu machen, dass dies nicht erlaubt sei. Wir meinten, die Leute und die Klosterschwestern müssten ja nicht hinschauen, wenn sie keinen nackten Buben sehen wollten. Der Schuldirektor bestand bei der Gendarmerie auf einer Anzeige und bekam nachträglich große Schwierigkeiten, da der Gebietsführer davon Kenntnis erhielt und bei der oberen Schulbehörde Beschwerde gegen ihn einbrachte.

Eine Siedlung wird gebaut

Im Jahre 1939 gab es einige erfreuliche Ereignisse, so konnten über die Organisation »Kraft durch Freude«, genannt KDF, einige Arbeiter eine große Fahrt mit Zug und Schiff nach Norwegen mitmachen. Es waren vorwiegend solche Leute, die ihre Arbeit mit besonderer Umsicht oder Fleiß bewältigten, aber auch solche, die gut angeschrieben waren und eher zu den schlechteren Arbeitern zählten, aber dafür alles berichteten, was sich im Betrieb die Leute erzählten. Diese Auserwählten konnten die schöne Reise mitmachen und waren natürlich begeistert, allerdings waren sie 1945 wieder Kommunisten und versuchten bei den Russen die gleiche Vorgangsweise. Als junger Bursch machte ich mir darüber schon meine Gedanken, wie es möglich ist, einmal in diesem Lager und ein anderes Mal im anderen zu sein. Aber es gibt offensichtlich Menschen, die sich alles richten können, ohne mit dem Gewissen in Konflikt zu kommen.

In dieser Zeit wurde von der Firma Lapp-Finze-AG der Bau einer Siedlung angeregt. Was vor 1938 undenkbar gewesen war, dass die Firma für ein solches Vorhaben ein Grundstück zur Verfügung stellte, war nun Wirklichkeit geworden. Die Firma forderte langjährige Mitarbeiter mit Familie auf, sich um ein Grundstück für den Bau eines Siedlungshauses zu bewerben. Die Zuteilung der Grundstücke erfolgte nach der Größe der Familien, so gab es für kinderreiche Familien bis zu 2.000 Quadratmeter sowie eine Starthilfe von 2.000 DM. Allerdings mussten die Bewerber sich auch verpflichten, eine vorgeschriebene Stundenzahl beim Bau des Hauses als Eigenleistung zu arbeiten. Die meisten der Bewerber waren vor 1938 Sozialdemokraten oder Kommunisten gewesen. Auch meinem Vater wurde das Angebot gemacht, aber er lehnte dankend ab. Scheinbar war es mit seiner politischen Einstellung nicht zu vereinbaren, ein solches Angebot von den Nationalsozialisten anzunehmen. Für viele war es ein Geschenk des Himmels und diese Siedler kamen ganz leicht zu Grund und Haus, denn die Rückzahlung erfolgte im Krieg, wo es nicht schwer war, diese Beträge aufzubringen. Auch ich half meinem Freund Hans öfter beim Bau des Hauses, damit dieser dafür wieder freibekam und wir gemeinsam etwas unternehmen konnten. Bei dieser Siedlung handelt es sich um die Hartungsiedlung, überraschenderweise ist der Name der Siedlung bis heute erhalten geblieben.

Maiaufmärsche

Die Begeisterung der Menschen kannte keine Grenzen. Vielen wurde geholfen, indem sie Arbeit bekamen. Die Maifeiern standen ganz unter dem Motto »Kraft durch Freude« bzw. »Arbeit macht frei«. So wurde 1939 eine riesige Feier mit einem großen Festzug veranstaltet und alles, was Namen und Rang in Kalsdorf hatte, nahm an dieser Veranstaltung teil. Vor dem Gemeindehaus wurde die Fahne unter den Klängen der Werksmusik aufgezogen. Der Ortsgruppenleiter hielt eine zünftige Ansprache, die er mit einem »Heil Hitler« beendete. In der Folge gab es einen Vorbeimarsch der verschiedenen Einheiten bis zur Frauenschaft. Das Jungvolk nahm mit einem Jungzug und einer maskierten Gruppe teil. Diese stellte die Sieben Schwaben dar, für die heute schon alten Kalsdorfer ist es eine schöne Erinnerung. Damals waren sie Kinder im Alter von 10 bis 14 Jahren und verstanden von der Politik sicher nichts. Es war eben schön, in Uniform zu marschieren, und gleichzeitig war es eine Selbstbestätigung. Im Anschluss gab es auf dem neuen Sportplatz, der auch in dieser Zeit entstanden ist, ein großes Sportfest, an dem sich die gesamte Bevölkerung beteiligte. Wir vom Jungvolk hatten einen Schwebebaum aufgestellt, bei dem es etwas zu gewinnen gab. Man musste den Schwebebaum entlanggehen und am Ende konnte man mit dem Mund eine Wurst herunterholen. Die Einnahmen kamen in die Kassa und damit wurde wieder ein Lager organisiert.

Heimabende

Einmal in der Woche gab es Heimabende, die mit Disziplinübungen und politischer Schulung sowie mit viel sportlicher Betätigung gestaltet wurden. Meine Aufgabe war es, diese Heimabende zu kontrollieren, und ich wiederum stand unter der Kontrolle des Stammführers oder Jungbannführers. Auch an den Sitzungen im Jungbann musste ich teilnehmen, dort wurden Ausbildungsrichtlinien festgelegt. Am Anfang war eine gewisse Begeisterung vorhanden, aber diese stumpfte immer mehr ab, es gab den Krieg und dieser hatte seine Wirkung nicht verfehlt.

Wir veranstalteten auch laufend Elternabende und dabei zeigten wir den Eltern, was wir in den Heimstunden machten, dies ging von Exerzieren bis zum Turnen und dem theoretischen Unterricht. Alles dies war straff organisiert und ich würde heute sagen, es war zu viel des Guten. Wir verstanden es nicht, aber die Abhaltung dieser Abende diente auch dazu, den Eltern den Nationalsozialismus näher zu bringen. Für uns war es lustig, aber es steckte viel mehr dahinter: Das Exerzieren, das Kleinkaliberschießen, die Geländeübungen usw. waren praktisch ja bereits eine vormilitärische Erziehung. Die notwendige Zeit wurde mir von der Firma ohne Weiteres zur Verfügung gestellt.

Ein anderes Ziel der Buben war es, das Leistungsabzeichen zu erreichen. Sie mussten sehr viel trainieren, um auf die vorgeschriebenen Leistungen zu kommen. Für die Abnahme der Prüfung kam extra aus Graz ein Sportwart, der alles überwachte, damit ja kein Junge ungerechtfertigterweise das Leistungsabzeichen bekam.

Die Fahne

Nun war es so weit und das Fähnlein mit dem Standort Kalsdorf bekam eine Fahne. Es war eine aus schwerem Stoff und wir waren froh, dass wir ausgewählt worden waren und nun eine Fahne hatten. Mit der Fahnenübergabe bekamen wir auch einen Fähnleinnamen, nämlich »Lettow-Vorbeck«. Der Name gehörte zu einem preußischen General, der 1913–1918 die Schlitztruppe in Deutsch-Ostafrika befehligt hatte. Bei der Ansprache betonte der Jungbannführer, die Bedeutung dieses Namens verlange, durch Disziplin und Einsatz ihm gerecht zu werden.

Der Musikzug

Die nächste »Erungenschaft« waren drei Fanfaren und zwei Trommeln, diese wurden von der Lapp-Finze-AG gespendet sowie fünf Paar Boxhandschuhe. Nun hatten wir wohl Fanfaren und Trommeln, aber niemand konnte damit etwas anfangen. Doch auch das war in dieser Zeit kein Problem, wir bekamen vom Jungbann eine Zuweisung für fünf Personen, die im Konservatorium Unterricht nehmen konnten. Nun hatten wir auch einen Musikzug, was die meisten Fähnlein nicht besaßen. Es war natürlich kein Vorteil ohne Nachteil und so mussten wir uns ständig damit auseinandersetzen, dass bei jeder Feier von anderen Organisationen der Musikzug spielen sollte. Es dauerte nicht lange und es kam mit den NSKK (Nationalsozialistisches Kraftfahrkorps)-Führern zu

Unstimmigkeiten, da ich den Musikzug nicht ausrücken ließ. Der NSKK-Führer war kein Geringerer als der Technische Direktor der Lapp-Finze-AG. Dadurch gab es Schwierigkeiten in der Firma, aber auch diese waren sehr schnell gelöst, indem mein Jungbannführer bei den Vorgesetzten des NSKK-Führers intervenierte.

Meine Mutter fuhr nach Breslau

Sehr zum Leidwesen meines Vaters ging meine Mutter turnen und, man soll es nicht für möglich halten, mit Begeisterung. Durch die Frauenschaft und den deutschen Turnverein konnte meine Mutter die einzige größere Reise in ihrem Leben machen. In Breslau wurde ein großes Turnerfest veranstaltet und die Kalsdorfer Frauen organisierten die Reise dorthin. Für meine Mutter war es nicht leicht, das Geld dafür aufzubringen, aber einige Frauen halfen mit und es klappte. In Breslau waren die Frauen bei Familien untergebracht und es bestand lange noch Verbindung zu diesen netten Menschen. Es war aber leider nicht mehr möglich, nach dem Krieg diese Verbindung wieder aufleben zu lassen, da diese Familien von den Polen aus Breslau vertrieben wurden. Solche Schicksale von netten Menschen würde es viele geben. Man hatte keine Möglichkeit, für diese Leute etwas zu tun, als es uns nach dem Krieg bereits gut ging. Meine Mutter sprach von dieser Reise immer wieder, denn es war wie erwähnt ihre einzige große Reise gewesen.

Politische Darstellung aus der Nazizeit

Warum es überhaupt möglich war, dass der Nationalsozialismus in Österreich so leicht Fuß fassen konnte, ist am Beispiel Kalsdorf ersichtlich. Es war eine rote Gemeinde mit einem Drittel Bauern und Gewerbetreibenden sowie Geschäftsleuten. Die Bauern waren verschuldet, die Geschäftsleute machten wenig Umsatz, das Gleiche galt auch für die Gewerbetreibenden. Die Erzählungen, wie gut es allen in Deutschland gehe, verfehlte nicht die Wirkung. Die Arbeitslosen erhofften sich Arbeit, die Geschäftsleute mehr Umsatz, die Gewerbetreibenden ebenfalls und der Bauer hoffte, so wie in Deutschland, seine Schulden loszuwerden.

Selbst eingefleischte Sozialisten mussten nach dem März 1938 feststellen, dass die Betriebe bereit waren, Arbeiter und Angestellte aufzunehmen, obwohl nicht unbedingt Bedarf gegeben war. Es dauerte nicht lange und die Arbeiter, die arbeiten wollten, bekamen auch Arbeit. Bei den Bauern gab es durch die Einführung des Erbhofes einen Aufschwung, denn die alten Schulden wurden getilgt und es gab Kredite, um den Hof zu modernisieren. Die gleichen Möglichkeiten waren auch für Geschäftsleute und Gewerbetreibende vorhanden.

Dies war eine erste Momentaufnahme, aber es kamen allmählich auch die Nachteile zum Vorschein. So wurden bereits 1938 die jüdischen Geschäfte »arisiert«, was ich mit einem Beispiel schildern möchte. Zu uns, wie schon in einer Erzählung erwähnt, kam ein gewisser Jude Schnee und verkaufte in den Personalhäusern Kleidung und Wäsche. Einige Monate nach der Machtübernahme kam Herr Schnee zu meinen Eltern und erzählte, er werde nach Israel auswandern, denn in Österreich könne er nicht bleiben. Er fragte meine Eltern, ob sie in der Lage wären, 50 % der Schulden bar zu bezahlen, die restlichen 50 % werde er streichen. Mein Vater hatte immer etwas Geld in Reserve und zahlte die 50 % Herrn Schnee. Weiters bot uns Herr Schnee Kleidung und Wäsche an und dies zu ganz günstigen Preisen, wenn wir uns trauten, die Ware in seinem Geschäft zu holen. Meine Eltern sagten nein, es sei zu gefährlich, denn man passe genau auf, wer noch bei den Juden kaufe. Leider gab es viele Familien, die den Juden die Schulden nicht mehr bezahlten und er musste in diesen Fällen, ohne einen Groschen bekommen zu haben, abziehen, denn Rechte, diese Schulden einzuklagen, hatte er nicht und außerdem wäre es viel zu gefährlich für ihn gewesen.

Er kam nochmals zu uns, um sich auszuruhen, denn es war kaum noch jemand bereit, Herrn Schnee einen Platz anzubieten. Ich fragte ihn, was ein Anzug jetzt kosten würde, und er sagte mir einen Betrag, der nicht einmal 20 % des normalen Preises betrug. Ich sagte Herrn Schnee, ich werde am Tag darauf kommen und mir einen Anzug aussuchen. Am nächsten Tag fuhr ich in meiner

Jungvolk-Uniform nach Graz und suchte dieses jüdische Geschäft auf. Als ich es betrat, schauten mir einige alte Männer ängstlich entgegen. Sonst waren weder Kunden noch Verkäufer zu sehen. Ich sprach einen der alten Herren an, wo Herr Schnee sei. Dieser stand langsam auf und verschwand durch die hintere Tür. Jetzt kamen ein junger Mann und Herr Schnee ins Geschäft. Er forderte den jungen Mann auf, mir Anzüge vorzulegen. Ich staunte, wie groß die Auswahl war, und nahm einen schönen Knickebocker-Anzug, für den ich nur einige Mark bezahlen musste. Herr Schnee erzählte, dass er einen bestimmten Betrag pro Person mitnehmen dürfe, alles andere müsse er hier lassen. Ich verabschiedete mich von der Familie und marschierte mit meinem Anzug Richtung Griesplatz. Später wurde mir erst bewusst, in welche Situation ich mich begeben hatte. Ein Freund von mir lernte in der Annenstrasse in einem jüdischen Geschäft und dieser Jude glaubte, es werde sich alles noch zum Guten wenden. Er hatte dadurch nicht wie Herr Schnee die Möglichkeit genützt, das Geschäft wurde 1939 arisiert, der Jude verlor sicherlich alles. Meinem Freund ging es als Lehrling bei den Juden viel besser als später bei den neuen arischen Lehrherrn. Geschäftsleute, die sich die Geschäfte der Juden aneigneten, zahlten eine Bagatelle und waren bei Weitem nicht so tolerant wie jüdische Geschäftsleute. Wenn man bei diesen Leuten Schulden hatte und nicht pünktlich zahlte, wurde man sofort gepfändet.

Die Zeit verging sehr schnell und ich bekam die Einberufung zum Arbeitsdienst. Die Begeisterung hielt sich in Grenzen, denn man hörte nichts Gutes darüber. Die »Schleiferei«, noch dazu im Winter, ließ mich Böses ahnen, was sich auch bestätigen sollte.

D.J. 1938 – Lager Klingenstein

Zeltlager 60 Pimpfe

Hauptkassier Spath

Essensausgabe

Essensvorbereitung

Befehlsausgabe

Essensausgabe

Lager Klingenstein 1940

4-Mann-Zelt

Lager-Küche

Mittagessen

Kameraden

Kameraden

Kameraden, links der Autor

Kameraden

Kameraden

Ein Kamerad

D.J. Fahne

D.J. Musikzug

Lagerszenen

Lagerszenen

Lagerszenen

Lagerszenen, Autor in der Mitte

Lagerszenen

Lagerszenen

H.J. April 1938

D.J. 1940

Führertreffen »München«

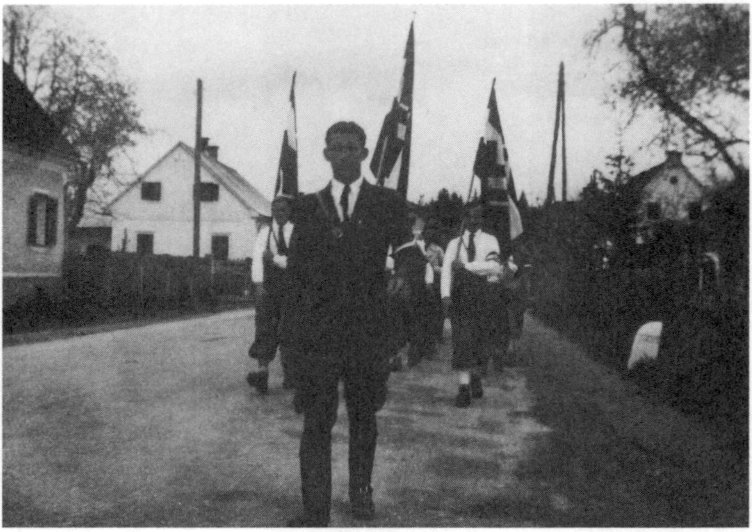

H.J. 1939

1. Mai 1939

Maibaum

Fahnenapell beim Gemeindeamt

Vorbereitung 1. Mai

Maibaum am Sportplatz

Maibaum am Sportplatz

D.J. Umzug 1. Mai »Sieben Schwaben«

D.J. Musikzug

S.A. NSKK

D.J. – H.J.

D. Turnerbund

Lapp-Finze »Arbeitsfront«

Verschiedene Gruppen

Schwebebaum

D.J. Fähnlein »Shimeisterschaften 1939/1940«

Jungzüge: Kalsdorf, Fernitz – Mellach – Dillach

Forst – Thalerhof – Wundschuh

Großsulz – Werndorf

4. Kapitel
Reichsarbeitsdienst 1941–1942

Die Firma, bei der ich beschäftigt war, bemühte sich für mich um eine Freistellung vom Arbeitsdienst. So hoffte ich, dass mir dieser erspart bliebe. Leider wurde dieses Ansuchen abgelehnt und ich musste am 12. Dezember 1941 nach Viktring in Kärnten einrücken.

Zum besseren Verständnis ist es notwendig, näher darauf einzugehen, was man unter Arbeitsdienst zu verstehen hat. Der Reichsarbeitsdienst wurde für junge Mädchen und Burschen eingeführt und sollte der Ertüchtigung junger Menschen dienen. In Wirklichkeit wurde bereits vormilitärische Erziehung, allerdings ohne Waffe, praktiziert. Unsere Ausrüstung bestand aus einer Ausgehuniform und einem Drillich (Arbeitsuniform), anstatt einer Waffe bekamen wir einen Spaten. Die Unterbringung erfolgte in einem Barackenlager. Die Baracken waren mit Stockbetten ausgestattet und in der Mitte stand ein Ofen für feste Brennstoffe, ein langer Tisch ergänzte die Einrichtung. Nicht vergessen darf man den Hocker, der für jeden Mann vor dem Bett stand. Dieses Möbelstück hatte, außer als Sitzgelegenheit zu dienen, noch eine weitere Aufgabe. Auf ihm musste man die Klamotten vor dem Schlafengehen vierkantig aufbauen, was nicht sehr leicht war. War der Aufbau nicht genau in Ordnung, wurde er vom diensthabenden Truppführer bei der Stubenabnahme zerstört und man musste von vorne beginnen. Außerdem wurde man aufgeschrieben, was zur Folge hatte, dass man strafweise Stubendienst machen musste oder den Wasch- bzw. Kloraum zur Reinigung zugeteilt bekam. Nach der Aufnahme stand bereits der Zug bzw. die Kompanie fest, in der man seinen Dienst versehen musste. In der Baracke versuchte ich ein Bett unten zu erwischen, ohne zu ahnen, welche Nachteile es brachte, unten zu schlafen. Dann kam der Truppführer Proprentner (Unteroffizier) und teilte uns die weitere Vorgangsweise mit. Als Erstes mussten zwei Mann das Abendessen holen, es bestand aus einem halben Wecken Brot, einer Fischkonserve und einem kleinen Stück Butter sowie Tee. Nachdem das Abendessen vorbei war, mussten wir antreten und es ging zur Kleiderkammer. Hier wurden uns die Wäsche, eine Tuchuniform, ein Drillich, Stiefel und Schuhe sowie eine Mütze ausgehändigt. Dann ging es weiter zu Gerätekammer und jeder bekam einen Spaten, der für die nächste Zeit unser Gewehrersatz sein sollte. Mein Spaten hatte einige Rostflecke, was für Probleme ich mit diesem Spaten noch haben sollte, wurde mir erst später bewusst. Jetzt ging es im Gänsemarsch zurück in die Baracke, um die Klamotten zu probieren. Ein Vormann (Gefreiter) beurteilte, ob die Kleider, Schuhe, Stiefel usw. passten, wenn nicht, musste man wieder in die Kleiderkammer, um das nichtpassende Kleidungsstück umzutauschen. Nachdem alle mit dem Tauschen fertig waren, kam der Befehl, die Zivilkleider einzupacken, mit einem Namensschild zu versehen und in der Kleiderkammer abzugeben. Nun waren wir Arbeitsmänner und jeder musste sich vor seinem Bett aufstellen, wenn der Vormann vorbeiging, Haltung annehmen und laut seinen vollen Namen sagen. Wurde der Name zu leise gesagt, musste man den Namen so lange laut wiederholen, bis es dem Vormann laut genug war. Er lachte vor sich hin und bemerkte, dass wir es schon noch lernen würden, laute Antworten zu geben.

In der Folge gab man uns noch eine halbe Stunde Zeit, unser Abendessen zu verzehren, und danach wurde Nachtruhe angeordnet. Nun hatten wir das Bett aufzusuchen, ohne Gelegenheit zu haben, die Meinungen über das Erlebte mit den Leidensgenossen auszutauschen. Das Bett war steinhart und man konnte nicht einschlafen, denn zu viel ging durch den Kopf, was wohl die nächste Zeit bringen würde. Man dachte an Zuhause, an Kollegen, die bereits beim Arbeitsdienst gewesen waren und was sie alles erlebt hatten. Manche RAD-Lager waren für besondere Schleiferei bekannt und man konnte nur hoffen, dass unser Lager etwas besser war. Mit diesem Gedanken schlief ich endlich ein und träumte von Zuhause. Mitten im Träumen hörte ich ein schrilles Pfeifen und das Kommando »Raus aus den Betten und im Gänsemarsch ab in den Waschraum, Hose runter und unter die Dusche«, oh Schreck, das Wasser war kalt und draußen hatte es eine Temperatur von minus 20 Grad. Dann kam der Befehl »Duschen beenden und gut abtrocknen«. Wir kamen nicht zum Nachdenken, schon standen wir im Freien und es wurden Leibesübungen durchgeführt, dies alles mit nacktem Oberkörper bei minus 20 Grad. Anschließend wurden noch einige Runden um das Lager gelaufen, später sollten daraus viele Kilometer werden. Dann ging es zurück in die Baracke, die nicht geheizt war, ein Bote wurde bestimmt, der für das Frühstück eine Kanne Tee aus der Küchenbaracke holen musste. Für das Duschen, den Frühsport und das Frühstück stand eine Stunde zur Verfügung. Unser Vormann teilte uns freundlicherweise mit: »Solltet ihr mit dieser Zeit nicht auskommen, wird der Zug um eine halbe Stunde früher geweckt, denn um 7 Uhr müssen alle Züge zum Morgenappell und zur Befehlsausgabe angetreten sein.« Dann kam der Befehl »Alles austreten und auf dem Appellplatz zugweise antreten«. Der Zugführer machte dem Feldmeister Meldung und dieser dem Lagerkommandanten, der den Befehl zur Flaggenparade gab. Danach hielt der Lagerkommandant (Oberfeldmeister) eine Ansprache, die vorwiegend auf die Opferbereitschaft Bezug nahm und von jedem Einzelnen verlangte, Einsatz bis zur Bereitschaft, das Leben fürs Vaterland zu geben, zu bringen.

Nach Abschluss dieser Rede wurden wir aufgefordert, den inneren Schweinehund zu überwinden, um uns ganz der gestellten Aufgabe zu widmen. Was darunter zu verstehen war, wurde uns erst später voll bewusst, die Ausbildung hatte ja noch nicht begonnen. Der Appell war beendet und wir durften in die Baracken wegtreten. Aber kaum dort angekommen, war schon der Vormann da und gab den Befehl, in 5 Minuten vor der Baracke im Drillich anzutreten. Das Umziehen musste schnell gehen, sonst wurde ein Strafdienst angedroht. Jeder Mann gab sein Bestes, keiner wollte auffallen, so stand die Gruppe bzw. der Zug zur befohlenen Zeit vor der Baracke und es kam der Truppführer mit der Tageseinteilung. Unsere ersten Aufgaben waren Marschübungen. Der Truppführer war der Meinung, wir müssten erst gehen lernen. So marschierten wir eine Stunde auf und ab, wobei es die Aufgabe des Vormanns war, jeden Einzelnen zu kritisieren und als vollkommenen Trottel hinzustellen, der nicht einmal in der Lage sei, richtig zu gehen. Ich dachte mir, wenn hier jemand ein Trottel ist, so ist dies bestimmt dieser Vormann.

Als Fähnleinführer des deutschen Jungvolks hatte ich ein paar Führerschulungen hinter mich gebracht und deshalb schon einige Erfahrungen. Was ich mir sonst noch dachte, als dass der Vormann ein Trottel sei, kann ich leider nicht schreiben. Es blieb nichts anderes übrig, als sich mit der Situation abzufinden.

Nach einer Stunde stellte man fest, dass es zwecklos sei, wir könnten nicht marschieren, so sei es wohl besser, die weiteren Übungen im Laufschritt durchzuführen. Was unter Laufschritt zu verstehen war, stellte sich sehr bald heraus. Die Gruppen wurden zusammengezogen und der Truppführer übernahm das Kommando. Jetzt kamen die berühmten Befehle, »Hinlegen, auf, marsch – marsch, wieder hinlegen, auf, marsch – marsch« usw., eine Stunde lang. Männer, die wenig Sport betrieben hatten, blieben liegen und wurden in einer eigenen Gruppe zusammengezogen. Der Truppführer vertrat die Ansicht, diese Männer müssten alles nachholen, was sie versäumt hätten, dafür eigne sich besonders die Freizeit. Der Truppführer hielt sein Wort, die Armen mussten nach dem Abendessen wieder die gleiche Tour vom Vormittag eine Stunde lang wiederholen.

Der erste Tag brachte sonst keine besonderen Überraschungen und wir konnten nach 17:00 Uhr unsere Unterkunft aufsuchen, außer den Männern, die für den Sonderdienst eingeteilt waren. Sonderdienst deswegen, weil es keinen Strafdienst gab. Wir waren am Abend vollkommen geschafft, jeder hatte Sehnsucht nach seinem Bett. Aber es gab noch einiges zu tun, es musste Kohle geholt werden, es gab pro Stube einen Kübel und der Stubendienst musste einheizen. Das Abendessen musste besorgt werden, da es an diesem Tag kein warmes Essen gab. Inzwischen war es 19:00 Uhr geworden und wieder tauchte der blöde Vormann auf und forderte uns auf, etwas zu singen. Wir hatten den Eindruck, dass dieser Mann unbedingt eine Beförderung anstrebte, und wir waren das Opfer. Um 20:00 Uhr verschwand der Mann und teilte uns mit, dass um 21:00 Uhr alle im Bett sein mussten. Der Stubendienst musste nun das Feuer aus dem Ofen herausnehmen, den Ofen sauber machen und die Stube in Ordnung bringen, sodass bei der Stubenabnahme der Zug nicht auffiel. Um Punkt 21:00 Uhr tauchte der Unterführer vom Dienst mit unserem lieben Vormann auf und kontrollierte genau, indem er mit den Händen ins Rohr hineingriff und dem Stubendienst zeigte, wie schmutzig alles sei. Nun mussten wir alle raus aus den Betten und es gab eine Sonderaufgabe. Die bestand darin, 25 Kniebeugen zu machen, zusätzlich wurden auch die Hocker kontrolliert. Es war alles nicht in Ordnung, die Hocker wurden umgeworfen, die Kleider durcheinandergebracht und eine neue Stubenkontrolle für 22:00 Uhr angeordnet. Nun wurde uns klar, was man unter der Bezeichnung »innerer Schweinehund« zu verstehen hatte. Jeder von uns hatte eine Wut und konnte nichts gegen diese Schikanen machen. Also blieb uns nichts anderes übrig, als den inneren Schweinehund zu überwinden. Um 22:00 ging alles glatt, obwohl die Bude bei Weitem nicht so in Ordnung war wie beim ersten Stubendurchgang. Endlich konnten wir uns schlafen legen. Ich hatte eine solche Wut im Bauch, dass ich lange nicht einschlafen konnte und allen anderen ging es auch nicht besser.

Nach diesem Vorgeschmack konnte man sich leicht ausrechnen, wie es in der nächsten Zeit weitergehen würde. Es hatte sich bestätigt, dass die Erzählungen über den Schliff im RAD zum Großteil stimmten. Die nächsten Tage waren im Ablauf ziemlich gleich und vorwiegend mit Exerzieren, fallweise Unterricht, Klamotten-in-Ordnung-Bringen und Erlernen des Spatengriffes ausgefüllt. Unterbrochen wurde nur zum Mittagessen, das Abendessen und das Frühstück mussten schnell eingenommen werden, denn wir hatten in einer Stunde auch zu duschen und ein 4-Kilometer-Lauf vom Lager bis Viktring und zurück musste ebenso bewältigt werden. Dass es in der Früh noch finster war und durchschnittlich 15–20 Grad unter null hatte, störte unseren Vorgesetzten überhaupt nicht, er war schön warm angezogen und fuhr mit dem Fahrrad daneben her. Das Essen war sehr gut und auch reichlich, fallweise gab es am Abend auch warmes Essen, was natürlich den Nachteil hatte, dass man es im Speisesaal einnehmen musste.

Im Zug waren wir vorwiegend Männer aus der Steiermark, unser Truppführer wurde zum Obertruppführer ernannt und unser Vormann zum Obervormann. Unser Feldmeister, ein Mittelschullehrer aus Graz, wurde Oberfeldmeister. Der Lagerkommandant war ein Deutscher ebenso wie der Chef der zweiten Kompanie, dieser im Rang eines Feldmeisters. Das erwähne ich wegen des besseren Verständnisses, mit welch großem Ehrgeiz diese Herren versuchten, so schnell wie möglich das vorgeschriebene Programm durchzuführen. Es war wahrscheinlich schon festgelegt, dass die Ausbildung keine sechs Monate dauern würde, was normal gewesen wäre. Bereits einen Monat später sollte die Taktik Früchte tragen, da sollte eine Stellungskommission das Lager besuchen, davon aber später.

Die Kameradschaft war gut, jeder nahm Rücksicht auf den anderen und wenn unsere Bude aufflog, versuchten wir gemeinsam wieder alles in Ordnung zu bringen. Wir waren eben alle Ostmärker (Österreicher) und das war ein großer Vorteil. 14 Tage hatten wir hinter uns und inzwischen war es Weihnachten geworden. Der Druck ließ nun nach und verschiedene Unterführer und auch unser Oberfeldmeister fuhren auf Heimaturlaub, erhalten blieb uns der Obertruppführer Proprentner und siehe da, auch der konnte ein ganz netter Kerl sein. Er versuchte uns zu verstehen zu geben, dass Befehl Befehl sei und er nicht anders handeln könne. Ganz wird das nicht stimmen, er hatte natürlich größtes Interesse, bei seinen Vorgesetzten gut anzukommen, um weiterhin die Freistellung als Ausbildner im RAD (Reichsarbeitsdienst) zu behalten.

Der Heilige Abend war nun da und alle Arbeitsmänner hatten dienstfrei, ausgenommen jene Kameraden, die für die Wache eingeteilt waren. Sehr erfreulich war die Nachricht, dass es billige Marketenderware gab: Zigaretten, Bier, Wein, Schnaps, Kekse und Süßigkeiten. Von der Küche gab es als kalte Verpflegung doppelte Rationen und zum Mittagessen guten Gänsebraten. Wir besorgten uns einen kleinen Christbaum und schmückten unsere Bude mit Reisig. Zu erwähnen ist auch die großzügige Versorgung mit Brennmaterial. Wir durften drei Kübel pro Tag holen, das war dreimal so viel, als wir pro Tag vorher verbrauchen durften. Wenn man auch sonst nicht viel hatte, für einen richtigen Rausch reichte es auf jeden Fall und mit einer warmen Bude konnte man auch rechnen, mehr konnte man nicht verlangen. Wir alle setzten uns nach dem Abendessen mit unserem Hocker zum Tisch, zündeten die Kerzen am Weihnachtsbaum an und sangen das Lied »Stille Nacht, Heilige Nacht«. Nun wurden die Pakete, die von zu Hause geschickt worden waren, ausgegeben und jeder hatte ein ganz glückliches Gesicht und machte voll Spannung das Paket auf. Wir dachten an Zuhause und wie es wohl weitergehen würde. Der Obertruppführer blieb bei uns und erklärte, dass es heute keinen Zapfenstreich gäbe und wir aufbleiben könnten, solange wir wollten. Wir holten uns noch einige Kannen Tee, der mit Schnaps verbessert wurde. Alle bekamen zu Beginn der Feier ein Häferl Schnaps-Tee und jeder konnte Bier nehmen, wir hatten ja einige Kisten zur Verfügung. Mit Wein mussten wir sparsam umgehen, davon besaßen wir nur wenig. Wir versuchten den Obertruppführer auszufragen, was mit uns in der Zukunft geschehen werde. Er hatte schon sehr viel getrunken und wurde gesprächig, so erzählte er uns, dass ein Teil bereits im Februar 1942 das Lager verlassen würde. Näher wollte er nicht darauf eingehen und so hörten wir mit der Fragerei auf. Es war ein gemütlicher Heiliger Abend und es sollte für lange Zeit der letzte in der Heimat sein. Alle hatten schon einen Rausch, auch unser Obertruppführer lag bereits lang, um 2:00 Uhr früh war Schluss und wir legten uns schlafen. Am Christtag war kein Wecken angesetzt und so schliefen die meisten bis in den Vormittag hinein. Nach dem Mittagessen tauchte unser Obertruppführer wieder auf und blieb bis zum Abend bei uns. Er erzählte, dass er schon einige Jahre beim RAD sei und hoffe, noch bleiben zu können, ansonsten müsse er zu den Gebirgsjägern einrücken. Wir fragten, ob der Obervormann auch im RAD verbleiben könne, er meinte, das glaube er nicht, es würden von den Jetzigen einige zurückgehalten werden. Es war kaum zu verstehen, warum dieser Mann einen Verrückten spielte. Er versprach uns, er werde den Obervormann einbremsen und es würde im Jänner leichter werden. Nun hatten wir noch einen Tag frei und die Ausbildung ging wieder weiter. Der Oberfeldmeister kam vom Weihnachtsurlaub zurück, ebenso die anderen Unterführer. Der erste Tag nach den Feiertagen war gleich eine Katastrophe. Es war für die ersten Stunden Exerzieren angeordnet, um es aber leichter durchführen zu können, musste man den Exerzierplatz vom Schnee säubern, über die Feiertage hatte es geschneit und es lag mindestens ein halber Meter Schnee. Nachdem wir mit unseren Hockern heraustreten mussten, war klar, was jetzt passieren würde. Es kam der Befehl, in einer Reihe anzutreten, und wir mussten den Schnee mit unseren Hockern festklopfen. Wenn wir die Fläche betrachteten, die von uns bewältigt werden musste, hatte jeder die schönen Feiertage vergessen und der innere Schweinehund musste wieder bewältigt werden. Als wir den Platz festgetreten und niedergeklopft hatten, glaubten wir, es sei alles vorbei. Es war ein Irrtum, denn jetzt ging es erst richtig los. Wir wurden über den Platz gejagt und das über zwei Stunden. Wir waren kaputt, unsere Unterführer lachten und selbst der Oberfeldmeister lächelte. Was diese Leute wohl dachten, wenn sie uns junge Männer auf die gemeinste Weise fertigmachten? Im gleichen Tempo ging es bis Silvester weiter, unterbrochen nur durch Reinigungsdienste und Unterricht.

Den letzten Tag des Jahres 1941 hatten wir ab Mittag dienstfrei, nur musste unser Zug über Neujahr die Lagerwache stellen. Unser Obertruppführer und der Obervormann waren auf Kurzurlaub und wir hofften, in Ruhe gelassen zu werden. In Vertretung wurde ein Truppführer eingesetzt, der unserem Stubenältesten den Auftrag gab, für Ordnung zu sorgen. Nachdem der Truppführer auch zugleich Wachkommandant war, hatten wir bis zum 2. Jänner unsere Ruhe. Die Silvesterfeier verlief ähnlich wie die Weihnachtsfeier. Es wurde bis 2:00 früh gefeiert. Am 1. Jänner 1942 kam der große Katzenjammer, denn nun wurde uns wieder bewusst, wo wir waren, und wir sahen mit Angst dem nächsten Tag entgegen. Wir sollten uns nicht getäuscht haben, es ging gleich in aller Früh los, aufstehen, duschen, laufen nach Viktring, mit nacktem Oberkörper bei 20 Grad minus, zurück ins Lager, Frühstück, antreten zur Befehlsausgabe. Bei der Befehlsausgabe erfuhren wir, dass in ca. drei Wochen die Besichtigung des Lagers stattfinden und ein hoher RAD-Führer und der Gauleiter von Kärnten unseren Ausbildungsstand beurteilen würden. Ich brauche wohl nicht besonders erwähnen, was uns in der nächsten Zeit blühte. Am schlimmsten waren die Stunden, in denen wir mit dem Spaten exerzieren mussten. Bei dem Spatengriff (wie Gewehrgriff) konnten sich unsere Vorgesetzten austoben, denn es wollte nicht gelingen, dass der Griff einheitlich durchgeführt wurde. Die Folge war, dass wir mehr am Boden liegend als stehend den Griff zu üben hatten. Der Unterricht wurde eingeschränkt, sodass viel Zeit für das Marschieren und den Spatengriff blieb. Es war eine schreckliche Zeit, ständig zwischen 15 und 20 Grad minus und sie verging nicht. Die Besichtigung wurde schließlich auf einen Samstag festgelegt. Alles war aufgeregt, die Buden mussten sauber gemacht werden, es wurde geschruppt, geputzt, gewaschen, bis alles blitz-blank war. Um 9:00 Uhr mussten wir antreten, es wurde kontrolliert, ob unsere Uniformen, Stiefel und Spaten in Ordnung waren. Nachdem die Kontrolle durchgeführt und alles in Ordnung war, konnten wir wegtreten. Um ¾ 10:00 Uhr wurde nach Kompanien angetreten und dem Lagerkommandanten die Meldung gemacht. Nun mussten wir warten, bis der hohe RAD-Führer mit dem Gauleiter eintraf. Punkt ½ 11:00 Uhr war es so weit, die Bonzen fuhren ins Lager und der Lagerposten präsentierte den Spaten, Gott sei Dank war ich nicht der Posten. Die Leute stiegen aus und ich wunderte mich, wie viele Begleitpersonen dabei waren. Es fiel mir und auch einigen Kameraden auf, dass bei diesem Aufgebot auch ein hoher SS-Offizier im Rang eines Standartenführers präsent war.

Nun übernahm der Lagerkommandant die Befehlsgewalt mit den Worten: »Alles hört auf meinen Befehl.« Es kam der Befehl »Stillgestanden, präsentiert den Spaten, rechts gschaut« und dann wurde vom Lagerkommandanten die Meldung gemacht. Der RAD-Führer nahm die Meldung entgegen und gab den Befehl »Rühren lassen«. Nun hieß es wieder »Augen geradeaus, Spaten ab und rührt euch«. Dann gingen die Bonzen durch die Reihen, fallweise wurde der eine oder andere Arbeitsmann angesprochen, dieser musste laut und deutlich Antwort geben, alle anderen mussten Haltung annehmen. Das Theater war noch nicht vorbei, nun kamen die Ansprachen. Die Aussagen dieser Ansprachen bezogen sich auf den Führer, auf die Tapferkeit bis zum Tod usw. usw. Der Gauleiter sprach von den tapferen Steirern und der Bereitschaft fürs Vaterland zu sterben. Nun sprach auch noch der SS-Führer, er lobte die SS als die besten Soldaten der Welt und es sei eine besondere Ehre, dieser Truppe anzugehören. Eine Woche später sollten wir wissen, warum dieser SS-Führer bei der Besichtigung dabei war. Die Ansprachen waren vorüber, der Lagerkommandant ließ die einzelnen Züge der Kompanien im Stechschritt vor der Kommission vorbeimarschieren.

Die ganze Besichtigung dürfte nicht schlecht ausgefallen sein, der Lagerkommandant, der Oberfeldmeister und Feldmeister machten einen sehr zufriedenen Eindruck. Die Herren gingen nun in den Speisesaal, um scheinbar das Essen zu kontrollieren, waren aber nicht lange dort und schon fuhren sie zu unserem Glück davon. Nun konnten wir unser Mittagessen einnehmen, das an diesem Tag besonders gut gekocht war. Es gab eine weitere erfreuliche Nachricht, unser Obertruppführer teilte uns mit, dass es bis 22:00 Uhr Ausgang gäbe. Wir konnten nun noch schnell unseren Sold empfangen, wenn ich mich richtig erinnere, waren es 50 Pfennig pro Tag. Nachdem jeder auch noch Geld von zu Hause mithatte, war dieser Sold nur eine kleine Aufbesserung. Dann ging es im Laufschritt nach Klagenfurt. Wir waren einige Freunde und versuchten in Klagenfurt ein Gasthaus zu finden, in dem es was Trinkbares gab. Wir hatten Glück und fanden ein kleines Wirtshaus. Wir machten uns einen schönen Nachmittag und am Abend versuchten wir, Mädchen aufzutreiben, was gar nicht einfach war, da ja in Klagenfurt Fliegereinheiten stationiert waren. Die Zeit verging sehr schnell und schon mussten wir wieder im Laufschritt zurück ins Lager, wir hatten es auf die letzte Minute ankommen lassen. Ein Zuspätkommen hätte auf jeden Fall Bunker bedeutet, so liefen wir, so schnell wir nur konnten.

Der Betrieb ging nun normal weiter, nur für jene nicht, die für Sonderkommandos eingeteilt worden waren. Ich hatte beim Oberfeldmeister eine besondere Nummer und so wurde ich für die Bewachung und Beheizung mit drei Mann abgestellt. Das zu bewachende RAD-Lager lag vor Klagenfurt an der Bahnstrecke. Als Wachhabender war ich der Vorgesetzte und hatte die Wachen zu kontrollieren. Weiters mussten ständig die Heizung sowie die Heizkörper überprüft werden, damit man schnell eingreifen konnte, wenn sich Anzeichen zeigten, dass die Heizkörper kalt wurden und einzufrieren drohten. In einem solchen Fall wäre es Sabotage gewesen und strengstens bestraft worden. Die eine Woche in Klagenfurt hatte ich ein wunderschönes Leben, verpflegen mussten wir uns selbst und Kontrolle von unseren Vorgesetzten gab es kaum. Jede Nacht konnte ich mit einem Fräulein von der Post telefonieren und wir hatten sehr viel Spaß. Leider dauerte dieses Kommando nur sieben Tage und wir wurden von einem Vorkommando abgelöst. Im Lager angekommen, bekam ich den Marschbefehl nach Eisenkappel, um dort ein Nachkommando eines Maidenlagers abzulösen. Man brachte uns mit einem LKW nach Eisenkappel und die fünf Maiden waren überrascht, dass sie abgelöst wurden. Wir hatten nun ein Problem, denn es wurde nur eine Baracke geheizt und in dieser schliefen die Maiden. Nachdem wir nicht im Kalten schlafen wollten, blieb uns nicht anderes übrig, als mit Spinden einen geteilten Raum zu schaffen. Die fünf Mädchen waren ganz hübsch und auch nicht abgeneigt, mit uns ein Gasthaus in Eisenkappel zu besuchen. Der Nachteil war allerdings, dass von uns ein Mann als Wache zurückbleiben musste. Die Wirtsleute waren sehr nett, gaben uns zu trinken und zu essen, auch einige Schnäpse bekamen wir. Spät am Abend ging es ins Lager zurück und die Mädchen spendeten noch zwei Flaschen Wein. Nächsten Tag sollten die Maiden abgeholt werden, aber den ganzen Tag kam kein Fahrzeug. Es hatte in der Nacht sehr viel geschneit, so war es fraglich, ob sie überhaupt in den nächsten Tagen abgeholt werden würden. Die Maiden hatten noch sehr viele Lebensmittel und die Führerin veranlasste, dass auch für uns mitgekocht wurde. Wir verbrachten einige wunderbare Tage, doch sobald die Straße frei war, wurden die Mädchen geholt. Einige Tage blieben wir noch in Eisenkappel, dann war auch für uns die schöne Zeit vorbei und wir wurden abgelöst. Wieder im Lager angekommen, wurde uns mitgeteilt, dass am nächsten Tag eine Kommission ins Lager komme und für den Abend baden angeordnet war. Am Tag darauf fiel der Morgensport aus und wir mussten um 9:00 Uhr antreten. Zu unserer großen Überraschung kamen einige SS-Führer zum Appellplatz, hielten eine Ansprache, wie schön und wie gut es bei der Waffen-SS sei und welche Ehre für jeden Mann, der dafür ausgewählt wird. Ein weiteres Zuckerl hatten diese Herren bereit, indem sie uns versprachen, dass wir, sollten wir ausgewählt werden, am nächsten Tag vom RAD abrüsten und nach Hause fahren könnten. Nun teilte der SS-Führer die Kompanie, indem er die Kleineren vortreten ließ, noch einige aussuchte und sie bei uns dazugab. Alle anderen konnten in die Baracken wegtreten. Wir wurden nun in den Speisesaal gebracht und man passte genau auf, dass sich ja keiner drückte.

Im Speisesaal mussten wir uns nackt ausziehen, der SS-Arzt untersuchte uns und ein SS-Oberscharführer des Sanitätsdienstes füllte einen Gesundheitsbogen aus. Wir mussten warten, wurden nach der Untersuchung aufgerufen und bekamen ein Schriftstück zur Unterschrift vorgelegt, mit ihr war die freiwillige Meldung zur Waffen-SS vollzogen. Gleichzeitig machte man uns darauf aufmerksam, dass mit dieser Unterschrift auch unsere Entlassung aus dem RAD gegeben war. Nachmittags konnten wir bereits unsere Zivilsachen aus der Kleiderkammer holen und unsere Uniform, Spaten usw. abgeben. Alle Kameraden, die bleiben mussten, beneideten uns, denn auch sie hätten gerne abgerüstet. Am nächsten Tag wurden wir normal geweckt und mussten nochmals antreten, der Lagerkommandant wünschte uns alles Gute und forderte uns auf, unsere Marschverpflegung zu holen, sowie unsere Entlassungspapiere. Wir bekamen noch ein Mittagessen und waren froh, dass wir das Lager hinter uns hatten. Nachmittags um 16:00 Uhr hatte ich einen Zug nach Graz, diesen benützten auch viele Kameraden, die in der Obersteiermark bzw. Graz-Umgebung wohnten. Am Abend kam ich in Kalsdorf an, meine Eltern hatten keine Ahnung gehabt, dass ich nach Hause kam. Sie waren froh, dass ich vorzeitig vom RAD entlassen worden war, als sie allerdings erfuhren, unter welchen Bedingungen, hatten sie größte Bedenken. Meinem Vater gefiel es überhaupt nicht, dass sein Sohn bei der Waffen-SS einrücken sollte. Aber es war passiert und man konnte nichts rückgängig machen. Als ich selbst zum Nachdenken kam, war auch ich etwas geschockt, obwohl viele Leute sagten: »Zur SS gehst du? Das ist ja eine Elitetruppe« usw. In den nächsten Tagen musste ich zum Wehrkommando nach Graz und meinen Aufnahmeschein für die Waffen-SS vorlegen. Dort erfuhr ich, dass ich die Einberufung zu den Gebirgsjägern, nach Ableistung des RAD, bekommen hätte.

Arbeitsdienst in Klagenfurt-Viktring 1941

Als Arbeitsmann auf Wache

Truppführer Ashever beim Arbeitsdienst

Arbeitsdienstlager Viktring

Grupp Probrentner

Am Wörthersee

Kameradschaftsabend

Am Wörthersee

Weihnachten 1941

Hütter Vinzenz

Onkel Pepi

Kowatsch Franz

Schnofl Hans

Schnofl Hans

5. KAPITEL
Waffen-SS, Nürnberg 1942

Der lange Weg! Nürnberg

Der Arbeitsdienst war abgeschlossen, wir wurden vorzeitig entlassen und mussten uns bei unserem zuständigen Wehrkommando, in meinem Fall »Wehrkommando Graz«, melden. Dort erfuhr ich, dass meine Einberufung zu den Gebirgsjägern bereits ausgestellt war. Nachdem ich, wie bereits erwähnt, beim Arbeitsdienst für die Waffen-SS ausgemustert worden war, musste das Wehrkommando die Einberufung zu den Gebirgsjägern zurückstellen. Nun hatte ich etwas Zeit gewonnen und ging wieder in die Lapp-Finze arbeiten. Doch schon in den ersten Tagen, im April 1942, brachte der Briefträger die Einberufung. In dieser stand die Aufforderung, am 15. April 1942 bis 17:00 Uhr in Nürnberg, Frankenstraße, »Adolf-Hitler-Kaserne«, einzurücken.

Am nächsten Tag nahm ich Abschied von der Firma, um noch einige Tage Urlaub zu machen. Ich übergab das Jungvolk (Fähnlein) meinem Nachfolger, begann meine Verabschiedungsrundreise und nahm alle guten Wünsche für die nächste Zeit entgegen. Einen Vorgeschmack hatte ich ja bereits im Arbeitsdienst bekommen bzw. auf den verschiedenen Führerlagern der Hitlerjugend. Die Zukunft sollte allerdings alles, was ich bisher erlebt hatte, weit in den Schatten stellen. Gut, dass ich zu diesem Zeitpunkt keine Ahnung hatte, was sich in Nürnberg abspielen würde. Nun war der 14. April 1942 da und ich musste Abschied nehmen von meinen Eltern und meinem Bruder. Meine Mutter packte viel Essen ein, mein Vater gab mir seine Raucherkarte, sodass ich bestens versorgt von Kalsdorf fortging. Ich bat meine Eltern, mich nicht zum Bahnhof zu begleiten, denn ich wollte diesen schweren Abschied zu Hause in der Wohnung vornehmen.

Nun ging es zum Bahnhof, dort traf ich noch einige Kalsdorfer, die wissen wollten, wohin ich führe. Ich versuchte, dem Gespräch auszuweichen, und sagte, ich führe auf Urlaub nach Deutschland. Der Zug kam, es hieß einsteigen und los ging die Fahrt in eine ungewisse Zukunft. Wehmütig schaute ich aus dem Fenster und sah die letzten Häuser von Kalsdorf verschwinden. In Graz angekommen, musste ich mich beeilen, um den Zug nach Linz nicht zu versäumen. In der oberösterreichischen Hauptstadt musste ich umsteigen und hatte einen direkten Zug nach Nürnberg. Ich stieg in den Zug ein, schaute mich etwas um, dabei fiel mir auf, dass in einem Abteil ein junger Mann saß, der ziemlich zerdrückt aus dem Fenster schaute. Ich dachte mir, das ist bestimmt auch einer, dem das gleiche Los beschieden ist. Ich setzte mich in dieses Abteil, es dauerte nicht lange und wir waren im Gespräch. Es stellte sich sehr bald heraus, dass wir das gleiche Ziel hatten. Nun war die Reise nach Nürnberg viel angenehmer, da wir unsere Meinung austauschen konnten. Ich erzählte, woher ich komme, er erzählte, dass er aus Wien stamme, seine Eltern eine große Weinhandlung besäßen und er sich freiwillig zur Waffen-SS gemeldet habe. Mein Nachbar hieß Zitter und war in meinem Alter. Die Zeit verging sehr schnell und wir kamen am Abend in Nürnberg an. Wir waren uns einig, nicht sofort in die Kaserne zu gehen, sondern in einem Hotel zu übernachten, um am nächsten Tag kurz vor 17:00 Uhr den Marsch in die Kaserne anzutreten. So konnten wir noch einen schönen Tag in Freiheit verbringen. Wir besichtigten die Altstadt, setzten uns in ein Kaffeehaus und zufällig war die Besitzerin eine Österreicherin, die natürlich sofort merkte, dass es sich nur um zukünftige Rekruten handeln könne. Diese Frau war sehr nett zu uns, wir brauchten die Zeche nicht zu bezahlen und sie brachte als Draufgabe einen Teller mit verschiedenen Mehlspeisen. Wir verabschiedeten uns, besuchten noch die Burg und dann wurde es langsam Zeit in Richtung Kaserne zu marschieren. Als wir in der Frankenstraße einbogen und die Kaserne in Sicht kam, sahen wir Soldaten am Fenster, die mit der Hand zum Hals zeigten, das sollte wohl heißen, wir haben bis zum Hals genug. Wir kamen zum Eingangstor, dem Posten mussten wir unseren Einberufungsbefehl vorzeigen und er gab uns eine Weisung, wo wir uns zu melden hatten. Es war ein Häuserblock mit einem Innenhof und wir mussten im 3. Stock in einem dieser Häuser vorsprechen. Dort wurden wir zur Schreibstube weitergeleitet. Nun wurde jeder einzeln aufgerufen und einer Gruppe zugeteilt. In den Gängen liefen einige Unterscharführer, Oberschützen, Sturmmänner, Rottenführer herum. Bald sollten wir mit diesen Männern Kontakt bekommen. Die Organisation war perfekt, in kurzer Zeit wussten wir, wo es langging. Zitter und ich wurden einem Oberschützen zugeteilt und dieser brachte uns in ein Zimmer, das für die nächste Zeit unsere gute Stube sein sollte. Einige Männer waren schon eingezogen, sie waren einen Tag früher in Nürnberg angekommen als wir. Das große Rätselraten begann, wie werden unsere Vorgesetzten sein? Wir wussten nun, dass wir zum Einser-Zug der 1. Nachrichtenkompanie innerhalb der Nachrichtenabteilung gehören würden. Unsere Gruppe war komplett, der Oberschütze kam in das Zimmer und forderte uns auf, mit unseren Koffern anzutreten. Das, was jetzt kam, sollte schon die erste Überraschung sein. Der Oberschütze erklärte, dass wir die Essenssachen auf den Tisch legen sollten sowie die Zigaretten. Die Zigaretten wurden aufgeschrieben, in Verwahrung genommen, die Essensachen konnten in das Spind eingeräumt werden, mit der Auflage, in drei Tagen dürfe davon nichts mehr vorhanden sein. Er empfahl uns, jenen Kameraden davon abzugeben, die nichts hatten. Weiters gab er uns bekannt, die Spinde dürfen nicht abgesperrt werden und es gäbe strengste Bestrafung, sollte etwas geklaut werden. Inzwischen war es 18:30 Uhr, der Oberschütze befahl, dass wir am Gang anzutreten hatten. Alle schauten ziemlich blöd drein, denn wir glaubten für den heutigen Tag sei alles vorbei. Leider war es nicht so, der Oberschütze drückte uns auf dem Gang Eimer, Fetzen, Besen usw. in die Hand, teilte uns für die Reinigung der Klos, von Bad, Unterführerstube und Gang ein. Wir waren noch in unseren Anzügen und erlaubten uns darauf aufmerksam zu machen. Der Oberschütze wurde wütend und erklärte uns kurz, dass wir diese Anzüge ohnedies nicht mehr brauchten. Jetzt wussten wir, wo es langging und was uns die Zukunft bringen würde. Fleißig putzten wir und nahmen es genau, um ja nicht aufzufallen. Der Oberschütze teilte uns mit, dass der Gruppenführer um 21:00 Uhr unseren Bereich abnehmen werde. Punkt 21:00 Uhr erschien ein Unterscharführer, stellte sich als Gruppenführer vor und bemerkte, dass wir die nächste Zeit mit ihm zu tun haben würden. Er stellte auch gleich klar, dass er die beste Gruppe haben wolle. Nun wurde unsere Arbeit abgenommen und der Unterscharführer war überhaupt nicht zufrieden, er brüllte jeden Einzelnen an, was wir uns eigentlich gedacht hätten, ob dies eine Reinigung wäre usw. Nun wussten wir, mit welchem verrückten Unterführer wir es tun haben würden, dazu kam noch sein Helfer, der Oberschütze. Beide hatten keine Front-Erfahrung, der Unterscharführer versuchte mit dieser Methode, seine Stellung als Ausbildner zu halten, der Oberschütze wollte wahrscheinlich Ausbildner werden. Uns störte weniger der verrückte Unterscharführer als der Oberschütze, dieser hatte eine Dienstzeit von sechs Monaten hinter sich und sich scheinbar als Schleiffer bewährt, sonst hätte er längst an der Front sein müssen. Das ganze Theater dauerte bis 22:00 Uhr, dann konnten wir unsere Buden aufsuchen. Keiner sagte etwas, wir legten uns schlafen mit dem Gedanken, »Was wird der morgige Tag bringen?«. Nach einer unruhigen Nacht wurden wir um 6:00 Uhr früh geweckt und es kam der Befehl, um 6:45 Uhr zum Frühstück anzutreten. Unsere Kompanie bestand aus drei Zügen, die nun zum Speisesaal marschierten, um sich für das Frühstück anzustellen. Jeder bekam eine Schale Tee und ein halbes Brot sowie etwas Margarine und Marmelade. Für das Frühstücken wurden uns 20 Minuten gewährt, dann ging es zurück in unseren Häuserblock. Um 7:30 Uhr kam der Befehl, gruppenweise anzutreten zur Einkleidung. Nun ging es ab in die Kleiderkammer und jeder wurde nach der Kleidergröße, Schuhnummer usw. gefragt. Alles lief sehr schnell ab, obwohl man bemüht war, jedem passende Kleider zur Verfügung zu stellen. Warum, sollte sich später herausstellen. Der Kompaniechef kontrollierte persönlich die Passform der Uniformen, Drilliche, Schuhe, Stiefel usw. Nun ging es zurück in unserer Bude, dort mussten wir die Sachen probieren und, was nicht passte, umtauschen. So verging der

Vormittag, der Oberschütze und auch der Unterscharführer kontrollierten laufend, um nach Möglichkeit eine gut angezogene Truppe zum Kleiderappell zu bringen. Um 12:30 Uhr war unsere Kompanie zum Mittagessen eingeteilt, wir marschierten los, aber der Oberschütze gab den Befehl, die Strecke zum Speisesaal im Laufschritt zurückzulegen, dies sollte in den nächsten Wochen ganz automatisch vor sich gehen und er wollte keinen erwischen, der zwischen Unterkunft und Küche spazieren gehe. Das waren schöne Aussichten, die uns da bevorstanden. Zum Mittagessen gab es eine süße Suppe, ein Stück Fleisch, etwas Soße und Kartoffeln, als Nachspeise Pudding. Das Essen war gut und reichlich, der Speisesaal sauber, die Teller rein. Es war so organisiert, dass jeder gleich Platz fand, um ja keine Zeit zu vertrödeln. Wieder in der Unterkunft, blieb uns keine Zeit, denn schon wieder ertönten das Pfeiferl und die Stimme, »Alles austreten zum Befehlsempfang!«. Nun bekamen wir den Auftrag, unsere Zivilkleider in den Koffer einzupacken, mit der Heimatadresse zu versehen und in 30 Minuten abzugeben. Somit waren wir alles los, was uns als Zivilisten etwas bedeutet hat. Als Nächstes gab es gleich wieder eine Überraschung, um 15:00 Uhr wollte der Zugführer eine Kleiderkontrolle durchführen. Mit Mühe hatte man den Spind eingeräumt und nun ging es wieder von vorne los. Antreten in Drillich mit Stiefel, antreten in Ausgehuniform mit Schuhen usw. Auch bei diesem Appell wurden Kleiderstücke beanstandet, der Scharführer wurde gerügt, was zur Folge hatte, dass dieser wieder den Mann, der auffiel, zur Verantwortung zog und ihm mit einer Strafe drohte. Auch dieses Theater ging vorbei und es war wieder Zeit zum Abendessen. Danach gab es einen Vortrag bis 21:00 Uhr über Disziplin als Soldat, Benehmen auf der Straße, Grußordnung, Dienstränge der Waffen-SS usw. Anschließend war Reinigen der Unterkunft angesagt und Zapfenstreich, das heißt Nachtruhe.

Der dritte Tag war ein besonderer, da mussten beide Kompanien um 11:00 Uhr zum Appell antreten. Für uns Rekruten wurde es ein ganz schwerer Tag. Im Laufschritt zum Frühstück, Unterkunft sauber machen, Betten bauen, Spind in Ordnung bringen, um

9:00 Uhr wurde die Abnahme durch den Spieß vorgenommen. Bis kurz vor 9:00 Uhr spielte sich Unmögliches ab, die Betten waren schlecht gebaut, einzelne wurden wieder eingerissen. Die Spinde waren nicht exakt eingeräumt, der Oberschütze riss einzelne Stücke heraus und man musste wieder von vorne beginnen. Die Unterkunft war ihm nicht genug gereinigt usw. Um Punkt 9:00 Uhr musste jeder vor seinem Bett stehen und der Spieß, Hauptscharführer Bilohoubeck, kontrollierte, fragte den einen oder anderen nach dem Namen, woher er komme, welchen Beruf er habe usw. Der Spieß machte auf uns einen sehr seriösen Eindruck, beanstandete kaum etwas und ermahnte uns, um 11:00 Uhr ja auf Draht zu sein.

Um 10:45 Uhr wurde zum Antreten aufgerufen, ruckzuck ging es in den Hof und wir mussten zugweise Aufstellung nehmen. Die Funkkompanie war bereits angetreten und stand in Reih und Glied. Unsere Kompanie musste sich erst formieren, bei der Funkkompanie anschließen, sodass die Einheiten in Hufeisenform Aufstellung nahmen. Nun hatten die Unterführer alle Hände voll zu tun, Männer auszutauschen und der Größe nach zu ordnen, die einzelnen Züge auszurichten, was gar nicht einfach war, da wir ja noch kein Exerzieren gehabt hatten. Es wurde geschrien und gebrüllt und endlich stand der ganze Haufen einigermaßen. Punkt 11:00 Uhr machten die Zugführer Meldung an den Kompaniechef: »Mannschaften und Unterführer zum Appell angetreten.« Der Kompaniechef ging die Reihen durch, beanstandete dort und da etwas, der Spieß notierte fleißig und wir schauten blöd drein und dachten, »Was hat das zu bedeuten?«. Es sollte sich nachher herausstellen, dass es in erster Linie um die Uniform ging. Nun kam ein Hauptsturmführer (Hauptmann) und die Kompaniechefs machten ihm Meldung. Er ging flüchtig durch die Reihen, fragte fallweise einige Rekruten, woher sie kämen. Nachdem er die Reihen abgegangen war, forderte er die Offiziere auf, sich einzureihen, und hielt eine Ansprache. Darin betonte er vor allem, welche Ehre es sei, ein SS-Mann zu sein, und sprach die damit verbundene Tapferkeit, wenn es notwendig sei, bis zum Tode, sowie Heimatliebe und unbedingte Treue zum Führer an. Er erwähnte die Erfolge der SS-Divisionen und betonte, dass er von uns erwarte, in diesen Divisionen unsere Pflicht mit allerhöchstem Einsatz zu tun. Danach grüßte er uns mit: »Heil Hitler, Männer«, wir grüßten zurück mit: »Heil Hitler, Hauptsturmführer« und dann kam der Befehl »Wegtreten lassen!«. Die Kompanieführer übernahmen, gaben den Befehl weiter an die Zugführer, diese ließen die Mannschaften wegtreten. Nun ging es wieder hinauf in den dritten Stock im Laufschritt, kaum in der Unterkunft angekommen, kam der Befehl »In Drillich antreten!«. Wieder raus aus der Uniform, hinein in den Drillich und hinaus auf den Gang. Dort wartete bereits wieder unser Oberschütze und hatte nichts Besseres zu tun, als die zwei Letzten aufzuschreiben. Rechts um und es ging in den Unterrichtssaal, wo man uns einen kurzen Film über die Ausbildung der Waffen-SS, die Hierarchie vom SS-Mann bis zum SS-Obergruppenführer (Generaloberst) zeigte und uns aufmerksam machte, dass wir diese Dienstgrade lernen müssten. Der Filmvortrag war zu Ende, schon wieder ging es im Laufschritt zum Mittagessen, Mittagessen vorbei und im Laufschritt wieder zurück in die Unterkunft. So, wie man es angekündigt hatte, wurde alles im Laufschritt bewältigt. Einen Vorteil hatte das zugweise Essen, man brauchte nicht zu grüßen, da man ja als eine gemeinsam auftretende Einheit galt. Kaum in der Unterkunft, ertönten schon der Pfiff und der Befehl »Austreten!«. Die Gruppen liefen wieder die drei Stockwerke hinunter bis zur Waffenmeisterei, nun kam das Wichtigste, jeder bekam einen Karabiner ausgehändigt, ein Seitengewehr, und wieder im Laufschritt ging es hinauf in den dritten Stock. Die für Nachmittag noch zur Verfügung stehende Zeit wurde mit Waffenunterricht ausgefüllt. Karabiner zerlegen und wieder zusammenstellen. Das wurde zwei Stunden lang geübt, man machte uns immer wieder darauf aufmerksam, dass das Gewehr für lange Zeit unsere Braut sein werde und wir sehr behutsam damit umgehen sollten. Der Unterricht war zu Ende und wir mussten im Gang unsere Karabiner in die dafür vorgesehenen Gewehrständer hineinstellen. Wir konnten jetzt wegtreten und unseren Mannschaftsraum aufsuchen, mit dem Auftrag, den Raum, Spind sowie Bett in Ordnung zu bringen. Nach einer Stunde kam der Unterscharführer mit seinen Oberschützen und kontrollierten, ob wir auch alles in Schuss gebracht hatten. Zwei Männer fielen wieder auf, der Oberschütze hatte schon seinen Block zur Hand und hielt die beiden fest. Wie nicht anders zu erwarten war, war unser Wiener wieder dabei. Für mich war es sehr schwer, da wir einen Doppelspind hatten, und gerade ich musste diesen mit Zitter teilen. Ich selbst hatte durch den Arbeitsdienst, die vielen Lager, schon eine Ahnung, auf was es ankam. Nur hatte ich es falsch eingeschätzt, dass Zitter seinen Spind nicht in Ordnung hatte. Die Folge war, dass ich beim nächsten Auffallen durch Zitter mit verantwortlich war und dieselbe Disziplinarstrafe wie er zu erwarten hatte. Nun wieder im Laufschritt zum Abendessen und zurück. Es war ein Wunder geschehen, der Scharführer ließ uns diesen Abend in Ruhe. Es dauerte keine fünf Minuten, der Oberschütze kam in die Bude mit seinem Block und rief Zitter und noch drei Mann von unserer Gruppe auf. Die vier mussten mit ihm mitmarschieren, bekamen Eimer, Besen, Fetzen usw. und mussten den Gang, das Bad und die Klos reinigen. So sollte es auch in Zukunft sein, man ließ im Laufe des Tages verschiedene Männer auffallen, die dann in ihrer Freizeit Reinigungsdienste durchzuführen hatten. An diesem dritten Tag hatten wir nun erstmals Gelegenheit, uns näher kennenzulernen. Die jungen Männer kamen aus den verschiedenen Gaus, zwei aus Köln, einer aus Hamburg, zwei Berliner waren dabei, einer aus Bayern, zwei Sachsen, zwei aus dem Rheinland, einer aus dem Elsass, zwei Schwäble und wir zwei Österreicher. Es bildeten sich kleinere Gruppen, vor allem formierten jene mit etwas Erfahrung sehr schnell eine Gruppe. Um 21:00 Uhr kamen die vier Mann zurück und gleich darauf war Nachtruhe. Als der Scharführer durch die Zimmer ging und Zitter bei uns noch auffand, war der Teufel los. »Alles raus aus den Betten, neben den Betten stehen, bis ich wiederkomme!« Er ließ uns eine halbe Stunde stehen und nun konnten wir schlafen gehen. Alle hatten natürlich auf Zitter eine Wut, das sollte sich noch schlimm auswirken. Leider war dieser Wiener ein richtiges Muttersöhnchen und außerdem viel zu langsam. Wahrscheinlich hatte er es schon jetzt furchtbar bereut, sich freiwillig zur SS gemeldet zu haben.

Der vierte Tag begann mit der Tagwache, aufstehen, ins Bad, Betten bauen, anziehen, Unterkunft sauber machen, im Laufschritt zum Frühstück und zurück. Um 8:00 Untersuchung beim Militärarzt. Es wurde für jeden ein Krankenblatt angelegt, von einer genauen Untersuchung konnte keine Rede sein. Der SS-Arzt schaute uns kaum an. Der Sanitäter hatte uns über die Krankheiten bereits befragt und diese eingetragen. Ich verstehe heute noch nicht, warum wir nackt vorbeimarschieren mussten. Um 10:00 Uhr war diese Prozedur vorbei und Exerzieren war angesetzt. Nach dem Sammeln der Kompanie auf dem Exerzierplatz wurden die Gruppen eingeteilt und los ging's: »Im Gleichschritt marsch, kehrt marsch« usw. Der Scharführer, unser Gruppenleiter, stellte fest, dass wir nicht einmal in der Lage wären zu gehen, geschweige denn zu marschieren. Nachdem das nicht funktionierte, mussten wir das Kriechen lernen, vielleicht ginge das besser, und schon waren wir alle am Boden. Er bemerkte, dass, wenn sich einer aufschürfe, das heißt verletze, das als Selbstverstümmelung angesehen und strengstens bestraft würde. Na Servus, dachte ich mir, und als ob er meine Gedanken lesen hätte können, war ich schon dran: »Fürbaß, haben Sie noch nie etwas vom Kriechen (Robben) gehört? Sie haben ja Ihren Arsch im Himmel beim lieben Herrgott!« und so ging das fort. Zum Glück kam der Zugführer, ließ die Gruppen zusammenziehen und wir versuchten, im Zug zu marschieren und ein Lied zu singen, was die meisten konnten. Es war ein jämmerlicher Marsch, ein noch viel jämmerlicherer Gesang. Der Zugführer brach nach zwei Stunden das Theater mit der Bemerkung ab: »Ihr werdet das noch alles lernen und sollten wir die Nacht dazu hernehmen müssen!« Jetzt war klar, warum die 1. Kompanie als »Mondschein-Kompanie«, bekannt war. Wieder Mittagessen im Speisesaal wie üblich, Laufschritt hin und zurück. Der Nachmittag war etwas ruhiger, es gab Waffenunterricht und wieder einen Vortrag und Singen, mit der Auflage, zwei Lieder bis zum nächsten Unterricht zu lernen. Die Frage stellte sich nur, wann, wie und wo, aber danach fragte ja niemand. Nach dem Abendessen kam wieder der Oberschütze und holte jene Männer, die im Laufe des Tages aufgefallen waren. Leider war ich auch dabei und musste den Gang in unserem Bereich schrubben. Auf einmal verspürte ich eine große Lust, eine Zigarette zu rauchen, aber leider hatte ich keine, die waren mir ja abgenommen worden und außerdem war es verboten. Nun wurde mir klar, warum die ersten drei Wochen Rauchverbot herrschte, man hatte ja ohnedies keine Zeit zum Rauchen. Um 21:00 Uhr wurde wieder Schluss gemacht und nach der Visite war Nachtruhe.

Der fünfte Tag brachte wieder etwas Neues, denn es gab einen Dienstplan von 8:00 Uhr früh bis 18:00 Uhr, mit einer Mittagspause von einer Stunde, die je nach Einteilung der Kompanie zum Essen verwendet wurde. Der Weckruf war um 6:30 Uhr und bis 8:00 Uhr musste die Bude in Ordnung, das Frühstück vorbei und das zuständige Revier, wie Unterführerstube, Gang, Klo und Waschraum, gereinigt sein. Von nun an war scheinbar alles anders, der Spieß kam ins Spiel und da sollten wir noch manches Wunder erleben. Bis jetzt wussten wir nicht einmal, welchen Tag wir hatten, so hielt man uns auf Trab, das sollte aber nur ein Vorgeschmack sein, denn man sagte uns, jetzt begänne erst das Soldatsein, na Mahlzeit, da stand uns noch etwas bevor.

Der Dienstplan sah vor:

6:30 Uhr:	Wecken, waschen, Betten bauen, Zimmer reinigen, Spind einräumen, Revier reinigen, wenn eingeteilt, Stiefel putzen
8:00 – 8:55 Uhr:	Unterricht
9:00 – 10:50 Uhr:	Exerzieren
11:00 – 12:00 Uhr:	Waffenkunde
12:00 – 13:00 Uhr:	Singen
13:00 – 14:00 Uhr:	Mittagessen
14:00 – 16:00 Uhr:	Exerzieren mit Waffe
16:10 – 17:10 Uhr:	Instandsetzung

17:10 – 18:00 Uhr: Appell (Kontrolle)
18:00 – 21:00 Uhr: Abendessen, fallweise Freizeit, Nachtruhe

Dieser Dienstplan, mit geringen Abweichungen, war für die nächsten drei Wochen der Grundausbildung vorgesehen. Er sollte dazu dienen, uns die Grundbegriffe des Soldatenseins beizubringen.

Einen Vorteil hatten wir Rekruten, es war den Unteroffizieren bzw. Vorgesetzten strengsten verboten, den Rekruten anzufassen, um ihm zum Beispiel die Kleidung zu richten oder die Mütze richtig aufzusetzen, dazu brauchte er die Genehmigung des Soldaten. Er musste den Rekruten um Erlaubnis fragen, ob er ihn berühren dürfe.

Diese Vorschrift wurde exakt eingehalten, selbst im Fall, wenn der Vorgesetzte außer Rand und Band war. Ein besonderes Problem war es, die Gewehrgriffe zu lernen, viele Stunden gingen drauf, bis jeder Einzelne den Gewehrgriff beherrschte. Nun kam erst noch dazu, dass der Gewehrgriff auch in der Gruppe, im Zug und in der Kompanie klappen musste. Hier gab es viel für den Oberschützen zu schreiben und er hatte für den Reinigungsdienst immer genügend Leute. Das zweite Problem war das richtige Grüßen, immer wieder mussten wir bei den Oberschützen oder Unterscharführern vorbeimarschieren und genau die Schritte einhalten, vom Beginn des Grußes bis zu dem Zeitpunkt, wo man sie passiert hatte. Die eine Hand musste gestreckt nach oben bis zur Augenhöhe gebracht werden, die andere Hand gestreckt an der Hosennaht, Kopf in Richtung der zu grüßenden Vorgesetzten. Aller guten Dinge sind drei, so gab es beim Stechschritt (Paradeschritt) auch viele Sonderdienste, da dieser Schritt im Einzelnen nicht klappte und wir als Gruppe, Zug oder Kompanie ein jämmerliches Bild ergaben. Die Vorgesetzten hatten Geduld, waren der Ansicht, wir würden es schon noch lernen. Man sollte es nicht glauben, aber nach drei Wochen waren wir in allen drei Disziplinen perfekt. Gewehrgriffe wurden nach der Dienstzeit auf dem Dachboden geübt, mit verschiedenen Einlagen, wie zum Beispiel Kniebeugen mit vorgehaltenem Karabiner, halbe Hocke, Hände nach vorn und der Karabiner wurde auf die Hände gelegt, dies war wohl die schlimmste Art, die einem passieren konnte. Alles geschah, damit wir gute Soldaten würden. Im Kompaniebereich war nun auch der Spieß sehr aktiv und sorgte dafür, dass uns in der Freizeit nicht langweilig wurde. Er kam sogar auf den Gedanken, eine schöne Sonntagsbeschäftigung zu erfinden und natürlich auch umzusetzen. Nach dem Frühstück am Sonntag erhielten wir Stahlwolle, das waren Eisenspäne, die dazu dienten, unsere Parkettböden abzuziehen. Wir glaubten, das würden wir schnell erledigt haben, aber es war nicht so. Die Unterführer zeigten uns, wie es zu machen sei. Jedes einzelne Brett musste so lange gerieben werden, bis es wie neu aussah. Unsere Hoffnung, schnell fertig zu werden, wurde furchtbar enttäuscht. Zur Zeit der Nachtruhe schrubbten wir noch fleißig die Parkettbrettchen. Um 22:00 Uhr wurde der Kompaniebereich vom Spieß abgenommen, unsere Tagesarbeit als schlampig und nicht zufriedenstellend beurteilt. Was wieder die Zugführer rasend machte und sie uns versprachen, sich am nächsten Tag erkenntlich zu zeigen für das, was wir ihnen angetan hätten. Das war ein Überblick über die ersten drei Wochen und es ist nicht möglich, die Schikanen aufzuzählen, die wir durchstehen mussten. Man soll es nicht für möglich halten, auf welche Ideen Menschen kommen, wenn sie ihren Mitmenschen damit etwas antun können. Natürlich ist das alles zu unserem Besten gewesen, nur glaube ich, dass vieles nicht notwendig war.

Nun war im Dienstplan die Vereidigung angesetzt und damit die Grundausbildung beendet. Der Akt war für Samstag bestimmt und die ganze Abteilung (Bataillon) musste um 9:00 Uhr antreten. Um 8:00 Uhr ging es auf den Exerzierplatz, wo auch andere Einheiten angetreten waren, hohe Offiziere hatten sich angekündigt und kamen auch, Gauleiter und weitere politische Bonzen nahmen daran teil. Mit Meldungen, wie schon beschrieben, begann der ganze Zirkus. Um 9:00 Uhr wurde Meldung gemacht, ein Brigadeführer nahm diese entgegen. Von jeder Kompanie mussten drei Mann vortreten, die Eidesformel wurde vorgesprochen, wir mussten sie nachsprechen, laut und deutlich. Nach dieser feierlichen Vereidigung spielte die Musik, danach gab es eine Ansprache des Brigadeführers und des Gauleiters. Sie forderten uns auf, tapfer für das Vaterland zu kämpfen usw. usw.

Dann kam der Befehl: »Präsentiert das Gewehr!«, und wir jungen Soldaten brachten mit lautem, festem Griff das Gewehr in die verlangte Stellung. Es wurde »Deutschland, Deutschland über alles« gespielt und nach Abspielen der Hymne kam der Befehl »Gewehr ab, rührt euch«. Die Musik nahm am Ende des Exerzierplatzes Aufstellung und spielte einen flotten Marsch. Jetzt übernahmen die Kompanieführer das Kommando und es wurde im Parademarsch an der Ehrentribüne vorbeimarschiert, selbstverständlich mit Augen rechts, um die Bonzen ja zu sehen. Es folgte eine große Überraschung, nachdem alles gut geklappt hatte, wurde für Sonntagnachmittag ein geschlossener Ausgang genehmigt. Samstagnachmittag war dienstfrei und wir konnten unsere Zigaretten, welche uns bei der Ankunft abgenommen wurden, wieder abholen. Es war herrlich, nach drei Wochen wieder eine Zigarette zu rauchen, auch in die Kantine durften wir nun gehen, um uns ein Getränk oder etwas Essen zu kaufen. Mit einem Schlag war alles anders, man war nun ein vereidigter Soldat, allerdings noch immer ein Rekrut. Wir saßen im Zimmer beisammen, tranken Bier und ließen die letzten drei Wochen nochmals vorüberziehen. Am Sonntagvormittag gab es eine Filmvorführung, anschließend Unterricht über das Benehmen auf der Straße. Man gab uns einige Tipps, wie wir bei Verlassen der Kaserne am besten durch die Kontrolle kämen. Es war notwendig, einen Spiegel und einen Kamm mitzuhaben, beides musste sauber sein, vor allem der Kamm. Mit dem Haarschnitt hatten wir ja zurzeit kein Problem, da wir ja vor der Vereidigung beim Friseur gewesen waren, der so ziemlich alles weggeschnitten hatte, so war unser Haarschnitt vorschriftsmäßig. Jene Kameraden, die ausgehen wollten, mussten um 14:00 Uhr beim Torposten sein, dort wurden die Gruppen eingeteilt, jeder Unterführer bekam 8–12 Mann zugeteilt und ab ging es in die Stadt. Ich hatte Glück und kam zu einer Gruppe, die ein alter Rottenführer (Frontsoldat in Genesung) führte, dieser hatte bereits das EK I (Eiserne Kreuz) und hielt nicht sehr viel vom straffen Auftreten. Er ging mit uns zum Hauptplatz, erklärte, welche Straßen von hier in verschiedene Richtungen führten, und machte den Vorschlag, ins deutsche Haus zu gehen. Das war ein ständig überfülltes Restaurant mit Musik. Er führte uns gleich hin und wir bekamen einen guten Platz. Die anderen Gruppen unserer Kompanie trafen später ein, manche fanden da keinen Platz mehr, so ging es auch der Gruppe unseres Oberschützen. Wir erzählten dem Rottenführer von unserem Glück mit diesem Oberschützen, er tröstete uns und sagte, es sei alles halb so schlimm, wenn wir von hier zu den Fronteinheiten versetzt würden, wäre alles vorbei. Wir tranken einige Bier, waren schon gut aufgelegt, als plötzlich ein Unterscharführer kam und verlangte, dass wir aufstehen sollten, damit er mit seinen Kameraden Platz habe. Der Rottenführer sagte zu uns, wir sollten sitzen bleiben, er stand auf und erklärte dem Unterscharführer, dass er für uns verantwortlich sei und befohlen habe, dass wir sitzen bleiben sollten. Außerdem betrachte er es als eine Missachtung seiner Person, da er auf Genesung in Nürnberg sei. Der Unterscharführer entschuldigte sich, er habe nicht gewusst, dass wir zu ihm gehörten. Zu diesem Zeitpunkt war ein EK I noch etwas Besonderes, darum war der Unterscharführer bereit, sich zu entschuldigen. Um 19:00 machten wir Schluss und es ging zurück in die Kaserne.

Die Grundausbildung war vorbei und die vierte Woche begann mit einem neuen Dienstplan. Nachdem in den vergangenen Wochen nur innerhalb der Kaserne Dienst gemacht worden war, sah der Dienstplan der nächsten Wochen vorwiegend Ausbildung außerhalb der Kaserne vor: Geländedienst mit Kompass und Landkarte, Fernsprech-Leitungsbau, Scharfschießen am Schießstand, Gefechtsübungen, Fernschreibunterricht in einer Maschinschreibschule und Übungen auf dem Truppenübungsplatz in Fischbach, einige Kilometer außerhalb von Nürnberg. Auch Nachtübungen wurden angekündigt.

Der Montag begann mit einem Ausmarsch zum Duzendteich, dort befand sich auch das Reichsparteigelände, wo die Reichsparteitage abgehalten wurden. Dieses Areal eignete sich besonders zum Exerzieren und so sollten wir an diesem Tag dieses Gelände genau kennenlernen. Es fand die gleiche Schinderei wie in der Kaserne statt, nur hier gab es zusätzlich viel Platz und so konnten uns die Unterführer bis zur völligen Erschöpfung bearbeiten. Unser Wiener fiel natürlich wieder auf und man drohte uns mit einem Sonderdienst nach dem Abendessen. Nach dem Mittagsmahl wurde ich in einer Gruppe eingeteilt, die in die Stadt marschierte, um Maschinschreibunterricht zu nehmen. Dies sollte zweimal in der Woche erfolgen und 4 Wochen dauern. Man versuchte, uns das Blindschreiben beizubringen, was nicht ganz einfach war. Nach zwei Stunden marschierten wir wieder in die Kaserne zurück, die restliche Zeit war für das Instandsetzen unserer Kleidung und Waffen gedacht.

Nach dem Abendessen wurde viel in unserer Bude getuschelt und man musste annehmen, dass etwas im Gange war. Um 21:00 Uhr war Nachtruhe und wir fielen wie tot in unsere Betten. In dieser Nacht sollte sich etwas abspielen, was scheinbar von den Unterführern eingefädelt worden war. Um 23:00 wurde ich wach und hörte neben mir ein furchtbares Wimmern, ich wollte Licht machen, wurde aber von einem Kameraden gehindert. Jetzt sah ich im Dunkeln, dass sechs Mann über Zitter hergefallen waren und ihm die Decke gaben, das heißt, sein Oberkörper wurde in einer Decke eingewickelt und der Unterkörper freigemacht. Sein Intimbereich wurde mit Schuhcreme eingestrichen, dann wurde er umgedreht und sein Hinterteil mit Schuhcreme bearbeitet. Das war aber nicht genug, einer der sechs Männer nahm den Riemen und schlug so lange zu, bis die Haut riss. Mit einem Schlag war alles wieder im Bett, Zitter weinte vor sich hin und ich konnte nicht anders, stand auf und machte Licht. Alles schlief scheinbar und keiner kümmerte sich um Zitter, der furchtbar aussah. Ich ging zu ihm, fragte, was los sei, er konnte keine Antwort geben, denn er war total fertig. Ich ging zum Unterführer vom Dienst, meldete, was geschehen war, der sagte jedoch, ich solle schlafen gehen, es werde nicht so schlimm sein. Ich fragte, ob ich noch etwas sagen dürfte, er erlaubte es, ich sagte, meiner Meinung nach sei Zitter schwer verletzt und geschockt. Nun ging der Unterscharführer mit, sah sich Zitter an, ging hinaus und es dauerte nicht lange und es kamen Sanitäter und brachten Zitter weg. Der Unterscharführer musste die Meldung im Buch eintragen, der Spieß hatte diese Eintragung dem Kompaniechef Riedger vorzulegen, der eine Untersuchung anordnete. Der Spieß ließ unseren Zug antreten und versuchte, jene Männer festzustellen, die Zitter so zugerichtet hatten. Sosehr er aber auch jeden Einzelnen befragte, konnte nicht festgestellt werden, welche diejenigen gewesen waren, denn es hatte sich ja alles im Dunkeln abgespielt. Für den Abend war für unseren Zug Exerzieren festgelegt, denn Strafexerzieren gab es ja nicht. Zitter habe ich nie mehr gesehen, es hieß, man habe ihn zur Division »das Reich« versetzt, wo er selbst hinwollte. Diese Art der Selbsterziehung, wie man es nannte, konnte ich nie vergessen.

Die nächsten Tage verbrachten wir viel im Gelände, fallweise waren diese Übungen über den ganzen Tag bis spät in die Nacht angesetzt. Weiters stand in dieser Woche auch ein Nachtmarsch von 30 Kilometern am Programm. Ansonsten ereignete sich nicht viel, nur am Donnerstag war wieder eine ärztliche Kontrolle angesetzt. Dies war keine Kontrolle im eigentlichen Sinn, denn bei dieser Visite wurde die Blutgruppe bestimmt und die Tätowierung vorgenommen. Es wurde im Oberarm die Blutgruppe eintätowiert, somit war man als SS-Mann gekennzeichnet, was sich später als großer Nachteil erweisen sollte. Uns wurde allerdings gesagt, dass diese Vorgangsweise im Ernstfall zu unserem Vorteil sei.

Samstagnachmittag und sonntags gab es Ausgang und ich benützte die Gelegenheit, einen Freund aus Kalsdorf im Fliegerhorst Nürnberg zu besuchen. Als ich dort ankam und Unteroffizier Kurt Hofer verlangte, wurde mir mitgeteilt, dass dieser Küchendienst habe und ein Besuch nicht möglich sei. Zum Glück kam gerade ein Leutnant herein, der mich fragte, was ich wolle. Ich trug ihm mein Anliegen vor und der Leutnant veranlasste, dass wir uns in der Kantine treffen konnten. Nach einigen Stunden verabschiedeten wir uns und ich sollte Kurtl nie mehr wiedersehen, er wurde über Frankreich abgeschossen.

Um mich nicht zu wiederholen, werde ich nur von besonderen Vorkommnissen innerhalb der weiteren Ausbildung erzählen. Die Woche darauf war Scharfschießen auf dem Schießplatz angesetzt, wobei auch mit scharfen Handgranaten geworfen wurde. Beim Schießen war die Disziplin sehr streng, für jede Fahrkarte, das heißt für jeden Schuss, der die Tafel nicht traf, mussten 10 Kniebeugen gemacht werden, ein Schuss, der die Tafel traf, aber keine Ringe, brachte fünf Kniebeugen ein. Manche Männer sammelten eine ganz schöne Anzahl an Kniebeugen und als Draufgabe auch noch Liegestützen. Ich selbst war ein ganz guter Schütze, brachte von fünf Schuss drei ins Zentrum, was eine Belobigung einbrachte. Im Gesamten hatte jeder zweimal fünf Schuss zur Verfügung. Danach ging es zum Handgranatenwerfen, hier musste man raus aus der Deckung, die Handgranate abziehen, werfen und wieder in Deckung gehen. Dabei passierte Folgendes: In unserer Gruppe war ein Mann, der schon vor dem Handgranatenwerfen sehr aufgeregt war und dem es gelang, anstelle der Handgrante die Schnur zu werfen und die Handgranate fest in seiner Hand zu halten. Der Oberscharführer war reaktionsschnell, er riss dem Mann die Handgranate aus der Hand und warf sie weg. Es war so knapp, dass die Handgranate in der Luft explodierte. Der Oberscharführer brachte kein Wort heraus, wäre einer von uns verletzt gewesen, hätte ihn die volle Verantwortung getroffen. Ich war überrascht, dass er keine Meldung an den Leiter, Obersturmführer Riedger, machte – dadurch kam der betroffene SS-Mann auch ohne Strafe durch. Wir waren den ganzen Tag auf dem Schießplatz und das Essen wurde mit einer Feldküche nachgebracht. Am Abend ging es mit Gesang durch Nürnberg wieder in die Kaserne zurück.

Für den nächsten Tag war eine Gefechtsübung angesetzt, um 8:00 Uhr wurde von der Kaserne abmarschiert, um 9:00 Uhr kamen wir in Fischbach an. Die Ausrüstung war feldmarschmäßig und wir konnten uns auf einiges gefasst machen. Das Gelände war mit vielen künstlichen Hügeln durchzogen, auch einige Wasserrinnen gab es. Nun wurden die Gruppen eingeteilt und es begann mit marsch, marsch, Hügel hinauf, Hügel hinunter, volle Deckung usw. Bei schlechter Durchführung gab es Fleißaufgaben mit Kniebeugen, Robben, Laufen und noch viele andere Schikanen. Viele Übungen mussten mit der Gasmaske durchgeführt werden. Männer, die das Tempo nicht mitmachten, wurden in einer Sondergruppe zusammengefasst und mit Gasmaske durch die Wasserrinnen getrieben. Es war furchtbar, so ging es eine gute Stunde, bis es zu einem Zwischenfall kam. Einer der Männer dieser Sondergruppe wollte die Gasmaske herunterreißen, was der Unterscharführer verhinderte, darauf fiel der Mann um und rührte sich nicht mehr. Der Unterscharführer glaubte, der Mann tachiniere. Leider war das nicht der Fall und nach gut fünf Minuten wurde es ernst, es kam der Kompanieführer und veranlasste, demjenigen sofort die Gasmaske abzunehmen. Aber es war zu spät, der Mann gab kein Lebenszeichen mehr von sich. Die Übungen wurden sofort abgebrochen, ein Sanitätswagen angefordert und der Mann abtransportiert. Man musste annehmen, dass er in Lebensgefahr schwebte, die Kompanie wurde zusammengezogen und wir marschierten Richtung Kaserne. Wir waren von oben bis unten voll Dreck und mussten fröhlich singend durch Nürnberg marschieren. Die Menschen am Straßenrand schauten uns mitleidig an und dachten wohl: »Dass es so etwas gibt!«

Diese Gefechtsübung blieb nicht ohne Folgen. Der Bürgermeister von Nürnberg brachte eine Beschwerde an den Kommandanten der Kaserne ein. Es wurde nicht besser, von nun an fuhren wir zwar mit dem LKW zum Truppenübungsplatz, die Schinderei war aber die gleiche, nur die Zivilisten merkten nichts davon.

Dann war wieder Scharfschießen angesetzt und es ging hinaus zum Schießplatz. Diesmal wurde auch mit der Maschinenpistole geübt, jeder Mann bekam 30 Schüsse, davon sollte 1/3 ins Ziel gebracht werden. Auch mit dem Maschinengewehr waren für jeden drei Feuerstöße vorgesehen, wovon mindestens 1 Feuerstoß im Ziel sein musste. Diese Übungen wurden nicht zur Zufriedenheit der Vorgesetzten ausgeführt. Beim Gewehrschießen wurde eine Prämie ausgesetzt. Falls es jemandem gelingen sollte, von fünf Schuss drei 12er zu erzielen, gäbe es für jeden 12er einen Tag Heimaturlaub, das heißt bei zwei 12ern nicht, ab drei Zwölfern je einen Tag. Nachdem ich ein guter Schütze war, gelang es mir, drei 12er zu erzielen und auch die restlichen zwei Schüsse waren gut platziert. Hurra, das bedeutete drei Tage Heimaturlaub plus zwei Tage für die Hin- und Rückfahrt. Allerdings war auch eine Bedingung daran geknüpft, man sollte vom Heimaturlaub für den Kompanieabend Lebensmittel oder Getränke mitbringen. Ich schrieb sofort nach Hause und meine Mutter teilte mir mit, dass Tante Mitzi und Tante Irma das Gewünschte besorgen würden.

Vom Schießplatz wieder in der Kaserne angekommen, gab es eine große Überraschung. Der Spieß hatte eine Kontrolle der Unterkunft durchgeführt und wir hatten nicht die gewünschte Ordnung in unseren Spinden, was zur Folge hatte, dass die ganze Bude einem Chaos glich. Nun ging es los, Gewehr reinigen, Klamotten in Ordnung bringen, Zimmer aufräumen, Spinde einräumen usw. Diese Aufgaben sollten in zwei Stunden bewältigt werden, was natürlich nicht möglich war. Nach dem Abendessen mussten alle heraustreten, wir bekamen den Befehl, unser Zimmer im Kasernenhof aufzubauen, dafür wurde eine Stunde Zeit zur Verfügung gestellt und man bemerkte dazu, dass es so lange geübt würde, bis die Durchführung in der vorgegebenen Zeit klappe. So mussten wir zweimal die Spinde, Betten vom 3. Stock in den Hof transportieren und wieder hinauf, wieder hinunter, wieder hinauf. Inzwischen war es 22:00 Uhr geworden, es wurde das Zimmer abgenommen und in Ordnung befunden. Das war die letzte Schikane, die man uns antat, die restliche Zeit bis zur Versetzung an die Fronteinheit wurde vorwiegend mit theoretischem Unterricht verplant. Ich konnte endlich meinen Urlaub antreten, nachdem meine Mutter mir mitgeteilt hatte, dass sie einige Hühner, 1 kg Speck, 1 kg Geräuchertes und 20 Eier sowie einige Kilogramm Mehl besorgen hatte können. Es war schön, wieder zu Hause zu sein, nur leider war es eben eine kurze Zeit und wer weiß, wie lange es dauern würde bis zum nächsten Wiedersehen.

Der Kompanieabend wurde eine gelungene Veranstaltung, er fand in einem Gasthaus mitten in einem Wald statt. Wir wurden mit dem LKW hingebracht und um 2:00 Uhr früh wieder abgeholt. Bei dieser Gelegenheit konnten wir natürlich auch unsere Vorgesetzten verarschen, ohne Folgen fürchten zu müssen. Der Abschluss unserer Ausbildung war mit einer Gefechtsübung verbunden, an dieser nahmen hohe SS-Offiziere teil, die sich über den Stand unserer Ausbildung informierten. Nach dieser Gefechtsübung war es etwas ruhiger, ein Teil unserer Kompanie wurde zum Küchendienst, ein anderer Teil zum Wachdienst abgestellt. Ich war in der ersten Woche beim Wachdienst eingeteilt und kam so zum ersten Mal mit politischen Gefangenen in Berührung. Ich wusste nicht, dass so etwas im Deutschen Reich gab und machte mir meine eigenen Gedanken, obwohl diese Gefangenen korrekt behandelt wurden. Es waren Österreicher, Deutsche, Polen usw. Uns Rekruten war es strengstens verboten, mit ihnen zu sprechen, aber es gelang uns, wenn der Oberscharführer nicht da war, doch einige Worte mit diesen Gefangenen zu wechseln. Wir erfuhren, dass es ihnen in diesem Lager ganz gut ging, es aber Lager gab, wo es viel schlimmer war. Viel später sollte ich einiges davon zu sehen bekommen, ohne etwas damit zu tun zu haben.

Wenn man diese ganze Ausbildung in Nürnberg zusammenfasst, kommt man zu dem Schluss, dass es eine harte Zeit war und man seinen inneren Schweinehund oft überwinden musste. Später, an der Front, sollte sich diese Ausbildung bewähren, man konnte mit den schlimmsten Situationen fertig werden.

Ausbildung in Nürnberg
»Adolf-Hitler-Kaserne« Frankenstraße

Als SS-Sturmmann

Kompaniechef Riedger, Spieß Bilohubek

Schießstand

Pyramide

Pause

Ein Kamerad

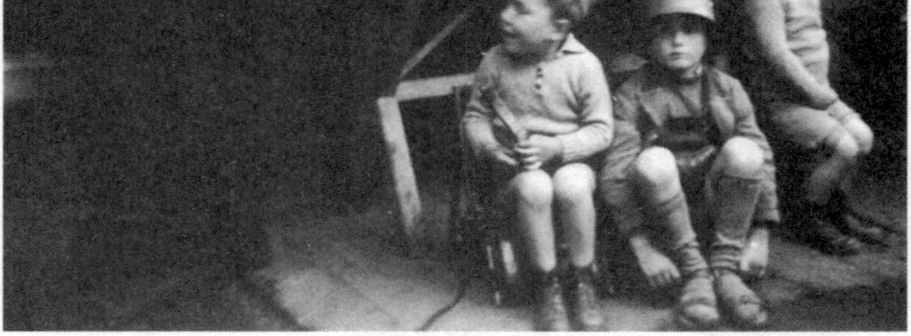

Vermittlung

Die Gruppe

Kameradschaftsabend

Unser »22«

Zugführer Poll

Rast

Vor dem Aufbau

Vermittlung

Fernsprechausbildung »Gelände Dutzenteich«

Die Gruppe

Sprechübungen

Störungstrupp

Rast

Melder

Rast

Sprechprobe

Gefechtsstand

Rast

Vermittlung

Nach dem Abbau

Kabel verlegen

Nürnberg 1942

Ein Kamerad

Ein Kamerad

Jause

Nürnberg

An der Front: Womüller, Peter, Autsch, Riester

Im Urlaub 1943

6. Kapitel
Truppenübungsplatz Polen 1942

Der lange Weg – Dębica/Krakau/Polen

In der Adolf-Hitler-Kaserne herrschte Aufbruchstimmung. Es war bekannt geworden, dass die Kompanien aufgelöst und zu den kämpfenden Divisionen versetzt werden sollten. Nun begann das große Rätselraten, ob man zu einer Division in den Westen oder zu einer im Osten eingeteilt worden war. Die Entscheidung war gefallen. Unser Kompaniechef Obersturmführer Riedger bekam die Nachrichtenkompanie der 8. SS-Kavallerie-Division »Florian Geyer«, die in Polen neu aufgestellt werden sollte, zugeteilt. Riedger hatte die Möglichkeit, die Männer für seine Kompanie auszuwählen. Von den Zugführern nahm er nur einen mit, Untersturmführer Uhl, seinen Spieß Bilohoubeck und ca. ⅓ der Kompanie. Die anderen Männer wurden verschiedenen Regimentern bzw. Divisionen zugeteilt. Ich war bei dem Drittel, das mit Riedger nach Polen ging. Wir wurden nochmals neu eingekleidet bzw. ausgerüstet und Mitte Juni 1942 in Marsch gesetzt. In Krakau angekommen, wurden wir vom Bahnhof mit LKWs zum Truppenübungsplatz gefahren. Es erfolgte dann sogleich die Einteilung in Baracken. Dort waren bereits Männer eingezogen, es war der restliche Bestand der Kavallerie-Brigade, die vor Moskau 1941 fast vollkommen aufgerieben worden war. Die Gruppeneinteilung wurde so vorgenommen, dass jeder Gruppe einige fronterfahrene Soldaten und als Rest Männer ohne Front-Erfahrung zugeteilt wurden. Der Zug bestand aus sechs Gruppen, ich wurde der 6. Gruppe zugeteilt und mein Gruppenführer war ein Wiener namens Peter. In der Baracke waren mehrere Gruppen untergebracht und man musste sich erst mit der neuen Situation abfinden. Von den Kameraden aus Nürnberg war nur der Berliner Sailer in meiner Gruppe. Es wurde ein Stubenältester bestimmt, es war ein Sachse namens Richter, ziemlich gemütlich und darauf bedacht, nur das Notwendigste zu machen. Stubendienste und Essensholer wurden ernannt und jede Woche kam eine andere Gruppe dran. Am Abend saßen wir an einem langen Tisch und hörten, was uns die Männer erzählten, die den Feldzug 1941 bis vor Moskau mitgemacht hatten. Die nächsten Tage vergingen mit Frühsport, etwas Exerzieren und der Zuteilung von Nachrichtengeräten, Stallungen für die Pferde sowie einem Geländegerätewagen je Gruppe. Nun wurden Männer ausgesucht, die Pferde in Tarnów zu holen. Am nächsten Tag ging es los, mit der Bahn nach Tarnów, dort wurden auf einem Gut die Pferde gesammelt und an die Einheiten ausgefolgt. Die Tiere wurden verladen und per Bahn nach Wadowice gebracht, von dort zum Truppenübungsplatz. Die Offiziere und Unterführer suchten die schönsten Pferde aus, danach wurden die Reitpferde und Zugpferde den anderen zugeteilt. Mein Zugführer war der Sohn eines Sägewerkbesitzers und Untersturmführer, er ordnete die Pferde jedem einzelnen Mann zu. Ich bekam einen Klopphengst, hatte von Pferden keine Ahnung und dieses Vieh war schrecklich. Alles lachte, weil der Kerl mit mir nicht mitgehen wollte, und ich nicht wusste, was ich machen sollte. Ein Rottenführer namens Mind zeigt mir, wie man das Pferd führt, packte es beim Halfter unter dem Kiefer, gab ihm einen Klapps und der Gaul marschierte ohne Widerstand mit.

Nun konzentrierte sich die ganze Ausbildung auf das Reiten und Fahren sowie die Pferdepflege, Geschirrpflege und Sattelpflege.

Der Dienstplan sah folgenden Tagesablauf vor:

6:00 – 8:00 Uhr:	Wecken, Pferde füttern, Tee holen, Frühstück, Pferde tränken
8:00 Uhr:	Befehlsausgabe
8:10 – 12.00 Uhr:	Reitunterricht, sowie Stall- und Pferdepflege
12:00 – 14:00 Uhr:	Mittagessen holen, Pferde füttern, tränken und ausmisten
14.00 – 18.00 Uhr:	Fahrschule im Vierer-Gespann
18:00 – 21.00 Uhr:	Abendessen, Pferde versorgen, Freizeit

Zu diesem Dienstplan kamen noch Ausfahrten mit dem Gerätewagen, der als Vierer-Gespann genutzt wurde. Als Zugpferde waren schwere belgische Pferde eingespannt. Auf dem Führungspferd saß ein Reiter zur Unterstützung des Kutschers auf dem Bock. Im Gerätewagen waren alle notwendigen Werkzeuge sowie viele Kilometer Kabel untergebracht.

Für die Reitausbildung wurden unsere Uniformen umgetauscht und wir bekamen Reithosen, Reitstiefel mit Sporn und einen Sattel sowie zwei Decken und Zaumzeug. Die Reitausbildung wurde ziemlich brutal durchgeführt. Ausbildner waren Unterführer, die aus der SS-Brigade kamen und bereits Erfahrungen mit Pferden und dem Reiten hatten. Die Ausbildung stand unter der Kontrolle eines Ostpreußen, der die Übungen bestimmte und den theoretischen Unterricht leitete.

Die ersten Stunden waren wohl die schlimmsten, es durften nur der Halfter und eine Decke als Sattel verwendet werden, kein Steigbügel, sodass man gezwungen war, sich mit den Oberschenkeln auf dem Pferd zu halten. Wenn man vom Pferd abgeworfen wurde, gab es als Fleißaufgabe 10 Kniebeugen. So war jeder bemüht, die Oberschenkel fest am Pferdekörper anzupressen, um ja nicht abgeworfen zu werden.

Ich hatte mit meinem Klopphengst die größte Mühe. Er war ziemlich stur und so wurde er öfters vom Reitlehrer, der in der Mitte stand, mit der Peitsche angetrieben, was zur Folge hatte, dass der liebe Klopphengst aufstand und mich abwarf, zur Belustigung der Kameraden. Am Anfang ging es im Schritt und später im Trab, was uns natürlich vollkommen durchschüttelte. Es war nicht einfach, diese Ausbildung durchzustehen, die Oberschenkel und das Gesäß wurden richtig durchgeknetet und so sah man am Abend Männer im Waschraum in den Waschschüsseln sitzen, um dem Hinterteil etwas Kühlung zu verschaffen. Am Wochenende wurde uns zugesichert, dass wir in das nächstliegende Dorf gehen dürften, dort gab es ein Soldatenheim und auch fallweise Filmvorführungen und deutsches Bier zu kaufen. Das Wochenende war da, aber keiner holte sich einen Ausgehschein, jeder versuchte sich auszuruhen, um die nächste Woche überstehen zu können.

Dennoch war im großen und ganzen das Soldatsein auf dem Truppenübungsplatz »erträglich«, die Disziplin war etwas lockerer als in Nürnberg, die Aufgabenstellung und Ausbildung vielseitiger, da ja die Pferde mit allem Drum und Dran dazukamen. Es gab auch Unterkunftsappelle, wenn die Männer zu schlampig wurden. Es kam auch vor, dass am Abend Reinigungsdienst mit allen möglichen Schikanen angesetzt war. Nach Erinnerungen, dass wir Soldaten seien, war es wieder etwas ruhiger.

Die Ausbildung auf dem Truppenübungsplatz sollte nicht länger als sechs Wochen dauern, denn die Division sollte wieder an die Ostfront verlegt werden. Aus diesem Grund wurden sehr viele Gefechtsübungen durchgeführt. Sie fanden im Umkreis von ca. 30 Kilometern statt. Diese Übungen wurden so aufgebaut, dass sie einem Einsatz an der Front ähnlich waren. Man legte Gassen an, die links und rechts mit Strohballen gesäumt waren, diese wurden angezündet und man musste mit den Pferden durch diese Gassen reiten, damit wollte man erreichen, dass die Pferde feuerfest wurden. Welche Schwierigkeiten bei diesen Übungen entstanden, brauche ich nicht näher beschreiben. Es kam vor, dass die Pferde scheuten und wie man so schön sagt, mit Mann und Wagen durchgingen. Für die Betroffenen war das nicht angenehm, solche Extratouren waren nicht erwünscht. Es passierte auch, dass die Pferde beim Reiten die Männer abwarfen, wenn sie nicht fest genug im Sattel saßen. Die nächste Übung im Gelände wurde so organisiert, dass eine Gruppe den Feind darstellte und mit Übungsmunition ein Feuerwerk verursachte und die andere Gruppe musste mit den Pferden durch diese Linie. Zusätzlich zu den Gefechtsübungen war noch der Leitungsbau von den einzelnen Schwadronen, sprich Kompanien, zu bewerkstelligen. War man dazu eingesetzt, so hatte man Möglichkeit, bei den Bauern für Zloty (poln. Währung) Eier, Speck, Schnaps und Ähnliches zu kaufen.

Im Innendienst war ebenfalls alles anders als in Nürnberg, es gab Pferdeappelle, was besonders anstrengend war. Denn die Pferde mussten gestriegelt werden, das heißt, mit der Bürste musste aus dem Fell der Schmutz bzw. Staub herausgebürstet und auf dem Striegel abgezogen werden. Wenn der Striegel voll war, wurde er auf dem Boden aufgeschlagen. Bei der Kontrolle wurde dann sichtbar, wie viel Striegel man aus dem Pferdekörper herausgebürstet hatte. Mein Klopphengst war ein sehr kitzliges Pferd, wenn ich mit der Bürste über den Bauch fuhr, ging er mit allen vier Beinen zugleich hoch. So kam es, dass ich meistens noch nachputzen musste. Es hatte aber auch einen Vorteil bei der Visite durch den Veterinär, man musste auch das After sowie seinen Geschlechtsteil reinigen. Der Hauptsturmführer gab den Auftrag, den Schwanz hochzuheben, und bei der geringsten Berührung schlug er mit der Hinterhand voll aus. Der Hauptsturmführer meinte daraufhin immer, es sei in Ordnung, so fiel ich eigentlich nie auf. Was teilweise ein Nachteil war, erwies sich bei den vielen Pferdeappellen als ein Vorteil.

Eines, was nicht zur Ausbildung und zum Soldatsein gehört, muss ich auf jeden Fall festhalten, weil viele Menschen behauptet haben, sie hätten von Gefangenen- und Konzentrationslagern nichts gewusst. Uns fiel auf, dass im Bereich des Truppenübungsgeländes Arbeitskommandos vorhanden waren, deren Vorgesetzte Zivilisten mit einer Armbinde waren. Für uns junge Soldaten war es ein furchtbarer Anblick, wie diese Menschen behandelt wurden. Die Anführer der Arbeitstrupps waren mit Knüppeln ausgerüstet und machten davon fleißig Gebrauch. Es war erschütternd, dies anzusehen, man konnte aber nichts machen. Die Menschen waren halb verhungert und konnten sich kaum auf den Füßen halten. Nachdem sie auch mit der Entsorgung der Mülltonnen bei den Baracken beschäftigt wurden, war es möglich, hin und wieder ein halbes Brot in Papier einzuwickeln und dort hineinzuwerfen. Es war strengstens verboten, mit diesen Leuten Kontakt aufzunehmen bzw. zu sprechen oder ihnen etwas zu geben. Hinter vorgehaltener Hand wurde erzählt, dass diese Kommandos aus dem Konzentrationslager Auschwitz kämen. Es wurde auch bekannt, dass die Aufseher Ukrainer sein sollten bzw. Polen. Anlässlich eines Ausganges ins nächste größere Dorf, wo es ein Soldatenheim gab, bemerkten wir, dass hier auch ein Getto vorhanden war, in dem Juden lebten. Allerdings muss man festhalten, dass uns zu diesem Zeitpunkt nicht bekannt war, was man mit den Juden wirklich in Auschwitz vorhatte. Von Endlösungen der Judenfrage durch Vergasen oder Erschießen wussten wir nichts. Einmal erwähnte ein Untersturmführer, dass diese Arbeitskommandos Feinde Deutschlands seien und im Lager lebten, um keine Sabotage gegen Deutschland durchführen zu können. Ganz konnten wir diese Rechtfertigung nicht glauben, bei diesen Kommandos waren auch alte Menschen. Es gibt wohl nichts, was eine solche Behandlung gerechtfertigt hätte. An diesen ersten Eindruck von Gefangenen und deren unmenschlicher Behandlung sollte ich noch öfter erinnert werden. Ich habe in einigen anderen Kapiteln noch darüber geschrieben.

Die Ausbildung für den Fronteinsatz bei der 8. SS-Kavallerie-Division ging nun dem Ende zu. Die Gerüchtebörse war voll im Gang und man sprach von den verschiedensten Einsätzen. Mit einem Abschiedsabend wurde die Ausbildung abgeschlossen, da gab es viel zum Trinken und ein gutes Essen. Wir langten fest zu und ein ordentlicher Rausch war vielfach die Folge. Die Offiziere hatten genauso einen sitzen und es kam zu vielen Blödeleien. Untersturmführer Stahlberg fiel nichts Besseres ein, als sein Pferd zu holen und in der großen Baracke mit einem Vollrausch durch die Reihen zu reiten, das ging so lange gut, bis ihn Obersturmführer Riedger vom Pferd holte. Der nächste Tag war furchtbar, wir hatten alle einen schrecklichen Katzenjammer und auch jede Menge Schnaps zum Trinken.

Nun war es so weit, die Termine für das Verladen der einzelnen Kompanien und Schwadronen war festgelegt. Es gab noch einen Geräte- und Pferdeappell sowie einen Ausrüstungsappell. Wir bekamen scharfe Munition, eine eiserne Ration, die nicht angegriffen werden durfte. Es gab noch einige Ansprachen und Anleitungen, wie wir uns im Falle einer Gefangennahme zu verhalten hätten. Wobei gleich bemerkt wurde, dass eine Gefangennahme für einen SS-Soldaten eine Schande sei und nach dem Endsieg schwer bestraft würde. Dann ging es ans Verladen, je Waggon wurden 8 Pferde untergebracht und die dazugehörende Mannschaft. Alle machten ernste Gesichter, wir konnten uns vorstellen, was auf uns zukam. Jene Soldaten, die bereits 1941 vor Moskau gestanden waren und den Rückzug erlebt hatten, nahmen uns jede Illusion, dass dies ein Spaziergang werden würde. Wie recht sie hatten, sollten wir bald bemerken.

7. Kapitel
Russlandeinsatz 1942–1945

Der lange Weg – Russland

Alles war verladen und der Zug abfahrbereit. Ein Pfiff der Lokomotive und ab ging es Richtung Russland in den Frontabschnitt Orelbogen. Der Zug wurde von einer Ost-Lokomotive gezogen, diese Loks waren extra für den Ost-Einsatz gebaut worden und man sagte, dass sie unverwüstlich seien. Wir fuhren durch Polen und in Brest bekamen wir zwei Waggons mit Schotter beladen als Vorspann vor der Lok angehängt. Weiters wurden offene Waggons, bestückt mit schweren MG- und Vierlingsflaks, zwischen unsere Waggons geschoben. Wie wir in Erfahrung brachten, rechnete man damit, dass der Transport möglicherweise von Partisanen angegriffen bzw. die Gleise von Partisanen gesprengt werden könnten. Auch war mit Luftangriffen zu rechnen und wir wurden darauf aufmerksam gemacht, unseren Karabiner ständig griffbereit zu haben. Uns wurde nun der Ernst bewusst und es war uns klar, wie hautnah wir dem Kriegsgeschehen entgegenfuhren.

Die Fahrt wurde immer wieder unterbrochen, da wir unsere Pferde versorgen, tränken, füttern und ausmisten mussten. Für unser leibliches Wohl war eine Feldküche zuständig, die uns einmal am Tag mit warmem Essen und dreimal mit Tee bzw. Kaffee versorgte. Das kalte Essen war ähnlich wie in Dębica, Dosenfleisch, etwas Margarine oder Marmelade und ein Brot pro Tag. Das Mittagessen bestand aus einem Bohnen-Erbsen-Kartoffeleintopf und einem Stück Fleisch oder Wurst. Auch der berühmte Drahtverhau fehlte nicht, das war ein Gericht mit Dörrgemüse und schmeckte wie gekochtes Gras. Dieses Dörrgemüse sollten wir noch oft verfluchen, wenn die Vorräte knapp wurden, gab es oft tagelang diese Speise. Die Tage vergingen sehr schnell und wir verbrachten die Zeit mit Kartenspielen, fallweise stimmte einer ein Lied an und wir sangen alle mit, natürlich keine Soldatenlieder, sondern was uns gerade einfiel. Geschlafen wurde auf Stroh, genauso wie es unsere Pferde taten.

Die Strecke war teilweise unheimlich, links und rechts gab es nur Wälder und so ging es oft einen halben Tag lang dahin, ohne dass man etwas anderes sah. Beim Durchfahren solcher Gebiete wurden Posten aufgestellt, die den Wald beobachten mussten.

Nach einer Woche Fahrt kamen wir nun bei einem Bahnhof an, der eine Verladerampe hatte. Unser Zug wurde vom Hauptgleis zur Rampe geschoben und die Entladung hätte beginnen können, wenn es nicht in diesem Augenblick Fliegeralarm gegeben hätte. Es kam der Befehl: »Alle Männer bleiben bei ihren Pferden, die kein Pferd zu betreuen haben, sammeln sich beim Oberscharführer Thoma!« Die Flak und die schweren MG feuerten, was das Zeug hielt, und wurden dabei von der Gruppe Thoma unterstützt, die mit den Karabinern schossen. Die Flugzeuge luden ihre Bomben ab, aber es gab keinen Treffer. Es krachte und zischte und das Ganze dauerte ca. 10 Minuten, dann drehten die beiden Flugzeuge ab. Wir hatten Glück gehabt, es gab keine Verluste, das Glück sollte in den nächsten Jahren noch oft eine Rolle spielen. Das alles ging so schnell und man war mit dem Pferd so beschäftigt, dass man keine Zeit hatte, richtig Angst zu bekommen. Nach diesem überraschenden Überfall durch zwei russische Flugzeuge konnte mit dem Entladen begonnen werden. Die Unterführer trieben uns zur Eile an, man rechnete scheinbar mit einem weiteren Angriff. Es ist nicht zu glauben, wie schnell der Zug entladen war, denn jeder hatte nur einen Wunsch: Schnell fort von diesem Bahnhof!

Wir wurden nun in Marsch gesetzt, es ging durch die Ortschaft, dort standen die Bewohner am Rand der Dorfstraße. Die Gesichter waren angespannt und ernst, die Kleidung schmutzig, sehr einfach und abgetragen. Man konnte auf den ersten Blick sehen, dass diese Leute viel zu wenig zu essen hatten. Weiters konnte man feststellen, dass es sich nur um alte Frauen und Männer handelte sowie Kinder, die ohne Schuhe und in zerrissenen Kleidern herumliefen. Es wurden einige Unterführer abgestellt, die Quartiere für unsere Kompanie beschaffen sollten, aber leider kamen die Männer unverrichteter Dinge zurück. Sie konnten keine Quartiere auftreiben, da diese bereits durch einen vor uns eingetroffenen Transport belegt waren. Wir marschierten weiter und nach einigen Kilometern kam der Haltebefehl. Wir dachten: Was ist jetzt los, da lautete der nächste Befehl, Fuhrpark rechts einschwenken und einen Kreis bilden. Ich musste unmittelbar an Indianerfilme denken, in denen die Siedler, die das Land erobert hatten, eine ebensolche Taktik anwendeten. Nun wurde ein Kommando zur nächsten Kolchose geschickt, die Heu und Stroh besorgen sollte. Wir waren in der Zwischenzeit mit dem Absatteln und Ausspannen der Pferde beschäftigt. Nun war es klar, wir würden im Freien übernachten. Es kam der Befehl: Zeltplanen auspacken und zu dritt Zelte aufbauen. Wir hatten schon alle einen großen Hunger, aber es sah nicht danach aus, als ob es bald zur Essensausgabe kommen würde. Inzwischen wurde es finster und nun kehrte endlich das Kommando mit Heu und Stroh zurück. Jetzt konnten wir die Pferde versorgen, die an die Gerätewägen gebunden waren, sie bekamen ihre Ration Hafer und Heu vorgeworfen. Dann der Aufruf: Essen holen! Es gab Erbsensuppe, Kaffee und die übliche kalte Verpflegung. Es war schon nach 22:00 Uhr, als die Wachen eingeteilt wurden. Ich war gleich mit anderen Kameraden für die erste Wache dran. Es wurde an verschiedenen Punkten je ein Mann postiert und ein Doppelposten machte die Streife von einem Posten zu dem anderen. Die ausgegebene Parole musste man sich merken und jeden Näherkommenden im angemessenen Abstand anrufen. Wir hatten den Auftrag, nach dem zweiten Anruf zu schießen. Ein Oberscharführer war Wachhabender, der die Kontrolle durchzuführen hatte. Bald hätte es einmal ein Unglück gegeben, der Wachposten war furchtbar nervös, hatte die Antwort des Oberscharführers überhört und gleich geschossen, aber nicht getroffen. Schuld war der Oberscharführer selbst gewesen. Er hatte versucht, von außen an den Posten heranzukommen, von wo man den Feind erwartet hatte. Dieser Unterführer glaubte wohl, er sei noch in der Kaserne, wo er versuchte, jeden Rekruten auffliegen zu lassen. Es wurde nach dem Schuss Alarm gegeben und alle krochen aus ihren Zelten, um den Platz einzunehmen, für den sie am Abend eingeteilt worden waren. Der Oberscharführer kam angerannt, blass bis in den Haarwurzeln und konnte kaum ein aufklärendes Wort herausbringen. Der Kompanieführer hatte natürlich sofort erkannt, dass es ein falscher Alarm gewesen war, denn es war weit und breit kein Feind zu sehen. Schließlich gelang es dem Oberscharführer doch, den Vorgang zu schildern. Riedger erkannte wohl die Dummheit seines Unterführers und schickte die Männer wieder in ihre Zelte. Ich hatte noch eine halbe Stunde Wache und dachte mir, das hat dieser Seidl bestimmt absichtlich gemacht, um dem Oberscharführer eins auszuwischen. Die Nacht ging ruhig vorbei und der nächste Tag sollte bereits unseren ersten Einsatz bringen. Um 5:00 Uhr früh wurde unser Zug geweckt und bekam den Befehl, sofort nach dem Frühstück den Marsch zum Regimentsgefechtsstand anzutreten. Der Gefechtsstand befand sich ca. 7 Kilometer von uns entfernt. Dort angekommen wurden die einzelnen Gruppen eingeteilt, um Fernsprechleitungen zu den Schwadronen zu bauen. Ich gehörte der Gruppe Peter an, es war die 6., Gruppe innerhalb des zweiten Zuges. Wir schlossen unsere Leitung in der Vermittlung an und ab ging es in Richtung Front. Bald kamen wir in ein Gelände, das etwas hügelig war, und sahen die ersten gefallenen Russen. Sie lagen in der Wiese verstreut, teilweise furchtbar verstümmelt und manche hatten noch das Gewehr im Anschlag, sie waren durch einen Herz- bzw. Kopfschuss getötet worden. Mit welchem Gefühl wir unsere Leitung in diesem Abschnitt legten, kann man kaum beschreiben. Auf einmal ein furchtbarer Aufschrei, ein Krachen und wir wussten im Augenblick nicht, was geschehen war. Einer unserer Gruppe hatte eine Mine ausgelöst und es waren ihm beide Beine weggerissen worden. Somit hatte unsere Gruppe im ersten Einsatz bereits einen Toten, obwohl wir die Front noch nicht erreicht hatten. Der Mann wurde zurückgebracht, hat aber nicht überlebt. Nach ca. 1,5 Kilometern bergauf erreichten wir die Kuppe des Hügels und somit auch den Gefechtsstand der 3. Schwadron. Wir waren jetzt hautnah am Feind, die Soldaten hatten sich eingegraben und ein ständiger Feuerwechsel mit Granatwerfern und Maschinengewehren sowie Gewehrfeuern fand statt. Für den nächsten Tag war der Angriff auf das gegenüberliegende Dorf vorgesehen. Es wurde Artillerie angefordert, diese sollte bei Morgengrauen das Dorf beschießen, in das sich die russischen Soldaten zurückgezogen hatten. Der Angriff wurde mit Artilleriebeschuss durchgeführt und das Dorf genommen sowie auch Gefangene gemacht. Man hatte von uns aus eigentlich auch mit dem Einsatz von T 34 gerechnet, was aber nicht der Fall war. Die Ortschaft wurde besetzt und der Schwadrongefechtsstand in diese verlegt. Die Verwundeten und die vier gefallenen Kameraden wurden zurückgebracht. Wir wussten nicht genau, wo wir uns befanden, denn man hatte kein Interesse, uns genauer zu informieren.

Das Dorf wurde nun durchkämmt und nach Soldaten abgesucht, wir fanden aber nur einige alte Menschen, die uns zittrig entgegenkamen und bei Befragung natürlich nicht wussten, in welcher Richtung die Soldaten abgezogen waren. Es wurden unsere ersten Erfahrungen mit Zivilisten und es war auch das erste Mal, dass wir ehemaligen Rekruten ein russisches Haus betraten. Es handelte sich um ein Holzhaus, innen stand ein großer offener Ofen, dahinter waren die Liegeplätze, im Eck sah man ein breites Gestell, das sollte wohl das Bett sein. Ein Tisch und eine Art Eckbank sowie ein paar Stühle rundeten die Einrichtung ab. Alles war sehr ärmlich und schmutzig. Ein Klo gab es nicht, die Notdurft wurde hinter dem Haus im Freien erledigt. Wir könnten uns solche Verhältnisse nicht vorstellen, wenn wir sie nicht selbst gesehen und erlebt hätten.

Am nächsten Tag kam der Befehl, dass bis auf zwei Mann die Gruppe zum Regiment zurückkehren müsse. Peter legte fest, welche zwei Mann vorne bei der Schwadron als Störtrupp bleiben sollten, und der Rest machte sich auf den Marsch zurück. Beim Regiment verblieben ebenfalls einige Störtrupps sowie zwei Mann von uns. Der Rest des Zuges wurde zurück zur Kompanie befohlen, die in der Zwischenzeit auch in einem Ort Quartier bezogen hatte. Uns wurden ebenfalls einige Häuser zugeteilt, meine Gruppe bekam ein Haus fast am Ende des Dorfes. Das Gebäude und die Einrichtung waren genauso, wie bereits beschrieben. Eine alte Frau wohnte in diesem Haus und nachdem auch eine Kammer vorhanden war, konnte die Frau bleiben. Sie war sehr zugänglich und zeigte uns ein Foto von ihren beiden Söhnen, die auch Soldaten waren, und meinte, sie wisse nicht, ob sie noch lebten. Wir versuchten sie zu fragen, wo denn ihr Mann sei, und sie erzählte, dass er von den russischen Truppen beim Rückzug mitgenommen worden war. Es ist schwer vorstellbar, was diese Frau wirklich über uns deutsche Soldaten dachte. Wahrscheinlich betrachtete sie uns als Eindringlinge und sie fragte sich, ob einer dieser Soldaten ihre Söhne getötet habe oder ob sie in einem fernen Land in Gefangenschaft lebten. Die Frau tat mir furchtbar leid, aber man konnte es nicht zeigen. Die Folge wäre wohl gewesen, von den Kameraden ausgelacht zu werden. Richter, der bereits 1941 dabei gewesen war, verlangte von der Frau Kartoffeln, sie verstand und stellte einen eisernen Topf mit Kartoffeln auf. Sie zeigte uns, wie viel sie noch hatte, und ich schämte mich für meinen Kameraden, der Frau von dem Wenigen etwas wegzunehmen. Nachdem ich genug Brot besaß, gab ich ihr am Abend ein halbes und einige Kameraden machten das Gleiche, so war sie für ihre Kartoffel mehr als entschädigt. Sie holte uns Stroh und machte uns am Boden eine Schlafstelle zurecht. Ich glaube, sie war ein guter Mensch und versuchte in uns ihre Söhne zu sehen.

Nun mussten wir zur Befehlsausgabe, jede Gruppe bekam einen Abschnitt, um das Dorf zu sichern. Es wurden MGs in Stellung gebracht und je Gruppe zwei Posten bestimmt, die alle zwei Stunden abgelöst wurden. Mit dieser Maßnahme sollte verhindert werden, dass uns die russischen Soldaten überraschten. Meine Wache fiel auf die Zeit von 24:00–2:00 Uhr früh. Als ich die Wache antrat, war der Himmel sternenklar und man sah den Schusswechsel, da die Russen und wir Leuchtspurmunition verwendeten. Weiters hörte man das dumpfe Krachen der großen Geschütze, dazwischen war es wieder ganz still. Es war schon unheimlich, am Ende des Dorfes allein zu stehen und konzentriert in die vor mir liegende Ebene zu schauen. Jetzt kamen auch die Gedanken, wie wird es meinen Eltern gehen, meinem Bruder, meiner Schwestern, meinen Großeltern und Verwandten, meinen Freunden, die ja auch in einer ähnlichen Situation sein würden. Die zwei Stunden dauerten fast wie eine Ewigkeit, aber es kam zu keinem Zwischenfall, so konnte ich meinem Kameraden, der mich ablöste, melden: »Keine besonderen Vorkommnisse.« Ich begab mich schnellstens in die Unterkunft und schlief sofort ein, da ich ja sehr müde war. Ich träumte in den restlichen Stunden dieser Nacht, dass ich zu Hause war, und als ich wach wurde, war die Enttäuschung sehr groß. Ich merkte mir das alles, weil es die erste Nacht an der Front war. In den weiteren Wochen, Monaten und Jahren dachte ich wenig nach Hause. Wir waren so beansprucht, dass es kaum Zeit gab, einen Brief an die Verwandten zu schreiben.

Unser Standort war südlich von Smolensk, am nördlichen Abschnitt des Orelbogens. Das Gebiet war wenig besiedelt und so kamen wir schlecht vorwärts, da die Front nicht ganz geschlossen war und es immer wieder Zwischenfälle mit Partisanen gab. Das Wetter spielte uns auch einen Streich, denn es war Herbst 1942 und der Regen weichte alle Straßen auf. Wir mit den Pferden hatten es noch etwas leichter, vorwärtszukommen, aber die motorisierten Einheiten blieben im Schlamm stecken. Die Versorgung klappte auch nicht, da wir von der Nachhut abgeschnitten waren. Es war noch nicht Winter, aber bitterkalt, sodass unsere Tagesverpflegung gefroren war und es keine Möglichkeit gab, diese aufzuwärmen. Die Folge war, dass viele durch die Anstrengungen und die gefrorene Verpflegung ruhrartige Durchfälle bekamen. Auch mich hatte es erwischt und ich brauche nicht näher darauf einzugehen, wie schlecht es unserer Truppe ging. Es war nicht daran zu denken, vom Pferd abzusteigen, um die Notdurft zu verrichten. Männer, die zurückblieben, hatten keine Chance, wieder den Anschluss zu finden. So musste man warten, bis die Truppe haltmachte, ob es in die Hose ging oder nicht. Es waren Gewaltmärsche, oft bis zu 70 km pro Tag, und es kam auch vor, dass wir in der Nacht marschierten. Unsere Schwadronen waren durch die ständigen Kämpfe schon völlig aufgerieben und es wurde bekannt, dass wir durch die 2. Luftwaffendivision abgelöst werden sollten. Es kam tatsächlich dazu und wir staunten, wie gut diese Einheiten ausgerüstet waren. Die Männer hatten bereits Winterbekleidung, wie Pelzstiefel, Pelzanoraks oder Pelzmäntel, Pelzhauben, Gesichtsschutz usw. Die Kompanien lösten unsere Schwadronen in den Stellungen ab. Wir zogen uns zurück in die Dörfer, wo unsere Pferde untergebracht waren. Sie lagen in unmittelbarer Frontnähe. Von hier aus sollten unsere Einheiten abgezogen werden, was ein großer Irrtum war, da die Front nicht hielt. Die Russen griffen mit den ihnen zur Verfügung stehenden Waffen an, Panzer kamen zum Einsatz und für die Luftwaffensoldaten war es schwierig, diesen massiven Angriffen standzuhalten, obwohl sie bereits mit den modernsten Waffen, wie dem MG 42, ausgerüstet waren. Die Russen nützten die Veränderung an der Front voll aus und griffen mit ihren Panzern voll an. Aber sie kamen bei uns nicht weit, entweder wurden die Panzer durch die Pak oder im Nahkampf erledigt. Die Front hielt keine acht Tage und schon waren die Russen durchgebrochen. Eines Nachts gab es Alarm und wir mussten nach vorne, um gemeinsam mit den Luftwaffeneinheiten und einer Landjäger-Einheit die russischen Soldaten aus unseren Stellungen zu vertreiben. Diese Kämpfe waren sehr verlustreich, die Russen versuchten unbedingt, die erreichten Einbrüche in unserer Linie zu halten. Uns gegenüber war ein Frauenbataillon, das nicht aus unseren Stellungen herauszubringen war. Erst als es uns gelang, in einen kleinen Abschnitt einzudringen, konnten wir die restlichen Stellungen in diesem Bereich mit Feuerwerfern aufreißen. Ein weiteres Problem kam dazu, denn es gelang den Landjägern nicht, die Stellungen zurückzuerobern. Die Folge war, dass von uns weitere Einheiten abgezogen wurden, die diese Stellungen wieder erobern sollten. Für die Rückeroberung wurde uns Luftwaffenunterstützung zugesagt, aber leider blieb diese aus. Nach einigen Tagen schwerster und verlustreichster Kämpfe war der alte Zustand wieder hergestellt. Unsere Einheiten hatten so schwere Verluste erlitten, dass von einzelnen Schwadronen oft nicht einmal 20 Männer übrig geblieben waren. Nun war es notwendig geworden, diese Einheiten durch andere zu ersetzen, die Kampfstärke war auf ein Mindestmaß reduziert.

Es wurden weitere Truppen zur Verstärkung der Front herangeführt und unsere Einheiten in ein größeres Dorf, ca. 10 km hinter der Front, verlegt. Dort lebten nur alte Frauen und Männer sowie Kinder, die es über sich ergehen lassen mussten, dass in diesem Abschnitt einige Male gewechselt wurde. Einmal hatten die Russen das Dorf besetzt und Tage später waren wieder wir in diesem Dorf. Unsere Einheit sollte Verstärkung bekommen und neu formiert werden. Wie immer begann das Postenschieben, da durchgesickerte russische Truppen sich mit den Partisanen vereint hatten. Unsere Aufgabe in den nächsten Tagen war außerdem, die Umgebung zu sicher, das machte es notwendig, Spähtrupps auszusenden. Einer der Trupps hatte Feindberührung und es kam zu Nahkämpfen, bei denen sich unser Oberscharführer Thoma besonders auszeichnete, indem er die feindlichen Soldaten kampfunfähig machte. Es gelang, drei Männer als Gefangene zu nehmen, die restlichen haben diesen Kampf nicht überlebt. Leider hatten auch wir Ausfälle, unter anderem auch einen jungen Freiwilligen. Wir nannten ihn Burli, er war erst 17 Jahre alt und der Neffe von Standartenführer Dietrich. Unsere Verwundeten wurden ins Dorf gebracht und von der Sanitätskompanie übernommen. Die drei Gefangenen wurden verhört, um herauszubekommen, ob sich noch weitere Gruppen in unserer Nähe befänden. Diese Gruppe, die wir vernichtet hatten, sollte den Nachschub stören oder verhindern. Die Männer wurden vor ein provisorisches Kriegsgericht gebracht, das bestand aus SD-Offizieren (Sicherheitsdienst = SD), die weitere Verhöre durchführten. Nachdem diese Männer in Zivil und bewaffnet waren, wurden sie zum Tode verurteilt. Es kam der Befehl, »Um 14:00 Uhr alles antreten!«, und auch die Männer und Frauen des Dorfes mussten sich in der Dorfmitte versammeln. Einige rüstige alte Männer mussten einen Galgen montieren, jetzt war klar, dass die Gefangenen mit dem Tode durch Erhängen bestraft wurden. Ich werde nie verstehen, warum man uns Soldaten diese grausame Prozedur vorführte. Ich will nicht näher darauf eingehen und muss feststellen, dass ein solches Vorgehen nicht notwendig gewesen wäre. Anständig wäre gewesen, diese jungen Männer zu erschießen, wenn schon nachzuweisen war, dass sie einige Nachschubeinheiten überfallen hatten. Eines ist sicher, mit dieser Methode konnte man die Zivilisten nicht als Freunde gewinnen.

Die nächsten Tage waren einigermaßen ruhig, wenn man davon absieht, dass sehr wenige Männer zur Verfügung standen, den Ort abzusichern. Es war nämlich notwendig, bei Tag und bei Nacht Wache zu schieben. Während für den Tag nur eine Streife durch den Ort festgelegt wurde, mussten in der Nacht Doppelposten und Streifen aufgestellt werden. Am Tag wurden wir mit Instandhaltung der Waffen und Bekleidung beschäftigt sowie mit Pferdepflege, Futterbesorgung usw. Nach einer Woche Aufenthalt in diesem Ort traf unsere Winterbekleidung ein. Wir konnten uns die besten Stücke aussuchen, da viel mehr Bekleidung kam, als noch Männer vorhanden waren. Durch den Überschuss konnte man auch mehr Decken bekommen, was für später ein großer Vorteil sein sollte. Es war möglich, Decken gegen Lebensmittel bei der Zivilbevölkerung einzutauschen. Ansonsten war es einigermaßen ruhig, obwohl wir ständig Partisanenangriffe befürchten mussten. Die Front war wieder stabil, die Russen hatten ihre Stellungen und wir unsere, außer Granatfeuer hin und wieder war nicht viel los. Ein Fallschirmjäger-Regiment wurde in den Nachbardörfern untergebracht, und man sollte es nicht für möglich halten, bei dieser Einheit war ein Kalsdorfer dabei. Leider war es mir nicht möglich, den Franz zu treffen, denn ein Ritt allein in das Nachbardorf war ausgeschlossen.

Nun kam wieder Bewegung in unserer Kompanie, die einen behaupteten, dass wir herausgezogen würden, die anderen sprachen von einem weiteren Einsatz. Bei der Befehlsausgabe wurde bekannt, dass einige Gruppenführer auf die Führerschule kommen sollten. Nächsten Tag war es so weit, von unserer Fünfer-Gruppe kam Unterscharführer Hielbert als Einziger unseres Zuges zur Führerschule. Hielbert kam aus Wien und wie es der Zufall wollte, kannte ich seinen Vater, der Zweigstellenleiter der Lapp-Finze-AG gewesen war. Einige Tage später kam der Befehl: »Fertig machen zum Abrücken!« Es wurde Marschverpflegung ausgegeben und ab ging es in Richtung Jarzewo. Wir mussten durch ein Gebiet, das sehr stark mit Partisanen besetzt war. Unser Ausgangspunkt war südlich von Smolensk, am Orelbogen, und wir sollten zur Rollbahn Duchowtschina, Nord-Batrino, das heißt, wir hatten einige hundert Kilometer durch Partisanengebiet zurückzulegen. Von der Front hörte man das Krachen schwerer Geschütze, dann war es wieder ganz still. Wir konnten nur hoffen, dass die Front hielt, den Russen kein Durchbruch gelänge, da wir für einen Waffengang mit den regulären russischen Truppen viel zu schwach waren.

Weiter ging es Richtung Jarzewo. Alles lief zu langsam ab und wir kamen bei diesen Wetterbedingungen schlecht vorwärts. Es gab keine warme Verpflegung, nur fallweise heißen Kaffee bzw. Tee. Zum Glück hatten die Partisanen anscheinend ihre Aktivitäten in den Raum Briansk – Karatschew verlegt, denn dort war die Rollbahn Orel – Briansk – Smolensk. Durch die schlechte Versorgung mit warmer Verpflegung und die Anstrengungen, die vorgegebenen Ziele zu erreichen, wurden viele Männer krank. Auch mich erwischte es und ich bekam reißenden Durchfall, was dazu führte, dass ich immer schwächer wurde. Wir bekamen wohl Tabletten, aber diese nützten nichts, unser Zustand wurde immer bedenklicher. Es gab kaum Möglichkeit, unterwegs seine Notdurft zu verrichten, da ein Zurückbleiben den Tod bedeuten würde. So blieb nichts anderes übrig, als alles in die Hose gehen zu lassen. Man kann sich vorstellen, was es heißt, im Sattel zu sitzen und der Hintern war ständig nass, dazu noch die Kälte. Die Folge war, dass sich Fieber einstellte und es immer schwieriger wurde, vorwärtszukommen. Man tröstete uns, dass wir bald am Ziel wären und dort ins Feldlazarett kommen würden. Nach einigen Tagen erreichten wir Jarzewo, wo es tatsächlich ein Feldlazarett gab. Wir wurden dort hingebracht und von einem Stabsarzt der Wehrmacht untersucht. Meine Kameraden blieben im Lazarett, ich wurde für den nächsten Transport vorbereitet, der am darauffolgenden Tag abgehen sollte. Nun kam ich nach Smolensk, war aber für den Weitertransport in die Heimat nicht fähig. So wurde ich in Smolensk ins Spital eingewiesen und kam dort als Ruhrverdächtiger in die Infektionsabteilung. Es stellte sich sehr bald heraus, dass ich Ruhr hatte, und die Behandlung war sehr einfach. Man versuchte das Fieber herunterzubringen und zum Essen gab es so gut wie nichts. Am dritten Tag bekam ich Aploner, das ist Apfelmus aus grünem Apfel. Besonders muss ich eine russische Schwester erwähnen, die sich sehr um mich bemühte, indem sie mir manchen guten Brocken zusteckte und ständig in meiner Nähe war. Wenn man bedenkt, dass man ein Feind ihres Volkes war, so kann man für solche Menschen nur Achtung empfinden. Über Teekost, Diätkost, Schonkost zur Vollkost wurde ich wieder aufgebaut. Aber kaum hatte ich mich etwas erholt, versetzte man mich bereits zur Genesungskompanie. Dort wurde ich neu mit Wäschestücken ausgerüstet, bekam neue Waffen, musste einige Gefechtübungen mitmachen und wurde nach einer Woche zu meiner Einheit in Marsch gesetzt.

Bei der Genesungskompanie konnte ich nicht in Erfahrung bringen, wo genau meine Einheit lag. Deshalb machte ich mich auf den Marsch und suchte zuerst die Frontleitstelle auf, dort sagte man mir, dass meine Einheit in einem Dorf nach Duchowtschina in Richtung Batrino liege. Es war nun meine Aufgabe, selbst dafür zu sorgen, dorthin zu kommen. Ich hatte Glück, denn bei der Frontleitstelle fragte auch ein Fahrer nach seiner Einheit und diese lag ebenfalls in Duchowtschina. Ich fragte ihn, ob er mich mitnähme, was dieser sofort bejahte. Nun ging es los und wir erreichten am selben Tag noch den Bestimmungsort. Er fuhr zu seiner Einheit und ich musste mich umsehen, wie ich weiterkäme. Nachdem in Duchowtschina ein Soldatenheim war, ging ich zuerst dorthin. Dort traf ich einige Landser, die über Nacht blieben, da es nicht ratsam war, weiterzufahren. So entschloss ich mich, ebenfalls zu übernachten und am nächsten Tag die Suche nach meiner Einheit fortzusetzen. Als ich morgens mein Frühstück verzehrte, kamen einige Fahrzeuge aus Jarzewo an, die nach Batrino weiter mussten. Für mich war das eine prima Gelegenheit mitzufahren. Nun brauchte ich nur zu schauen, wo das taktische Zeichen meiner Einheit an der Rollbahn sichtbar wurde. Nach ca. 50 km sah ich es am Rande der Rollbahn und ich bat den Fahrer anzuhalten. Ich stieg mit meinen Reittaschen und Waffen aus und beim näheren Betrachten des Wegweisers musste ich feststellen, dass es noch ca. 500 Meter bis ins Dorf waren. Es blieb mir nichts anderes übrig, als mich auf den Weg zu machen und zu hoffen, dass meine Einheit noch im Dorf war. Ich hatte Glück, sie war es, obwohl ein Teil der Abteilung bereits nach Batrino verlegt worden war. Es gab ein Hallo, als ich mich zurückmeldete, und der Kompaniechef meinte, er habe mit mir nicht mehr gerechnet. Die restliche Einheit hatte die Aufgabe, die Rollbahn vor den Partisanen zu sichern. Es wurden laufend Spähtrupps ausgeschickt, um die umliegenden Dörfer zu kontrollieren. Allerdings gab es Probleme, denn die meisten konnten nicht Schi fahren, die Spähtrupps wurden aber mit Schiern ausgerüstet, da in die Dörfer keine erkennbaren Straßen führten. So kam es, wie es kommen musste, die erste Frage war: »Kannst du Schi fahren?«, was ich, ohne mir etwas dabei zu denken, mit ja beantwortete. Die Folge war, dass ich am nächsten Tag bereits das Kommando bekam, ein Dorf, ca. 8 km entfernt, zu kontrollieren. Wir fuhren morgens los und brauchten aufgrund des schlechten Wetters fast zwei Stunden, bis wir das Dorf erreichten. Nun hieß es, sich vorsichtig an das Dorf heranzutasten, denn es hätte mit Partisanen besetzt sein können und wir waren nur zwölf Mann, mit einem Maschinengewehr, Karabiner, Maschinenpistolen und Handgranaten ausgerüstet. Es war im Dorf unheimlich still, der Dorfweg war vom Schnee verweht und so mussten wir uns langsam links und rechts der Häuser vortasten. Die ersten Bauten waren nicht bewohnt und es sah so aus, als ob überhaupt niemand da sei. Die Annahme war richtig, denn beim weiteren Durchsuchen der Häuser stellten wir fest, dass alle Bewohner das Dorf verlassen hatten. Es schien uns aber, als ob vor wenigen Tagen hier noch Leute gewesen seien, und wir mussten annehmen, dass diese von den Partisanen verschleppt worden oder selbst mitgegangen waren. Wir kehrten zurück in unser Dorf und meldeten, dass wir keine Feindberührung gehabt hatten. Es war aber anzunehmen, dass es hier Partisanen gab. Im Großen und Ganzen hatten wir es in diesem Dorf sehr ruhig, außer Wacheschieben und Instandsetzen der Klamotten sowie Waffenreinigen und Essenholen war nicht viel los. Weihnachten und Neujahr verbrachten wir hier. Die Verpflegung war sehr gut und es gab auch reichlich Marketenderware, so gingen uns Schnaps und Rauchwaren nie aus. Zu den Feiertagen gab es Sonderzuteilung, jeder Mann bekam 100 Zigaretten und 3 Flaschen Schnaps sowie 1 Flasche Wein und 1 Flasche französischen Champagner, Zuckerl, Schokolade und Kekse. Die Weihnachtsfeier war bescheiden, aber dafür hatte die dienstfreie Mannschaft einen kräftigen Rausch. Am Anfang der Feier dachten wir in unserer Gruppe wohl an Zuhause, aber in fortgeschrittener Stunde war es nur mehr eine wüste Sauferei und jeder erstickte seinen Kummer im Alkohol. Nächsten Tag kamen die restlichen Gruppen an die Reihe, so hatte jeder die Möglichkeit, sich sorglos dem Suff hinzugeben.

Die Tage bis zum 31. Dezember brachten nicht viel Neues, so beschäftigten wir uns mit den Läusen und versuchten, diese zu vernichten, was uns allerdings nicht gelang. Wir waren so verlaust, dass einige von uns sogar offene Stellen am Körper hatten, die durch das Kratzen entstanden waren. Die Wäsche wurde ausgekocht, mit heißen Bügeleisen geglättet und manche hingen sie in die Kälte, aber alles nützte nichts. Für die Silvesterfeier hatten wir nicht mehr viele Getränke und bekamen je Mann eine Flasche Schnaps nach. Ich hatte allerdings mit meiner Gruppe diese Nacht Wache und so konnte ich erst am 1. Jänner 1943 meine Flasche genießen. Die Silvesternacht war sehr kalt und es knirschte der Schnee unter den Füßen. Als ich meinen Posten antrat, war es Mitternacht und so unheimlich kalt, dass ich sogar die Gesichtsmaske überziehen musste. Dies hatte den Nachteil, dass man schlecht hörte. Nun stand ich allein am nördlichen Ende des Dorfes und dachte über diesen Krieg nach. Gerne wäre ich zu Hause gewesen, aber das ging nur in Gedanken. So kam ich zu dem Schluss, dass es wohl notwendig sei, hier im russischen Land seinen Mann zu stellen bis zum Endsieg. Wir alle glaubten natürlich noch fest an den

Sieg und an Parolen, dass wir Russland besiegen würden, fehlte es nicht. Trotz des festen Glaubens kamen wieder Zweifel, wenn man die Rückschläge betrachtete und dass der Vormarsch immer wieder ins Stocken kam. Die Gedanken wurden wieder verscheucht und man hörte von der Front, wie ein Mann versuchte, mit dem MG die Melodie »Gloria« zu schießen. Zwischendurch stiegen Leuchtkugeln auf, dann war es wieder ganz still, dass man glaubte, wir seien im tiefsten Frieden. Es war schon eine eigenartige Nacht vom 31.12.1942 zum 1.1.1943. Um 2:00 Uhr war meine Wache um und ich wurde abgelöst, ohne dass etwas Besonderes passiert war. Um 6:00 Uhr früh musste ich nochmals auf Streifenposten, dafür hatte ich den ganzen 1. Jänner frei. Diesen Tag verbrachte ich mit meiner Gruppe beim Kartenspiel, Geld hatte jeder genug, so wurde 17 und 4 gespielt. Nun hatten wir schon mehr als eine Woche sehr kaltes Wetter und das Thermometer erreichte minus 30 Grad und mehr, der Wind wehte den Schnee durch die Dorfstraße, sodass man nicht einmal Lust verspürte, das Essen zu holen. Ein weiteres Problem stellte sich ein, der Holzvorrat war bis auf einen kleinen Haufen verbraucht. Nun mussten wir beim Heizen sparen. Die Folge war, dass die Bude sehr kalt war und wir vollkommen angezogen drinnensitzen mussten. Was würde wohl die arme Frau machen, wenn wir fort waren und ihr Heizvorrat verbraucht war?

Nach einigen Tagen im Jänner 1943 wurde bekannt, dass von unserer Einheit weitere Gruppen nach Batrino verlegt würden. Nun war es so weit und der Tag stand fest, an dem die Kameraden abrücken mussten. Leider fiel das Los auf uns, das Nachkommando zu machen, und so mussten wir warten, bis die Einheit eintraf, die uns ablöste. Unser Gruppenführer Peter zog die restlichen Männer in die ersten zwei Häuser zusammen, um nicht von den Partisanen überrascht zu werden. Wir waren jetzt nur noch 16 Mann und sollten das ganze Dorf sichern. Ich brauche nicht zu erzählen, wie es uns die nächsten Tage ging. Wache schieben und wieder Wache schieben, obwohl wir nur mehr die Einfahrt zum Dorf absicherten. Zum Glück ist nichts passiert und nach drei Tagen kam das Vorkommando unserer Ablöse. Wir blieben noch einen Tag, um uns auszuruhen und für den Abmarsch fertig zu machen. Wir organisierten Schlitten und bekamen von der Ablöse einige Kajaks, vor die man ebenfalls Pferde spannen konnten. Der Leutnant unserer Ablöse ersuchte uns, noch einen Tag zu bleiben, denn für den nächsten Tag war das Eintreffen seiner Einheit gemeldet. Unterscharführer Peter entschloss sich dazu und wir hatten nichts dagegen. Ich glaube, dem Leutnant war nicht ganz wohl in seiner Haut, mit der kleinen Gruppe allein im Dorf zu bleiben. Wir konnten am nächsten Tag nicht warten, bis die Kompanie eintraf, und so verabschiedeten wir uns von dem Leutnant und seinen Männern. Nun ging es vom Dorf zur Rollbahn und weiter nach Batrino. Aber so einfach sollte es nicht sein, nach ca. 30 km wurden wir angehalten. Es war ein kleines Dorf direkt an der Rollbahn, dieses diente als Auffangstellung für kleinere Einheiten, welche zusammengezogen und mit Panzerbegleitung die nächsten 20 km durch Partisanengebiet durchgeschleust wurden. Es war ca. 12:00 Uhr Mittag und kein weiterer Transport für den heutigen Tag mehr vorgesehen. Nun stellte sich die Frage, sollten wir es wagen, ohne Panzerbegleitung diese kritische Zone zu durchfahren, oder bis zum nächsten Tag warten, bis wieder eine Gruppe in Kompaniestärke zusammenkäme. Leider konnte uns der Major auch nicht garantieren, dass am nächsten Tag bereits die Kompaniestärke erreicht sein würde, was bedeutete, einen weiteren Tag zu warten. Nun entschloss sich Uscha (Unterscharführer) Peter, es doch zu wagen, allein mit unserer Gruppe durch das gefährliche Gebiet zu fahren. Er meinte, wir seien gut genug für einen eventuellen Partisanen-Angriff ausgerüstet. Diese Ausrüstung waren zwei leichte MGs, einige Handgranaten und die Männer hatten Gewehre, Maschinenpistolen und Pistolen. Es sollte nicht so klappen, wie unser Peter es sich vorgestellt hatte, wir sollten es noch sehr bereuen, dass wir die Warnung und das Angebot des Majors nicht angenommen hatten. Es war schon ein mulmiges Gefühl, als wir um ca. 13:00 Uhr aufbrachen.

Die Marschordnung wurde festgelegt, an der Spitze ein Schlitten mit einem MG und als Nachhut ein Kajak, ebenfalls mit einem

MG. In der Mitte fuhren die restlichen Fahrzeuge und wir bekamen den Auftrag, Gewehre und Maschinenpistolen zu entsichern und die Handgranaten griffbereit zu halten. Nun ging es durch ein Gebiet, das überhaupt nicht besiedelt war. Es war alles ruhig und die Spannung nahm mit jedem Kilometer zu. Als wir ca. 10 Kilometer hinter uns hatten, glaubten wir, es schon geschafft zu haben, aber leider war es nicht so. Wir trauten unseren Augen nicht, als auf einmal auf der Bergkuppe Männer auftauchten. Zuerst nahmen wir an, dass es eigene Männer seien, denn sie hatten Schneehemden an wie wir. Der Irrtum sollte sich sehr schnell herausstellen, als sie ca. 150 Meter an uns herankamen, war auf einmal der Teufel los. Wir wurden mit einem Feuerhagel eingedeckt und die Männer begannen ein Geschrei mit urää urää und liefen auf uns zu. Nun wussten wir, dass es ein Partisanenüberfall war und auch wir begannen zu schießen, was das Zeug hielt. Wir sahen die ersten russischen Männer fallen, die anderen warfen sich in den Schnee und nahmen uns gezielt unter Beschuss. Peter gab den Befehl, die Pferde zum Galopp anzutreiben und ab ging es durch diese verhängnisvolle Mulde. Die Partisanen feuerten uns noch nach, ohne größeren Schaden anzurichten. Nach zwei bis drei Kilometern hielten wir an, um festzustellen, ob auch alle mitgekommen waren und wie viele Verwundete wir hatten. Zum Glück stellten wir fest, dass niemand ernsthaft verwundet war, einige hatten Streifschüsse abbekommen, die man nicht als schwere Verletzung beurteilen konnte. Auch einige Pferde waren getroffen worden, aber auch bei ihnen konnten wir keine schweren Verletzungen feststellen. Aber der Schock kam erst, als wir feststellten, dass unser Gruppenführer Peter fehlte. Nun musste die Entscheidung getroffen werden, ob wir weitermarschieren oder umkehren sollten, um nach unserem Gruppenführer zu suchen. Wir mussten schnell handeln, man konnte annehmen, dass die Partisanen uns verfolgen und uns in einen weiteren Hinterhalt locken würden. Es wurde die Entscheidung getroffen, dass wir weiter nach Batrino fahren, um dort Verstärkung zu holen. Es konnte ja auch sein, dass Peter umgedreht hatte und zurückgefahren war, nachdem der Angriff sich auf die Spitze unserer Gruppe konzentriert und Peter ja die Nachhut geführt hatte. Als wir in Batrino ankamen, war man dort überrascht, dass eine so kleine Truppe es gewagt hatte, ohne schwere Bewaffnung dieses Gebiet zu durchfahren. Nachdem wir Meldung gemacht hatten, gab es einen Anpfiff und man wollte wissen, wer diesen wahnsinnigen Befehl gegeben hatte. Das spielte jetzt auch keine Rolle mehr und wir ersuchten um Verstärkung, um zu diesem Punkt zurückzufahren, wo wir überfallen worden waren. Wir bekamen diese Verstärkung natürlich nicht, vielmehr fragte man uns, ob wir wahnsinnig seien, in der Dunkelheit in dieses Gebiet fahren zu wollen, in das sich andere Einheiten bei Tag nur in Kompaniestärke mit schwerer Bewaffnung wagten. Nach Rücksprache mit dem Kommandeur wurde uns zugesichert, dass wir am nächsten Tag die verlangte Unterstützung bzw. Verstärkung erhalten würden, um unser Vorhaben durchführen zu können, unseren Gruppenführer zu suchen oder wenn möglich aus der Hand der Partisanen zu befreien. Wir rechneten damit, dass noch Spuren vorhanden seien, die von den Partisanen hinterlassen worden waren.

Wir bekamen ein Quartier in der Schule zugewiesen, wo wir übernachten konnten. In der Früh um sieben Uhr ging es los, duch einen Zug und einen Panzerwagen verstärkt. Jetzt hatten wir ein besseres Gefühl und glaubten uns in dieser Stärke sicher. Wir erreichten die Stelle des Überfalls, es waren aber keine Spuren sichtbar und auch sonst war alles ruhig. In der Nacht hatte ein Sturm alle Spuren verweht und man merkte nicht, dass hier einen Tag vorher Kämpfe stattgefunden hatten. Während unsere Panzerfahrzeuge die Sicherung übernahmen, suchten wir das Gebiet ab und fanden unseren Gruppenführer. Es war ein furchtbarer Anblick. Peter war nur an der Hand getroffen worden, scheinbar hatte das aber dazu geführt, dass er die Herrschaft über sein Fahrzeug verloren hatte. Bei näheren Untersuchungen wurde uns bewusst, welchen Heldentod Peter gestorben war. Er wurde regelrecht erschlagen und es gab wohl keinen Knochen, der nicht gebrochen war. Das Gesicht war durch Gewehrhiebe so entstellt, dass man kaum feststellen konnte, dass es sich bei dem Toten um unseren Gruppenführer handelte.

Nachdem es nicht möglich war, die Partisanen zu verfolgen, drängte der Leutnant aufs Umkehren. Man wusste nicht, wohin die Partisanen mit ihren Verwundeten und Toten verschwunden waren. Wir legten Peter in ein Fahrzeug und brachten ihn nach Batrino. Dort gab es eine Sammelstelle für Gefallene, die in einem großen Zelt untergebracht war, und hier mussten wir Peter abgeben. Die Beisetzung erfolgte in Batrino und Peter kam mit anderen gefallenen Soldaten in ein Massengrab. Es war ein schreckliches Erlebnis und die Trauer um unseren Kameraden und Vorgesetzten, der immer ein feiner Kerl gewesen war, war sehr groß.

Wenn man bedenkt, dass ein Entscheidungsfehler zu einer Katastrophe größeren Ausmaßes hätte führen können, so muss man noch glücklich sein, dass wir nicht alle draufgegangen sind. Die Beisetzung fand am nächsten Tag statt und wir durften den Ehrensalut schießen. Vielleicht sollte man noch erwähnen, wie unsere Helden bestattet wurden: Sie wurden in eine Zeltbahn eingewickelt und so ins Massengrab gelegt.

Wir wurden von Batrino weiter in Richtung Cholm in Marsch gesetzt, wo unsere Kompanie bereits im Einsatz war.

Batrino-Nord, Smolensk – Ukraine

Nach der Beisetzung unseres Kameraden Peter fuhren wir am nächsten Tag zu unserer Einheit, die zwei Kilometer außerhalb von Batrino lag. Dort bekamen wir den Befehl, uns weiter nach Norden zu begeben, und zwar in Richtung Cholm. Es war ein Marsch entlang der Front und wir wurden immer wieder mit Granatwerfern beschossen. Wir kamen in eine kleine Ortschaft, in der bereits eine Schwadron von uns lag und wo wir eine Fernsprechleitung zu den vorgeschobenen Stellungen installieren sollten. Eine Aufgabe, die nicht leicht war, denn die Leitungen mussten unter ständigem Feindbeschuss verlegt werden. Noch schwieriger war es, diese Leitungen in Betrieb zu halten, da sie ständig durch Granat- und Artilleriefeuer unterbrochen wurden. Die vorgeschobenen Posten waren ca. 200 Meter von der feindlichen Linie entfernt. Sie lagen in Erdlöchern mit einer Schneekuppe und diese Stellungen hatten eine Besatzung von 6–12 Mann. Ausgerüstet waren sie mit MG, Pak und Granatwerfern sowie Panzerfäusten. Man musste in diesem Abschnitt ständig mit einem Angriff der Russen rechnen. Auch unsere Einheiten bereiteten sich auf die Offensive vor, es sollte ein weiterer Keil in die russischen Linien getrieben werden. Diese vorgeschobenen Stellungen dienten auch dazu, bei einem Angriff die erste Welle abzufangen, um im Gegenzug sofort unseren Angriff in Richtung Osten zu beginnen. Dieser Frontabschnitt war ca. 200 Kilometer vor Moskau und man träumte noch immer davon, was 1941 nicht gelungen war, jetzt durchführen zu können. Aber wie schon so oft, sollte es anders kommen. Ende Jänner war es so weit, die Russen griffen mit allem, was sie zur Verfügung hatten, an und in diesem Abschnitt war der Teufel los. Dem ersten Ansturm hielten unsere Truppen stand, aber an einen Gegenangriff war nicht zu denken, unsere Ausfälle waren sehr groß. Einige Tage war es ruhiger, wir wurden zur Kompanie zurückbeordert und nur ein Störtrupp blieb in den vorgeschobenen Stellungen. Im Dorf angekommen, mussten wir die Vermittlung übernehmen, die die Verbindungen zwischen Regiment und Schwadronen herstellte. Das Dorf war auch ständig unter Granatwerferbeschuss und einzelne Punkte konnten vom Feind eingesehen werden. Hier ereignete sich auch ein Zwischenfall, der drei Kameraden das Leben kostete. Wir standen zu viert in der Dorfstraße am Ende des Dorfes und schauten in Richtung Front. Es muss wohl eine Eingebung gewesen sein, dass ich meine Kameraden aufforderte, diesen Platz zu verlassen, da ich glaubte, von den Russen beobachtet zu werden. Meine Kameraden lachten und blieben stehen, ich ging weg und bog gerade um ein Haus, als ich einen Einschlag hörte. Mein erster Gedanke war, jetzt hat es die drei erwischt, und so war es auch. Der Russe hatte mitten in die drei eine Granate gesetzt und alle waren tot. Einer lebte noch kurz, diesem hatte es den ganzen Bauch aufgerissen und ich brauche nicht zu beschreiben, welche Schmerzen er hatte, er bat ständig, ihn zu erschießen. Ich holte

Hilfe, es kamen zwei Sanitäter mit, als wir ankamen, war es auch für den dritten Kameraden zu spät, er war tot. Ich erzähle dieses Ereignis, weil ich glaube, dass man im Krieg nicht nur ein Held sein kann, sondern auch mit Glück und einer gewissen Vorsicht eine Chance hat zu überleben.

Die Kämpfe in diesem Abschnitt wurden immer stärker und es gab laufend Ausfälle. Der beabsichtigte Vorstoß in Richtung Moskau blieb stecken, so gab es von Jänner bis Mitte Februar nur einen Stellungskrieg, der aber sehr verlustreich auf beiden Seiten verlief. Nun sprach man wieder davon, dass unsere Einheit herausgezogen würde und zur Auffrischung in die Ukraine käme. Es sollte noch vier Wochen dauern, bis es so weit war. In der Zwischenzeit bekamen wir noch einige Kommandos, die wir erfolgreich abschließen konnten. Unser Kompanieführer Riedger und unser Zugführer Stahlberg erhielten das Eiserne Kreuz 1. Klasse und einige Gruppenführer das Eiserne Kreuz 2. Klasse. Bei den Gruppenführern war auch unser Peter dabei gewesen, der aber leider wie schon erzählt, von den Partisanen getötet worden war. Ich glaube, dass einige von uns unter Einsatz des Lebens Höchstleistungen erbrachten, aber für die Auszeichnungen nicht berücksichtigt wurden. Da wir eine relativ neu zusammengesetzte Einheit waren und unsere Offiziere nur das EK 2 als Auszeichnungen hatten, wurden sie dem Divisionskommandeur vorgeschlagen und erhielten das EK 1. Wie überall im Leben muss der kleine Mann, sprich Landser, darauf warten, was übrig bleibt. Das Leben war durch die Kälte und den ständigen Beschuss durch die Russen sehr hart. Unsere Einheiten wurden nun in den einzelnen Stellungen durch neue Einheiten abgelöst. Es hatte den Anschein, dass keine weitere Offensive beabsichtigt war. Als auch unsere Ablöse kam, wurden wir nach Smolensk in Marsch gesetzt. Dort konnten wir uns wieder mit allem Möglichen versorgen, es gab Zigaretten, Bonbons und auch Schnaps zu kaufen. Geld hatten wir ja genug, so versuchte jeder so viel wie möglich zu erwischen. Nach einem Tag Aufenthalt in Smolensk fuhren wir mit dem Zug in Richtung Ukraine, aber wir wussten noch nicht, wo wir landen würden. Die Sicherheitsvorkehrungen waren die gleichen wie schon beschrieben. Nach einigen Tagen ohne besondere Zwischenfälle kamen wir in einem größeren Ort an. Nach der Entladung wurden wir in Marsch gesetzt, es ging durch Wälder, bis wir in einem großen Barackenlager landeten. Dieses Lager mitten im Wald war von Partisanen umgeben, sodass wir nicht einmal unsere Pferde ohne bewaffneten Begleitschutz zur Tränke bringen konnten. In diesem Stützpunkt sollte unsere Einheit wieder auf die volle Kompaniestärke angehoben werden. Wir mussten nun auf die Männer warten, die nach einigen Tagen ankamen. Sie waren aus verschiedenen Kasernen, wir staunten nicht schlecht, denn es waren zum Großteil Volksdeutsche aus Polen. Im Barackenlager wurde die weitere Ausbildung dieser Männer forciert und für uns bereits erfahrenen Soldaten gab es täglich Spähtrupps in Zugstärke, um die Partisanen zurückzudrängen. So kam es immer wieder zu Kampfhandlungen, auch zu einigen Ausfällen und es war nicht möglich, größere Gruppen zu erwischen. Die Partisanen operierten in Gruppen bis zu 10 Mann. Wenn wir sie stellten und einkreisten, schossen sie bis zur letzten Kugel bzw. bis zur letzten Handgranate. So ist es auch zu erklären, dass wir nie Gefangene machten. Auch für uns war es das Todesurteil, wenn man von den Partisanen erwischt wurde. Das ging so einige Wochen und dann wurde unsere Einheit wieder verlegt, diesmal in den Raum Briansk und zwar nach Karatschew. Wieder das Gleiche, Anmarsch zum Bahnhof, verladen, Absicherung des Transportes und ab ging es Richtung Briansk. Unterwegs mit der Bahn gab es keine besonderen Ereignisse, der Transport verlief ohne Zwischenfälle. In Karatschew angekommen wurden wir gleich zu einer Rampe geschoben und konnten mit dem Entladen beginnen. Unsere Pferde waren diese Prozedur bereits gewöhnt, sodass alles ohne Probleme durchgeführt werden konnte. Unsere Kompanie marschierte nach der Entladung gleich ab und wir wurden in einer Kirche untergebracht, die scheinbar für die Russen einmal als Garage oder etwas Ähnliches gedient hatte. Am nächsten Tag wurden wir in einen Vorort von Karatschew verlegt und gruppenweise in russische Häuser eingewiesen.

Briansk – Karatschew – Orel

Unser Aufenthalt in diesem Dorf sollte in erster Linie dazu dienen, unserer Kompanie wieder für den Einsatz den noch fehlenden Schliff zu geben. Es begann wieder bei den Pferden, Lederzeug (Geschirr bzw. Sattel), Waffen, Bekleidung, Entlausung und natürlich als Begleiterscheinung die entsprechenden Appelle. Was wiederum zu großen Aufregungen führte, da die meisten Kameraden nicht alles vorschriftsmäßig beisammenhatten. Einige hatten beim Transport bereits die eiserne Ration verzehrt oder auch bei den Russen getauscht. Jedenfalls wurde von der Division eine Kontrolle angesetzt, unser Kompanieführer war über den Zustand nicht besonders begeistert, was zur Folge hatte, dass mit der Kompanie ein Maskenball veranstaltet wurde. Das spielte sich so ab, dass der Haufen x-mal antreten musste, und zwar immer in einer anderen Bekleidungszusammenstellung. Bei dieser Schikane gab es die verrücktesten Ideen, wie zum Beispiel: Reitstiefel, Unterhose, Leibchen, Gasmaske und Stahlhelm. All diese verrückten Maßnahmen spielten sich nicht weit von der Front ab, inmitten eines ganz gefährlichen Partisanengebiets. Den ganzen Tag spielten die Offiziere und Unterführer verrückt, denn am nächsten Tag war es so weit, dass der Brigadeführer zur Besichtigung kam. Der Zustand unserer Kompanie überzeugte ihn nicht, es gab für den Abteilungsführer und den Kompaniechef einen kräftigen Anschiss. Nachdem der Brigadeführer wieder abgefahren war, übernahmen die Kompanieführer wieder das Kommando und es wurde den Zugführern befohlen, sich bei ihren Zügen einzureihen. Jetzt kam das Donnerwetter über uns, einschließlich der Untersturmführer und der Unterführer ging es mit Marsch, Marsch im Laufschritt ins Gelände. Dort begann die Gefechtsübung mit hinlegen, auf Marsch, Marsch und so weiter. Dann durften die Offiziere wieder das Kommando übernehmen, diese, mit einer Wut im Bauch, wollten uns noch und noch schleifen. Nun spürten sie aber den Widerstand der Männer, von denen einige bereits 1941 den Rückzug im Frontabschnitt Moskau mitgemacht hatten. Dies zeigte auf die jungen Untersturmführer Wirkung, sie ließen die Züge antreten und versuchten sich zu rechtfertigen. Wir hatten aber eine solche Wut, dass wir einfach keine Fragen beantworteten. Man versuchte auch das Ganze ins Lächerliche zu ziehen, aber von uns kam keine Reaktion, sodass man sich entschloss, uns in die Unterkünfte zu entlassen. Ich brauche nicht zu beschreiben, was wir nach diesem Theater noch vom Soldatenleben hielten. Die Demütigung war zu groß, als dass man noch eine gute Meinung haben konnte. Diesen Tag ließ man uns in Ruhe, denn auch die Gruppenführer waren bis zum Gehtnichtmehr angefressen. Das Komische an der ganzen Sache war, dass wir in dem Barackenlager nicht alle Ausrüstungsgegenstände bekamen, die jetzt in diesem Bereitstellungsraum verlangt wurden. Jedenfalls gab es keine Rechtfertigung, dies war nun einmal passiert und jeder konnte sich seinen eigenen Reim darüber machen.

Nun einige Gedanken zum Quartier, das von den Russen zur Verfügung gestellt wurde. Es war erstmalig, dass wir ein schönes Quartier hatten, die Zimmer waren gut eingerichtet und entsprachen sicherlich dem Standard einer Arbeiter- oder Angestellten-Wohnung bei uns in dieser Zeit. Es wohnten ein Mann mit seiner Frau und ein 14 Jahre altes Mädchen im Haus, das Mädchen war sehr hübsch, die Söhne waren beim Militär und die Familie wusste nicht, ob sie noch lebten. Der Mann sprach etwas Deutsch, man konnte sich mit ihm unterhalten. Wie überall und in allen Nationen waren die Eltern traurig und verstanden die Welt nicht, dass gerade ihre Söhne den Kopf hinhalten mussten. Als wir versuchten, das Kapitel Partisanen anzuschneiden, wurde der Alte unruhig und gab kaum mehr eine Antwort als »Nicht verstehen«. Die Tage nach diesem Zirkus waren ruhig, wir gingen mit den Pferden in einem Nebenarm des Dnjepr baden, pflegten uns, so gut es ging, denn es sickerte durch, dass wir ein Kommando zur Bekämpfung der Partisanen bekommen sollten. Nach ca. 14 Tagen war es so weit und wir wussten unser Ziel. Es war ein Dorf im Nässedreieck zwischen Dnjepr und Pripjet, mitten im Sumpfgebiet. Unser Zug bekam den Auftrag, das Dorf zu besetzen, um in diesem Abschnitt die Straße zum Dnjepr zu sichern. Wir marschierten los, unter Bedachtnahme der Gefahren, die uns entgegenkommen könnten. Es wurde eine Vorhut eingeteilt sowie eine Nachhut, um keine Überraschungen zu erleben. Die Maschinengewehre wurden auf die Wägen montiert, die Männer hatten den Auftrag, die Waffen schussbereit zu halten. Nach ca. zwei Kilometern kamen wir in eine bewaldete Gegend, es waren links und rechts Wälder und sehr still. Man hörte nur das Knarren der Wägen und das Schnaufen der Pferde. Die Nerven waren bis zum Zerreißen angespannt und jeder wünschte, dass diese Strecke bald bewältigt wäre. Uns war natürlich bekannt, dass es in diesem Gebiet schon sehr viele Überfälle gegeben hatte, die mit großen Verlusten endeten. Die Straße wurde immer schlechter, was ein Zeichen war, dass wir uns dem Sumpfgebiet näherten. Unserem Zug war auch ein Russe zugeteilt, der aus diesem Dorf stammte. Er erzählte uns, dass die Partisanen seine Mutter misshandelt hatten. Der Grund dafür war seine freiwillige Meldung, mit den Deutschen beim Vormarsch als Hilfswilliger mitzuziehen. Als einmal seine Einheit in die Nähe des Dorfes kam, erhielt er Urlaub und suchte das Dorf auf. Dabei erfuhr er, dass man seine Mutter mit der Peitsche misshandelt hatte und sie daran verstorben war. Der Mann kannte keinen anderen Gedanken, als sich zu rächen, und schloss sich uns aus diesem Grund an. Er hatte sich für dieses Kommando freiwillig als Ortskundiger gemeldet. Er teilte uns auch mit, dass es nur mehr wenige Kilometer bis zum Dorf seien. Wir trieben unsere Pferde zur Eile an, um noch vor Einbruch der Dunkelheit das Dorf zu erreichen. Wir hatten das Gefühl, dass wir beobachtet wurden, und man musste ständig mit einem Angriff rechnen. Aber es ereignete sich nichts, wir kamen ohne Zwischenfall ins Dorf und staunten, dass dort keine Menschen waren.

Ein Dorf im Sumpf (Nässedreieck)

Ich nenne das Dorf »Dorf im Sumpf«. Es war in der Bauweise wie alle anderen russischen Dörfer errichtet. Das Dorf hatte ca. 30 Häuser in Holzbauweise und lag auf einer Lichtung am Rande des Sumpfgebietes. Drei Seiten waren mit Wald umgeben, nur in

Richtung Dnjepr war das Gelände offen. In der Mitte durch das Dorf floss ein kleiner Bach, am oberen Rand des Dorfes war ein kleiner Teich. Wir wählten fünf Häuser am linken oberen Rand für unsere Quartiere aus. Als wir in die Häuser eintraten, stellten wir fest, dass vor ganz kurzer Zeit hier noch Menschen gewohnt hatten, denn der offene Herd war noch warm, auch wenn das Feuer entfernt worden war. Wir beeilten uns, alle Sicherheitsvorkehrungen zu treffen, da es bereits zu dämmern begann. Unser Hilfswilliger meldete sich beim Oberscharführer Thoma ab, um die rechte Seite des Dorfes zu erkunden. Es wurden die Wachen eingeteilt, eine Gruppe wurde beauftragt, sofort das Gras hinter den Häusern abzumähen, da es schon mindestens einen halben Meter hoch war. Das bedeutete kein Problem, die Volksdeutschen unseres Zuges waren durchwegs Bauernsöhne. Nun konnten wir unsere Pferde versorgen und die Quartiere beziehen. Inzwischen kam unser Ivan zurück und teilte uns mit, dass die Zivilbevölkerung bei den Partisanen im Sumpfgebiet sei, aber nicht damit zu rechnen sei, dass es in dieser Nacht zu einem Angriff käme. Er vertrat die Ansicht, man werde wohl versuchen, in der Nacht Verpflegung aus dem Dorf zu holen. Als wir ankamen, war uns aufgefallen, dass Gänse, Hühner und Schweine herumliefen. Scheinbar hatten die Bewohner in Panik das Dorf verlassen und deshalb nichts mitnehmen können. Dieses Dorf diente den Partisanen als Verpflegungsbasis, umso gefährlicher wurde es für uns. Es war schon sehr spät, als wir unseren Tee holen konnten und die kalte Abendverpflegung ausgegeben wurde. Ich hatte die erste Wache auf dem Dachboden mit einem Maschinengewehr, das wir aufgestellt hatten. Von dort aus konnte ich die rechte Seite genau beobachten und hatte den Auftrag, alle 10 Minuten eine Leuchtpatrone abzuschießen. Die erste Nacht war ein Drittel unseres Zuges für die Wache eingeteilt, die anderen zwei Drittel hatten Bereitschaft, das heißt, sie mussten mit der gesamten Ausrüstung schlafen. Es war schon unheimlich auf diesem Dachboden und man sah von hier aus den Wald, denn es war ziemlich hell. Um ca. 23:00 Uhr gab es Alarm, auf der linken Seite des Dorfes wurde es auf einmal laut, die Hühner schrien, die Gänse schnatterten, Schweine hörte man grunzen und man sah Menschen geduckt hin und her huschen, ohne dass ein Schuss fiel. Wir bekamen den Befehl, die linke Dorfseite unter Beschuss zu nehmen. Nach der konzentrierten Beschießung war nichts mehr zu sehen und es fiel auch kein einziger Schuss aus dieser Richtung. Der Rest der Nacht verlief ruhig, am nächsten Morgen wurde die linke Dorfseite genauer untersucht. Wir stellten genau das fest, was unser Ivan uns mitgeteilt hatte, dass man versuchen würde, die gelagerte Verpflegung zu retten. Nun wurden weitere Sicherheitsmaßnahmen getroffen, die zwei Holzbrücken über den Bach und alle Hindernisse, welche die Sicht zum linken Ortsteil behinderten, entfernt. Auf der rechten Ortsseite wurde hinter den Häusern das Gras bis zu 100 Meter abgemäht und Schützenlöcher ausgehoben. Zum offenen Gelände in Richtung Dnjepr wurden MG-Stützpunkte ausgebaut.

In diesem Dorf gab es noch eine Überraschung, die wir auch erst in der Früh feststellten. Nachdem wir keine Läuse mehr hatten, war es uns ein Rätsel, warum wir die Nacht so schlecht schliefen. Dies sollte sich sehr bald herausstellen. Als wir nachschauten und unsere Hosen auszogen, sprangen ganze Schwärme Flöhe von unserem Körper, die Haut war zerbissen und man glaubte, überall Sommersprossen zu haben. Das war die zusätzliche Plage, die uns so lange erhalten bleiben sollte, bis wir das Dorf verlassen konnten. Nachdem wir keine Feldküche mithatten, musste jeder schauen, wie er zu einem Mittagessen kam. Es war sicher kein Problem, es gab ja genug Tiere im Dorf. So brauchten wir nur einige Hühner bzw. Gänse oder Enten abschießen und der Mittagsbraten war schon vorhanden. Wir machten ein großes Feuer und jeder konnte seinen Braten in diesem Feuer zubereiten. Für das Kochen holten wir aus den Häusern Eisentöpfe, so gesehen ging es uns nicht schlecht, wir fanden auch ausreichend Schnaps, was in diesem Sumpfgebiet besonders wichtig war. Dazu kam noch normale Verpflegung, die aus Büchsenfleisch, Butter, Brot, Marmelade usw. bestand. Am späten Nachmittag gab es eine Überraschung, denn auf einmal tauchte am Waldrand ein Mann auf und winkte, dass wir nicht schießen sollten. Wir ließen ihn näher herankommen und stellten fest, dass es sich um einen ungarischen Soldaten handelte. Als er auf uns zukam, sahen wir, dass der Mann verwundet war. Er hatte einen Bauchschuss von der Seite erhalten, sodass die Verletzung nicht allzu schwer war, denn die Kugel war auf der anderen Seite wieder ausgetreten. Wir brachten den Mann ins Haus, wo wir ihn, so gut es ging, versorgten. Durch die großen Anstrengungen brach er nun vollkommen zusammen und war weiter nicht ansprechbar. Thoma verständigte per Funk den Stab, dieser teilte uns mit, dass es sich bei dem Ungarn um einen Mann handeln könnte, dessen Einheit seit drei Tagen nach einer Gruppe suchte, die nach einem Spähtrupp vermisst würde. Der Stab verständigte die Einheit des Ungarn und wir bekamen Bescheid, dass der Mann am nächsten Tag geholt würde. Inzwischen hatte sich der Verwundete einigermaßen erholt, obwohl er hohes Fieber hatte, erzählte er uns, dass sie von Partisanen auf einer Lichtung im Sumpf angegriffen worden waren und alle 13 Mann den Angriff nicht überlebten. Er erlitt einen Bauchschuss und ließ sich fallen. Dabei sah er, wie seine Kameraden, die sich ergeben hatten, auf grausame Weise umgebracht wurden. Die Partisanen schauten sich noch etwas um und zum Glück entdeckten sie ihn nicht. Sie hatten es scheinbar sehr eilig weiterzukommen, es waren ca. 50 Mann, schwerstens bewaffnet. Nachdem die Partisanen abgezogen waren, entfernte er sich in entgegengesetzter Richtung. Er wusste nicht genau, wie lange er unterwegs war, jedenfalls müssen es ca. 10 oder 20 Kilometer von unserem Dorf im Sumpf gewesen sein.

Ivan erklärte uns, dass er wisse, wo dieser Kampf stattgefunden hat. Er kenne diese Lichtung und werde, wenn es dunkel ist, in dieser Nacht versuchen, die Lichtung zu erreichen, um festzustellen, ob die ungarischen Soldaten noch dort sind oder ob die Partisanen zurückgekommen sind, um die toten Soldaten in den Sumpf zu werfen. Nach dem Abendessen begab sich der halbe Zug wieder auf Wache, um ja nicht von den Partisanen überrascht zu werden. Genau wie in der Nacht zuvor sahen wir wieder Gestalten auf der linken Ortsseite, aber es fiel kein Schuss. Die Männer suchten scheinbar nach Verpflegung, konnten natürlich keine finden, da wir am Tage alle Tiere, Getreide, Kartoffeln sowie alles Essbare über den Bach auf unsere Seite gebracht hatten. Wir eröffneten mit dem MG das Feuer und schon waren die Schatten verschwunden. Für uns war es sehr schwierig, den Feind in der Nacht anzugreifen, da wir ja nicht wissen konnten, ob man dann nicht versuchen würde, uns vom rechten Waldrand mit einer größeren Einheit anzugreifen. Jedenfalls verlief die Nacht sehr unruhig und vor Morgengrauen kam unser Ivan zurück und berichtete, dass auf der Lichtung wohl sehr viele Blutspuren vorhanden seien, aber von den ungarischen Soldaten keine Spur sei. Gegen Mittag kamen zwei LKWs und ein Schützenpanzer mit ungarischen Soldaten, um ihren Kameraden abzuholen. Die Suche nach den anderen Kameraden war nicht mehr notwendig, was festzustellen war, hatte unser Ivan in der Nacht bereits erledigt. Wir unterhielten uns noch mit den Ungarn und diese staunten nicht schlecht, als sie erfuhren, dass wir mit einem Zug im Dorf seien. Sie erzählten uns, dass solche Kommandos bei ihnen immer in Kompaniestärke durchgeführt würden. Am Nachmittag kam der Befehl, alle Häuser bis auf die von uns bewohnten anzuzünden. Nun begannen eiligst die Vorbereitungen und es wurde zuerst auf der linken Ortsseite in jedem Haus Feuer gelegt. Es dauerte nicht lange und die ganze linke Seite des Dorfes war ein Flammenmeer. Nun musste auch die rechte Seite des Dorfes angezündet werden, dabei musste man aufpassen, dass nicht auch die eigenen Quartiere Feuer fingen, so ließen wir links und rechts je ein leeres Haus stehen. Diese Nacht verlief ruhig, die Partisanen wagten es nicht, uns im Feuerschein anzugreifen. Am Morgen war das Dorf verschwunden, nur die Rauchfänge standen noch da, alles andere war verbrannt. Nun mussten wir, was noch stand, niederreißen, um jede Deckung für die Partisanen unmöglich zu machen. Am Abend kam per Funk der Befehl, am nächsten Tag einen Spähtrupp auszusenden und nach Möglichkeit Gefangene zu machen. Es sollte festgestellt werden, wie stark die Partisaneneinheiten waren und vor allem über welche Waffen sie verfügten. Die Nacht verlief ruhig und um 6:00

Uhr morgens ging es los. Der halbe Zug, ca. 18 Mann, wurde in das Sumpfgebiet geschickt, als Ortskundiger begleitete uns Ivan. Der Russe kannte jeden Pfad und jede Lichtung, wusste genau, wo der Sumpf gefährlich war, wo sich die Knüppelstege befanden, diese waren meistens nicht zu sehen, da sie unter Wasser lagen. Wir waren ca. 1 Kilometer in das Gebiet eingedrungen, als wir auf einer Lichtung provisorische Behausungen vorfanden, aber es waren weit und breit keine Russen zu sehen. Thoma gab den Befehl, diese Lichtung weiträumig zu umgehen, um eventuell vorhandene Partisanen einzukreisen. Es war schon unheimlich, sich im Schilf zu bewegen mit einer Sichtweite von vielleicht drei Metern. Wir hatten den Auftrag, sofort zu schießen, wenn sich etwas innerhalb dieses Raumes bewegte. Als wir den Kreis immer enger zogen, stellten wir fest, dass auf einmal im Schilf Bewegung entstand. Wir eröffneten sofort das Feuer und auf einmal liefen Männer, Frauen und Kinder die Lichtung zu. Die Frauen schrien: »Nix Partisan, nix Partisan!« und nachdem von dort kein Schuss fiel, wurde das Feuer eingestellt. Leider waren bereits einige Frauen und Männer getroffen und tödlich verletzt worden. Nun wurden alle Männer und Frauen sowie Kinder in der Mitte der Lichtung versammelt. Es stellte sich heraus, dass diese Leute aus dem von uns besetzten Dorf waren. Bei dieser Gruppe waren nur ein junger Mann, etwa 30 Jahre, und eine sehr hübsche Frau mit ca. 25 Jahren, sonst waren alles alte Menschen oder ganz Junge. Wir fragten, wo die anderen seien, wobei unser Ivan als Dolmetsch fungierte. Wir wussten, dass sie Ivan kannten und die Leute wussten natürlich auch, dass Ivan über sie Kenntnis hatte. Es war normal, dass diese Leute uns keine weitere Auskunft geben wollten, obwohl Ivan ihnen mit dem Erschießen drohte. Da wir die Leute nicht zum Sprechen bringen konnten, überlegten wir, was geschehen sollte. Es wurde beschlossen, die Leute ins Dorf zurückzubringen, aber es konnte für diese Aufgabe nur ein Mann zur Verfügung gestellt werden. Leider fiel die Wahl auf meine Person und ich war über diesen Auftrag nicht begeistert. Nun blieb nichts anderes übrig, als alle nach Waffen zu durchsuchen und die Männer und Frauen an ein Seil zu binden, um die Flucht bzw. einen Angriff zu verhindern. Es wurde vereinbart, dass, wenn ich eine rote Leuchtkugel abschieße, ich in Schwierigkeiten bin. Ich machte die Leute nochmals darauf aufmerksam, dass ich sofort schießen würde, wenn einer aus der Reihe treten würde. Nun ging es los, ich drei Meter hinter dieser Kolonne im Gänsemarsch zurück ins Dorf. Meine Kameraden und Ivan drangen weiter in das Sumpfgebiet vor, denn Ivan war der Ansicht, dass auf jeden Fall Partisanen in der Nähe seien, und Thoma wollte unbedingt Gefangene machen. Mein Marsch ins Dorf verlief ohne Zwischenfälle und ich übergab die Leute Rottenführer Mind, der zurzeit für die Sicherheit des Dorfes verantwortlich war. Die Leute wurden in dem leer stehenden Haus eingeschlossen, nur die beiden Jungen, der Mann und die Frau, wurden im anderen Haus untergebracht, denn wir mussten annehmen, dass beide Partisanen waren. Am Abend, bevor es dunkel wurde, kam der Spähtrupp zurück, in der Mitte führten sie fünf junge Männer im Alter von 20 bis 30 Jahren. Es waren jene Partisanen, die bei dem Kampf nicht getötet worden waren. Mit Hilfe von Ivan war es gelungen, diese Gruppe zu überraschen und zu vernichten. Die Partisanen waren der Meinung, dass wir mit den Gefangenen ins Dorf zurückgegangen seien, daher waren sie auch sehr unvorsichtig und fühlten sich in ihrem Versteck sicher. Die sechs Gefangenen wurden verhört, ohne dass etwas Neues herausgekommen wäre. Trotz verschiedener Androhungen war es nicht möglich, etwas von diesen Männer zu erfahren. In der Zwischenzeit stellte sich heraus, dass zwei von ihnen Männer aus dem Dorf waren, denn die Mütter versuchten, sie mit Eiern und Speck freizukaufen. Diese Mütter taten mir furchtbar leid, aber es war eben Krieg und da gelten ganz andere Regeln. Nachdem die Verhöre nichts brachten, wurde per Funk der Stab verständigt und von dort kam der Befehl, dass die sechs Männer abgeholt würden. Am nächsten Tag gab es einige Überraschungen, die beiden separat eingesperrten Personen hatten versucht, in der Nacht mit den Händen ein Loch zu graben, um aus der Gefangenschaft zu fliehen. Es ist ihnen auch tatsächlich gelungen, über dieses Loch ins Freie zu gelangen. Allerdings hatten sie nicht damit gerechnet, dass unsere Posten den Auftrag hatten, konzentriert aufzupassen und sofort zu schießen. Für die beiden war es verhängnisvoll, denn sie mussten mit dem Leben bezahlen. Am Nachmittag kam mit einem LKW und einem Geländewagen ein Zug Soldaten mit einem Offizier, davon auch einige Leute des SD. Was das für die Gefangenen bedeutete, konnte man sich leicht ausrechnen. Diese Soldaten und Offiziere gingen nicht mehr fein mit den Gefangenen um und vertraten die Ansicht, dass diese schon noch sprechen würden. Die sechs Mann wurden verladen und ab ging es zum Stab, wo man sie nochmals verhörte und dann dem Sicherheitsdienst übergab. Uns stellte sich nun die Frage, was machen wir mit den Zivilisten? Nachdem wir unseren Stab damit konfrontiert hatten, wurde uns mitgeteilt, auf weitere Befehle zu warten. In den nächsten Tagen wurden berittene Spähtrupps durchgeführt und die benachbarten Gemeinden kontrolliert. Bei diesen Unternehmungen wurden wir einige Male beschossen und es gab auch Verluste, was wieder dazu führte, dass wir die Dörfer genau kontrollierten und kleinen Gruppen von Partisanen aushoben.

Ende Juni 1943 kam der Befehl für alle in diesem Gebiet eingesetzten Einheiten, sämtliche Pferde und Kühe zu beschlagnahmen und diese nach Karatschew zu evakuieren. Was das für die restlichen Leute, die noch in diesem Gebiet waren, bedeutete, brauche ich nicht zu beschreiben. Aber was soll's, Befehl ist Befehl und so hart diese Maßnahmen auch waren, sie mussten durchgeführt werden, um den Partisanen jede Möglichkeit zu nehmen, ihre Versorgungsbasis zu behalten. Aufgrund dieses Befehls konnte man aber auch annehmen, dass die Front zurückgenommen würde. Für uns jedenfalls war diese Beschlagnahme eine zusätzliche Verpflegungsbasis. Wir wussten nun, dass wir in den nächsten Tagen vom Ort wegkommen würden. Es sollte allerdings noch etwas passieren, bevor es so weit war. Zwei Tage, bevor wir abrückten, versuchten die Partisanen, die von uns zusammengetriebenen Kühe und Pferde in ihren Besitz zu bringen. Im Morgengrauen griffen sie uns an und setzten auch Granatwerfer ein. Wir waren aber auf der Hut, weil wir ständig mit einem solchen Angriff gerechnet hatten. Die

Folge war, dass die Partisanen eine furchtbare Abfuhr mit großen Verlusten erlitten. Noch am selben Tag verließen wir den Ort und marschierten Richtung Karatschew.

Orelbogen Juli 1943

Der Rückmarsch nach Karatschew ging ohne Zwischenfälle vor sich, obwohl wir aus diesem Gebiet 150 Kühe und zwei Dutzend Pferde mitnahmen. In Karatschew angekommen, wurden wir wieder in die gleichen Quartiere eingewiesen, die wir bei unserem ersten Aufenthalt bezogen hatten. Die russische Familie freute sich, dass wir wieder bei ihnen wohnten, denn sie hatten in der Zwischenzeit eine andere Gruppe zur Einquartierung gehabt, die sehr brutal mit ihnen umgegangen war. Inzwischen wurden in Karatschew alle jungen Leute zusammengetrieben und zum Arbeitseinsatz nach Deutschland verladen. Die Tage in Karatschew waren ruhig, es fehlte uns an nichts, wir konnten in einem Nebenarm des Dnjepr baden, Boot fahren, etwas ausreiten, um unsere Pferde zu bewegen. Auch unsere Ausrüstung musste wieder instand gesetzt werden. Waffen waren zu reinigen, unser Fuhrpark musste in Ordnung gebracht werden. Neue Männer kamen und so wurde unsere Einheit wieder neu formiert. Unser Quartiergeber erzählte uns von seinen Erfahrungen mit den Partisanen und vom Rückzug der russischen Truppen. Diese Gemütlichkeit sollte nicht lange anhalten. Man sprach bereits vom nächsten Einsatz am Orelbogen, dort wurde die Offensive der russischen Divisionen erwartet. Wir hatten nun bereits Mitte Juli, die Tage waren sehr heiß und schön langsam stellte sich Langeweile ein. Das sollte sich aber bald ändern, denn es kam der Befehl, dass unser Zug auf der Rollbahn Briansk – Orel einen Stützpunkt übernehmen solle. Nun mussten die Vorbereitungen getroffen werden, unsere Pferde sollten in Karatschew bei einem Nachkommando bleiben. Bei den Neuen war auch ein Steirer aus Schildbach bei Feldbach dabei. Da der Taubenschuß ein Bauernsohn war und mit Pferden gut umgehen konnte, wurde er für das Nachkommando eingeteilt und blieb in Karatschew. Dieses Kommando an der Rollbahn sollte nur vorübergehend sein, man sprach davon, dass unsere Division mit allen Einheiten in den Raum Charkov verlegt werden solle. Solange ich im Einsatz an der russischen Front war, bestand unsere Aufgabe ständig darin, Feuerwehr zu spielen, und wir wurden überall dort eingesetzt, wo es heiß zuging. Nun nahmen wir Abschied von Karatschew und fuhren mit zwei LKWs in Richtung Orel. Wir kamen wieder in ein Waldgebiet, wo links und rechts Stellungen ausgebaut waren. Die Blockhäuser waren noch zusätzlich von einem hohen Zaun aus Baumstämmen umrandet und an allen Ecken waren Schützentürme aufgestellt. Diese Befestigungen waren in einem Abstand von 200 bis 300 Metern platziert. Für jede dieser Befestigungen waren 10 Mann vorgesehen. Ich wurde mit der letzten Gruppe bei einer Brücke abgeladen. Wir mussten mit je fünf Mann vor und nach der Brücke ein solches Blockhaus beziehen. Hier wurden deshalb nur je fünf Mann eingeteilt, weil vor und nach der Brücke je eine Batterie Flak zum Schutz der Brücke aufgestellt war. Unsere Aufgabe war es, dafür zu sorgen, dass die Partisanen keine Möglichkeit fänden, diese Brücke zu sprengen. Uns war bald klar, warum dieser Abschnitt so stark abgesichert wurde, denn über diese Rollbahn wurde ein großer Teil Verstärkung für die Front am Orelbogen herangeführt. Es kamen Panzereinheiten mit Tiger und Panther durch, Pak-Geschütze sowie Flak-Geschütze 8,8 und motorisierte Truppen mit LKWs und Schützenpanzer sowie Radfahrkompanien unserer Division. Am Orelbogen war eine Kampfgruppe unserer Division im Einsatz. Es war die Kampfgruppe »Zehnter«, die dort die Stellungen hielt. Nach diesen Bewegungen zu urteilen musste etwas ganz Großes im Gang sein. Der Tag verging sehr schnell und es brach die Nacht an, somit auch unsere Aufgabe, auf Draht zu sein. Die Partisanen versuchten mit größeren Einheiten von bis zu einem Zug, unsere Transporte zu stören und auch die Brücke zu sprengen. Gegen Mitternacht hörten wir das berühmte Brummen der russischen Flugzeuge, wir nannten sie die Nähmaschinen. Es dauerte nicht lange und die Maschinen kamen immer näher, unsere Flak versuchte, sie in den Scheinwerferkegel zu bekommen, was bei den ersten zwei Maschinen auch gelang. Nun ging ein Feuerwerk los, mit der Vierlingsflak und auch die 8.8 schaltete sich ein. Man konnte genau beobachten, wie die zwei Maschinen sich bemühten, aus dem Scheinwerferkegel zu kommen, was natürlich nicht gelang. Die erste Maschine wurde von einem 8.8-Geschoß getroffen und in der Luft zerrissen. Die zweite bekam auch einen Treffer ab, stürzte spiralförmig in die Tiefe und explodierte am Boden. Die restlichen Maschinen luden ihre Bomben ohne zu zielen ab. Eine schlug ganz in der Nähe unserer Unterkunft ein, dass es uns vom Boden aufhob, so stark konnte man den Luftdruck spüren. Diese Angriffe wiederholten sich jede Nacht und es wurden noch weitere Bomber abgeschossen. Nachdem es nicht gelungen war, die Brücke aus der Luft zu zerstören, versuchte man es mit einer Partisaneneinheit, was auch misslang. Wir waren sehr gut ausgerüstet und die beiden Flakbatterien mit ihren schweren MGs trugen sehr viel dazu bei, dass die Russen keinen Erfolg erzielen konnten und sich mit schweren Verlusten zurückziehen mussten. Wir hatten keine Verluste, denn unsere Stellungen waren vorzüglich angelegt, wie schon vorhin erwähnt. In den Tagen, wo wir noch an der Rollbahn waren, kam es zu keinem weiteren Angriff mehr, man versuchte weiterhin, in der Nacht zu bombardieren, ohne einen wesentlichen Erfolg zu verzeichnen. Wir wurden nach zirka 10 Tagen von einer Landschützenkompanie abgelöst. Unsere Hoffnung, dass wir wieder nach Karatschew zurückkämen, erfüllte sich nicht. Wir wurden wieder auf LKWs verladen und weiter nach Süden gebracht, wo unsere Schwadronen an der Front am Orelbogen im Einsatz waren. Unser Zug wurde einer Schwadron als Verstärkung zugeteilt, die schon große Verluste zu verzeichnen hatte.

An der Front ging es heiß zu, denn der Russe versuchte mit allen Mitteln, sie zu durchbrechen. Er griff ständig mit seinen T 34 an, begleitet von russischer Infanterie und Sondereinheiten, aber unsere Linien hielten dem Druck stand. Die Kämpfe in diesem Abschnitt waren für den Russen sehr verlustreich an Panzern und Soldaten. Gelang es einigen Panzern, die Linie zu durchbrechen, wurden diese von der Pak oder der 8.8-Flak bzw. im Nahkampf mit einer Panzerfaust oder einer Hohlhaftladung erledigt. Unsere Tiger und Panther stießen nach einem Angriff der Russen sofort nach, aber auch wir konnten keinen entscheidenden Vorteil erringen. Unter vorgehaltener Hand wurde erzählt, dass die Russen versuchten, unsere Truppen wie bei der 6. Armee einzukesseln. Damit war leicht erklärbar, warum sie einen Angriff nach dem anderen starteten, aber auch von uns wurde erbittert gekämpft, um eine solche Möglichkeit um jeden Preis zu verhindern. Es gab sehr viele Ausfälle, Verwundete und Tote auf beiden Seiten.

In diesem Abschnitt waren wir bis Ende Juli, dann wurden wir durch andere Einheiten abgelöst. Nun ging es zurück nach Karatschew und am nächsten Tag wurden wir bereits verladen und kamen in den Raum Charkov. Nach einigen Tagen Bahnfahrt erreichten wir Krementschugg, wurden entladen und in einem Dorf außerhalb Krementschugg untergebracht. Das Dorf lag am Dnjepr und war ziemlich groß. In diesem Raum sollte sich unsere Division wieder sammeln und in den Kampf um Charkov eingreifen. Zu erwähnen ist noch, dass wir, obwohl wir eine Nachrichtenkompanie waren, nicht viel davon spürten. Bis jetzt waren wir immer dort im Einsatz gewesen, wo Männer an der Front oder als Sonderkommando gebraucht worden waren.

In diesem Dorf erlebte ich eine Überraschung. Unser Kompanieführer Riedger rief mich zum Rapport und machte mir den Vorschlag, auf die Führerschule nach Oranienburg zu gehen. Ich wusste am Anfang nicht, was ich sagen sollte, kam aber dann zu dem Entschluss, unseren Obersturmführer zu ersuchen, mich bei der Truppe zu lassen und einen anderen auf die Führerschule zu schicken. Der Grund, warum ich ablehnte, war in erster Linie der, dass ich in Erfahrung gebracht hatte, und zwar von meinem Freund aus der Schreibstube, einem Unterscharführer, dass von hier aus fünf Mann unserer Kompanie auf Urlaub fahren dürften. Er sagte mir auch, dass ich einer der ersten Urlaubsanwärter sei. Hätte ich den Vorschlag von Riedger angenommen, wäre es mit dem Urlaub vorbeigewesen. Wir waren drei Tage in diesem Dorf und schon ließ der Chef mich und vier andere Kameraden rufen und teilte uns mit, dass wir drei Wochen Heimaturlaub mit sofortiger Wirkung antreten könnten. Die Freude war groß, sofort ging es ans Packen und am späten Nachmittag brachte uns ein Kamerad nach Krementschugg.

Fronturlaub 1943

Wir beeilten uns, so schnell wie nur möglich wegzukommen, denn in Krementschugg wurden alle Urlauber, die aus der Heimat zurückkamen, in einer Sondereinheit zusammengezogen. Die Feldgendarmerie hatte alle Hände voll zu tun, jeder versuchte, seine Einheit zu erreichen. Diese Sondereinheit sollte in den Kampf um Charkov und Poltawa eingesetzt werden. Wir hatten Glück und erwischten einen Güterzug, der soeben in Krementschugg aus dem Süden ankam und gleich nach Snamenka weiterfuhr. Wir mussten allerdings in offene Waggons einsteigen, aber es war egal, Hauptsache wir kamen von hier weg. Es war damit zu rechnen, dass es in diesem Gebiet eine Urlaubssperre gab. Von Snamenka konnte man annehmen, dass man einen Urlaubszug erwischte, denn es war ein Eisenbahnknotenpunkt. So sollte es auch sein, wir konnten nach zwei Stunden Aufenthalt in Snamenka bereits den Urlauberzug nach Brest-Litowsk benützen. Wir suchten uns einen günstigen Platz und hatten Glück, ein leeres Coupe zu finden. Nun konnten wir es uns gemütlich einrichten, unsere Marschverpflegung auspacken und einmal anständig essen. Die Fahrt ging flott voran und wir erreichten am übernächsten Tag Brest. Es war die Entlausungsstation mit Frontleitstellen zur Front sowie auch die Leitstelle in Richtung Heimat. Zuerst mussten wir durch die Entlausung, um auf die andere Seite der Grenzstelle zu kommen. Das ging ziemlich schnell vor sich, denn es gab ja einige Entlausungsstellen. Auf der anderen Seite angekommen gingen wir zur Leitstelle, um eine Platznummer für die Weiterreise zu bekommen. Nun mussten wir uns trennen, unsere Ziele waren in verschiedenen Richtungen. Ich bekam eine Platzkarte für einen Urlauberzug, der über Krakau – Prag – Wien fuhr. Am Nachmittag ging es weiter Richtung Heimat. Ich hatte einen schönen Platz gefunden, konnte sogar bis

Krakau auf einer Bank etwas schlafen. In Prag hatte ich einen Aufenthalt von zwei Stunden, die ich benützte, um mich etwas in der Bahnhofsnähe umzuschauen. Hier konnte ich auch meine Karawanetz (Besatzungsgeld in Russland) gegen Deutsche Mark tauschen. Auch gab es hier noch allerhand zu kaufen, was zu Hause nicht mehr der Fall war, zumindest nicht ohne Karten. Nun ging es weiter nach Wien, dort musste ich versuchen, einen Schnellzug nach Graz zu erwischen, was auch klappte, und weiter ging's nach Graz. Dort holte ich mir einen Stempel bei der Stadtkommandatur, um nachweisen zu können, wie lange ich unterwegs war. Man sollte auch erwähnen, dass es durchgehend sehr viele Kontrollen durch die Feldgendarmerie gab. Hier erfuhr ich auch, dass es für das Gebiet um Charkov Urlaubssperre gab und die Militärpolizei wunderte sich, dass wir noch in Urlaub hatten fahren können. Dies verdankten wir sicher unserem Kompaniechef, der geahnt hatte, dass es zu einer Urlaubssperre kommen würde und uns deswegen so schnell auf die Reise Richtung Heimat geschickt hatte. Jetzt hatte ich nur noch das kleine Stück bis Kalsdorf zu bewältigen. Meine Gedanken waren schon zu Hause, wie würde es meine Eltern gehen, was würden mein lieber Bruder und meine Schwestern machen? Meine Eltern hatten keine Ahnung, dass ich Urlaub bekommen hatte, so würde es in wenigen Minuten eine große Überraschung geben.

Zu Hause

Ich stieg in Kalsdorf aus und marschierte durch die Gärten Richtung Personalhäuser, wo meine Eltern wohnten. Nun stand ich vor der Türe mit etwas Herzklopfen, nachdem ich sie aufgemacht hatte, sah ich meine Mutter bei dem Herd hantieren, ohne sich umzuschauen. Sie glaubte, mein Vater sei gekommen. Als ich sie ansprach, ließ sie alles fallen und sagte nur, »Der Ludwig!«, und schon umarmten wir uns. Die Mutter hatte Tränen in den Augen und konnte es nicht fassen, dass ich es war. Es war eine große Freude, als mein Vater und auch mein Bruder von der Arbeit kamen, und die Familie wieder für kurze Zeit komplett war. Obwohl im

August 1943 die Zeiten nicht mehr sehr rosig waren, wollte meine Mutter alles tun, um mir den Urlaub so schön wie nur möglich zu machen. Ich sollte nun erzählen, was ich erlebt hatte. So versuchte ich alles als so harmlos wie nur möglich darzustellen, um die Sorgen, wenn ich wieder an die Front musste, nicht zu erhöhen. Nun konnte ich wieder einmal in meinem Bett schlafen, was ich voll ausnützte und am nächsten Tag erst zum Mittagessen aufstand. In den ersten Tagen machte ich Besuche bei meinen Schwestern, Großeltern, Tanten und Bekannten. Dabei brachte ich in Erfahrung, dass auch einige Schulkameraden auf Heimaturlaub waren. Ich besuchte sie und wir vereinbarten, dass wir einige Male zusammen ausgehen wollten. Auch die Firma besuchte ich, man war sehr nett zu mir und wollte vieles wissen. Nachdem diese Leute hundertprozentige Nazis waren, musste ich sehr vorsichtig sein, um ja nicht etwas Falsches zu sagen. Bei diesen leitenden Angestellten waren natürlich auch solche dabei, die von der Firma freigestellt worden waren und nicht einrücken brauchten. Es passierte mir, dass der technische Direktor erklärte, dass er gerne einrücken würde, aber die Firma es nicht zulasse. Ich sagte diesem Mann, dass es kein Problem gäbe, wenn er sich freiwillig zur SS melden würde. Um ihn noch mehr zu überraschen, sagte ich ihm, dass es möglich sei, wenn ich zur Front zurückkehre, mich beim Divisionär zum Rapport zu melden und seinen Wunsch vorzutragen. So würde er sicher die Einberufung zur SS bekommen. Für den Direktor war es ein Schock, er hatte nicht damit gerechnet, dass ich auf seine Aussage so reagieren würde. Direktor Härtung war sehr korrekt und er erzählte mir vom I. Weltkrieg, wie es ihm ergangen war, und er konnte sicher verstehen, mit welchen Gefühlen ich nun wieder an die Front zurückkehrte. Der Besuch bei der Firma war Begrüßung und Verabschiedung zugleich. Was noch auffallend war, viele, die mich gut kannten, fragten, ob wir den Krieg wohl auch gewinnen würden. Es war schwer, eine Antwort darauf zu geben, denn zu diesem Zeitpunkt stand es an der Ostfront nicht zum Besten. So war es am einfachsten zu sagen, »Wir werden alles tun, um den Feind zu besiegen«, überzeugen konnte ich meiner Meinung nach damit keinen.

Die ersten acht Tage waren vergangen, nun musste ich auch ein Versprechen einlösen und die Eltern des Kameraden Taubenschuß in Schildbach bei Feldbach besuchen. Ich fuhr in Begleitung meiner Mutter mit dem Zug nach Feldbach und wir meldeten uns bei der Familie Taubenschuß. Es war ein großer Bauer in Schildbach, die Familie ließ uns am selben Tag nicht nach Hause fahren. Es wurde festlich aufgekocht und es gab auch Wein zu jeder Mahlzeit. Am Abend musste ich erzählen, wie es ihrem Sohn geht, ob er gesund ist und wann er auf Urlaub kommen wird. Weiters, wie es an der Front ist und ob ihr Sohn wohl gut behandelt wird. Viele Fragen auf einmal, die Antworten waren schwierig, da man ja nicht die ganze Wahrheit sagen konnte. Wir unterhielten uns bis in die späte Nacht hinein und man musste immer wieder erzählen und auch seine eigene Meinung sagen. Nächsten Tag standen wir um 9:00 Uhr auf, frühstückten und machten uns fertig für die Heimreise nach Kalsdorf. Die Eltern vom Taubenschuß kamen mit zwei großen Paketen, die für ihren Sohn und für mich gedacht waren. Ich nahm sie, machte aber darauf aufmerksam, dass es keine Garantie dafür gäbe, dass ihr Sohn das Paket erhalten werde. Es wäre ja möglich, dass er inzwischen versetzt worden war. Das Schlimmste traute ich mir als Argument gar nicht anzuführen. Die Eltern meines Kameraden bestanden trotzdem darauf, ich solle die Pakete mitnehmen und gäbe es keine Möglichkeit, sie dem Sohn zu übergeben, sie für mich behalten.

In Kalsdorf wieder angekommen, ging ich am Abend mit meinen Eltern aus, denn der Schusterbauer hatte uns eingeladen und es gab Backhendeln und reichlich Bier und Wein. So hatte ich einige Einladungen zu bewältigen, wie auch beim Sägewerksbesitzer Meyer und noch bei einigen Persönlichkeiten in Kalsdorf. Beim Ortsgruppenleiter Meyer hatte ich auch den Eindruck, dass dieser Mann nicht mehr ganz an den Endsieg glaubte. Wenn man seine Ansprachen 1938 gehört hatte und die von 1940 und 1941, so musste man feststellen, diese Leute waren wesentlich leiser geworden.

Die Zeit verging im Flug und schon kam das Ende des Heimaturlaubs immer näher. Ich traf mich noch einmal mit jenen Kameraden, die zu gleicher Zeit in Urlaub waren, unter anderem auch mit Stefan Stranz, der ein Verwandter von mir war. Bei dieser Gelegenheit machten wir aus, am selben Tag von Kalsdorf abzufahren. Er wollte in Graz noch seine Frau besuchen und wir würden uns am nächsten Tag in Wien treffen, um von dort gemeinsam die Reise nach Russland anzutreten.

Zu Hause waren meine Lieben schon alle sehr aufgeregt. Es waren nur mehr wenige Tage, die ich hier sein durfte. Mein kleiner Bruder wollte noch ein Foto und so ersuchten wir unseren Nachbarn, eines von uns zu machen. Der Nachbar musste von meinem kleinen Bruder mit meiner Uniform natürlich auch eine Aufnahme machen. Die letzten Tage vergingen mit der Verabschiedung von meinen Verwandten und Freunden. Sie wünschten mir alles Gute und eine glückliche Heimkehr. Zu diesem Zeitpunkt hatte ich noch keine Ahnung, dass ich erst Jänner 1950 von Russland zurückkehren sollte. Nun war es so weit, der Tag meiner Abreise war angebrochen und es hieß Abschied nehmen. Es waren schon eigenartige Gefühle, als ich mich von meinen Eltern, Bruder und Schwestern verabschiedete. Es ging doch ins Ungewisse, denn von der Front hörte man nichts Gutes. Mein Marschbefehl lautete, nach Krementschugg zu fahren und in diesem Raum meine Einheit zu suchen. Auch war es nicht sicher, ob sie noch in diesem Raum im Einsatz war. Diese Gedanken beschäftigten mich, als ich nun mein Zuhause verließ.

Wieder an der Front

Am Bahnhof traf ich mich mit Stefan und wir fuhren bis Graz gemeinsam und wollten uns in Wien wieder treffen, daraus sollte allerdings nichts werden. Wir gingen noch gemeinsam zur Bahnhof-Kommandantur, ich ließ mir einen Stempel geben, dass ich von Graz mit heutigem Tage abreise. Ich hatte bald einen Anschluss mit dem Schnellzug nach Wien und musste schweren Herzens Abschied nehmen von der Steiermark. In Wien angekommen, begab ich mich zur Frontleitstelle, um eine Platzkarte zu ergattern, was allerdings nicht funktionierte. Ich bekam einen Stempel mit dem Vermerk, dass eine Weiterreise von Wien mit heutigem Tag nicht möglich sei. Am Bahnhof spielte sich was ab. Jeder Landser versuchte so schnell wie möglich von Wien wegzukommen. Es blieb mir nichts anderes übrig, als am Bahnhof zu übernachten. So nahm ich mir ein Platzerl in einem Eck und versuchte so dem Rummel zu entgehen. Ich lernte einige Landser kennen, die sich mit den gleichen Problemen auseinandersetzen mussten. Mit Stefan wollte ich mich zur bestimmten Zeit bei der Frontleitstelle treffen, aber leider kam er nicht. Ich glaube, er hatte bereits in Graz in Erfahrung gebracht, wie schwer es war, von Wien wegzukommen, und die Kommandantur hat ihm den dafür notwendigen Stempel gegeben. So war es ihm möglich, seinen Urlaub zu verlängern, was ich versäumt hatte. Erst am vierten Tag bekam ich eine Platzkarte und konnte in Richtung Brest abreisen. Die Fahrt im überfüllten Zug war kein Vergnügen und ständig musste man mit Fliegerangriffen rechnen. Wir kamen in Brest gut an und ich hatte gleich einen Anschluss nach Snamenka. In Brest versorgte ich mich noch mit Marschverpflegung und kaufte im Marketenderladen Zigaretten. Auch die Fahrt nach Snamenka war nicht viel anders, als schon beschrieben.

In Snamenka hatte ich aber am selben Tag keinen Anschluss und musste auf den nächsten Tag warten, denn es gingen sehr viele Transporte von der Front in eine Auffangstellung. In den 4 Wochen hatte sich sehr viel getan, die Russen waren an einigen Stellen durchgebrochen und unsere Einheiten in schwere Kämpfe verwickelt worden. Diese Neuigkeiten erfuhr ich in Snamenka, als ich am Bahnhof übernachten musste und dort einige Kameraden unserer Division traf. Auch konnte ich in Erfahrung bringen, dass unsere Einheit nicht mehr bei Krementschugg stationiert war. Am nächsten Tag setzte ich die Fahrt schon sehr früh mit einem Lastzug Richtung Krementschugg fort. Dort war ich überrascht, dass am Bahnhof so viel Militärpolizei unterwegs war. Diese hatte den Auftrag, alle Landser, die vom Heimaturlaub zurückkamen, ohne Rücksicht, welcher Einheit sie angehörten, festzunehmen und in die Kaserne in Krementschugg zu bringen, wo neue Einheiten für den Kampf um Charkow aufgestellt wurden. Nachdem ich keine Lust hatte, mich von der Militärpolizei festnehmen zu lassen, stieg ich auf der verkehrten Seite aus, umging den Bahnhof und versuchte, so schnell wie möglich Krementschugg zu verlassen. Ich hatte Glück und sah am Straßenrand einen LKW mit unserem taktischen Zeichen stehen. Schnell setzte ich mich hinein und wartete, bis der Fahrer kam. Die Feldgendarmerie marschierte in Gruppen beim LKW vorbei, beachtete mich überhaupt nicht und ich dachte mir: »Hoffentlich macht keiner die Tür auf und fragt nach meinen Papieren!« Nun kam der Fahrer des LKW und staunte, dass in seinem Fahrzeug ein Landser saß. Ich erklärte ihm schnell, dass ich aus dem Urlaub komme und meine Einheit erreichen wolle oder das Nachkommando. Auch er gehörte zu einem Nachkommando, das in der Nähe von Krementschug lag. Von ihm erfuhr ich, dass meine Einheit genauso wie seine im Raum Charkov eingesetzt war. Er war so nett und brachte mich in das Dorf, in dem unser Nachkommando lag. Als ich dort ankam, gab es ein »Hallo« und die sechs Mann freuten sich, dass ich wieder bei der Einheit war. Das Nachkommando leitete ein Rottenführer und auch mein Freund Seidl, ein Berliner, war bei diesem Kommando. Die Aufgabe des Nachkommandos bestand darin, die beschlagnahmten Kühe aus dem Partisanengebiet zu betreuen und sie an den neuen Standort unserer Kompanie zu bringen. Nun konnte ich Verbindung mit meiner Kompanie aufnehmen und ich bekam den Auftrag, beim Nachkommando zu bleiben und so schnell wie möglich Krementschugg in Richtung Snamenka zu verlassen. Ich teilte Rottenführer Matousek diesen Auftrag mit und machte mich auf den Weg, meine restliche Hundestaffel, es waren noch sieben Hunde, für die Abreise vorzubereiten. Nun sickerte es durch, dass wir unser Quartier verlassen und uns Richtung Westen absetzen würden. Es dauerte nicht lange und es kamen viele Zivilisten mit der Bitte, sich bei uns anschließen zu dürfen. Unter ihnen waren auch der Starrosta (Bürgermeister) und ein Student namens Peter, seine Frau Nina (die schwanger war) und deren hübsche Schwester Lydia von ca. 16 Jahren. Diese lieben Leute hatten Soldaten einquartiert und waren zu diesen besonders freundlich und auch sonst zu uns Deutschen kooperativ. Wir sagten diesen Leuten zu, dass sie mit uns fahren könnten, aber als Hilfswillige helfen müssten, die Kühe und Pferde zu versorgen. Alle anderen Dorfbewohner mussten wir ablehnen und ihnen empfehlen, sich dem russischen Track anzuschließen. Nun stellten wir fest, dass wir mit unseren Kühen und Pferden keine Chance hatten, die Brücke über den Dnjepr zu benutzen. Die Straße zur Brücke war hoffnungslos verstopft und auch ständig von den russischen Fliegern unter Beschuss. Weiters hätten wir befürchten müssen, dass unser Viehbestand und die sonstige Ausrüstung beschlagnahmt und wir zu einer Kampfgruppe abgestellt würden. Wir mussten eine Entscheidung treffen und holten uns den Bürgermeister zu dieser Besprechung, denn dieser kannte die Gegend ganz genau. Er teilte uns mit, dass einen Tagesmarsch den Dnjepr aufwärts eine Überfuhr noch in Betrieb sei. Nun wurde schnell die Entscheidung getroffen, sofort abzurücken, um so schnell wie möglich diese Stelle zu erreichen, wo es die Möglichkeit gab, an das andere Ufer zu gelangen. Wir hatten Glück, denn am nächsten Tag ereichten wir mit Sack und Pack die besagte Stelle. Unsere Befürchtung, dass die Russen bereits dort angekommen waren, traf nicht zu. Nun mussten wir versuchen, bis zur Fähre mit unseren Fahrzeugen durchzukommen, da die Zufahrt von russischen Zivilfahrzeugen total blockiert war. Diese vielen Menschen waren vor den eigenen Soldaten auf der Flucht und wollten auch nach Westen. Alle glaubten die Parole, dass die Deutschen eine Auffangstellung mit frischen Truppen und Geräten hätten. Auch wir glaubten an diese besonders befestigte Auffangstellung. Wie auch immer, zuerst musste es uns gelingen, die andere Seite des Dnjepr zu erreichen. Seidl und ich gingen nach vorne und machten dem Fährmann klar, dass er zuerst unsere Fahrzeuge übersetzen müsse. Er wollte davon nichts wissen und zeigte immer auf die vielen russischen Fahrzeuge, die auch ans andere Ufer wollten. Nachdem wir nicht viel Zeit hatten, machten wir ihn darauf aufmerksam, dass wir die Fähre in Beschlag nehmen würden und er dann über den Fluss schwimmen könne, wenn er seine Fähre wieder haben wolle, um seine Landsleute überzusetzen. Wir forderten die Russen auf, uns zu helfen, umso schneller würde die Fähre für ihre Fahrzeuge wieder frei sein. Alle halfen mit, die Kühe an eine günstige Stelle zu treiben, um sie dort in den Fluss zu jagen. In der Zwischenzeit begann der Fährmann, unsere Fahrzeuge überzusetzen, sowie die notwendigen Leute, die die Kühe flussabwärts in Empfang nehmen sollten. In einigen Stunden war der Zauber vorbei und wir hatten alles über den Fluss gebracht, bis auf einige Kühe, die es schwimmend nicht schafften. Wir suchten einen geeigneten Lagerplatz, um übernachten zu können und eventuell verstreute Kühe noch einzufangen. Wir machten ein Lagerfeuer, versorgten die Pferde und Hunde, stellten die Zelte auf, einer kochte Tee für das Abendessen. Jetzt war alles erledigt und wir konnten die Wachen einteilen. Nachdem wir nur sieben Personen für die Nachtwache waren, da ja die Russen für diese Aufgabe nicht in Frage kamen, wurde jeweils ein Mann mit zwei Hunden für zwei Stunden eingeteilt. Meine Wache begann um 24:00 Uhr und endete um 2:00 Uhr. Es war eine unruhige Nacht, die Fähre war noch immer in Betrieb, die Fahrzeuge der Russen mit Kind und Kegel zogen vorbei, ohne eine Rast zu machen. Von Weitem hörte man Maschinengewehrfeuer und Geschützfeuer, zwischendurch wieder den Lärm der vorbeiziehenden Fahrzeuge. Wenn man genau hinhörte, hatte man das Gefühl, die Front könne nicht mehr sehr weit vom Dnjepr entfernt sein. Es war nun zu überlegen, ob wir nicht in der Früh bereits weiterziehen sollten, obwohl wir festgelegt hatten, einen Tag auszuruhen, da unsere Kühe aufgrund der Flussüberquerung erschöpft waren. Die Nacht verging, ohne dass etwas Besonderes vorgefallen wäre. Am Morgen wurde kurz beraten, ob wir gleich weiterziehen oder einen Tag bleiben sollten. Wir entschlossen uns, einen Tag zu bleiben und am nächsten Tag sehr früh aufzubrechen. Im Laufe des Tages erzählten uns vorbeikommende Russen, dass die Front bereits bis auf 30 km an den Dnjepr herangerückt sei. Nun wurden sofort Vorbereitungen getroffen, um im Notfall schnell aufbrechen zu können. Wir wussten, dass das Gebiet sehr sumpfig und ein schnelles Vorwärtskommen kaum möglich war. Die Marschordnung wurde festgelegt, die willigen Russen sollten die Kühe und Pferde voraustreiben, dann sollten unsere Fahrzeuge folgen und den Abschluss machte ich mit den Hunden. Diese Vorgangsweise war notwendig, da ständig mit einem Überfall durch die Partisanen zu rechnen war. Nun verbrachten wir noch diese Nacht am Ufer des Dnjepr und hatten vor, sehr früh am nächsten Tag unseren Marsch fortzusetzen. Die Nacht verlief ruhig und um 5 Uhr früh ging es los. Wir kamen nur langsam vorwärts, da die Wägen alle sumpfigen und schlechten Straßenstücke umfahren mussten. Fallweise blieben wir stecken und mussten weitere Pferde vorspannen, um die Wägen wieder flottzumachen. Nach zwei Tagen wurde die Straße besser und wir kamen schneller vorwärts. Wir waren Selbstversorger und so gab es keine warmen Mahlzeiten, denn für das Kochen blieb keine Zeit. Wir hatten nun den Raum Snamenka erreicht und bekamen die ersten Schwierigkeiten mit der Feldgendarmerie, da diese unsere Kühe beschlagnahmen wollte. Man verlangte von uns, in einem Dorf einige Kilometer außerhalb Snamenkas Quartier zu beziehen und zu warten, bis der Bescheid von der Kommandantur käme. Wir dachten gar nicht daran, diesen Befehl auszuführen, und marschierten weiter Richtung Kirowograd, denn wir wussten, dass in diesem Raum unsere Division bzw. unsere Kompanie lag. Unterwegs stellten wir fest, dass sie sich in einer Ortschaft wenige Kilometer von Nowo-Ukrainka befand. Nun hatten wir noch zwei Tagesmärsche vor uns, welche ohne besondere Schwierigkeiten bewältigt wurden. In Nowo-Ukrainka angekommen, meldeten wir uns bei der Kompanie bzw. beim Spieß Bilohubeck, der uns die Quartiere zuteilte. Ich bekam mit meinen Hunden ein Haus am Ende des Dorfes, in diesem wohnte eine Frau mit ihrer 14-jährigen Tochter. Die Madga, wie wir die Frauen nannten, war froh, nur einen Soldaten aufnehmen zu müssen. Das Haus war für russische Verhältnisse in Ordnung, hatte mehrere Räume und war auch einigermaßen eingerichtet. Die Hunde wurden in einem leer stehenden Haus untergebracht, die Pferde in dem vorhandenen Stall. Mitten im Dorf war eine große Scheune, in diese wurden die Kühe verfrachtet. Als Nächstes heizte meine Quartierfrau die Sauna ein, denn sie legte scheinbar größten Wert darauf, dass ich mich von den Läusen befreite und mich reinigen konnte. Die Sauna war eine Holzhütte, in der ein Lehmherd stand, welcher von außen geheizt wurde. Auf dem Lehmherd befanden sich große Steine, die mit Wasser begossen wurden, sodass der Raum voll heißem Dampf war. Die Madga half mir beim Waschen, indem sie mir den Rücken abrieb und vor allem meinen ganzen Körper mit einem Birkenzweig durchpeitschte. Als ich aus der Sauna kam, war ich ein neuer Mensch. Ich fühlte mich richtig wohl und war der Madga sehr dankbar. Ich war zu den beiden Frauen sehr höflich, gab ihnen einige Dosen Konserven und auch Brot, denn ich hatte genug davon. Sie wollte alles tun, damit ich es bequem hätte, so brachte sie auch meine Wäsche, Socken, Hosen usw., in Ordnung. Die Tage bei dieser Frau waren herrlich, sie kochte für mich und ich besorgte Fleisch und Fett, nun wurden einige Kühe geschlachtet und andere Kühe gegen Schweine getauscht. Ich hatte das Gefühl, die Frau sah in mir einen Ersatzsohn und ich sollte mich nicht täuschen. Eines Tages zeigte sie mir ein Bild von Mann und Sohn, die im russischen Heer dienten. Sie sagte, es wäre ihr Wunsch, dass ihr Sohn auch Menschen treffen möge, die ihm das Los als Soldat erleichterten. Ich fragte sie, ob der Mann oder der Sohn schreiben würden, sie teilte mir mit, von ihren Angehörigen keine Nachricht zu haben.

Ich sollte noch erwähnen, dass wir auch ein Kamel bei unserer Truppe hatten. Dieses Kamel tauschte mein Kamerad Seidl für zwei Kühe ein und wir hatten einen großen Spaß mit der Barussa, so nannte man dieses Tier. Wenn es zornig war, spuckte es nach allen Seiten, ansonsten war es gutmütig.

Die Tage in diesem Dorf vergingen sehr schnell und es wurde bekannt, dass wir aus Russland abgezogen würden und zur Neuaufstellung nach Jugoslawien kämen. Weiters wurde erzählt, dass der Russe immer näher kam und unsere Truppen sich immer weiter zurückziehen würden. Leider muss ich auch feststellen, dass wir von den Auffangstellungen bei unserem Marsch bis nach Nowo-

Ukrainke keine Befestigungen sahen. In Kirowograd gab es ein großes Verpflegungslager. Nachdem die Russen schon in der Nähe waren, wurde ein Kommando mit zwei großen LKWs zusammengestellt, um noch ausreichend Verpflegung zu holen. Der Lagerverwalter wollte aber nichts herausrücken, so blieb uns nichts anderes übrig, als sich selbst zu bedienen. Jedenfalls fuhren wir mit zwei voll beladenen LKWs von Kirowograd ab. Als wir zurückkamen, war auch schon bekannt, dass wir uns in Richtung Winnizza in Marsch setzen sollten, um dort verladen zu werden. Nun musste ich von der Madga Abschied nehmen und sie war sehr traurig, weil sie wusste, dass nun ihre Landsleute kommen würden, die nicht so rücksichtsvoll sein würden.

Nun war es so weit, wir verließen unser Dorf in Richtung Winnizza. Wir kamen ohne Zwischenfälle einen Tag früher an, so war es nicht möglich, am Ankunftstag zu verladen. Vor uns warteten schon einige Schwadronen auf den Verladebefehl bzw. auf die Zuteilung von Waggons und Lok. Nachdem klar war, dass es ein bis zwei Tage dauern würde, bis wir an die Reihe kämen, ging ich mit einigen Kameraden in die Stadt. Im Soldatenheim gab es noch einiges zu kaufen und wir hatten Glück, denn wir bekamen jede Menge polnische Zigaretten. Auch sonst gab es am Markt einiges wie Mehlspeisen, etwas Obst usw. Wir hatten genügend Karowanetz, denn unterwegs hatten wir einige Kühe getauscht und verkauft. Ich selbst hatte die Tasche voll Geld und es war gleichgültig, wie viel die Russen verlangten. Wir kauften unter anderem auch Wodka für die Reise. Am nächsten Tag wurden wir zur Verladung aufgerufen, die Waggons wurden zugeteilt, ich bekam für meine Hunde und die zwei Pferde einen eigenen Waggon. Die Verladung ging sehr zügig voran und am späten Abend war die Kompanie unter Dach und Fach. Inzwischen wurde bekannt, dass der Russe an verschiedenen Stellen durchgebrochen sei und wir konnten es kaum erwarten, dass der Zug sich in Bewegung setzte. In meinem Waggon waren auch Seidl und einige Hiwis (Hilfswillige, russische Kriegsgefangene) untergebracht. Seidl war sehr traurig, weil er sein Kamel in Winnizza zurücklassen hatte müssen, der Kompaniechef hatte die Mitnahme nicht erlaubt. Der Student Peter mit seiner Frau wollte nur bis Polen mitfahren, da sie dort Verwandte hatten und Nina ihr Kind dort zur Welt bringen konnte. Auch der Starosta wollte nur bis Polen mitfahren, da auch er dort Verwandte hatte. Dass wir diese Leute mitnahmen, war nur durch die Toleranz unseres Spieß' möglich. Es ist nicht so gewesen, dass die Waffen-SS nur Schlechtes im Sinne hatte, man war auch durchaus menschlich gegenüber der zivilen Bevölkerung.

Nach Mitternacht gab es einen Ruck, die Lok zog an und ab ging es Richtung Westen.

Rückblickend muss man feststellen, dass die Jahre 1942 bis 1944 gefüllt waren mit vielen Einsätzen, vom Raum Moskau, Orel, bis hinunter in den Kaukasus, Charkov, Poltawa, Kremenschugg, Dnjöpropetrovsk, sowie auch mit vielen Partisaneneinsätzen. Viele Kameraden waren jetzt bei der Fahrt nach Westen nicht mehr dabei, zum Teil waren sie verwundet oder sind fürs Vaterland gefallen, wie es so schön heißt. Im Zug hatten wir Gelegenheit, über das Ganze nachzudenken, und man kam zu dem Schluss, dass es ein Wahnsinn war, diese Opfer fürs Vaterland zu bringen. Nur Verrückte oder solche, die noch nicht voll in der Scheiße gesessen waren, konnten noch begeistert sein.

Wir waren 1942 noch mit dem Willen in den Krieg gegangen, das Beste zu geben. Nun, zwei Jahre später, musste man revidieren und feststellen, dass von dem guten Willen nur mehr die Hoffnung geblieben war, vielleicht doch wieder nach Hause zu kommen. Die Sehnsucht nach den Eltern und Geschwistern war sehr groß, da wir wussten, dass unser Zug über Wiener-Neustadt durch Ungarn nach Jugoslawien fuhr.

8. Kapitel
Jugoslawien 1944

Wir befanden uns nun auf der Fahrt nach Jugoslawien, nachdem man uns in Winnizza noch vollständig von unseren lieben Tierchen, das heißt von den Läusen, befreit hatte. Die Zeit während des Transportes vertrieben wir uns, soweit wir nicht mit Wache oder anderen Aufgaben beauftragt waren, mit Kartenspielen, Schlafen und darüber Sprechen, was uns wohl in Jugoslawien erwarten würde. Die Tage vergingen sehr schnell und wir hatten Glück, dass unser Transport nicht von Fliegern angegriffen wurde. Wir erreichten ohne Zwischenfälle Wiener-Neustadt und die Grenze zu Ungarn. Nun mussten wir warten, bis wir die Durchreisegenehmigung bekamen, denn Ungarn war zu diesem Zeitpunkt noch ein selbstständiger Staat. Obwohl mit uns verbündet, konnten wir nicht ohne Weiteres durch Ungarn fahren. Am nächsten Tag bekamen wir die Genehmigung und ein ungarischer Hauptmann wurde uns als Begleitoffizier zugeteilt. Es wurde uns strengstens verboten, den Waggon zu verlassen, ausgenommen, um Wasser oder Verpflegung zu holen. Ich glaube, wir waren noch keinen halben Tag in Ungarn unterwegs, als wir auf ein Abstellgleis geschoben wurden und es einen längeren Aufenthalt gab. Für uns war das sehr günstig, nun hatten wir trotz Verbot die Möglichkeit, mit den Ungarn im Dorf Tauschgeschäfte zu machen oder Sachen, die wir aus Russland mitbrachten, zu verkaufen. Man könnte nun die Frage stellen, was kann man schon aus Russland mitbringen. Ich zum Beispiel hatte für einige Paar Stiefel feinstes Juchtenleder mit. Ich konnte einen Teil sehr gut gegen Pengő verkaufen und besorgte dafür Zigaretten und Wein sowie einen ganzen geräucherten Schinken. Ich weiß nicht, wer das gute Geschäft gemacht hat, aber in Jugoslawien wusste ich, hätte ich für das Leder viel zu wenig bekommen. Es hatte fast jeder etwas zum Tauschen und jene, die nichts hatten, tauschten einfach Pferdedecken ein, was natürlich verboten war und furchtbar ins Auge gehen konnte. Es wurden auch Hemden, Socken und sonstige Ausrüstungsgegenstände, die für Zivilisten brauchbar waren, getauscht. Wir wussten, dass wir in Jugoslawien neu eingekleidet bzw. die fehlenden Sachen ergänzt bekommen würden. Nun war die Fahrt wesentlich lustiger, es gab genug zum Rauchen, zum Trinken und auch zusätzlich was Gutes zum Essen. Die Ausreise aus Ungarn ging ohne Formalitäten vor sich und die Einreise nach Jugoslawien war ohnedies kein Problem. Es dauerte nicht lange und wir kamen in Osjek an und schon kam der Befehl: »Entladen!« Nun wussten wir, wo wir gelandet waren. Es war jetzt nur noch die Frage, ob wir in der Stadt einquartiert würden oder in einem der Dörfer um Osjek. Hauptsturmführer Riedger teilte uns mit, dass wir in der Mittelschule Quartier nehmen würden. Diese Schule war für unseren Haufen ja viel zu groß, aber das sollte sich sehr schnell ändern. Bereits für die nächsten Tage waren Neuankömmlinge angesagt. Wir staunten nicht schlecht, als wir die Neuen sahen, es waren alles ältere Volksdeutsche aus Kroatien und Slowenien.

Nun war klar, unsere Kompanie wurde mit Volksdeutschen aufgefüllt. Unsere Division hatte in Russland große Verluste erlitten, sodass oft von einzelnen Schwadronen nicht mehr als 10–30 Männer vorhanden waren. Auch von unserer Kompanie waren von 180 Mann nur mehr über 40 Mann übrig. Es kam der Befehl, für 120 Mann Unterkünfte vorzubereiten, sodass bei Ankunft dieser Leute keine Zeit verloren gehe und die Ausbildung gleich beginnen könne.

Meine Hunde konnte ich im Hof der Schule in einem Schuppen unterbringen. Für das tägliche Training stand der Sportplatz zur Verfügung. Die Küche wurde in einem Nebengebäude eingerichtet, wo auch der Fourier (in der Logistik tätig) untergebracht wurde. An einem Freitag kamen die neu Eingezogenen in der Kaserne (Schule) an. Ich musste in der Schreibstube aushelfen, denn der Unterscharführer, ein Freund von mir, wurde mit dem Aufnehmen nicht fertig. Der Spieß hatte das Problem, die Gruppen und Züge einzuteilen und die Unterführer für die Einheiten zu bestimmen.

Unser Haufen hatte allerdings nur mehr 40 Mann und es standen nur einige Unterscharführer zur Verfügung. So blieb nichts anderes übrig, als die Rottenführer als Gruppenführer einzusetzen. Es war klar, dass keiner der Rottenführer eine Gruppe übernehmen wollte, weil ja keiner daran interessiert war, mit der Ausbildung von vorne zu beginnen. Jeder wollte seine Ruhe haben und die kurze Zeit im Hinterland genießen. Wir Übriggebliebenen aus dem Russlandeinsatz wollten uns nicht einbinden lassen. Es nützte nichts, der Spieß ging zum Hauptsturmführer und dieser ordnete an, dass jeder die Aufgabe zu erfüllen habe, die er vom Spieß zugeordnet bekomme.

Ich hatte wie immer eine Sonderstellung, bedingt durch meine Hunde. Hauptsturmführer Riedger kam zu mir, um die Unterbringung der Hunde zu besichtigen, fand alles in Ordnung und erwähnte, wenn ich etwas Zeit zur Verfügung hätte, solle ich in der Schreibstube helfen. Ich teilte ihm mit, dass ich dort bereits freiwillig ausgeholfen hätte. Der Rest der Hundestaffel betrug nur mehr sieben Hunde und es sollten neue Tiere mit Hundeführern zu uns kommen. Diese Hunde waren nach Russland geschickt worden in der Zeit, als wir aus Russland abgezogen wurden. Die Staffel sollte neu aufgefüllt werden, und zwar mit bis zu 54 Hunden und 18 Hundeführern, die je nach Bedarf den Kompanien und Schwadronen zugeteilt würden. Aus diesem Grund konnte die Unterbringung nur provisorisch sein und es musste eine neue Unterkunft ins Auge gefasst werden.

Samstag und Sonntag wurden die Neuen eingekleidet, bekamen ihre Waffen und sonstige Ausrüstung, sodass am Montag mit der Ausbildung begonnen werden konnte. Ich war am Samstag Offizier vom Dienst und für Ruhe und Ordnung zuständig. Als ich mit einem Sturmmann durch die Unterkünfte ging, traf mich fast der Schlag, überall lagen die Klamotten herum, Koffer standen im Weg, es herrschte, man konnte sagen, ein heilloses Durcheinander. Ich ließ die Leute im Gang antreten und erklärte ihnen, dass das so nicht gehe, wenn der Hauptsturmführer das sehe, gäbe es eine Katastrophe. Ich gab den Männern zwei Stunden Zeit, Ordnung zu schaffen, ihre Zivilsachen in den Koffern zu verstauen und die übrigen Dinge, vorwiegend Würste, geräuchertes Fleisch, Mehlspeisen usw., so unterzubringen, dass sie damit nicht auffielen. Man sollte nicht für möglich halten, was diese Männer von zu Hause an Verpflegung mitschleppten. Das konnte nicht gut gehen, ich gab ihnen den Tipp, bis Sonntagabend zu versuchen, den Großteil aufzuessen oder jene Kameraden, die nichts hatten, zu beteilen. Der Hauptsturmführer werde sicher den Befehl geben, alles einzusammeln und in die Kompanieküche zu bringen. Es war nicht leicht mit diesen Männern, teilweise waren es bereits ältere, fallweise sogar über 40 Jahre. Zu 80% waren es Bauern und davon viele, die einen sehr großen Bauernhof besaßen. Die Männer waren von meiner toleranten Vorgangsweise sehr beeindruckt und es kamen zwei und brachten Speck, Würste und Fleisch. Ich lehnte dankend ab, hoffte aber im Stillen, dass sie darauf bestehen würden, dass ich es annehme. So war es dann auch, sie bestanden darauf und sagten, dass sie auch den anderen Kameraden etwas geben würden. So blieb mir nichts anderes übrig, als dieses willkommene Geschenk anzunehmen. Am Abend kam Obersturmführer Stahlberg und staunte nicht schlecht, was für ein fürstliches Abendessen ich da hatte. Ich lud ihn ein, sich zu bedienen, was ich nicht zweimal sagen musste. Er holte eine Flasche Wein und eine Flasche französischen Cognac und es wurde ein gemütlicher Abend. Wir unterhielten uns über unsere Erlebnisse in Russland und über die kommenden Einsätze in Jugoslawien. Er war sehr enttäuscht über die neuen Rekruten und konnte nicht verstehen, dass man alles für die SS aufnahm, wo früher nur gesunde und vorwiegend junge Männer ausgemustert wurden. Er sagte zu mir: »Sei froh, dass du die Hunde hast, so brauchst du das Theater mit diesen Leuten nicht mitmachen.« Am Montag begann die Ausbildung, es war ein trauriger Haufen, der da durch die Gegend wackelte. Man versuchte, Schwung hineinzubringen, aber es war nicht einfach, die älteren Männer kamen bei diesem Tempo nicht mit. Zusätzlich waren die Ausbildner lauter Männer, die bereits einige Jahre Russland hinter sich hatten und keine besondere Lust verspürten, die Männer zu schleifen.

Ich hatte nun erstmals ein schönes Leben, eine Bude mit dem Koch und Kompanieschreiber sowie dem Fourier. Wir gingen täglich aus, denn es stand in Osjek ein schönes Soldatenheim, wo es auch etwas zu kaufen gab und Filme gezeigt wurden. Die warme Verpflegung bekamen die Hunde von der Küche, so musste ich nur schauen, dass ich vom Schlachthof zusätzliches Fleisch bekam. Wie schon erwähnt, half ich in der Schreibstube aus, soweit ich selbst Lust dazu hatte. Eines Tages klopfte es an der Türe und herein marschierte ein Schulfreund von mir. Als er mich sah, gab es für ihn kein Grüßen mehr, obwohl unser Hauptsturmführer in der Kanzlei anwesend war. Ich versuchte die peinliche Situation zu überbrücken, indem ich ihn als Freund aus meiner Heimatgemeinde vorstellte. Hauptsturmführer Riedger überging das Ganze und fragte den Hermann, bei welcher Einheit er diene. Hermann Krischanetz war bei einer Nachschubeinheit der Wehrmacht und man sah dies auch an seiner Uniform, die gänzlich abgetragen war. Kopfbedeckung hatte er überhaupt keine, die hatte er verloren. Er fragte mich, ob ich ihm eine solche besorgen könne. Das hörte der Hauptsturmführer und er sagte zu mir: »Geh mit ihm in die Kammer und der Oberscharführer soll ihm eine Kopfbedeckung geben und auch eine Uniform, aber der Schneider soll die SS-Runen und den Totenkopf von der Mütze entfernen.« Nach dem Kammerbesuch ging ich zu Bubi, das war der Koch, von Dienstrang Unterscharführer. In der Küche bekam Hermann anständig zu essen und der Fourier packte ihm ein Paket mit Lebensmitteln ein. Nun gingen wir ins Soldatenheim, dort erzählte mir Hermann, dass die beiden Mädchen, die wir 1939 bei Lutenberg besucht hatten, hier in Osjek seien. Er hatte sie zufällig getroffen und dann auch besucht. Nun marschierten wir los und trafen diese Mädchen in ihrer Wohnung, sie waren nach Osjek dienstverpflichtet worden. Wir hatten einige schöne Tags gemeinsam mit den Mädchen, aber leider musste Hermann wieder weiter. Ich habe diesen Freund nie mehr gesehen und erfuhr später, dass diese Nachschubeinheit von Partisanen überfallen wurde und es keine Überlebenden gab. Es kam immer wieder vor, dass Partisanen die Dörfer um Osjek überfielen und es bei der Zivilbevölkerung schwere Verluste gab. In Osjek war auch ein Regiment Ustascha (kroatische Armee) stationiert. Bei solchen Überfällen auf kroatische Dörfer rückte immer eine Ustascha-Kompanie aus und griff serbische Dörfer an, wobei es auch hier immer wieder unter der Zivilbevölkerung zu großen Verlusten kam. Es ging so weit, dass fallweise wir ausrücken mussten, um die Zivilbevölkerung zu schützen. Die Übergriffe nahmen zu und es kam der Befehl, dass der erste Zug und die Hunde zu einem Gutshof einige Kilometer außerhalb von Osjek in Marsch zu setzen seien. Nun mussten wir Abschied nehmen von der Stadt, wo es uns so gut gegangen war. Soweit wir informiert wurden, zogen an diesem Gutshof ständig Partisanen-Einheiten vorbei und bezogen auch Quartier im Hof selbst. So soll auch Tito mit einer größeren Einheit in dem nahe liegenden Wald Station gemacht haben. Es wurden nun verschiedene strategische Punkte besetzt, vorwiegend Ortschaften, und man hoffte, Tito zu kriegen. Dies sollte eine Fehleinschätzung sein, denn Tito hatte seine Einheiten so geschickt aufgeteilt, dass niemand wusste, bei welcher Einheit er sich befand.

Wir hatten nun im Gutshof unser Quartier aufgeschlagen, machten es uns gemütlich und teilten wie immer die Wachen ein. Auch die vier Maschinengewehre brachten wir in Stellung, um vor Überraschungen sicher zu sein. Gleich die erste Nacht wurden meine Hunde unruhig, es zogen wohl im nahe liegenden Wald Partisanen-Einheiten vorbei. Die Partisanen wussten natürlich längst schon, dass der Gutshof besetzt war. So wie diese Nacht waren auch die anderen Nächte ziemlich unruhig, ohne dass es zu Kampfhandlungen gekommen wäre. Es war scheinbar bekannt geworden, dass wir sehr gut ausgerüstet waren und eine zum Teil kampferfahrene Truppe im Gutshof lag. Am Tag hatten wir die Möglichkeit nach Osjek zu fahren, um dort auszugehen oder zu versuchen, ein Mädchen aufzutreiben. Die Altstadt war für uns verboten, wir gingen aber trotzdem hinein, denn in einigen Lokalen wurden in den Hinterhöfen Karten gespielt. Nachdem wir Geld genug hatten, war das Hasardieren für uns eine willkommene

Abwechslung. Es war nur notwendig, dass wir mehrere Soldaten waren, sonst konnte es passieren, dass diese Burschen auf ein oder zwei Soldaten losgingen, wenn sie beim Spiel verloren, und das war meistens der Fall. Bei dieser Gelegenheit konnte man auch Verschiedenes kaufen, um später wieder Sachen zu haben, die man eintauschen konnte.

Ein weiteres Vergnügen war es, mit dem Schwimmauto (VW) in der Drau herumzufahren und mit Sprengpatronen Fische zu fangen.

Eines Tages bekam ich mit der Post aus Bulgarien ein großes Paket, ca. 5 Kilogramm schwer, mit lauter guten Sachen, Zigaretten usw. Die Familie in Bulgarien war Besitzer einer großen Eisenhandlung und Kunde unserer Firma. Herr Hager, mein Chef bei der Firma Lapp-Finze, gab auf Ersuchen des bulgarischen Kunden meine Adresse bekannt, so kam dieser Kontakt zustande. Es war der Wunsch, einen SS-Mann zu betreuen, und so bekam ich in regelmäßigen Abständen Pakete aus Bulgarien. Alle in der Kompanie wussten, dass ich Pakete aus dem Ausland bekam, ansonsten war es zu dieser Zeit nur möglich, 10-dkg-Pakete zu schicken.

Am Abend setzten wir uns zusammen, es wurde ein besonders gemütliches Festessen veranstaltet mit meinen Kameraden. Selbstverständlich war auch der Zugführer mit von der Partie. In Osjek ging es uns sehr gut, soweit man dies in einem fremden Land behaupten kann. Meine Hunde hatten sich sehr gut erholt, aber der Ersatz für die Hundestaffel traf nicht ein und wird sicherlich irgendwo in Russland festgesessen sein. Ich musste nun wieder mit den Hunden arbeiten, sonst konnte man sie nicht im Griff behalten. Es sickerte durch, dass unsere Division nach Ungarn verlegt würde und dort weitere Auffüllungen durchgeführt würden. Es gab sogar das Gerücht, dass wir nach Afrika kommen sollten, was ich nicht glauben konnte. Eine Verlegung der Division nach Ungarn war eher wahrscheinlich. Dort wurde es unruhig und man sprach von einem Umsturzversuch. Horty sollte gestürzt werden. Aber zurzeit hielt die ungarische Armee noch und die ungarischen Soldaten kämpften auf unserer Seite. Gut sah es allerdings nicht aus, unsere Einheiten mussten sich überall zurückziehen. Wir hatten Glück und spürten kaum etwas von den Rückzugskämpfen. Etwas unangenehm war, dass es fallweise Verletzte oder auch Tote durch die Heckenschützen der Partisanen gab. Meistens, wenn solche Gerüchte im Raum stehen, ist auch etwas Wahres dran und so war es auch in diesem Fall.

Das Gastspiel in Osjek ging dem Ende zu und es war klar, dass wir nach Ungarn kommen sollten, und zwar nach Saya. Nun hieß es Abschied nehmen von Bekannten, die wir in unserer Zeit in Osjek kennengelernt hatten, und auch die Mädchen waren traurig, sie mussten in Osjek bleiben und hatten furchtbare Angst vor den Partisanen. Die Ustascha-Männer bedauerten auch, dass wir nun abzogen.

Osijek Frühjahr 1944

Osijek Frühjahr 1944

9. Kapitel
Ungarn 1944

Es war nun so weit, dass unsere Schwadronen und motorisierten Einheiten verladen wurden, was ohne besonderen Zwischenfall passierte. Ich weiß nicht mehr genau, wie oft wir schon mit dem Zug von einem Abschnitt in einen anderen verlegt worden waren, daher hatten wir schon große Erfahrung und alles ging sehr schnell vor sich.

Unser Ziel war Baja in Ungarn und wir erreichten es ohne Schwierigkeiten. Am Bahnhof in Baja angekommen, wurde sofort entladen und wir bekamen die Quartiere zugeteilt. Unsere Kompanie wurde in einer Schule untergebracht und ich mit meinen Hunden einige Straßen weiter in einem Pferdestall. Das Haus und der Pferdestall sowie der Hof waren mit einer hohen Mauer umgeben und für meine Zwecke bestens geeignet. Im Haus wohnte eine Frau Gruber, ihr Gatte war Bankdirektor in Arad. Sie bewohnte das Haus ganz allein und war nicht sehr glücklich mit der Einquartierung. Vor allem hatte sie riesige Angst vor den Hunden. Frau Gruber sprach sehr gut Deutsch und ich konnte alle Bedenken zerstreuen, indem ich ihr erklärte, dass die Hunde angekettet würden. Sollten sie im Hof sein, würden sie einen Maulkorb tragen. Ganz sicher war die Dame nicht, sie schaute mich sehr fragend an. Der Stall war sehr groß, so konnte ich provisorische Boxen einrichten.

Dann ging ich zur Kompanie und ließ mir ein Stockbett in mein Quartier bringen. Bei der Kompanie ging es rund, die Quartiere mussten hergerichtet werden, die Unterführer sausten durch die Gegend und die Neuen aus Osjek bekamen erstmals zu spüren, was es hieß, Rekrut zu sein. Einige versuchten sich zu drücken und flogen prompt auf, wurden ausgeschrieben und für Sonderdienste eingeteilt. Nachdem es sehr viele waren, ersuchte ich den Spieß, mir einige Leute zur Verfügung zu stellen, um die Unterkunft für die Hunde zu richten. Ich selbst unterstand dem Chef und so berührte mich die ganze Situation sehr wenig. Fürs Erste hatte ich das Problem, dass ich keine Pengő hatte. Hier gab es alles zu kaufen, Zigaretten ohne Marken, Mittagessen im Gasthaus, Mehlspeisen in der Konditorei, Wein und Bier, auch das alles ohne Marken, nur Pengő musste man haben. Für unsere Mark war nichts zu bekommen oder fast nichts.

Nach zwei Tagen begann der normale Dienst, die Ausbildung fing wieder von vorne an. Es waren neue Rekruten aus Deutschland eingetroffen. Junge Burschen, kaum 18 Jahre alt, lernten hier die schönen Seiten des Soldatenlebens kennen. Wenn ich diese Burschen in Reih und Glied stehen sah, wurde mir wieder bewusst, was diesen jungen Menschen bevorstand.

Für Nachmittag kam der Befehl, dass die Kompanie zur Besichtigung antreten müsse. Bei solchen Anlässen mussten auch wir, die sonst befreit waren, zur Stelle sein. Die Leute vom Stab traten extra an und für uns war diese Befehlsausgabe schnell vorbei. Der Vorgesetzte vom Stab war der Stabsscharführer Pär, früher einmal Hauptsturmführer und ein richtiger Kumpel. Er wurde degradiert, da er sehr viel vom Alkohol hielt und einmal einen Obersturmführer verprügelte. Auch bei Frauen nahm er es nicht sehr genau. Er war trotz seiner hohen Auszeichnungen kein Musteroffizier der Waffen-SS. Hauptsturmführer Riedger hatte seine bittere Not mit diesem Mann, der keine eigentliche Funktion in der Kompanie besaß. So kam es, dass Pär uns nach diesem Appell auf eine Runde einlud. Er hatte ein wunderschönes Quartier in einem großen Haus, eine Dreizimmer-Wohnung. Es blieb natürlich nicht bei einer Runde, sondern wir schafften einige Flaschen Schnaps, was zur Folge hatte, dass wir sogenannten Unabhängigen in dieser Wohnung bis in die Morgenstunden blieben. Nächsten Tag lag bereits eine Beschwerde von Seiten der Ungarn bei der Kommandantur auf, da die Ungarn im gleichen Haus wohnten. Hauptsturmführer Riedger war wütend und es gab eine Verwarnung. Von diesem alten Haudegen könnte man noch einiges berichten, seine Verbindungen reichten bis zur Division, scheinbar hatte dieser Mann Narrenfreiheit.

Ich hatte meine Bude einigermaßen in Ordnung gebracht und musste nun schauen, wo ich mit meinen Hunden das tägliche Training durchführen konnte. Mit drei Hunden machte ich mich auf den Weg, um den Sportplatz zu suchen. Die Zivilisten schauten und machten einen großen Bogen um mich. Die drei Doggen, Rolf, Lord und Tango, erweckten nicht gerade einen harmlosen Eindruck. Der Sportplatz lag 10 Minuten von meinem Quartier und eignete sich für das Training hervorragend. So war auch das Problem gelöst und nun musste ich schauen, wo ich zusätzlich Fleisch für die Hunde auftreiben konnte. Ich erfuhr, dass außerhalb von Baja ein Schlachthof war, der die Honved und auch unsere Truppen mit Fleisch versorgte. Ich holte mir bei der Stadtkommandantur eine Bezugsberechtigung für Fleischabfälle und Innereien. Nachdem ich selbst keine Lust hatte, das Fleisch heimzufahren, mussten es die Hunde selbst tun. Der Hundekarren wurde hergerichtet, sieben Hunde-Zuggeschirre ebenfalls, nun wurden die sieben Hunde eingespannt und es ging zum Sportplatz, um etwas zu üben, bevor ich auf die Straße fahren konnte. Nachdem wir längere Zeit die Hunde nicht eingespannt hatten und einige überhaupt noch nie eingespannt waren, war es nicht einfach, das Ganze auf einen Nenner zu bringen. Einige Stunden üben und es ging einigermaßen, Papi, ein 11-jähriger Schäfer, diente als Leithund, der die Befehle »Rechts ran«, »Links ran«, »Laufschritt«, »Halt«, ausführte. Nun hatte ich das Problem, dass Rolf, der stärkste Hund, nebenher mitlief, als ginge ihn das Ganze überhaupt nichts an. Brüllte ich Rolf an und zeigte ihm die Peitsche, zog er mit seinen 60 kg so stark an, dass der Hundewagen querstand. Daher musste ich so lange die Positionen wechseln, bis es einigermaßen ging. Das Gespann hatte nun folgendes Aussehen von links nach rechts: Rolf, Lord, Tango sind direkt am Wagen eingespannt, Putzky, Brando und Rapko wurden als Vorspann eingesetzt und als Leithund wurde wie schon erwähnt Papi verwendet. Hundegeschirr und Hundewagen kamen neu für viele Hunde, nur Hunde trafen nicht ein. Es hätten ausgebildete Hunde aus Silberberg, Schlesien, zu uns kommen sollen. Leider bekamen wir die

Mitteilung, dass der Waggon in Russland einen Bombenvolltreffer abbekommen und keiner der Hunde überlebte habe, so kam nur das Zubehör zum Teil bei uns an. Ich übte mit den Hunden täglich zwei bis drei Stunden und wir machten gute Fortschritte.

Meine erste Fahrt zum Schlachthof war nicht einfach, aber es ging einigermaßen. Beim Schlachthof angekommen, gab es gleich einen Auflauf, als hätten diese Leute noch nie einen Hund gesehen. Ein Metzger fragte, ob er den Hunden etwas geben dürfe, »Nichts dagegen«, war meine Antwort, aber es dürfe nicht angerechnet werden. Der Mann kam mit einer Schüssel Leber und gab sie den Hunden. Am Schlachthof war man so begeistert, dass ich das doppelte Gewicht bekam, als auf dem Bezugsschein stand. Bei diesem Fleisch und den Innereien waren richtige Gustostückchen dabei, die auch für den menschlichen Bedarf geeignet waren. Ein Problem hatte ich allerdings bei der Rückfahrt, durch das höhere Gewicht konnte ich nicht aufsitzen und musste nebenher mitlaufen. Die Hunde hatten sich den Weg genau gemerkt und wollten bei jeder Ausfahrt gleich vom Quartier die Straße hinein, welche zum Schlachthof führte.

Ich hatte viel Spaß mit meinen Hunden und wir kamen überall gut an. So fuhren wir nach Waschgut, einem Dorf etwa 4 km außerhalb von Baja, und die dortige deutsche Bevölkerung verwöhnte mich und meine Hunde. Es war nicht nur einmal, dass meine Hunde mich nach Hause brachten. Es gab in Waschgut auch sehr guten Wein und davon konnte man haben, soviel man vertrug. Nicht nur die Bewirtung war reichlich, nein, man bekam auch noch Speck, geräuchertes Fleisch usw. mit nach Hause, da war das Kommisessen für mich tabu, ich konnte das nicht verbrauchen, was ich geschenkt bekam. Ich dachte mir oft, wenn ich nur einen Teil davon nach Hause schicken könnte, es wäre für meine Eltern ein Festessen gewesen. Zur Kompanie kam ich kaum, außer ich hatte auf der Schreibstube etwas zu tun. Ansonsten kamen mich Hauptsturmführer Riedger oder Obersturmführer Uhl bzw. Obersturmführer Stahlberg und vor allem Hauptscharführer Thoma besuchen. Es war eine super Sache, die Vorgesetzten meldeten sich telefonisch an, ich solle ihnen einen Hund für den Ausgang herrichten. Meistens nahmen sie Putzky oder Brando mit, beide waren reine Schäferhunde. Mit dieser kleinen Gefälligkeit konnte ich mich noch mehr freispielen und aus diesem Grund bekam ich auch ein Telefon installiert. Den Offizieren ging es ja hauptsächlich darum, mit den Hunden anzugeben, denn sie befolgten jeden Befehl absolut.

Es war ein Sonntag und ich fuhr mit den Hunden in den Stadtpark, um dort einige Runden zu drehen. Es war natürlich gleich eine Menge Zuschauer da und alle staunten, wie die Hunde mit den Hundekarren nur auf Zuruf genau die Wege nahmen, welche befohlen wurden. Nun setzte ich auch noch einige Kinder in den Karren und fuhr mit ihnen ein paar Runden. Schon kamen einige Männer mit einer Flasche Schnaps in der Hand und schenkten mir ein. Es war ein sehr warmer Sonntag und noch dazu Vormittag, sodass der Schnaps seine Wirkung nicht verfehlte. Bis Mittag hatte ich reichlich getankt und das Pech, dass ich umfiel und nicht mehr aufstehen konnte. Nun lag ich da und die Hunde ließen niemanden zu mir, um mir zu helfen. Ein Soldat holte den Spieß, denn die Kompanie war in der Nähe untergebracht. Inzwischen war ich mit meinem Rausch eingeschlafen und auch der Spieß konnte nicht helfen. Die einzige Maßnahme, die er traf, war, er setzte einen Posten zur Bewachung der Hunde ein und man musste eben warten, bis ich meinen Rausch ausgeschlafen hatte. Erst gegen Abend wurde ich munter und schaute ziemlich blöd drein, dass neben mir ein Posten stand. Ich nahm mich zusammen und brachte meine Hunde heim, dann musste ich mich beim Spieß melden. Es gab ein Donnerwetter und man drohte mir, ab jetzt mehr auf meine Tätigkeit zu achten, und ich müsste jeden Tag die Befehlsausgabe morgens mitmachen. Es blieb bei der Drohung und ich konnte meine Selbstständigkeit behalten.

50% des Solds bekamen wir in Pengő und 50% in DM ausbezahlt. Es war ganz wichtig, Pengő zu besitzen, sonst konnte man sich nicht das gute Leben leisten. Nachdem ich so viele Gerätschaften hatte, wie Hundekarren, versuchte ich z. B. die Räder der Hundekarren an den Mann zu bringen. Ich hatte einen Zigeuner bei der Hand, der mir diese Räder zu hohen Preisen abnahm, denn sie eigneten sich für verschiedenste Zwecke. Es war mir klar, dass ich bei einem weiteren Stellungswechsel die Geräte nicht mitnehmen konnte und sie wahrscheinlich lassen musste. Es war schon ein großes Risiko, auf diese Art Pengő zu machen. Wäre ich aufgeflogen, hätte es die Todesstrafe gegeben, da dies als Wehrzersetzung gegolten hätte, obwohl damit niemand etwas anfangen hätte können. Die Hunde, für die es bestimmt war, gab es nicht mehr und mit einem neuen Nachschub war nicht mehr zu rechnen. Ich wusste, dass auch die Offiziere einen großen Bedarf an ungarischem Geld hatten. Wie es eben so kam, hatte ich Besuch und dieser Offizier sah, dass ich ungarisches Geld hatte. Er fragte nicht, woher, sondern ersuchte mich, ihm Mark einzutauschen. Ich meinte, was solle ich mit RM? Man bekämes in den Restaurants nichts dafür. Aber ich könnte ihm bis zur nächsten Zahlung welches borgen. Das wollte der Offizier nicht und so tauschte ich ihm gegen DM etwas um. Unsere Offiziere gingen nämlich gerne in das Offizierskasino der Ungarn. Dort gab es alles, was das Herz sich wünschte und sehr billig, aber nur gegen ungarisches Geld.

Ich ging jeden Abend aus, für die Pflege der Hunde hatte ich Hilfswillige und zum Saubermachen auch fallweise Rekruten. Diese Zeit zählte zu der schönsten meines Militärlebens und auch zu den abwechslungsreichsten Monaten. Ich glaube, es dürfte im Mai gewesen sein, ein Abteilungsappell wurde angeordnet und es gab einige Auszeichnungen. Auch ich war dabei, ich bekam das Kriegsverdienstkreuz mit Schwertern. Es war unsere Pflicht, diese Auszeichnung mit dem Kreuz drei Tage zu tragen. Danach genügte das Band im Knopfloch. Man wollte damit erreichen, dass unsere jungen Soldaten, ebenfalls im Fronteinsatz, nach Auszeichnungen strebten und auch bereit waren, das Leben fürs Vaterland zu geben. Diese Auszeichnungen hatten wir schon hundertmal verdient und so hatte keiner der alten Frontsoldaten eine besondere Freude damit. Man versuchte, die Mannschaften bei guter Laune zu halten, obwohl bereits jeder Landser wusste, wie es um den Endsieg bestellt war. Unsere Truppen waren in allen Frontabschnitten im Rückzug und der Nachschub an Soldaten war nicht der beste. Die Männer hatten eine schlechte Ausbildung und waren zu jung oder zu alt. Mit solchen Soldaten konnte die Ostfront nicht gehalten werden. Auch auf unsere Verbündeten in Ungarn konnte man sich nicht mehr verlassen, musste die Front doch ständig zurückgenommen werden. Die ungarischen Zivilisten waren verunsichert, man hörte von Vergewaltigungen und sonstigen Gräueltaten der Russen.

Die Zeit verging sehr schnell und eines Tages wurde mir mitgeteilt, dass ich einen Mann, der Hundeführer war, zugeteilt bekäme. Ich holte ihn ab, es war ein 1,90-Meter-Mann, vom Rang Oberschütze und schon längere Zeit bei der SS, aber noch in keinem Kriegseinsatz. Zuerst dachte ich, man habe einiges spitz bekommen und wolle mich überprüfen. Ich nahm den Mann mit in mein Quartier, das in nächster Zeit auch seines sein sollte. Er war davon enttäuscht und konnte nicht verstehen, warum ich hier hauste und nicht das Haus in Beschlag nahm. Ich erklärte ihm, dass man dadurch völlig unabhängig sei und gehen und kommen könne, wann man wolle. Bei jeder Kontrolle musste der Spieß oder der Offizier vom Dienst am Tor rufen bzw. läuten und erst wenn man aufmachte, konnte derjenige hinein. Alles hatte seine Vor- und Nachteile. Ich fragte ihn, was er sich erwartet habe. Er meinte, dass er geglaubt habe, in eine größere Hundestaffel zu kommen. So wie der Mann auftrat, musste er bereits einen höheren Rang als Oberschütze gehabt haben. Ich öffnete zur Begrüßung eine Flasche mit Treberschnaps. Davon hatte ich ja genug. Wir tranken diese Flasche schön langsam aus und nahmen noch eine zweite und der gute Oberschütze Gerhard hatte einen Schönen sitzen und begann, sein Leid zu klagen. Nun erfuhr ich, dass er zum Wachpersonal eines KZ-Lagers gehört hatte und dass er Oberscharführer war. Schön langsam kam er mit der Tatsache heraus, dass er mit einem jüdischen Mädchen aus der Küche befreundet war. Diese Freundschaft mit dem Mädchen flog auf und er wurde im Schnellverfahren zu sechs Monaten Bunker verurteilt und zum Schützen degradiert. Nach den sechs Monaten wurde er zum Oberschützen befördert und zu unserer Kompanie versetzt. Warum dieser Mann so billig davonkam, war darauf zurückzuführen, dass er jemanden hatte, der für ihn vorsprach. Aus den Erzählungen sollte er eigentlich zu einer Fronteinheit kommen und nicht zu einer Einheit, die sich in Neuaufstellung befand.

Wir hatten genug Zeit, um uns über alles zu unterhalten, und so kam das Gespräch auch auf die KZs und was sich dort abspielte. Er selbst hatte mit dem Lagerdienst nichts zu tun, es gab eine separate Wachmannschaft und dieser gehörte er an. Als Oberscharführer hatte er einen Zug unter sich und war für die Bewachung des Frauentraktes zuständig. Man wusste ja bereits einiges, denn auf dem Truppenübungsplatz hatten wir auch schon vollkommen heruntergekommene Menschen gesehen, die aus den Abfallkübeln etwas zum Essen suchten. Die Bilder, die ich nun zu sehen bekam, waren furchtbar zum Anschauen und ekelerregend und man verlor alle Ideale, soweit überhaupt noch welche vorhanden waren. Ich wollte zuerst diese Erzählungen nicht glauben und wehrte mich dagegen, dass es so etwas gäbe. Während ich diese Zeilen schreibe, denke ich an diesen Oberschützen Gerhard, den Familiennamen habe ich inzwischen vergessen. Er erzählte mir auch, dass Freundlichkeiten, die man den Gefangenen entgegenbrachte, mit Strafe quittiert wurden. Was waren das für Menschen, die solche Lager führten? Hatten diese Menschen mit der Waffen-SS etwas zu tun? Aus meiner Erfahrung als Frontsoldat kann ich nur sagen, das waren nicht Männer der richtigen Waffen-SS, das waren Außenseiter und keine Soldaten. Möglich, dass diese Leute von der SS ausgewählt worden waren, aber dann hat man sicher darauf geachtet, Sadisten für diese Aufgabe zu bekommen. Die gab es natürlich bei allen Einheiten, nur kamen sie bei einer normalen Einheit nicht zur Geltung.

Wir hatten auch noch einige Probleme mit den Hunden zu bewältigen. Rolf und Tango wollten diesen Mann nicht akzeptieren und so musste ich den beiden, wenn ich sie in den Hof ließ, ständig den Maulkorb umhängen. Gerhard hatte vor diesen beiden einen enormen Respekt und so war die Zusammenarbeit gestört. Sie sollte auch nicht sehr lange dauern. Nach einigen Wochen kam der Befehl, Gerhard sofort an die Front zu versetzen. Er tat mir leid, denn er hoffte, doch bei mir bleiben zu können, und ich hatte zu dieser Zeit wohl den schönsten Posten in der Division. Es war scheinbar doch so, dass seine Verbindungen nicht genügten und der lange Arm des KZ-Lagers bis zu unserer Division reichte.

Die nächste Überraschung ließ nicht lange auf sich warten. Wir hörten, dass wir nach Italien kommen sollten. Eines Tages mussten wir zu einem Vollzähligkeits-Appell antreten und uns wurde mitgeteilt, dass wir unsere Klamotten abzugeben und Tropenausrüstungen auszufassen hätten. Nun glaubten wir, jetzt sei es mit Italien doch ernst geworden. Wir marschierten nun in Baja mit Tropenuniformen herum, zum Glück war es Sommer geworden.

Ich hatte nun mein nächstes Problem, den Hunden war die Uniform fremd und so kam es bei den Übungen zu einem Zwischenfall, den man auch als leichtsinnig bezeichnen könnte. Ich wurde von Rolf während der Ordnungsübungen angefallen. Er sprang mich an, ohne den Befehl »Robben, hinlegen« auszuführen. Ich konnte im Fallen die Hand in sein Maul stecken, war aber nicht mehr in der Lage, das Unterkiefer festzuhalten, und so biss sich Rolf in meiner Hand fest. Erst der Tierarzt konnte mich von diesem unfreiwilligen Anhängsel befreien. Die Hand war ziemlich arg mitgenommen und für die nächste Zeit außer Gefecht. Ich muss allerdings sagen, dass es meine Schuld war, ich hätte bei solch extremen Verhältnissen, es war sehr heiß und ich hatte die Zeit auch überzogen, auf keinen Fall so lange arbeiten dürfen. Für die Hunde war das natürlich wunderbar, ich war für die Ausbildung wieder allein und konnte mit einer Hand nicht sehr viel machen. So ging ich viel spazieren, nahm einige Hunde mit und hielt mich viel am Donaukanal auf, der durch Baja floss. Bei dieser Gelegenheit lernte ich ein sehr nettes Mädchen kennen, die gerne ihr Schuldeutsch aufbessern wollte. Mit diesem Mädchen traf ich mich jeden Nachmittag und es war interessant, dass meine Hunde zu ihr sofort Vertrauen hatten. Sie konnte die Hunde streicheln und diese reagierten, indem sie sich anschmiegten.

Wieder kam ein neues Gerücht auf, wonach unsere Division in Rumänien eingesetzt werden sollte, wo sich unsere Truppen auf dem Rückzug befanden. Auf einmal wurden die Tropenuniformen wieder eingezogen und nun war klar, dass unser Einsatz wieder gegen die Russen programmiert war. Es sollte aber noch zu einem sehr tragischen Zwischenfall kommen, den ich erzählen werde, weil er für diese Zeit eine besondere Bedeutung hatte.

Beim Abendappell fehlten zwei junge Soldaten. Beide waren aus Deutschland und zwischen 17 und 18 Jahre alt, sogenannte Freiwillige. Große Aufregung in der Kompanie, Meldung an den Hauptsturmführer, Suchaktion wurde gestartet, aber an diesem Tag ohne jeden Erfolg. Am nächsten Tag kam die Meldung, dass zwei Burschen am Donauufer gesehen worden waren. Es wurde die Kompanie eingesetzt und dazu noch ein Zug Honved Soldaten, die ja die Gegend sehr gut kannten. Am Nachmittag wurden die beiden Burschen aufgegriffen und nach Baja gebracht. Es gab eine Kriegsverhandlung und das Urteil lautete »Tod durch Erschießen«. Jeder Versuch, die beiden zu retten, scheiterte, denn unerlaubtes Entfernen von der Truppe war in den Augen der Militärrichter ein schweres Verbrechen. Es war bezeichnend für das Jahr 1944, dass es bei solchen Fällen keine Milderung gab und das Urteil beinhart durchgezogen wurde. Da unsere Kompanie bereits für die Verlegung Vorbereitungen traf, wurde die Vollstreckung um einige Tage vorgezogen. Das Schlimme war, dass man die ganze Abteilung im Schulhof antreten ließ, dann die beiden jungen Burschen vorführte, sie als Verbrecher hinstellte und die Truppe warnte, dass es jedem so ergeht, der es wagte zu desertieren. Es war kein schöner Anblick, die beiden Burschen weinend vor sich zu sehen. Sie wurden zum Platz gebracht, wo die Erschießung stattfinden sollte. Eine Gruppe marschierte auf, nahm die Position ein und ein Untersturmführer gab die notwendigen Befehle. Die Burschen riefen in ihrer Verzweiflung nach der Mama und die 500 Mann mussten dieses Drama mit ansehen. Es wurde ihnen eine schwarze Kapuze über den Kopf gezogen und dann kam der Befehl »Feuer« und aus war es mit diesen zwei jungen Leben. Vom Erschießungskommando wusste natürlich keiner, wer ein scharf geladenes Gewehr hatte. Man spricht oft leicht, »Warum habt ihr keinen Widerstand geleistet?«. Die einfache Antwort ist, weil man keine Chance hatte zu überleben. Selbst Offiziere, die mit dem Ganzen nicht einverstanden waren, konnten in einem solchen Fall nichts machen. Die Truppe war schockiert und ging nach dem Wegtreten leise in die Quartiere.

Zu meiner großen Überraschung erfuhr ich, dass ich in Baja bleiben musste und erst später nachgeholt würde. Ich hatte natürlich nichts dagegen, denn das Leben hier hätte ich leicht bis Kriegsende ausgehalten. Ich verabschiedete mich von meinen Kameraden. Nun war ich der Kommandantur unterstellt und die Verpflegung bekam ich von der 22. SS-Division, die noch eine Ausbildungseinheit in Baja hatte.

Ich war nun wieder vogelfrei und konnte tun und lassen, was ich wollte. Kein Vorgesetzter kümmerte sich um mich. Mein einziger Kontakt zur Stadtkommandatur war, dass ich für meine Hunde die Bedarfszuweisung holte. Der Chef der Kommandatur war ein Major und schon ein älterer Herr, dem ziemlich gleich war, was ich machte.

Die meiste Zeit verbrachte ich am Donaukanal in Baja, dort war es herrlich zu baden und ich versuchte, mit dem Mädchen etwas Ungarisch zu lernen, während sie Deutsch lernte. Mit diesem Mädchen verband mich eine tiefe Freundschaft und ich besuchte auch ihre Eltern, die sehr freundlich waren. Susanne besuchte die Mittelschule und ging in die 2. Oberstufe. Obwohl es den Mädchen verboten war, mit Soldaten zu verkehren, machte es Susi nichts aus, wenn wir ihren Professoren begegneten. Es waren wunderbare Wochen mit diesem Mädchen und meinen Hunden. Ich ging mit den Hunden schwimmen und die Leute schauten, wie die Hunde mich durch den Kanal zogen. Einmal hatte ich Pech, da brannte mir die Bulldogge Lord durch und riss auf der Anhöhe zwei Ziegen. Es blieb mir nichts anderes übrig, als den Leuten die Ziegen zu ersetzen, was für mich nicht einfach war. Ich musste zur Kommandantur, um den notwendigen Betrag zu erhalten. Die Entschädigung für die Ziegen fiel fürstlich aus und die Aufregung, dass die armen Leute nichts bekommen würden, war völlig umsonst. Der Herr Major bei der Kommandantur war nicht gerade erfreut über diesen Vorfall, aber er sah ein, dass so etwas passieren konnte.

Inzwischen erfuhr ich, dass unsere Kompanie bei Desch in die Kampfhandlungen eingegriffen hatte und die Russen zum Stehen gekommen waren. Es war nun bald damit zu rechnen, dass die Ausbildungskompanie ebenfalls in Richtung Desch in Marsch gesetzt würde. Ich musste eine Anforderung für einen Waggon bei der Dienststelle der Ausbildungskompanie abgeben, denn ich sollte bei diesem Transport angehängt werden. Ich war nun jeden Tag mit dem ungarischen Mädchen an der Donau und wir ließen es uns gut gehen. Manchmal fuhren wir nach Waschgut und besuchten dort unsere Bekannten, wo wir wie immer fürstlich bewirtet wurden und auch noch etwas mitbekamen.

Diese guten Leute taten mir leid, die Angst, dass die Russen kommen könnten, war weit verbreitet. Auch meine Quartiergeberin hatte vor den Russen große Angst und sie sah mit Sorge unserer Verlegung entgegen. Wir waren noch die letzten deutschen Einheiten in Baja, einschließlich der deutschen Kommandantur. Wir hielten uns am Abend auch viel im Park auf und es kam Irene, die mit einem Unterscharführer befreundet war, dazu. Dieses Mädchen war sehr hübsch und wusste immer alle Neuigkeiten, so erfuhren wir, dass es auch im ungarischen Heer bereits kritische Stimmen gab. Man sprach unter vorgehaltener Hand schon von einem Putsch. Wir lachten nur dazu, aber es sollte sich später herausstellen, wie recht Irene gehabt hatte. Einige Tage später wurde bereits die Vermittlung in der Kommandantur aufgelassen, nun konnte es nicht mehr lange dauern und wir würden Baja verlassen. Mein Mädchen war sehr traurig und ich versprach ihr, sollte ich diesen Krieg überleben, würde ich mich melden. Zu diesem Zeitpunkt ahnte ich noch nicht, dass ich unter einem ganz anderen Vorzeichen wieder in Baja einmarschieren sollte.

Der Sommer war vorbei und es war wieder so weit, Abschied zu nehmen, der Zug für die Verladung stand bereits am Bahnhof.

Nächsten Tag in aller Früh wurde mit dem Verladen begonnen. Ich hatte kein Problem, meine Hunde waren schnell verladen und an Geräten durfte ich nur mitnehmen, was für die sieben Hunde gebraucht wurde. In meinen Waggon kamen noch einige Kameraden mit einem Unterscharführer, und zwar jenem Mann, der mit Irene befreundet war. Susanne kam zum Bahnhof und wartete, bis der Zug abfuhr, es war ein Abschied der Ungewissheit. Niemand konnte sagen, ob ich oder sie den Krieg überleben würde. Ich hatte von ihren Eltern und von meiner Quartierfrau Gruber ein großes Paket mit guten Sachen mitbekommen.

Wieder an die Front

Die Lok zog an, der Zug setzte sich ins Ungewisse in Bewegung. Susi winkte noch, solange sie uns sehen konnte, und niemals hätte ich geglaubt, dass dieses Mädchen in Baja am Straßenrand stehen würde, wenn ich als Kriegsgefangener einmarschieren würde. Wir fuhren Richtung Szeget und wenige Kilometer davon entfernt wurde unser Zug durch eine Sprengung gestoppt. Uns warf es hin und her und keiner wusste, was jetzt eigentlich los war. Nachdem ich die Hunde beruhigt hatte, sprang ich aus dem Waggon und versuchte, Klarheit zu bekommen. Nun sah ich, dass unser 1. Zug schwere Maschinengewehre in Stellung brachte und der 2. Zug den Bahndamm entlanglief. Ein Hauptscharführer rief mir zu: »Hol die Hunde heraus, die Partisanen haben das Gleis gesprengt.« Ich holte Putzky, Radko und Brando und versuchte die Spur der Partisanen aufzunehmen. Es gelang mir auch und die Hunde zogen in Richtung Dorf, das etwa zwei Kilometer entfernt zu sehen war. Ich hatte natürlich keine Lust, allein mit den Hunden in dieses Dorf zu gehen und verlangte vom Obersturmführer der Ausbildungskompanie einen Zug Männer als Begleitung. Der Obersturmführer wollte scheinbar kein Risiko eingehen und meinte, wofür hätten wir die Hunde dabei. Ich erklärte ihm, dass ich nur, wenn er Männer abstellte, bereit sei, in dieses Dorf zu gehen, um eventuell die Partisanen zu finden. Es blieb dem Mann nichts anderes übrig, als 20 Mann mit zwei leichten MGs abzustellen, und ab ging es ins

Dorf. Die Hunde hatten die Spur aufgenommen und sie führte uns direkt zu einem größeren Haus. Wir umstellten es und forderten, dass sich die Männer ergeben sollten. Aber es rührte sich nichts, darauf warfen wir einige Handgranaten durch die Fenster, aber es rührte sich trotzdem nichts. Es wurden einige Männer bestimmt, ins Haus einzudringen, dabei stellte sich heraus, dass die Männer bereits den hinteren Ausgang benützt hatten. Die Hunde nahmen nochmals die Spur auf und wir stellten fest, dass die Partisanen wahrscheinlich mit Pferden verschwunden waren. Wir weckten die Bevölkerung auf und verhörten einige Dorfbewohner, aber keiner wusste etwas und gesehen hatte überhaupt niemand etwas. Nun mussten wir zurück zum Bahnhof, dort war in der Zwischenzeit ein ungarischer Transport eingetroffen, der auch nicht weiterkonnte. Am Bahnhof gab es ein Wirtshaus, wo Bier und Wein sowie Schnaps ausgeschenkt wurden. Jeder, der noch Pengő hatte, versuchte dort etwas zu bekommen. Auch wir hatten uns zu einer Runde zusammengefunden und zu uns gesellte sich noch ein ungarischer Leutnant, der schon ziemlich viel getankt hatte. Er zahlte einige Runden, wir taten dasselbe. Wir hatten es ganz übersehen, da gab es schon Differenzen zwischen dem ungarischen Leutnant und unserem Untersturmführer. Man hielt es nicht für möglich, schon hatte der ungarische Leutnant eine Pistole in der Hand. Der Untersturmführer wollte sie ihm wegnehmen, aber der Leutnant drückte ab und durchschoss dem Gegner die Hand. Was darauf folgte, kann man sich leicht ausrechnen. Ich gab den drei Hunden, die bei mir waren, den Befehl anzugreifen und ruck, zuck lag der gute Leutnant am Boden, ein weiterer Befehl hätte diesem Mann das Leben gekostet. Wir nahmen ihn nun fest und schleppten ihn zu unserem Kommandanten. Die Ungarn verschwanden, holten ihre Waffen und als sie wiederkamen, verlangten sie die Herausgabe des Leutnants. Auch unsere Kompanie wurde in Alarmbereitschaft versetzt, im Falle, dass es zu einem Kampf kommen sollte. Nun tauchte ein ungarischer Hauptmann auf und drohte uns mit einem Angriff, falls wir den Leutnant nicht freigeben. Der Chef unserer Ausbildungskompanie wollte es nicht darauf ankommen lassen und versuchte Zeit zu gewinnen. Inzwischen war es möglich gewesen, die Ungarn zu beruhigen, auf unserer Seite den Alarm abzublasen und in konkrete Verhandlungen einzutreten. Beide Seiten einigten sich, diese unschöne Angelegenheit zwischen Verbündeten durch ein Schiedsgericht auf Divisionsebene abzuhandeln. Protokolle über den Hergang wurden geschrieben, die Ungarn hatten ihre Variante und wir hatten auch unsere Meinung zu diesem Vorfall. Der Leutnant wurde freigelassen, unser Untersturmführer vom Truppenarzt behandelt. Hätten wir gewusst, was in einigen Wochen passieren würde, hätten wir diesen ungarischen Transport fertiggemacht.

Nächsten Tag konnten wir die Fahrt fortsetzen und es ging in Richtung Debrezen an der rumänisch-ungarischen Grenze. In diesem Gebiet war unsere Division gegen ukrainische Einheiten eingesetzt. Es sollte diese Front unbedingt gehalten werden, aber es war nicht sicher, ob die verbündeten Rumänen und Ungarn dem Druck der Ukrainer standhalten würden. Wir wurden in Desch ausgeladen und hatten das Pech, von russischen Flugzeugen angegriffen zu werden. Sie warfen Bomben, beschossen uns mit Bordkanonen und Maschinengewehren. Von unserer Luftwaffe war weit und breit kein Flugzeug zu sehen. Wir versuchten, so schnell wie möglich vom Bahnhof wegzukommen, hatten allerdings einige Verluste zu beklagen. Ich suchte nun meine Einheit, diese lag einige Kilometer von meinem jetzigen Standort entfernt, so machte ich mich dorthin auf den Weg. Bei meinem Haufen angekommen, erfuhr ich, wie es ihnen ergangen war und wie groß die Verluste waren. Wir verbrachten nur einige Tage in diesem Dorf und schon kam der Befehl, 40 Kilometer zurückzugehen. Warum, stellte sich sehr bald heraus, denn Teile der ungarischen Armee hatten kapituliert. Es wurde notwendig, sich gegen die Ungarn in Acht zu nehmen und nach Möglichkeit die Truppen in unmittelbarer Nähe zu entwaffnen. Im Nachbardorf war eine ungarische Kompanie untergebracht, die zu einer Einheit gehörte, die die Waffen niedergelegt hatte. Wir rückten aus, begaben uns ins Nachbardorf, umstellten es und forderten die Männer auf, sich zu ergeben. Es kam zu keinen Kampfhandlungen, die Männer warfen die Waffen weg und ergaben sich. Was sollten wir jetzt mit ihnen anfangen? Eine kurze Beratung brachte das Ergebnis, wir ließen die Männer laufen. Ein ungarischer Oberleutnant führte die Verhandlungen und wir teilten ihm mit, dass seine Leute nach Hause gehen könnten. Die Waffen wurden in einem Haus deponiert und später von Pfeilkreuzlern abgeholt. Die Pfeilkreuzler waren ungarische Freiheitskämpfer, die auf unserer Seite kämpften. Wir mussten uns laufend zurückziehen und es ging Dorf um Dorf verloren.

Jetzt hatte ich auch große Probleme mit meinen Hunden, die Versorgung war wohl mit kalter Verpflegung gesichert, aber zusätzliches Fleisch war nicht mehr aufzutreiben und auch die Unterbringung war sehr dürftig. Wir waren den ganzen Tag unterwegs und bezogen am Abend hundemüde Quartier. Meistens gab es für die Hunde keine geeignete Unterkunft. Es kam zu Kämpfen unter den Hunden und Rolf brachte den Schäferhund Putzky um, außerdem war es schon sehr gefährlich, die Hunde waren sehr aggressiv. Ich gab mein Bestes für meine Hunde und es war wohl nur mehr eine Frage der Zeit, was mit ihnen geschehen würde. Es waren nur mehr sechs Hunde, nachdem ich Putzky als tot abmelden musste. Die Tiere wurden genauso geführt wie die Soldaten und bekamen gleiche Marschverpflegung. Meine Befürchtung, die Hunde erschießen zu müssen, trat nicht ein. Ich brachte die restlichen sechs Hunde den ganzen Rückzug ohne Zwischenfälle bis nach Budapest.

Nun wurde auch den größten Optimisten klar, wir befanden uns auf einem Rückzug, der nicht mehr zu stoppen war. Unsere Division baute die Stellungen in der Höhe von Tokay aus in der Hoffnung, die Russen zu halten. Schwere Kämpfe gab es um Nyíregyhása und Miskolc. Unsere Division war sichtlich noch in der Lage, großen Widerstand zu leisten und trotzdem einen geordneten Rückzug zu sichern. Alle Bemühungen waren umsonst, die Front wurde bis vor Budapest zurückgenommen. Trotz verschiedener Teilerfolge, wie sie im Raum Miskolc zu verzeichnen waren, dort war es uns gelungen, fallweise die Russen aus bereits besetzten Dörfern wieder unter großen Verlusten zu verjagen. Die Bevölkerung in diesen Gebieten musste viel in Kauf nehmen, die Russen hausten furchtbar. Vergewaltigungen von jungen sowie auch älteren Frauen war Tagesordnung und das Töten von Zivilisten gehörte auch dazu. In diesen Dörfern, die wir wieder erobert hatten, konnte man die Angst der Zivilbevölkerung spüren. Wir empfahlen diesen Leuten, sich so schnell wie möglich abzusetzen, es könnte ja sein, dass die Front in den nächsten Tagen wieder zurückgenommen würde. Man kann es schlecht beschreiben, welche Grausamkeiten man zu sehen bekam und wie arm die Zivilisten waren. Als Soldat hatte man in den Jahren viel erlebt, aber man konnte sich mit diesem Anblick der verstümmelten Leichen nicht ohne Weiteres abfinden. Die Folge war, dass umso kompromissloser gekämpft wurde, Gefangenschaft wurde mit dem Tod gleichgestellt.

Baja Sepember 1944

10. Kapitel
Budapest 1944–1945

Der Rückzug sollte nun abgeschlossen sein und wir bezogen Stellung in einem kleineren Dorf vor Budapest. Man hörte von einer Gegenoffensive und einer Verstärkung durch Panzereinheiten. Was wir nicht wussten, die Russen waren nördlich von Budapest durchgebrochen und wir waren in Gefahr, eingeschlossen zu werden.

Ich selbst war nur kurze Zeit in diesem Dorf, das in der Nähe des Flughafens Madyasfeld lag. Mein Befehl lautete, mit einer Gruppe den Flughafen zu bewachen und zu verhindern, dass Unbefugte zu den Hangern Zutritt hätten. Die Hanger waren bereits von einer Pioniereinheit für die Sprengung vorbereitet. Es wurden dafür 250-kg-Bomben verwendet, die bei den Trägern der Halle angebracht waren. Das Flugfeld war ebenfalls vermint, nur eine Landebahn war noch frei. Außer ein paar ungarischen Jägern waren keine Flugzeuge mehr in Madyasfeld stationiert. Unser Auftrag lautete, keine Flugzeuge starten zu lassen, egal welcher Offiziersrang dies von uns verlangte. Diese Aufgabe war keine leichte, man musste damit rechnen, dass verschiedene Offiziere probierten, mit den vorhandenen Maschinen das Weite zu suchen. Die erste Zeit verbrachten wir ein angenehmes Leben, die ungarischen Offiziere hatten genug zum Essen und zum Trinken. Wir waren oft eingeladen und erfuhren auch, dass der Russe immer näher kam. Die Ungarn waren bestens informiert, ein Großteil des ungarischen Heeres hatte ja bereits kapituliert.

Wir hatten für unsere Pferde keinen Hafer mehr und so versuchten wir mit einigen Männern in ein Dorf einzudringen, das bereits von uns geräumt und von den Russen noch nicht besetzt war. Tatsächlich gelang es uns, einige Säcke Gerste zu erwischen, die unsere Soldaten scheinbar zurückgelassen hatten. Feindberührung hatten wir keine, aber auch kein angenehmes Gefühl, in einem leeren Dorf zu sein, wo die Russen jeden Augenblick einmarschieren konnten. Wir bauten unsere MG-Sicherung schnell ab und verschwanden wieder in Richtung Flughafen. Es war leicht auszurechnen, dass die Russen von diesem Dorf aus uns bereits mit Granatwerfern erreichen konnten. Kein besonderes Vergnügen zu wissen, es werden einige 250-kg-Bomben dadurch womöglich zur Explosion gebracht. In einem solchen Fall wären wir alle mit in die Luft geflogen und die in der Nähe liegenden Häuser wären auch weggewesen. Ich verständigte meinen Chef und machte ihn darauf aufmerksam, dass die Bomben in den Hallen bereits scharfgemacht seien und wir bei einem Treffer mit in die Luft fliegen würden. Es wurden sofort fünf Mann von den Pionieren zu uns abgestellt, die den Auftrag hatten, zum geeigneten Zeitpunkt die Sprengungen vorzunehmen. Es war unverständlich, wieso die Gruppe, die für die Sprengung abgestellt worden war, vorzeitig alles scharfgemacht hatte und dann verschwand. Diese Maßnahme sollte sich als richtig erweisen, denn bereits am nächsten Tag erreichte uns Artilleriefeuer und es krachte ganz schön in der Gegend. Durch dieses Feuer wurden auch Minen im Flugfeld ausgelöst. Zwischen uns und den Russen lagen noch einige Schwadronen, es war nur mehr eine Frage der Zeit, wann diese Truppen sich zurückziehen würden. Ich rechnete jeden Tag mit dem Befehl, dass wir abgezogen und die Sprengung vorgenommen würde. Die Ungarn waren alle verschwunden, nachdem wir sie nicht mit den noch vorhandenen Flugzeugen aufsteigen hatten lassen. Es kamen jetzt laufend immer mehr Zivilisten, die der Stadt zustrebten. Einzelne Einheiten zogen sich bereits zurück und es kam über Fernsprecher der Befehl, um 18:00 Uhr die Sprengung vorzunehmen und die Gruppe in Richtung Kompanie in Marsch zu setzen. Ich glaube, wir standen kurz vor der Einkesselung. Als wir Richtung Stadt marschierten, kamen wir auch mit anderen Einheiten in Berührung, die sagten, dass der Russe mit starken Einheiten, Panzern und Infanterie ständig angreife und die Front nicht mehr zu halten sei. Den Russen war im Norden von Budapest der Durchbruch gelungen. Jedenfalls kamen wir ohne Verluste bei unserer Einheit an und wurden zurückverlegt. Nun spürten wir auch bereits die Luftangriffe, die vorwiegend von amerikanischen Flugzeugen durchgeführt wurden. Das war nur ein kleiner Anfang, es sollte noch ganz schlimm von oben kommen, wobei wir kaum die Möglichkeit hatten, uns ohne Deckung zu zeigen.

In zwei Tagen war Heiliger Abend und ich war meiner Heimat so nahe und auch wieder so fern. Wir begannen, uns für den 24. Dezember 1944 vorzubereiten, indem wir versuchten, einen Baum aufzutreiben, um das Ganze etwas festlich zu gestalten. Es gab Marketenderware, Schnaps, Wein und Süßigkeiten, zusätzlich Zigaretten und Tabak. Man verteilte die Ware schon vorher, denn es sollte am 24. Dezember 1944 der Durchbruch stattfinden, der russische Ring um Budapest aufgerollt werden. Unsere Einheit begab sich schon um 6:00 Uhr früh in die vorgegebene Stellung, vor uns waren Panzereinheiten, die die Straße freikämpfen sollten, und wir hatten den Auftrag, links und rechts das Loch zu vergrößern. Nun mussten wir in Bereitschaft warten, bis der Befehl zum Durchbruch kam. Es war bereits 9:00 Uhr und es rührte sich nichts, außer einigen Bombern, die über uns hinweg flogen, diese wurden von der 8,8 beschossen und verschwanden. Es war unheimlich still und auch mit den Russen kam es kaum zu Kampfhandlungen, außer kleinen Schießereien war nichts Besonderes los. Scheinbar war der Russe damit beschäftigt, sich in diesem Abschnitt zu verstärken. Es war 12:00 Uhr mittags und noch immer kein Befehl zum Ausbruch. Einzelne glaubten nicht daran, dass es zu einem Ausbruch kommen werde, sondern sprachen davon, dass sicher der Befehl kommen werde, Budapest ist zu halten. Ich weiß nicht mehr, um wie viel Uhr wir erfuhren, es gibt keinen Ausbruch, sondern Budapest ist aufgrund des Führerbefehls zu halten. Jedenfalls bezogen wir wieder unser Quartier und es wurden Männer abgestellt, mit den ungarischen Zivilisten und Pfeilkreuzlern Stellungen auszuheben. Die wichtigen Einfallstraßen nach Budapest wurden befestigt und mit Panzergräben versehen. Man musste ständig damit rechnen, dass die Front zurückgenommen würde, um die günstigsten Positionen einnehmen zu können.

Der Heilige Abend wurde in gedrückter Stimmung gefeiert. Jedem war klar, was der Befehl, Budapest ist zu halten, bedeutete.

Wir saßen zusammen mit dem Spieß Thoma und zu uns gesellten sich Unterscharführer Richter, Autsch und noch einige Kameraden. Uns wurde bewusst, dass es zu schweren Kämpfen kommen würde, es war aber auch klar, dass die versprochene Luftunterstützung sicher nicht eintreten würde. Es hatte sich schon bis jetzt gezeigt, dass unsere Luftwaffe in diesen Raum keine Chancen hatte. Es gab auch einige sehr optimistische Meinungen, so sagte Thoma, wir würden mit den Russen schon fertig werden. Er war sicher ein sehr tapferer Unterführer, der vor nichts zurückschreckte, was er ja schon in Russland bewiesen hatte. Wir tranken, was vorhanden war, aus und bekamen einen Rausch, der sich gewaschen hatte. Jeder versuchte, nicht von der Heimat zu sprechen, dadurch blieb die Stimmung gedrückt. Um 24:00 Uhr legten wir uns schlafen und ließen die Dinge auf uns zukommen. Nächsten Tag war nicht viel los, die Russen brachten wahrscheinlich Truppen nach Budapest, um den Ring zu festigen. Auch der zweite Feiertag war ruhig, denn auch wir bereiteten uns auf die nachfolgenden Tage vor. Es war damit zu rechnen, dass die Russen vor Neujahr versuchen würden, den Ring um Budapest enger zu ziehen. Dies hätte zur Folge, dass es an allen Abschnitten zu schweren Kämpfen kommen würde. Wir hofften noch immer auf Hilfe von außen, man sprach von starken Panzerverbänden, die nun den Russen angriffen. Man hörte den Kampflärm und es kam sogar ein Panzer bis zu unserer Stellung durch. Scheinbar wurden die anderen abgeschnitten, da sie unsere äußere Linie nicht erreichten.

Zwischen Weihnachten und Neujahr wurde an allen Abschnitten schwer gekämpft, es war aber nicht möglich, den Ring der Russen um Budapest aufzulösen.

Unsere Küche, einige Leute vom Tross und ich mit meinen Hunden wurden zum Gellertberg verlegt, dort hatten wir sichere Unterstände. Am Kai waren Eingänge zu den unterirdischen Räumen. Für meine Hunde hatte ich eine eigene Höhle, wo ich sie sicher vor Bombenangriffen unterbringen konnte. Die Flugzeuge griffen uns Tag und Nacht an und es erwischte unseren Koch. Für die Hunde hatte ich genug zum Fressen, denn es wurden laufend Pferde von

Bombensplittern getroffen. Für diese Tiere gab es keinen Einsatz mehr und es war nun eine Frage der Zeit, welche weitere Aufgabe ich übernehmen musste. Einige Tage wohnte ich noch im Hotel Gellert und ließ es mir gut gehen. Dort war auch noch unsere Lydia aus Kremenschugg und die sorgte dafür, dass es uns besonders gut ging. Für das Mädchen war dies wohl eine Katastrophe, die Russen würden mit ihr bestimmt nicht sehr fein umgehen. Sie war elegant angezogen, hatte Pelzmantel und feine Kleider, alles stammte aus Gästezimmern vom Hotel Gellert. Denn die Gäste hatten fluchtartig das Hotel verlassen, nachdem täglich von den Amerikanern Luftangriffe durchgeführt worden waren. Die wenigen Gäste versuchten im Diplomatenviertel am Gellertberg unterzukommen. Das Hotel hatte bereits einen schweren Schaden neben der Empfangshalle durch einen Bombenvolltreffer.

Neujahr konnte ich noch mit meinen Kameraden feiern, unter anderem wurde bei dieser Gelegenheit auch gleich die Beförderung von Thoma, Richter, Goiser zum Untersturmführer und von unserem Chef zum Sturmbannführer gefeiert. Währenddessen gab es laufend Angriffe auf Budapest, aber wir hatten schon so viel getankt, dass uns die Bombeneinschläge nicht viel machten. Es sollte auch unser letztes gemeinsames Fest sein. Ich habe keinen der erwähnten Kameraden nochmals im Kessel oder in der Gefangenschaft getroffen. Von Thoma hörte ich nur, dass es ihm bei der Überquerung der Elisabethbrücke beide Füße weggerissen hat. Von Lydia hörte ich in der Gefangenschaft, dass einige Russen über sie herfielen und sie anschließend erschossen. So ging es vielen Hilfswilligen, die man in Budapest erwischte. Die Russen kannten keinen Pardon mit ihren Landsleuten, die auf Seite der Deutschen waren.

Was ich angenommen hatte, trat schon Anfang Jänner ein, ich musste meine Hunde einem Kameraden beim Tross übergeben und mich beim Gefechtsstand meiner Kompanie melden. Dort bekam ich den Befehl, das Kommando über eine Gruppe in einer Villa zu übernehmen. Die Gruppe war frisch aufgefüllt und wir zählten insgesamt zwölf Mann. Die Villa lag auf einem Hang, links und rechts in ca. 50 bzw. 80 Meter Entfernung standen ebenfalls Häuser, die von uns besetzt waren. Etwa 30 Meter hinter uns verlief die Straße, die die Russen unbedingt einnehmen wollten. So kam es bei dieser Stellung schon zu großen Ausfällen für die Russen, aber auch wir hatten sehr viele. Nun musste ich mich einmal umschauen und ging in den Keller, dort war ein schweres MG in Stellung, das ein Mann aus unserem Haufen bediente, er war Kompanieschneider. Ein zweiter Mann war bei ihm, den ich auch kannte, es war der alte Würz aus Osjek. Hauser machte mich aufmerksam, dass die Russen vorwiegend auf der linken Seite versuchten durchzubrechen, denn dort waren sie durch keinen Zaun behindert. Ich ging die oberen Räume durch und in einem Raum fand ich die Toten, die bei diesen Kämpfen schon gefallen waren. Es gab keine Möglichkeit, sie abzutransportieren, so wurden sie einfach in diesem Raum gestapelt. Na, da hatte ich ja schöne Aussichten für die nächste Zeit, sollte ich es überleben.

Ich traf die Einteilung, dass vier Mann schlafen könnten und 8 Mann die Positionen einnehmen sollten, die bei einem Angriff unbedingt besetzt sein müssen. Munition, Handgranaten, Panzerfäuste waren genug vorhanden, sodass der Russe mit einer ganz starken Gegenwehr rechnen konnte. Der lange Hauser war der Ansicht, dass jetzt am Abend nicht viel passieren würde, aber man damit rechnen müsse, dass der Russe in aller Früh mit Granatwerfern und Artilleriebeschuss beginnen und unter Umständen auch Panzer einsetzen würde, was bisher nicht der Fall gewesen war. Für die Panzer war das Gelände nicht günstig und sollten welche durchbrechen, so waren an der Straße einige Pak-Geschütze in Stellung. Ich legte mich einige Stunden hin, an Schlafen war nicht zu denken, es herrschte eine Totenstille, die schon an das Unheimliche grenzte. So stand ich auf und kontrollierte die einzelnen Posten, jeder starrte bedrückt in die finstere Jännernacht. Es war alles so gespannt, dass man die grimmige Kälte gar nicht merkte. Um Punkt 5:30 Uhr begannen die Geschütze zu feuern, die Geschoße der Granatwerfer schlugen in unmittelbarer Nähe ein, die Villa wurde durch mehrere Volltreffer noch mehr beschädigt, als sie es ohnedies schon war. Nach einer Stunde hörte das Feuerwerk auf, es stiegen Leuchtraketen hoch, was wohl bedeuten sollte, auf der ganzen Linie anzugreifen. Auch ich feuerte einige Leuchtkugeln ab. Es war noch immer so finster, dass man auf größerer Entfernung nichts erkennen konnte. Im Lichtschein der Leuchtkugeln sah man am Kamm des Berges Gestalten auftauchen, oh Schreck, das waren ja mindestens 100 Mann, die da den Berg herunterkamen. Inzwischen wurde es etwas heller und man konnte die Russen bereits besser sehen. Scheinbar konzentrierte sich der Hauptstoß gegen unsere Villa und so war es unbedingt notwendig, die Nerven zu behalten. Auf meinen Schneider konnte ich mich verlassen, ich wusste, er war ein harter Hund, den nicht so schnell etwas aus der Ruhe brachte. Ich begab mich mit einem Mann zu einem Erker, von dem aus ich die eine Seite gut überblicken und auch verhindern konnte, dass Russen hier durchbrächen. Die Russen lagen jetzt etwa 120 bis 150 Meter von uns entfernt im Schnee und es musste jeden Augenblick der Angriff beginnen. Auf einmal sprangen so ca. 50 Russen auf und liefen mit Geschrei und schießend auf unsere Villa zu, wobei sie bedacht waren, den toten Winkel zu erreichen. Nun war es Zeit für uns, mit allen zur Verfügung stehenden Mitteln den Russen anständig einzuheizen, so wurde aus allen Rohren geschossen und mit Handgranaten verhindert, dass sie beim Haus vorbeikamen. Ich weiß nicht, wie viele Russen beim ersten Angriff gefallen sind, aber es waren sicher sehr viele. Die hinteren Reihen blieben liegen und so schien der erste Angriff gestoppt zu sein. Es war leider ein Irrtum, denn es griff die zweite Welle an und die kamen wesentlich näher an uns heran, sodass wir bereits Ausfälle durch gezielte Schüsse hatten. Wir hatten alle Hände voll zu tun, um zu verhindern, dass sie noch näher kamen, dann wäre es um uns geschehen. Die Russen feuerten mit ihren MPs und leichten Maschinengewehren, was das Zeug hielt, und ich verließ meinen Standort, um zu schauen, was noch einsatzfähig war. Leider musste ich feststellen, dass in den Räumen nur mehr Verwundete und Tote waren. Als ich zum Erker zurückkam, war der Mann, der mit mir den freien Raum verteidigt hatte, auch gefallen. Nun lief ich in den Keller und sah, dass beide an den MG ebenfalls durch Kopfschuss getötet worden waren. Aus dem Keller gab es die Möglichkeit, auf die Straße zu gelangen, was ich sofort versuchte. Als ich die Straße erreichte, waren bereits Russen dort, diese waren aber so überrascht, dass mir die weitere Flucht gelang. Als sie zurückzuschießen begannen, war ich bereits 50 Meter entfernt und mit jedem Schritt bergab näherte ich mich dem nächsten Haus, das noch von uns besetzt war. Die Kugeln pfiffen über meinen Kopf hinweg und ich brauche nicht zu beschreiben, mit welchem Gefühl ich nun im Haus Unterschlupf suchte. Dieser Schutz sollte nur kurz währen, der Untersturmführer der Gruppe gab den Befehl zum Rückzug, denn sonst wäre er eingeschlossen worden. Die Russen hatten nun die Straße erreicht und besetzt, wurden aber von unserer Pak mit Sprenggranaten beschossen, sodass sie wieder links in den Häuser Deckung suchen mussten. Dadurch war es für die Männer, die noch weiter hinten waren als ich, möglich sich zu retten. Es musste nun eine neue Abwehrlinie aufgebaut werden, um das weitere Vordringen der Russen zu verhindern.

Unsere Verluste dürften bei diesem Häuserkampf ziemlich hoch gewesen sein, vom Zug waren nur wenige Überlebende übrig, die ich nachher traf. Es fehlte jetzt bei dem Haufen die einheitliche Führung, Offiziere waren keine zu sehen. Ein Oberscharführer bemühte sich, die wenigen Männer, die überlebt hatten, zu sammeln und neu zu formieren. Er wollte mir den Befehl geben, bis zu der vor uns liegenden Villa vorzudringen, um festzustellen, ob in dieser Villa bereits der Russe sei. Nachdem ich kein Selbstmörder war, gab ich ihm die Empfehlung, es selbst zu machen, und ich würde ihm den Rücken decken. Er hatte scheinbar auch keine Lust und verschwand aus meiner Nähe. Ich schaute mich nach einer günstigen Position um und fand diese dort, wo die Straße eine Kurve machte. Von dort aus konnte ich, nachdem das eine erhöhte Position war, alles gut überblicken. Sogleich sah ich, wie Russen etwa 150 Meter entfernt ein Haus besetzten. Ich nahm meinem Nachbarn das Gewehr aus der Hand, stellte es auf 150 Meter ein, zielte und sah einen Russen umfallen, die anderen liefen auseinander bzw. versuchten, durchs Fenster ins Haus zu gelangen. Der Getroffene versuchte aufzustehen, fiel aber wieder um. Ich gab noch einige gezielte Schüsse ab, ob ich noch einen Treffer zu verzeichnen hatte, weiß ich nicht. An der Straße war noch ein Pak-Geschütz positioniert, ich machte den Unterführer auf das von mir beschossene Haus aufmerksam. Wir schleppten das Geschütz in Position und gaben einige Schüsse ab, die alle als Volltreffer zu werten waren. Nun brachten wir das Geschütz wieder am Straßenrand in Stellung. Die Kämpfe wurden von Haus zu Haus und von Villa zu Villa geführt. Jeder versuchte, die günstigste Position zu erreichen, ohne Rücksicht auf die Verluste. Für mich war es Zeit, mich umzusehen, sonst musste ich damit rechnen, wieder ein Himmelfahrtskommando zu bekommen. So versuchte ich die Stadt wieder zu erreichen, um zu sehen, ob unsere Küche noch am Gellertberg lag. Auf dem Weg zum Donaukai kam ich bei einem zerbombten Haus vorbei, an dem das taktische Zeichen für eine ambulante Zahnbehandlung hing. Nachdem ich an Zahnfleischschwund litt und das Zahnfleisch bereits zurückging und ein breiter weißer Rand vorhanden war, dachte ich mir, versuch es, vielleicht behandelt dich der Arzt. Sollte ich in Gefangenschaft geraten, würde es bestimmt keine Möglichkeit mehr geben, diese Krankheit zu behandeln. So marschierte ich schön flott hinein und tatsächlich war ein Arzt mit einem Helfer da. Der hatte wahrscheinlich auch nur einen Gedanken: seine Stellung zu halten. Das Erste, was er erfahren wollte, war, wo steht der Russe? Als ich ihm mitteilte, dass der Russe nicht mehr weit von seiner Ordination weg war, wurde der gute Oberleutnant blass. Jetzt fragte er erst, was ich eigentlich wollte, so zeigte ich ihm meine Zähne bzw. mein Zahnfleisch. Er sagte nur, das schaue nicht gut aus. Die Behandlung war eine Rosskur, er brannte mir den ganzen Zahnfleischrand mit Lapus weg. Ich gab ihm ein Päckchen Zigaretten und verdrückte mich. Organisation ist eigentlich alles und man muss schon sagen, auch dies war ein Beweis, wie gut das deutsche Heer organisiert war.

Ständig Deckung suchend, kam ich nun endlich am Kai an und tatsächlich waren von uns noch einige Männer dort und auch meine Hunde gab es noch. Ich verkroch mich in den Unterständen und der neue Koch brachte ein Pferdegulasch und ein Brot, so konnte ich mich anständig sattessen. Simon, der für die Pferde zuständig war, sagte mir, in der Nähe gäbe es ein Tabaklager, aber es sei unter ständigem Beschuss. Meine Müdigkeit war weg und schon war ich unterwegs, um zu schauen, ob noch etwas zu erwischen war. Ich erreichte das Gebäude und musste feststellen, im Erdgeschoß und im ersten Stock war nichts mehr zu holen. Auf einmal kam ein Mann von oben herunter, der einen Karton Zigaretten und einen Sack Tabak hatte. Ich fragte ihn, wo er das herhabe. Er meinte, vom 3. Stock, aber es sei schwierig hinaufzukommen. Hurra, das musste versucht werden. Obwohl immer wieder Geschoße einschlugen, kam ich doch in den dritten Stock, schnappte auch einen Karton »Darling-Zigaretten« und einen Sack Tabak und nichts als schnell fort von hier. Ich kam glücklich wieder beim Standort unserer Kompanie an und die Freude war groß, in dem Karton waren 500 Pakete Zigaretten. Nun wurde einmal angeraucht und auch ein Teil davon verteilt. Ich konnte im sicheren Unterstand einmal richtig ausschlafen und träumte von zu Hause. Leider sollte es nicht sehr lange dauern, denn am nächsten Tag kam ein mir nicht bekannter Obersturmführer und beauftragte mich mit einer Gruppe, hinauf zum Gellertberg zu gehen, wo wir eine Auffangstellung beziehen mussten. Wieder war es eine Villa, die ich mit meinen Leuten bezog, und wir mussten uns eingraben, MGs in Stellung bringen und warten, was weiter geschehen sollte.

Die Villa war von Zivilisten bewohnt, die aber einen Teil des Tages und der Nacht im Keller verbrachten. Diese Leute hatten keine Freude damit, dass wir gerade bei ihrer Villa Stellung aushoben, aber gerade hier war das Gelände offen und ohne Häuser, d.h. direkt verlockend, hier zu versuchen, einen Angriff bis zur Straße vorzutragen, was wir zu verhindern hatten. Der ältere Herr sagte uns glattweg, es habe keinen Sinn mehr für uns zu kämpfen, der Krieg sei für die Deutschen verloren. Damit dies nicht so sei, ließen wir den Mann einige Löcher ausheben. Er schimpfte, aber es half ihm nichts, wir sagten ihm, würde er mit diesen Löchern nicht fertig, müsse er auch bleiben, wenn der Russe angreift. Nun funktionierte alles bestens und die Schützenlöcher waren in einigen Stunden fertig. Ich glaube, das war ein verkappter Kommunist, auf den man aufpassen musste. Wenn ich damit wieder in ein solches Himmelfahrtskommando hineingerutscht war, dann wusste ich nicht, ob ich wieder mit so viel Glück aus dieser Situation herauskommen würde.

Es kam hier zu keinem Angriff und wir wurden abgelöst und in einem Fabriksgebäude untergebracht. Gegenüber lagen die Russen, nur durch eine Straße getrennt. Der Abschnitt war die ersten Tage ziemlich ruhig, außer der Russe schoss mit Granatwerfern hin und wieder in unseren Hof hinein. Dafür bekam er auf die von uns eingesehene Kreuzung hin und wieder eine Maschinengewehrgabe, wenn sich jemand dort sehen ließ. Inzwischen hatte ein anderer Gruppenführer eine Schnapsfabrik entdeckt, die im Niemandsland lag. Aprikosenschnaps in rauen Mengen konnte man dort holen, es gab nur einen Fehler, auch der Russe deckte sich dort ein. Es war wie eine stille Abmachung mit den Russen: Wenn er Schnaps holte, schauten wir weg und behinderten ihn nicht, dasselbe passierte, wenn wir Schnaps holten. Man sieht, so gab es, ohne Vereinbarungen zu treffen, auf beiden Seiten Toleranzen, solange nicht Verrückte solche Möglichkeiten zerstören. Wir hatten in unserer Kompanie einen solchen Verrückten, der darauf aus war, einzelne Landser vors Kriegsgericht zu bringen. Er hatte riesige Angst bei jedem einzelnen Granateinschlag, verschwand und tauchte zittrig wieder auf. Er hatte aber sofort wieder das große Mundwerk, war gescheiter als alle anderen. Es war bezeichnend für den Mann, dass er so ungeschickt war und vom 3. Stock herunterfiel und sich das Genick brach. Er war auch ein Held in seiner Art, unbeliebt und keiner konnte ihn schmecken, jeder wünschte ihm den Tod und so trat das Unglück auch ein.

Nun wieder zurück zur Maschinengewehrstellung, die die Russen sehr störte. Es war für sie sehr schwer, diese Stellung anzugreifen, denn sie lag geschützt im 1. Stock in einem Nebengebäude und konnte durch einen überdachten Brückenzugang erreicht werden, ohne dass man dabei den Hof überqueren musste. Vor diesem Nebengebäude lag ein Maschinenhaus, das bis zur Straße reichte. Zwei russische Offiziere, Kapitäne im Rang eines Hauptmannes, versuchten, unsere MG-Stellung zu zerstören. Wir erwischten sie gerade, als sie den Hof überqueren wollten. Es gab kein langes Überlegen, wir schossen sofort und der erste Mann fiel um, der zweite flüchtete zurück in das Maschinenhaus. Bis wir vom ersten Stock nach unten kamen, war der Mann verschwunden. Als wir das Maschinenhaus untersuchten, kamen wir darauf, dass die beiden über die Kanalisierung bei uns eingedrungen waren. Wir gingen zurück und nahmen den toten Mann mit, außerdem durchsuchten wir ihn, nahmen seine Papiere, seine Kennmarke und einige Fotos, mehr hatte er nicht bei sich. Ein junger, fescher Bursch, er stammte aus Kiew und auf dem Foto war er mit seinen Eltern zu sehen. Auch einen Brief hatte er bei sich, der für seine Eltern bestimmt war. Wir nahmen den Burschen, brachten ihn zu einem Bombentrichter und legten ihn dort hinein. Es stimmte uns etwas traurig, aber was soll es, auch er hätte an unserer Stelle nicht anders gehandelt. Am selben Tag versuchten die Russen noch, uns mit einem Angriff zu vertreiben, was kläglich scheiterte und ihnen weitere Verluste brachte.

Am Abend wurden durch unsere Flugzeuge Versorgungsbomben abgeworfen und ein Lastensegler landete links von uns auf einem Bahngelände, und das im Niemandsland. Die meisten Versorgungsbomben gingen bei den Russen nieder bzw. zwischen den Fronten. Wir bekamen den Auftrag zu versuchen, an das Flugzeug heranzukommen, so starteten wir einen Angriff um 5:00 Uhr früh. Die Russen hatten scheinbar darauf gewartet und der Empfang fiel auch entsprechend aus. Ich lag mit einem Kameraden unter einem verschobenen Waggon und wir konnten nicht nach vor und auch nicht zurück. Wie schon so oft, glaubte ich, die letzte Stunde habe geschlagen. Gegen 7:00 Uhr hörte das Feuer auf und es kamen zwei unserer Panzer zum Vorschein, die aus allen Rohren die Russen mit Unterstützung unserer Granatwerferbatterie unter Beschuss nahmen. Die Russen zogen sich scheinbar um einige Häuserblöcke zurück und wir konnten bis zum Flugzeug vordringen. Wir versuchten nun einen Teil der Versorgungsbomben sicherzustellen, was auch unter viel Mühe gelang. Wir zogen uns wieder in unsere Stellung zurück, die Versorgungsbomben wurden geöffnet und die Überraschung war groß, denn es waren Sturmgewehre mit Munition drinnen, aber zwei waren auch dabei mit hochwertiger Verpflegung.

Wir waren nun schon vier Wochen eingeschlossen und es ging gegen Ende Jänner 1945. Die Lage war beschissen, von einer Entlastung von außen war kaum noch die Rede und der Druck der Russen wurde immer größer. Die Verpflegung wurde bis auf ein wenig Brot und etwas Marmelade immer weniger. Warme Kost gab es je nachdem, wo man in Einsatz war, aber auch dann nur Suppen mit Pferdefleisch, davon allerdings reichlich. Unsere treuesten Gefährten mussten nun ihr Leben geben, um zu verhindern, dass die ganze Truppe nicht kaputtging. Es war ein Wahnsinn, was sich im Kessel abspielte. Unsere Luftwaffe war überhaupt nicht vorhanden und die Russen, Amerikaner und Engländer beherrschten vollkommen den Luftraum über Budapest. Auch die Versorgungsflüge hatten völlig aufgehört. Gott sei Dank hatte ich noch vor Weihnachten meinen Eltern geschrieben und durchblicken lassen, in welch misslicher Lage wir uns befanden. Bewegen konnte man sich ohnedies nur von Keller zu Keller, um eine andere Stellung zu erreichen. Ich bewunderte die Zivilbevölkerung, wie sie dieses Leben aushalten konnte. Woher bekamen sie Lebensmittel? Die Toten wurden auf freie Plätze aufgeschlichtet, denn es war ja die Erde gefroren, sodass an ein Beerdigen nicht zu denken war. Es war ein furchtbarer Anblick, wenn man die aufgeschichteten Gefallenen sah, meistens einen Meter hoch und viele Meter lang lagen sie da. Es grenzte an ein Wunder, dass man selbst noch nicht dabei war. Offiziere waren bereits Mangelware, so wurden einfach Unterführer zu SS-Offizieren befördert und oft mussten Rottenführer sogar Sturmmänner-Gruppen und Züge befehligen. Bei Auszeichnungen war man auch nicht mehr kleinlich, aber was sollte man damit anfangen, wenn man die Heimat ohnedies nicht mehr sehen würde? Die jungen Offiziere von der Napola (Nationalpolitische Erziehungsanstalt), die zwischen Neujahr und Weihnachten zu uns gekommen waren, waren alle wieder weg, entweder verwundet oder gefallen. Diese Burschen träumten noch von den Erfolgen, die sie in den Schulungen vermittelt bekommen hatten, und konnten sich nicht vorstellen, was hier wirklich los war. Es kam noch dazu, dass kein Landser bereit war, diese Burschen ernst zu nehmen, obwohl sie mit Kriegsgericht und Disziplinarstrafen drohten. Es war in der traurigen Zeit direkt noch lustig, diese Blödheiten zu hören und zu sehen. Die Feuertaufe (1. Gefecht nach der Ausbildung) war für diese Burschen auch schon meistens das Todesurteil, denn sie versäumten es oft, sich rechtzeitig zu ducken. Damit waren sie eben bald als Helden in die Geschichte eingegangen. So könnte man noch und noch auf Einzelheiten eingehen, aber dies würde den Rahmen dieser Erzählungen sprengen.

Wieder wurde ein Stellungswechsel angeordnet. Ich versuchte noch schnell, unseren Tross am Gellertberg zu erreichen, um meine Rauchwarenbestände wieder aufzufüllen. Dort hatte sich nichts geändert, außer dass weniger Pferde vorhanden waren, denn es hatten weitere für unsere Verpflegung ihr Leben lassen müssen.

Nun wurden wir in die Margitstraße befohlen und mussten dort eine Häuserfront mit einem Panzergraben besetzen. Die gegenüberliegende Seite war von den Russen besetzt. Hier spielte sich das Gleiche ab wie in den anderen Abschnitten. Jeder versuchte, den anderen zu erwischen, so wurde an den Fenstern aufgepasst wie auf einem Hochsitz und wenn sich einer mit seinem Kopf etwas vorneigte, musste er damit rechnen, vom Feind aufs Korn genommen zu werden. So gab es auf beiden Seiten viele Ausfälle durch Kopfschüsse. Um sich überhaupt von einem Raum in den anderen bewegen zu können, hatten wir die Kästen in der Mitte zusammengestellt und so konnten wir dahinter von einem Raum in den anderen wechseln. Durch diese Maßnahme entstand für die Russen der Eindruck, als wären alle Fenster besetzt. Man musste sehr auf der Hut sein und ständig die Positionen wechseln, um auch kurz einen Blick auf die Straße machen zu können. An der Kreuzung versuchten die Russen, einen Granatwerfer aufzustellen. Als ich die Männer erblickte, gab ich vom ersten Stock einige Schüsse mit der 08-Pistole und traf auch einen Mann, der liegen blieb, die anderen zogen sich ins Haus zurück. Ich tat dasselbe und schon knallte eine ganze MG-Garbe an die Wand und an meinem Kopf vorbei. Eine Sekunde zu spät und es hätte mich nicht mehr gegeben. Ich weiß nicht wieso, aber ich hatte immer Glück, das war schon in Russland so gewesen und auch auf dem Rückzug in Ungarn. Ebenso jetzt in Budapest. Die Männer beim Granatwerfer hatten den verwundeten Mann zurück in Haus gezogen, wagten aber nicht, den Granatwerfer in Betrieb zu nehmen. Inzwischen jagten wir einige Panzerfäuste in die vom Russen besetzten Häuser. Ob es einen Erfolg brachte, war nicht festzustellen, der Russe nahm jeden, der sich blicken ließ, sofort unter Feuer. So wussten wir, dass sich noch immer Männer in diesem Haus befanden.

In diesem Abschnitt war mit Panzern nichts zu machen, jeder Versuch der Russen, mit Panzern durchzukommen, scheiterte und die eingesetzten Panzer waren verloren. Hier gab es keine besondere Schwierigkeit, die Panzer mit Panzerfäusten zum Stoppen zu bringen. Die Kämpfe Mann gegen Mann waren unerbittlich und jeder versuchte, den anderen abzuknallen.

Nachdem die Front hier in der Magit-Uca stabil war, wurden wir in einen anderen Abschnitt verlegt. Wir hatten nun Anfang Feber und die Lage wurde immer schlechter. Verpflegung außer einem Stück Brot und Pferdeintopf gab es nicht viel, aber auch Munition wurde immer weniger zugeteilt. Wir hatten Sturmgewehre, aber kaum noch Munition dafür. Offiziere sah man auch keine mehr, scheinbar waren alle bei der Lagebesprechung. Eines war sicher, so konnte es nicht weitergehen, es musste entweder zur Kapitulation kommen oder wir versuchten auszubrechen.

In den Abschnitten, wo ich eingesetzt war, war die Zerstörung durch die Luftangriffe enorm. Auch unsere Luftabwehr hatte keine Munition mehr, sodass die feindlichen Flugzeuge machen konnten, was sie wollten. Es kam auch keine Versorgung durch unsere Luftwaffe mehr, wahrscheinlich war der Raum schon zu klein, um Versorgungsbomben abzuwerfen oder die amerikanischen und englischen Flugzeuge ließen keine deutschen Flüge mehr zu. Tatsache war, man hatte uns allein gelassen und der hohen Strategie geopfert. Die Geschichtsschreiber werden einmal darüber zu befinden haben, warum man auch Kavallerie-Divisionen für die Verteidigung von Budapest herangezogen hat.

Inzwischen war ich wieder in einen anderen Abschnitt verlegt worden. Das Viertel war offener und auch hier wurde um jedes Haus hart gekämpft. Wir waren ein Haufen, der aus vielen Einheiten zusammengestellt war, aber wir hatten wenigstens auch einige Schützenpanzer. Unsere erste Aufgabe war, eine eingeschlossene Einheit aus der ca. 200 Meter entfernten Schule zu befreien. Wir zogen mit zwölf Mann los und versuchten, uns von Haus zu Haus näher an die Schule heranzukämpfen. Nach ca. 100 Metern mussten wir aufgeben. Der Russe sah das ganze Gelände ein und deckte uns mit einem Feuerzauber zu. Es erwischte einige von uns. Die noch nicht verwundet waren, konnten nur schauen, so schnell wie möglich wieder zum Ausgangspunkt zurückzukommen. Auf einmal tauchte ein Hauptsturmführer auf und brüllte uns an, warum wir nicht weiter vorgedrungen seien, und forderte uns auf, sofort einen weiteren Versuch zu unternehmen. Wir erklärten ihm, dass wir bereit seien, es nochmals zu versuchen, aber unter seiner Führung. Er ging gar nicht darauf ein, sondern drohte mit Kriegsgericht und Todesurteil, wir konnten ihn nur auslachen, worauf er verschwand. Einige Kameraden mussten wir liegen lassen, sie riefen um Hilfe, aber es war nicht möglich, auf dem gleichen Weg diese Kameraden herauszuholen. Wir wussten, die Russen hatte die Möglichkeit, unsere Verwundeten abzuschießen. Die Russen warteten nur, bis wir wieder auftauchen würden, und diesmal wäre es keine Überraschung, sondern sie würden jeden Einzelnen von uns, der es versuchen sollte, abknallen. Wir wollten aber trotzdem etwas unternehmen und unter dem Schutz eines Schützenpanzers bis zu den Verwundeten vordringen oder vielleicht sogar die Männer in der Schule herausholen. Wir wussten, dass ein MG auf dem Kirchturm installiert war, und vom Schützenpanzer wurden einige Schüsse in Richtung Kirchturm abgegeben, die auch trafen. Das russische MG war nun ausgefallen, aber wir bekamen Feuer von verschiedensten Stellen, sodass es aussichtslos war, ohne nicht selbst draufzugehen, diese Männer zu bergen. Nun hatten wir wieder einen Verletzten, diesen konnten wir aber mit zurückbringen. Er hatte einen Oberschenkelschuss und es sah nicht gut aus. Wir versorgten ihn notdürftig und ich packte ihn auf einen Schlitten und mit einem Kumpel machte ich mich auf den Weg zum Hauptverbandsplatz. Es war nie meine Absicht gewesen, mich zu drücken, aber diese Gelegenheit nahm ich wahr, um von diesem Abschnitt wegzukommen. Ohne dass man uns aufhielt, erreichten wir den Platz und lieferten unseren Verwundeten dort ab.

Es ist unvorstellbar, welches Elend man hier zu sehen bekam, die Verwundeten lagen hier zu Hunderten, notdürftig versorgt und zum Sterben in einer Nische abgelegt. Wir verließen diesen grauenhaften Platz, so schnell wir konnten, und begaben uns zum Divisionsgefechtsstand. Dort wimmelte es von Offizieren und man fragte sich, wo die alle herkämen. Es waren alles Offiziere der einzelnen Stäbe und vorne an der Front konnte man mit der Laterne suchen, um einen Offizier zu sehen. Es kümmerte sich auch niemand um uns, so ließen wir uns in einem Raum nieder und warteten, was nun eigentlich geschehen sollte. Ein Hauptscharführer sprach uns an, zu welcher Einheit wir gehörten. Ich antwortete, das könne man nicht mehr sagen, denn von wo wir herkommen, gäbe es nur mehr Gruppen, die sich selbst zusammengefunden haben und versuchten, die Front zu halten. »Ich weiß, ich weiß«, meinte der Hauptscharführer und sagte: »Kommt mit mir, wir sind dabei, eine Einheit zusammenzustellen.« Dieser Mann wollte aus den Stäben eine Einheit formen. Die Aufgabe war nicht leicht, denn jeder war unabkömmlich und wenn er nur der Schuhputzer von einem Offizier war. Scheinbar hatten diese Männer vom Kampf um Budapest außer Luftangriffen, die sie im sicheren Keller verbrachten, nichts mitgemacht. Man musste sich wundern, diese Leute hatten alle Auszeichnungen und wären entsetzt gewesen, nun zu einer Kampfeinheit zu kommen.

Die ganzen Vorbereitungen und die Konzentrierung der Offiziere zeigten bereits, dass es zum Ausbruch kommen würde. Die Gesichter waren alle ernst und jeder konnte sich seine Chancen bei einem Ausbruch ausrechnen. Vorerst war man noch bemüht, die Vorbereitungen streng geheim zu halten, aber die unmittelbar davon Betroffenen wussten natürlich, um was es ging.

Die Gruppe, bei der ich mich anbot, hatte bereits den Befehl, in einer bestimmten Straße in Stellung zu gehen und sich von dort um 18:00 Uhr Richtung Horty-Platz durchzukämpfen. Der Horty-Platz sollte als Sammelplatz dienen, um von dort in nordwestlicher Richtung weiterzumarschieren. Jetzt bekamen auch die einzelnen Einheiten Befehl, sich vom Russen abzusetzen und in Richtung Westen vorzustoßen. Aufgrund dieser Befehle konnte man beobachten, dass es Offiziere gab, die sich selbst das Leben nahmen, um ja nicht in Gefangenschaft zu kommen. Andere montierten ihre Auszeichnungen und Dienstrangabzeichen ab und trennten die SS-Spiegel von den Uniformen. Ich selbst behielt, was ich hatte, und ließ alles darauf ankommen. Sollten die Russen mich lebend erwischen, so sollten sie wissen, von welcher Einheit ich kam.

Die Kommandozentrale wurde aufgelassen, wichtige Papiere wurden verbrannt und auch die Stäbe begaben sich in die Bereitstellungsräume, um sich den kämpfenden Truppen anzuschließen. Es wurde noch Verpflegung und Munition verteilt, aber dies im bescheidenen Maß. Die Spannung erreichte am Nachmittag schon ihren Höhepunkt, dabei waren es noch einige Stunden bis zum Durchbruch. Im Verhältnis dazu schien der Russe ziemlich ruhig, was den Verdacht aufkommen ließ, dass er unter Umständen von unseren Absichten erfahren hatte und selbst Vorbereitungen traf, dieses Vorhaben zu verhindern. In unserem Bereitstellungsraum waren nun 2.000–3.000 Mann versammelt, diese sollten in Wellen von je 500 Mann angreifen und direkt zum Horty-Platz vorstoßen. Der Stoßtrupp sollte mit ca. 80 Mann die Straße freikämpfen, falls der Russe das Feuer eröffnen würde. Es war so weit. Um Punkt 18:00 Uhr fiel der Stoßtrupp in die Straße zum Horty-Platz ein, aber es wurden noch keine Schüsse abgegeben. Nun sollte in Abständen von 15 Minuten eine Welle nach der anderen in die Straße einfallen und versuchen, das Ziel zu erreichen. Ein Oberscharführer des Stoßtrupps kam zurück und teilte uns mit, dass kaum mit Widerstand zu rechnen sei und wir uns beeilen sollten. Also ging die erste Welle los und ich befand mich unter den ersten 20 Mann, die dem Oberscharführer nachliefen. Wir waren ca. 100 Meter in der Straße drinnen, da begann ein Höllenfeuer. Man schoss mit allem, was zur Verfügung stand, auf uns anstürmende Männer. Die Russen warfen auch Handgranaten aus der Deckung und wir versuchten sie mit unseren Sturmgewehren und Handgranaten links und rechts der Häuserfront zu vernichten. Nun bekamen wir auch von vorne direkten Beschuss, es war aussichtslos und zu meinem Glück oder Unglück warf mir ein Russe eine Handgranate vor die Füße, die aber nur krepierte und nicht richtig explodierte. Trotzdem wurde ich leicht an den Füßen verletzt. Für mich gab es jetzt nur eines, Deckung suchen und aus dem furchtbaren Feuerzauber der Russen herauskommen. So lief ich links in ein zerbombtes Haus und suchte dort Schutz, merkte aber nicht, dass mir zwei Kameraden gefolgt waren. Das Haus war von den Russen nicht besetzt und so turnten wir in das 2. Stockwerk hinauf. Keiner von uns dachte daran, sich sofort wieder auf die Straße zu begeben, um das Ziel Horty-Platz zu erreichen. Unten krachte und zischte es ununterbrochen, durch die Hilfeschreie der Verwundeten war mit einem Wort das Chaos noch größer, die Russen gingen aus ihren Stellungen nicht heraus, sondern warteten auf die Angriffe unserer Kameraden. So wurde eine Welle nach der anderen vernichtet bzw. die Männer abgeschlachtet. Es war nun ca. 22:00 Uhr und man hörte nur mehr vereinzelte Schüsse. In der Straße, durch die wir gekommen waren, hörte man Wimmern und Hilferufe der Schwerverletzten, man konnte nichts tun, um diesen armen Männern zu helfen. Wir mussten nun beraten, was wir unternehmen sollten. Hier konnten wir schlecht bleiben, obwohl man für diese Nacht sicher sein konnte, dass die Russen nicht sehr viel mehr unternehmen würde. Die Beratung brachte das Ergebnis, dass wir für diese Nacht in diesem Versteck bleiben. Man soll es nicht für möglich halten, wir legten uns schlafen und als wir in der Früh aufwachten, hörten wir Schüsse von der Straße. Das waren sicher keine Leute von uns, so versuchten wir vorsichtig in die Straße hineinzuschauen und was wir da sahen, war wohl das Furchtbarste, was ich in diesem Krieg gesehen habe. Hier lag ein Landser neben dem anderen, tot oder verwundet. Die Schüsse, die wir hörten, stammten von einem russischen Kommando, das nach Überlebenden und Verwundeten suchte. Denen, die nicht mehr gehen konnten, wurde der Gnadenschuss verabreicht. Wir mussten das zum Teil mit ansehen, denn aus unserem Versteck konnten wir einen Teil der Straße überblicken. Die Russen durchstöberten die Häuser, um versprengte Landser festzunehmen. Auch bei unserem Haus standen einige Russen und unterhielten sich, wobei der eine meinte, hier sei sicher keiner hinaufgeklettert. Ein anderer meinte, es müsse nicht sein, dass man die Schwerverwundeten erschießt. Ein weiterer meinte: »Was sollen wir mit diesen vielen Verwundeten machen? Es ist genug zu tun, um die leichter Verwundeten zu versorgen.«

Ein Krieg ist das Furchtbarste, was es geben kann, man tötet Menschen, die man nicht einmal kennt. Familienväter, junge Burschen, die noch fast Kinder sind, werden ohne Rücksicht abgeschlachtet, man findet gar nichts dabei, Menschenleben auszulöschen.

Inzwischen wurde uns klar, wir konnten von hier erst weg, wenn es wieder finster würde, das heißt, wir mussten in unserem Versteck bleiben. Meine beiden Kameraden kamen aus Bessarabien und beherrschten die russische Sprache perfekt, was vielleicht noch ein Vorteil sein würde. Als es Nacht wurde, war auf der Straße noch immer sehr viel Bewegung, die Toten wurden abtransportiert und Einheiten marschierten in Richtung Stadtmitte. Es war völlig aussichtslos, diese Nacht unser Versteck zu verlassen und zu versuchen, mit jenen Kameraden in Kontakt zu treten, die durchgekommen waren. Wir hatten ja keine Ahnung, dass dies sehr wenige waren, wie sich nachher herausstellte. Unsere Verpflegung hatten wir bereits verzehrt, unseren Durst konnten wir nur mit Schnee löschen. Aus diesem Grund waren wir wohl gezwungen, die nächste Nacht zu versuchen, ein Stück weiterzukommen, vielleicht doch noch mit unseren Einheiten Kontakt aufzunehmen. Am 14. Februar 1945 um 19:00 Uhr verließen wir unser Versteck, um zu versuchen, durch die russischen Absperrungen zu kommen und so in das Gebiet vorzustoßen, wo von unseren Fliegern Versorgungsbomben abgeworfen wurden. Nachdem wir Schneehemden anhatten, waren wir teilweise von den Russen nicht zu unterscheiden. Es gelang meinen beiden Kameraden tatsächlich, die russischen Posten durch perfektes Russisch zu täuschen und so kamen wir in dieser Nacht ein schönes Stück von Budapest weg und waren bereits in den Vororten angelangt. Am 15. Februar 1945 um 4:00 Uhr früh machten wir Halt und versteckten uns wieder in einem zerbombten Haus. Im Morgengrauen sahen wir, dass ca. 100 Meter vor uns ein kleiner Wald war, und meine Kameraden wollten unbedingt noch diesen Wald erreichen, was sich als ein großer Fehler herausstellte. Wir gingen los, leider entdeckte uns ein Posten und weckte seine Kameraden, dementsprechend war auch der Empfang am Waldesrand. Wir hatten keine Chance und so warfen wir unsere Waffen weg und ergaben uns. Wir mussten damit rechnen, dass die Russen uns umlegen würden, aber auch diesmal war das Glück auf meiner Seite. Einer der Russen sah meinen Ring und wollte ihn haben, aber er brachte ihn nicht runter. Er nahm sein Seitengewehr und ich ahnte, was jetzt kommen würde: Er würde meinen Finger abschneiden, um den Ring zu bekommen. In diesem Moment sagte der Sergeant auf Deutsch zu mir: »Gib ihm den Ring, sonst bist du deinen Finger los.« Ich nahm den Ring herunter und gab ihn dem Russen. Dieser ging zum Sergeant und sprach mit ihm, der Sergeant nahm langsam seine MP herunter, brachte sie in Anschlag und erklärte auf Russisch, dass er uns zum Regimentsgefechtsstand zum Verhör bringen werde, ein Erschießen komme nicht in Frage. Wieder großes Glück, der Sergeant brachte uns tatsächlich zum Gefechtsstand. Dort waren schon einige von uns, die auf dem gleichen Weg von den Russen gefangen worden waren, auch sie warteten auf den Abtransport zum Sammellager. Ich hatte allerdings noch ein Problem, denn in meinem Brotbeutel waren nicht nur Zigaretten, sondern auch eine ungarische kleine Pistole, die ich vergessen hatte, wegzuwerfen. Der Sergeant war großzügig und ließ mir die Zigaretten und sah weiter nicht nach. Aber bei der Sammelstelle würde man sicher genauer filzen und sollten sie die Pistole finden, wäre dies zugleich mein Todesurteil. So steckte ich die Zigaretten in die Taschen und ließ den Brotbeutel einfach liegen und das machte ich vor den russischen Posten. Nun mussten wir aufbrechen und ab ging es zur Sammelstelle, der Sergeant begleitete uns auch bis dorthin und gab den Tipp, auf keinen Fall auch nur einen Schritt nach links oder rechts zu gehen, die Posten würden sofort schießen. An der Sammelstelle lagen seitwärts ein Haufen toter Soldaten und auch tote Hilfswillige. Einer der Posten sagte, ich solle mir Stiefel holen, ich tat, als ob ich nicht höre, und verschwand zwischen den anderen Gefangenen.

Nun musste ich das Problem mit meinen Füßen lösen. Ich wollte das Leder von meiner Reithose heruntertrennen, um so einen provisorischen Schuh zu bekommen. Ein Kamerad hatte noch Schnüre bei sich, mit diesen war es möglich, die Lederflecke an den Füßen zu befestigen. Von einem Sanitäter bekam ich Mullbinden und Leinen, damit konnte ich auch die Wunden versorgen. Immer mehr Kameraden kamen zu diesem Sammelplatz und es dürften schon einige tausend Mann geworden sein. Ein russischer Offizier, der sehr gut deutsch sprach, teilte uns mit, dass wir einen Marsch durch Budapest machen würden. Verpflegung bekamen wir keine, nur eine Art Tee, besser gesagt heißes Wasser, konnte man erhalten, wenn man ein Kochgeschirr hatte. Der Marsch durch Budapest sollte eine einzige Katastrophe für uns sein.

Über den Sergeant gibt es noch einige Zeilen zu schreiben. Warum machte sich dieser Mann die Mühe, uns zur Sammelstelle zu bringen? Für ihn wäre es ein Leichtes gewesen, uns umzulegen, und er hätte auch mit seinen Kameraden keine Probleme gehabt. Auf dem Weg zur Sammelstelle erzählte er uns, dass er aus Deutschland stamme, sein Vater in den 30er Jahren nach Russland mit seiner Familie geflüchtet war, die russische Staatsbürgerschaft bekam und so zum russischen Heer einrückte. Er bedauerte uns und es tat ihm leid, dass er für uns nicht mehr tun konnte. Der Sergeant gab uns noch einige Tipps und wünschte uns viel Glück. Diesen Absatz schreibe ich deswegen, um zu zeigen, dass es auch gute Menschen unter den russischen Soldaten gab.

11. Kapitel
Russische Gefangenschaft 1945–1950

Der Todesmarsch von Budapest nach Baja

Von der Ferne hörte man noch Schüsse, es dürfte sich wohl um die letzten Einheiten handeln, die in der Burg eingeschlossen und nicht bereit waren aufzugeben. Der Marsch durch Budapest hatte scheinbar schon begonnen, wir wurden zusammengestellt und marschierten los. Inzwischen erfuhren wir, dass unsere kommandierenden Generäle an der Spitze der Gefangenen marschierten. Es gingen die wildesten Gerüchte durch unsere Reihen, so sollte sich unser Divisionär selbst erschossen haben und auch andere höhere SS-Offiziere hatten den Freitod gewählt, bevor sie in russische Gefangenschaft gingen.

Die vielen Gefangenen setzten sich in Bewegung und weitere Sammelstellen schlossen sich an. Jetzt bekamen wir den vollen Hass von einem Teil der ungarischen Bevölkerung zu spüren, man drohte mit den Fäusten und beschimpfte uns, sogar heißes Wasser und auch Nachttöpfe wurden aus dem Fenster geschüttet. Es gab aber auch Ungarn, denen man anmerkte, dass sie unser Schicksal sehr bedauerten. Für uns war wohl der Krieg beendet, aber dafür waren wir den Russen auf Tod und Verderb ausgeliefert. Alle 10 Meter marschierte ein Posten mit einer Maschinenpistole im Anschlag neben der Kolonne mit. Man konnte es gar nicht glauben, wie nett die Bevölkerung noch vor einem Monat zu uns gewesen war und jetzt dieser Hass auf uns deutsche Soldaten. Auf der anderen Seite kamen uns russische Kolonnen entgegen, lauter Panjawägen mit vorwiegend asiatischen Soldaten und auch sehr vielen Frauen in Uniform. Man soll es nicht für möglich halten, was nun passierte, eine der Frauen stand in ihrem Panjawagen auf und eröffnete mit ihrer MP das Feuer. Wir versuchten uns zu schützen, aber sie feuerte ihr ganzes Magazin in die marschierende Kolonne ab. Vor mir und hinter mir erwischte es Kameraden, mein Nachbar hatte einen Oberschenkeldurchschuss. Männer, die schwer verwundet wurden und liegen blieben, hatten keine Chance zu überleben, denn es gab niemanden, der die Verwundeten versorgt hätte. Aber es sollte etwas passieren, was für die Russen wieder typisch war. Ein Jeep fuhr mit vollem Karacho noch vorne und ein Major sprang aus den Wagen. Er holte die Frau vom Panjawagen herunter, packte sie am Haarschopf und jagte ihr eine Kugel aus seiner Pistole in den Kopf. Hätte ich dies nicht selbst gesehen und man hätte mir das erzählt, ich hätte es sicher nicht geglaubt. Dass der Major sich für uns Gefangene so radikal einsetzte, gab uns wieder Hoffnung, dass wir eine Chance zu überleben hatten. Auch bei den Russen würde es solche geben, für die Gefangene auch Menschen und nicht Freiwild wären, das man einfach abknallt.

Der Marsch durch Budapest war eine Qual, wir wurden verhöhnt und beschimpft, obwohl wir die Ungarn als Partner immer gut behandelt hatten. Es gibt eben überall gute Menschen und solche, die von heute auf morgen den Spieß umdrehen und den wehrlos gewordenen Soldaten einen weiteren Tritt versetzen. Nach dem Marsch wurden die Gefangenen in Gruppen von 500 bis 1.000 Mann aufgeteilt und in Etappen nach Baja in Marsch gesetzt. Ich kam zu einer Gruppe mit sehr vielen Leichtverletzten und wir wurden abseits der Hauptstraßen von Dorf zu Dorf getrieben. Schon die ersten Kilometer zeigten uns, warum wir Nebenstraßen benützten. Jeder Gefangene, der zurückblieb und das Tempo nicht mitmachen konnte, war verloren. Hinter der Kolonne marschierten vier russische Soldaten, deren Aufgabe es war, keinen deutschen Soldaten lebend zurückzulassen. Wir hörten laufend Schüsse und wussten, mit jedem Schuss wurde einer unserer Kameraden getötet. In den Straßengräben lagen schon sehr viele getötete Gefangene, die aus der Gruppe vor uns stammen mussten. Auch die Kameraden unserer Gruppe landeten im Straßengraben, wenn sie mit der Kolonne nicht mehr mitkamen. Bei der Wachmannschaft waren auch Ungarn dabei, ich nehme an, dass es sich bei diesen Leuten um ungarische Kommunisten handelte. Diese Ungarn waren noch gefährlicher als die Russen selbst. Beim Marschieren durch die ungarischen Dörfer kam es vor, dass die noch verbliebene Bevölkerung uns zu trinken oder auch ein Brot geben wollte. Die Russen drückten beide Augen zu, aber die Ungarn ließen keinen Zivilisten an uns herankommen. Wir hatten ja keine Möglichkeit hinzugehen, denn ein Schritt aus der Kolonne wäre der sichere Tod gewesen.

Es war auch kaum zu glauben, was die Russen noch vollbrachten. Sie nahmen in den Dörfern junge Männer, die am Rande der Straße standen, einfach fest, teilten sie in die Kolonne ein und hatten somit wieder einen Ersatz für die ausgefallenen Gefangenen. Die Nacht verbrachten wir in Scheunen, die außerhalb der Dörfer lagen. Ich hatte bereits gefrorene Füße und musste versuchen, so gut es ging, meine Füße für den nächsten Tag zu pflegen, um die nächsten 20–30 Kilometer zu überstehen. In der Nacht hatten wir auch keine Ruhe, da kamen die Russen aus den Dörfern, um bei uns Wertsachen zu suchen, obwohl man uns schon alles abgenommen hatte. Man hatte keine Chance und ließ alles über sich ergehen. Man war durch die Kälte, nichts zum Essen, kaum etwas zu trinken bereits so geschwächt und nur der eiserne Wille brachte es zustande, dass wir am nächsten Tag wieder weitermarschierten. Mit jedem Tag waren wir in der Früh beim Antreten weniger und das Schlusskommando, die vier russischen Soldaten, bekamen immer mehr zu tun. Wir versuchten, so gut es ging, Kameraden mitzuschleppen, aber in den meisten Fällen war es umsonst, denn die Armen waren eben am nächsten Tag dran. Es wollte keiner mehr glauben, dass wir unser Ziel lebend erreichen würden, und trotzdem sprachen wir uns gegenseitig Mut zu.

Ich möchte noch etwas Besonderes berichten, weil es auch wieder typisch für die Mentalität der Russen war und zu diesem Todesmarsch passte. In meiner unmittelbaren Nähe ging ein ungarischer Hilfsposten mit einem Gorillagesicht, furchtbar anzusehen. Dieser Mann schoss einen Kameraden in den Oberschenkel, weil er etwas aus der Kolonne ausscherte. Der russische Soldat sah, wie der ungarische Hilfsposten den deutschen Gefangenen liegen ließ, kam nach vor und nahm dem Ungarn die Waffe weg. Der Ungar musste dem Gefangenen aufhelfen und sich in der Kolonne einreihen. Weiters musste er den angeschossenen Gefangenen stützen und dafür Sorge tragen, dass der Mann nicht zurückblieb. Nachdem der Mann nicht mehr weiterkonnte, musste der Ungar den Gefangenen tragen. Dies ging einige Stunden gut und der Ungar konnte nicht mehr und fiel selbst hin und blieb zurück. Wir nahmen unseren Kameraden in die Mitte und schleppten uns weiter, der ungarische Hilfsposten wird wohl seine gerechte Strafe bekommen haben. Immer wieder erlebte man, dass Russen sich für Gefangene einsetzten, andererseits, wenn einer zurückblieb, wurde der Gefangene erschossen und hatte keine Chance.

Wir waren nun schon Tage unterwegs und die Ausfälle wurden immer mehr und der verbliebene Rest schleppte sich nur noch unter größter Anstrengung weiter, in der Gewissheit, zurückbleiben war gleichzustellen mit dem Tod. Unser Posten versuchte uns zu trösten, indem er uns zu erklären versuchte, dass es nur mehr einen Tag dauern würde und wir dann am Ziel seien. Ich hatte den Eindruck, wenn er gekonnt hätte, hätte er uns geholfen zu überleben. Jede Nacht kamen die russischen Soldaten vom Tross, die Richtung Budapest unterwegs waren, und durchsuchten uns, obwohl nichts mehr zu finden war. Uhren, Ringe und sonstige Wertsachen waren uns ja schon bei der Gefangennahme weggenommen worden. Ich stellte mich immer tot und ließ mich von den Russen hin- und herdrehen und hörte einen Russen sagen: »Lass diesen Mann, der lebt ja schon lange nicht mehr.«

Während ich diese Zeilen schreibe, erlebe ich diesen Todesmarsch nochmals, obwohl inzwischen fast 50 Jahre vergangen sind. Heute frage ich mich, wie es möglich war, diesen Todesmarsch zu überleben.

Wir hatten jedes Zeitgefühl verloren und ich weiß nicht, wie viele Tage wir unterwegs waren, um unser Ziel, die kleine ungarische Stadt Baja, zu erreichen. Als wir durch diese Stadt marschierten, stand die Bevölkerung an der Straße und schaute uns mit ernsten Gesichtern nach. Der Rest einer geschlagenen Armee, heruntergekommen, verdreckt und verlaust. In dieser Stadt hatte ich meine schönste Soldatenzeit erlebt und nun war ich hierher zurückgekehrt als geschlagener Mann.

Am Straßenrand sah ich auch meine Freundin mit Tränen in den Augen stehen, sie hat mich nicht erkannt, wie sich später herausstellte.

Wir hatten unser erstes Ziel erreicht, es war nur einige Hundert Meter von meinem ehemaligen Quartier entfernt. Hier war ein großes Barackenlager entstanden und wir wurden je 50 Mann abgezählt und ins Lager geschickt. Es waren schon viele Gefangene da und nun bekamen wir unsere Plätze zugeteilt. Wir wurden aufgerufen und konnten für 50 Mann Tee holen und ebenso bekamen wir für 50 Mann einen Sack Trockenbrot, die Aufteilung mussten wir selbst vornehmen.

Im Lager gab es sehr viele Zivilisten, die für die Küche, Entlausung usw. zuständig waren. Zu unserem Glück waren von den Zivilisten nicht alle Juden, aber ein großer Teil der Posten war doch von Juden aus der Umgebung von Baja besetzt. Es waren Juden, die von den russischen Soldaten befreit worden waren und sich in den Dienst der russischen Armee gestellt hatten. Das nächste Elend war bereits vorprogrammiert, denn durch die Entlausung mussten wir ja alle. Im Lager gab es bereits einen Arzt und auch Sanitätspersonal, aber alles Zivilisten. Meine Füße sahen fürchterlich aus und ich wusste nicht, sollte ich zur Sanitätsstelle gehen oder nicht. Die Gefahr, erkannt zu werden, war sicherlich sehr groß, so hielt ich es für besser, erst nach der Entlausung die Sanitätsstelle aufzusuchen. Die Entlausung arbeitete die ganze Nacht durch und meine Gruppe kam um ca. 4:00 Uhr früh an die Reihe. Wir mussten uns nackt ausziehen und mit erhobenen Händen in den Waschraum gehen. Die zwei Männer jüdischer Abstammung hatten es auf Gefangene scharf, die eine Tätowierung unter dem Oberarm hatten, wenn sie eine solche entdeckten, fiel dementsprechend die Behandlung aus. Die Männer hatten fingerdicke Stecken und damit wurden die SS-Männer verdroschen. Auch ich gehörte zu dieser Gruppe, aber ich war so fertig, dass ich die Prügel gar nicht mehr spürte. Eine Möglichkeit, dieser Behandlung zu entgehen, gab es ohnedies nicht, so musste man sich damit abfinden, als gehörten diese Schläge zur Entlausung.

Aus heutiger Sicht und mit heutigem Wissen war es wohl verständlich, dass die Juden einen furchtbaren Hass auf uns hatten, obwohl die Waffen-SS, die an der Front gekämpft hatte, sicher keinem Juden etwas getan hatte. Es gab auch Juden, die den Landsern keine Schuld anlasteten, sondern das Nazi-Regime und die Führungsschicht als Schuldige sahen. Aber was soll das Ganze, es war nun einmal so und man würde noch manches erleben müssen, falls man am Leben blieb.

Nun waren wir schon einige Tage im Lager und der russische Lagerkommandant gab den Befehl, einige Arbeitskommandos zusammenzustellen. Alle hofften, bei einem solchen Kommando dabei zu sein, um eventuell fliehen zu können. Es gingen noch immer Gerüchte im Lager herum, dass unsere Truppen durchgebrochen seien und sich in Richtung Baja auf dem Vormarsch befänden, um uns in den nächsten Tagen zu befreien. Nach den Gerüchten sollte die deutsche Wehrmacht einen großen Kessel gebildet haben, in dem die ukrainische Armee vernichtet werden sollte. Wie solche Gerüchte entstehen konnten, ist mir ein Rätsel, die Russen waren überhaupt nicht nervös und schon daraus konnte man schließen, dass man versuchte, im Lager Unruhe zu stiften.

Wir hatten wieder einmal Glück und kamen für den Arbeitsdienst in Frage. Das Arbeitskommando wurde zusammengestellt, abgezählt und mit zwei Posten ging es in Richtung Bahnhof. Unterwegs sah ich viele Leute, die ich von meinem Aufenthalt in Baja kannte, aber keiner ließ sich etwas anmerken, dass auch sie mich erkannt hätten. Ich war wahrscheinlich so heruntergekommen und nicht zu erkennen, was ja auch für mich das Beste war. Am Bahnhof angekommen, wurden wir aufgeteilt, drei Mann und ich hatten großes Glück. Wir wurden der Küche zugeteilt. Uns holte bei der Sammelstelle ein alter russischer Soldat ab, der auch etwas Deutsch sprach. Er erklärte uns, wir sollten ja nicht versuchen, wegzulaufen, er würde sofort schießen. Bei der Küche angekommen, wurden wir zuerst verpflegt und bekamen ein russisches Kochgeschirr voll Kascha (Buchweizengrütze). Ich hatte als Kochgeschirr nur eine Konservenbüchse, das sah dieser Mann und schenkte mir ein russisches Geschirr. Dieses Geschenk sollte noch viele Vorteile bringen. In dieses Geschirr ging fast das Doppelte wie in die anderen Kochgeschirre hinein. Nun mussten wir Holz für die Feldküche schneiden und hacken, auch die Kessel mussten wir reinigen und den Platz um die Küche sauber machen. Als wir fertig waren, sprach der Posten mit dem Koch, ob er mit uns zu den Zivilisten gehen dürfe, um um Lebensmittel zu fechten. Der Koch sagte ja und der Posten erklärte uns, dass er die Straße mit uns abgehen werde und wir die Leute bitten sollten, ob sie für uns etwas zum Essen hätten. Wir gingen von Haus zu Haus und ersuchten die Leute um etwas zum Essen oder Rauchen. Die meisten hatten Mitleid und gaben uns Brot, Mehlspeisen, sogar Speck und Fleisch bekamen wir, bei einigen Häusern auch Zigaretten. Wieder hatte ich große Angst, erkannt zu werden, aber obwohl ich einige Leute von meiner Zeit in Baja kannte, haben diese mich nicht erkannt. Am Abend brachte uns der alte Posten wieder zur Sammelstelle und es ging zurück ins Lager. Vor dem Lager mussten wir stehen bleiben und wurden gezählt, was für den Wachhabenden nicht einfach war, er musste die Zählung einige Male wiederholen. Nun wurden wir aufgefordert, unsere Taschen auszuleeren, und zwei Männer der Lagerwache filzten uns. Die Posten wollten uns die Essenssachen und Zigaretten abnehmen, aber der alte Poster ging zum Wachhabenden und dieser entschied, dass wir alles behalten und die Sachen mit ins Lager nehmen dürften. Am nächsten Tag gingen wir wieder mit dem Arbeitskommando hinaus, wurden aber diesmal nicht der Küche zugeteilt, sondern kamen zu den Amerikanern. Man soll es nicht glauben, aber die Amerikaner hatten in Baja eine Instandsetzungskompanie, welche die Aufgabe hatte, sämtliches amerikanische Kriegsgerät für die Russen instand zu setzen. Für uns war es eine große Überraschung, im Hinterland Russen und Amerikaner anzutreffen. Es war kein angenehmes Kommando, die Amerikaner verhöhnten uns und behandelten uns wie den letzten Dreck, aber auch zu den Russen waren sie nicht gerade fein. Am Bahnhof standen einige Waggons mit Klamotten, scheinbar eine Spende der Amerikaner an die Zivilbevölkerung. Wir mussten die Kleider, Hosen, Schuhe, Unterwäsche aussortieren. Die kaputten Sachen mussten wir ausscheiden und wieder in Säcke verpacken.

Endlich war es so weit, der Posten holte uns und brachte uns wieder zur russischen Feldküche, dort bekamen wir einen Topf Borschsuppe und etwas Kascha sowie ein Stück Brot. Von den Amerikanern bekamen wir nichts, auch keine Zigaretten, wenn wir sie darum anschnorrten. Sie selbst warfen halbe Zigaretten weg und wollte einer von uns diese aufheben, traten sie mit den Stiefeln darauf. Ich hatte wie immer etwas mehr Glück und musste für einen Sergeanten, der ein Schwarzafrikaner war, die Uniform saubermachen. Er gab mir dafür ein Päckchen Zigaretten. Diese waren für mich ein Vermögen wert und ich hätte den Schwarzafrikaner am liebsten umarmt. Er sprach etwas Deutsch und machte mich darauf aufmerksam, hier nicht zu rauchen, scheinbar wollten die Kollegen nicht, dass uns jemand etwas gab. Am Abend ging es wieder ins Lager und es wiederholte sich das Gleiche wie am Vortag. Zählung und die wurde öfter wiederholt und auch das Filzen blieb nicht aus. Eine Woche ging das Ganze gut und wir konnten uns gut erholen. Leider versuchten einige Kameraden aufgrund der Gerüchte zu fliehen und aus war es mit der Herrlichkeit. Von diesem Tage an war die Bewachung streng und die russischen Posten auch nicht mehr so großzügig. Die drei Geflohenen waren nur eine Nacht in Freiheit, schon am nächsten Tag brachte das Suchkommando sie zurück. Ich will nicht beschreiben, in welchem Zustand sich diese drei Männer befanden, als man sie im Lager ablieferte. Wahrscheinlich hat keiner der drei Männer überlebt, denn am nächsten Tag waren sie verschwunden.

Ein besonderes Ereignis gab es auch im Lager, man suchte Österreicher, die Wien sehr gut kannten. Ein Sergeant ging durch die Baracken und forderte Österreicher auf, sich beim Wachtior zu melden, und versprach, dass diese Männer gleich nach Kriegsende nach Hause geschickt würden. Einige meldeten sich und gingen zum Wachtior, von dort wurden sie mit einem LKW weggebracht.

Es tat mir fast leid, dass ich mich nicht gemeldet hatte, aber dass man als jemand von der SS genommen worden wäre, glaube ich weniger und so war es vielleicht besser, nicht überall dabei zu sein. Nach einigen Stunden kamen einige Männer zurück und erzählten, dass sie einen Test hatten machen müssen und es hätten nur zwei Männer bestanden. Sie wurden wahrscheinlich für den Angriff auf Wien und dessen Vorbereitung gebraucht.

Mit der Befreiung durch unsere Truppen wurde es nichts, dafür ging das Gerücht um, dass wir nach Rumänien verlegt würden. Dies traf auch zu und schon am nächsten Tag wurden wir wieder zur Entlausung gebracht und von dort ging es Richtung Bahnhof. Nun saß ich zum zweiten Mal in einem Viehwaggon am Bahnhof in Baja und es ging immer weiter fort von der Heimat. Als Marschverpflegung bekamen wir für einige Tage Trockenbrot, deshalb konnten wir annehmen, dass der Transport voraussichtlich nicht weiter als bis Rumänien fahren würde.

Meine erste Fahrt mit dem Viehwaggon von Baja war noch mit den Hunden in Freiheit zur rumänischen Grenze gewesen.

Transport an die rumänisch-russische Grenze – Sammellager (Großlager)

Beim Verladen in Viehwaggons wurden je 60 Mann eingeteilt, so war für jeden Mann genügend Platz. Sogar Stroh war in den Waggons, so konnte man schön weich liegen. In der Mitte diente eine Dachrinne, die nach draußen führte, als Klo. Die Fahrt verlief ohne besondere Aufregungen, außer Hunger und Durst gab es keine Probleme.

Nach einigen Tagen waren wir am Ziel, wir hatten das Lager Mamera-Siget an der rumänisch-russischen Grenze erreicht. Alles aussteigen! und wir marschierten Richtung Lager. Dort begann wieder das Zählen und nicht nur einmal, sondern wieder einige Male, bis der Posten die richtige Zahl hatte. Wir waren immer noch eine Nummer und nicht registriert, eigentlich gar nicht vorhanden. Der Transportleiter und der Lagerkommandant waren sich nun scheinbar einig, wie viel Mann das Lager neu bekommen hatte, und wir konnten das Tor passieren. In diesem Lager waren sicher schon 10.000 bis 15.000 Mann und es kamen ständig weitere Transporte an. Nach der langen Zählerei wurde uns ein Platz zugewiesen und wir wurden in Hundertschaften eingeteilt, warum gerade in Hundertschaften, sollte sich später herausstellen. Für jede Hundertschaft wurde ein deutscher Offizier bestimmt, der hatte die Verantwortung, dass die Anweisungen der Russen befolgt würden. Auch für die Verteilung der Verpflegung war dieser Offizier zuständig. Weiters gab es in diesem Lager viele Rumänen und Ungarn, sie alle hatten verschiedene Posten im Lager inne. Die Küche, die Kleiderkammer, das Vorratslager und auch die Backstube wurden von diesen Männern besetzt.

Nach dieser Prozedur wurde nun endlich unsere Hundertschaft zum Teeholen aufgerufen, es gab vier Eimer Tee und so mussten sich vier Mann bei der Küche anstellen. Unser Capo ging mit zwei Mann zur Backstube, dort gab es 25 Brote für unsere Hundertschaft. Dies bedeutete pro Mann 250 Gramm Brot für einen Tag, das war sehr wenig, wenn man das russische Brot kannte. Es ist sehr wässrig, wenn man das Brot zusammendrückt, rinnt das Wasser raus, was übrig bleibt, sind keine 100 Gramm.

Der nächste Tag begann mit Teeholen, Brotholen und Antreten zum Zählen, dies in Blöcken von je 100 Mann. Ein Rumäne übernahm für unseren Abschnitt das Kommando und meldete den Russen die Zahl. Nun begann wieder das alte Leiden, der Russe bekam eine andere Zahl heraus und es wurde gezählt, gezählt, wieder gezählt, bis auch er die richtige Zahl hatte.

Ein Abschnitt umfasste einige Hundertschaften und mehrere Abschnitte einen Block. Unter zwei Stunden dauerte keine einzige Zählung. Bis alles durchgezählt war und dem Lagerkommandanten die Meldung erstattet wurde, dauerte es auch so lange. Nach dem Morgenappell mussten wir wieder antreten und man soll es nicht für möglich halten, was wir nun zu tun hatten. Innerhalb des Lagers lagen großen Haufen Kieselsteine. Wir mussten diese faustgroßen Steine zu einem hundert Meter entfernten Haufen tragen. Jeder durfte nur einen solchen Kieselstein nehmen. Es war verboten, mehrere Steine zu tragen. Zuerst verstand ich diese Maßnahme überhaupt nicht, aber im Laufe der Zeit wurde mir klar, der Russe hatte größtes Interesse, uns in Bewegung zu halten. Durch diese Methode hatte er eine bessere Kontrolle über diese Massen von Gefangenen.

Von hier gingen laufend nach Zuteilung der Waggons Transporte in die verschiedenen Lager nach Russland ab. Ein Transport umfasste meisten 3.000 bis 4.000 Mann und einen Zug Wachpersonal. In den Viehwaggons war eine Etage eingebaut, sodass auf jeder Seite 50 Mann Platz hatten, so wurde pro Waggon eine Hundertschaft untergebracht. Jetzt war auch klar, warum schon im Lager alles nach Hundertschaften ablief. Ich brauche nicht näher darauf einzugehen, wie viel Platz für den einzelnen Mann vorhanden war. Das Klo war auch in der Mitte des Waggons installiert und funktionierte, wie schon beschrieben. Die Einkleidung für den Transport erfolgte auch hier und man konnte annehmen, wenn man Anoraks und Pelzstiefel bekam, dass man sicherlich in den Norden von Sibirien geschickt wurde. Bekam man ein Drillich und leichte Schuhe, ging es sicher in den Süden von Russland. Wir waren aber noch nicht so weit und durften den ganzen Tag fleißig Steinchen tragen.

Es gab wie in Baja auch hier Gerüchte noch und noch, so wurde erzählt, alle Österreicher, Ungarn und Rumänen würden sofort bei Kriegsende entlassen. Ich konnte das einfach nicht glauben, denn bis jetzt waren wir nicht einmal eine Nummer und Personalien wurden auch nicht aufgenommen. So waren wir nirgends registriert und dadurch praktisch nicht vorhanden. Den Russen war nur wichtig, dass die Zahl stimmte, und wenn einer starb, musste eben die Zahl berichtigt werden und dieser Mann war eben nie vorhanden gewesen.

Wenn man heute von Vermissten spricht, so sind das zum großen Teil Männer, die als Gefangene Russland nie erreicht haben. Erst in den russischen Lagern wurden die Personalien aufgenommen.

Eines Morgens war unsere Hundertschaft mit dabei und wir mussten antreten. Es kam der Befehl, bis auf die Unterwäsche alles abzugeben, und wir bekamen dafür Winterbekleidung. Nun versuchten einzelne Gefangene, sich zu drücken und bei anderen Hundertschaften unterzukommen. Einigen gelang es und die Rumänen teilten einfach einen anderen ein, sodass die Zahl wieder stimmte. Wir wurden zum Tor geführt, abgezählt und ab ging es in Richtung Zug, der auf einem Abstellgleis auf uns wartete. Die Verladung ging sehr rasch vor sich, es mussten die 100 Mann in den bestimmten Waggon hinein. Nachdem ich bei den ersten Reihen dabei war, konnte ich einen Platz im 1. Stock ergattern und dieser Platz brachte viele Vorteile. Neben mir saß der Lenz Karli und erst jetzt, hier im Waggon, kamen wir darauf zu sprechen, woher er kam, und es stellte sich heraus, dass er aus Trahütten war. Ich erzählte, dass ich aus Kalsdorf sei und 1338 und 1939 sehr oft in Trahütten gewesen war. Ich hatte ein bekanntes Mädchen, deren Vater eine Schafzucht in Trahütten begonnen hatte. Er kannte den Herrn Walch und so kamen wir ins Gespräch. Jeder erzählte von Zuhause und was unsere Angehörigen jetzt wohl machen würden und ob sie noch am Leben seien. Die Zeit verging schnell, es war schon etwas dunkel, als die Teeholer aufgerufen wurden und ein Kommando zwei Säcke Trockenbrot in den Waggon warf. Als die Teeholer zurück waren, wurde der Waggon geschlossen und nun musste man warten, bis sich der Zug sich in Bewegung setzte.

Es musste schon sehr spät sein, als das geschah, es war bereits finstere Nacht, Karli und ich unterhielten uns leise, wir sprachen viel von Zuhause und auch davon, wie es mit uns weitergehen würde. Die Nacht war ziemlich kalt und der Ofen in der Mitte des Waggons hatte auch kein Feuer, der kleine Kübel mit Kohle war schnell verheizt. Aber wir lagen ja wie Sardinen zusammengepfercht und so war die Kälte erträglich. Es wurde immer heller und wir durchfuhren die Ebenen der Ukraine. Gegen Mittag wurden wir auf ein Abstellgleis geschoben und die Waggontüren geöffnet. Ein Kommando konnte eine Wassersuppe holen und es gab wieder das Trockenbrot, aber sonst nichts. Nach dieser bescheidenen Fütterung wurden die Waggons wieder geschlossen. Es dauerte noch Stunden, bis der Zug sich wieder in Bewegung setzte. Alles ging langsam vor sich, unser Transport musste überall zurückstehen, wenn Züge in Richtung Front unterwegs waren.

Wir waren nun schon eine Woche auf Schiene und konnten feststellen, dass wir nicht nach Norden kamen, denn aufgrund der Orte glaubten wir nach Süden unterwegs zu sein. Von den Posten war keine Antwort zu bekommen, was als Endziel vorgegeben war, sie sagten nur, sie wüssten es nicht. Einzelne Männer wurden krank und wir alle hatten ständig Hunger. Das, was wir bekamen, reichte bei Weitem nicht aus und war zum Verhungern zu viel und zum Sterben zu wenig. Die Verpflegung wurde immer weniger, Kascha gab es überhaupt keines, die Suppe war so dünn, dass man sagen konnte, es war reines heißes Wasser. Nun waren wir schon die dritte Woche unterwegs und noch immer hatten wir das Endziel nicht erreicht. Es kam vor, dass den ganzen Tag die Waggontür nicht aufgemacht wurde. Scheinbar hatten die Begleitpersonen einen Teil der Verpflegung verkauft. Wir hatten ja im Lager wesentlich mehr zum Essen bekommen als jetzt. Alle wurden immer schwächer und wäre es nicht bald zu einer Änderung gekommen, wären wir alle kaputtgegangen.

Nun sahen wir eine Stadt und fuhren am Meer entlang, dies konnte nur das Kaspische Meer sein, also ging es Richtung Baku. Das würde bedeuten, dass wir in zwei bis drei Tagen Baku erreicht haben müssten. Nun waren wir in Aserbaidschan und unsere Winterbekleidung hatte uns wohl im Waggon gewärmt, aber hier im Süden würden wir sie nicht gebrauchen können. Nach zwei Tagen hatten wir Baku erreicht, wurden aber nicht ausgeladen, sondern die Fahrt ging weiter. Die Posten waren jetzt bereit, uns zu sagen, dass wir nach Kirovabad kommen sollten, und zwar in die Berge hinein, weil man eine Straße und eine Bahn bauen wolle. Wir fragten nach Verpflegung, aber die Posten machten mit der Schulter nur einen Zucker. Endlich angekommen wurden wir auf ein Abstellgleis geschoben, die Türen gingen auf und draußen standen viele Studebaker (amerikanische LKWs). Das Gelände wurde mit zusätzlichen Posten abgesichert und wir wurden aufgefordert, den Waggon zu verlassen und uns davor aufzustellen. Das war leicht gesagt, aber der Großteil war nicht mehr in der Lage, ohne Hilfe den Waggon zu verlassen. Wieder tauchten Ungarn und Rumänen auf, die den Auftrag hatten, die Männer aus den Wagen zu holen und auf die bereitgestellten LKWs zu verladen. Dass ich nicht vergesse, vor der Verladung begann wieder die Zählung und natürlich fehlten welche, die unterwegs verstorben waren. Jetzt gab es ein Hin und Her, der russische Offizier machte einen Wirbel und brüllte mit dem Transportleiter, er hätte die Toten mitnehmen müssen und sie nicht einfach unterwegs ausladen dürfen.

Die Verladung wurde auf brutalste Art durchgeführt und ein LKW nach dem anderen verließ Kirovabad in Richtung Berge. Nach einigen Stunden Fahrt erreichten wir das Gebirge und fuhren auf einer neu angelegten Straße in einer Schlucht immer höher hinauf. Nun sahen wir bereits die ersten Lager mit Lehmbaracken, die mit einer großen Plane abgedeckt waren. In diesem Lager waren schon deutsche Gefangene und auch Ungarn sowie Rumänen. Jetzt kamen wir zu einer Baustelle, wo bereits unsere Landser Steine klopften und damit die Böschung machten. Beim schnellen Hinschauen sah man gar nicht, ob diese Männer schlecht oder gut aussahen. Sicherlich würden wir das alles zum richtigen Zeitpunkt erfahren. Nun bog unser LKW von der Straße ab und unter uns war bereits das Lager zu sehen, das scheinbar nur mit Ungarn und Rumänen belegt war. Die LKWs blieben vor dem Tor stehen und wir sollten absteigen. Nachdem nur noch wenige dazu in der Lage waren, machte es sich der russische Fahrer einfach, er klappte die Bordwand runter und schaltete die Hydraulik ein und der LKW war entladen. Die noch stehen konnten, mussten antreten und wurden abgezählt, die nicht mehr stehen konnten, wurden von den Rumänen und Ungarn nach der Zählung ins Lager getragen. Es kam ein LKW nach dem anderen an und bei jedem LKW gab es Männer, die nicht mehr stehen konnten, und alle wurden auf die gleiche Weise ins Lager gebracht.

Man sagte uns, dass wir im Lager 41 seien und nach der Quarantäne für den Straßen- und Bahnbau eingesetzt würden. Von einem Ungarn erfuhren wir, dass dieses Gebiet zur Abdeckung der russischen Kriegsschuld an die Amerikaner für 39 Jahre verpachtet worden war. Das würde auch erklären, warum so viele neue Studebaker hier im Einsatz waren. Eines war jetzt schon klar, hier im Lager bestimmten nach den Russen die Rumänen und Ungarn. Welche Probleme wir mit diesen ehemaligen Verbündeten noch bekommen sollten, würde sich sehr bald herausstellen.

Distrikt Kirovabad – Lager 41 – Azerbajdzanskaja

Drei Tage waren wir nun im Lager, das für so viele Gefangene sicherlich zu klein war. So mussten auf Pritschen für drei Mann sechs Gefangene unterkommen. Die Sanitätsbaracke war überbelegt und es herrschten dort die gleichen Verhältnisse. Das ganze Lager war überfüllt. Es gab auch eine ärztliche Betreuung durch eine russische Ärztin und einen österreichischen Arzt aus Kirchbach in der Steiermark. Alle anderen Posten im Lager waren, wie schon erwähnt, von den Rumänen und Ungarn besetzt. Als Lagerkommandant war ein Ungar namens Horvath eingesetzt und mit ihm sollten wir noch große Probleme bekommen. Weiters gab es noch einen Österreicher, der eine besondere Rolle spielen sollte, es war der Dolmetscher für den Kommissar. Ein weiterer Dolmetscher war ein Ungar mit dem Namen Kowatsch, ein 100-kg-Mann und ein Deutschen-Hasser, wie man sich keinen besseren vorstellen konnte. Die wichtigste Person war wohl der Natschalnik, der Chef des Lagers Nr. 41. Er war jüdischer Abstammung und hasste alles, was deutsch war, und im Besonderen jene Gefangenen, die in der Waffen-SS gedient hatten. Noch zwei wichtige Posten wurden von Ungarn besetzt, es waren dies die Wäschereiführung und der Fourier. Das war der Mann, der im Lager die Lebensmittel verwaltete und das Brot ausgab. Die Küche wurde von einem Österreicher geführt, wir nannten ihn Burli, weil er noch sehr jung war. Noch etwas gab es in diesem Lager, was für alle eine große Überraschung war – die Zahnstation, besetzt mit einem Oberleutnant namens Jagdmut. Außerhalb des Lagers gab es eine große Bäckerei und eine Garnison, die für die Bewachung des Lagers zuständig war und auch die Arbeitskommandos mit Wachposten versorgten.

Das Lebensmittellager war der Bäckerei angeschlossen, die Wäscherei befand sich innerhalb des Lagers. Rundherum waren hohe Wachtürme, mit je einem Posten besetzt, und beim Tor gab es einen Wachtior, der in unserem Fall ein Sergeant war, und zwei Soldaten, die für das Auf- und Zumachen des Lagertors zuständig waren. Mit dieser Beschreibung habe ich einen kleinen Überblick gegeben und komme nun zu den eigentlichen Tagesabläufen: »Was sich in diesem Lager abgespielt hat und wie es uns auf den Baustellen ergangen ist.«

In der nächsten Zeit sollten wir im Lager bleiben und nur für leichte Arbeit innerhalb dessen eingesetzt werden. Dies kam einer Quarantäne gleich und sollte 4–6 Wochen dauern. Die Verpflegung war gut und reichlich und stammte zum größten Teil aus amerikanischen Beständen. So gab es Erbsensuppen und Kascha, auch Konserven wurden in der Küche verwendet. Jeder bekam 600 Gramm Brot am Tag und auch Zucker sowie Tabak, meistens wurde Mahorka ausgegeben. Das Essen war immer sehr fetthaltig, da zum Kochen reichlich Sonnenblumenöl verwendet wurde. Das hatte den Nachteil, dass viele Landser dieses Essen nicht vertrugen und anstatt sich zu erholen, noch mehr krank wurden oder starben. Noch immer hatten die Russen unsere Personalien nicht aufgenommen, was bedeutete, dass jeder, der in den ersten Tagen im Lager starb, nur eine Nummer war und die Angehörigen nie erfuhren, wo der Mann oder der Sohn gestorben war. Das Todeskommando hatte die ersten Tage viel zu tun. Die Transporte ins Lazarett gingen fast täglich ab.

Ich glaube, es war der vierte Tag, als wir einen Fragebogen bekamen und diesen ausfüllen mussten. Es war schwierig, auf alle Fragen die richtige Antwort zu finden, denn die Russen wollte sehr viel wissen. Nun suchte man Schreibkräfte für die Übersetzung vom Deutschen ins Russische und es meldeten sich einige Landser, unter anderem auch ein deutscher Landser russischer Abstammung. Dieser Mann war der Erste im Lager, der zum Kommissar musste. Das Verhör verlief zu seinen Ungunsten und er wurde am nächsten Tag unter strenger Bewachung weggebracht.

Seine Geschichte muss ich erzählen, ich kannte den Kameraden sehr gut. Auch er hatte in der Waffen-SS gedient, was gerade für ihn ein ganz großer Nachteil war. Er war der Sohn einer deutschen Mutter und eines russischen Offiziers im Rang eines Generals. Wie er zur Waffen-SS gekommen ist, hängt mit dem Schicksal seiner Familie zusammen. Der Vater diente in der russischen Armee, die Mutter wohnte in der Ukraine. Beim Vormarsch der Truppen wurden Mutter und Sohn überrascht und fuhren zu Verwandten nach Deutschland. Nachdem der Sohn 1943 wehrpflichtig wurde und deutscher Abstammung vonseiten der Mutter war, wurde er zur Waffen-SS ausgemustert. Der junge Mann konnte überhaupt nichts dafür und wird wahrscheinlich in einem Sonderlager nicht überlebt haben. Dabei hätte sein Vater dafür sorgen können, dass seine Angehörigen nicht in deutsche Hände gerieten. Ein Schicksal, wie es wahrscheinlich mehrere gegeben hat. Das war der Nachteil der Registrierung. Man hatte jetzt einen Namen, aber damit konnte der Russe auch in der Heimat alles überprüfen, was man angegeben hatte, soweit die Angehörigen in der russischen Zone lebten.

Nun noch einige Zeilen zur Entlausung und zur ersten Untersuchung durch eine russische Kommission. Wir mussten barackenweise ins Bad, dort konnten wir uns duschen und mit Seife reinigen, jeder bekam ein Stück Seife in der Größe einer Zündholzschachtel. Die zweite Station war der Friseur, der musste uns eine Glatze schneiden und diese auch abrasieren. Es war eine Qual, sein Rasiermesser schnitt nicht gerade am besten, sodass manche mit einem blutigen Schädel zur nächsten Station kamen. Dort wurden die Schamhaare abrasiert und ein Vermerk gemacht, wenn einer Filzläuse hatte. Der Friseur und sein Helfer waren Ungarn und ich brauche nicht weiter zu erwähnen, wie brutal das Ganze ablief. Nackt ging es hinaus auf den Hof und wir mussten uns bei der Sanitätsbaracke anstellen. Mit »Hände hoch« ging es in einen Raum, wo die Ärztekommission die Untersuchungen vornahm. Man stellte sich vor diese Herren hin und das Erste, was sie feststellten, war die Tätowierung unter dem Arm. Nun musste man sich umdrehen und der Arzt kniff einen in den Hintern und sagte: »Berbi«, was so viel heißen sollte wie »arbeitsfähig für schwere Arbeit«. Alle Tätowierten gehörten der Arbeitsgruppe eins an, ob sie gesund, krank, schwach oder stark waren, spielte keine Rolle für diese Kommission. Nachdem mit der Untersuchung diese Tour abgeschlossen war, mussten wir antreten und ein höherer Offizier hielt eine Ansprache, in der er uns mitteilte, dass wir für alle Verbrechen der Deutschen Wiedergutmachung leisten müssten, und er hoffe, dass wir dies mit vollem Einsatz bei der Arbeit beweisen würden.

Nachdem die Personalien aufgenommen waren, wurde auch der Kommissar aktiv und holte die Männer, die bei der Kommission aufgeschrieben worden waren, zum Verhör. Dabei wurden nur die Personalien überprüft und vor allem festgestellt, ob man auf dem Fragebogen auch die richtigen Angaben gemacht hatte. Einige hatten an der Stelle, wo die Tätowierung gewesen war, eine Narbe und auch diese Männer wurden der SS zugeordnet. Dieses erste Verhör verlief ziemlich ruhig und die Befragung bezog sich vorwiegend auf die Einsätze in Russland. Es war notwendig, sehr vorsichtig zu sein. Der Kommissar war über die deutschen Einheiten und ihre Einsätze bestens informiert. Weiters versuchte er festzustellen, ob man über andere Kameraden Aussagen machen könne. Es war auch bezeichnend für die Vorgangsweise bei diesen Verhören, dass in der kurzen Zeit bereits festgestellt worden war, wer mit wem befreundet war. Man holte auch solche Männer, die nicht bei der SS gewesen waren, aber mit einem SS-Mann im Lager verkehrten. Diese Männer wurden über alle Gespräche im Laufe des Transportes und auch im Lager befragt.

Diese Art von Verhören wurde im Laufe der gesamten Zeit in der Gefangenschaft durchgeführt, nur mit dem Unterschied, dass immer strengere Maßnahmen getroffen wurden. Im Herbst 1949 wurden die Protokolle herangezogen und mancher Landser dachte gar nicht mehr daran, welche Aussagen er gemacht hatte. Nun wurde es entweder sein persönlicher Nachteil oder er hatte Material für die Verurteilung anderer Kameraden geliefert.

Es waren schon sechs Wochen vergangen und man sprach im Lager bereits von Arbeitskommandos, die nächste Woche auf einzelne Baustellen verteilt würden. Man hörte von Normen und der damit verbundenen Verpflegung, das heißt je mehr man arbeitete, umso mehr bekam man zu essen. Die normale Brotration waren 750 Gramm und jetzt konnte man bei mehr als 100 % Arbeitsleistung am Abend anstatt 250 Gramm Brot bis zu 600 Gramm bekommen und außerdem entsprechend Kascha. Nun begann der Kampf ums Brot und um die Leistungsprozente. Es gab eine weitere Erschwernis durch die Einteilung in Gruppen von eins bis drei. Der Einser-Mann musste mehr leisten, um 100 % oder darüber zu erreichen, als der Zweier-Mann, der Dreier-Mann durfte für leichte Arbeit herangezogen werden. Weiters gab es noch die Gruppe OK, diese Männer durften zu keiner Arbeit eingeteilt werden. Mit diesem System war es möglich, dass immer ein Teil der Männer eins und zwei waren und bei der nächsten Untersuchung wieder Männer, die OK oder drei waren, in eins oder zwei eingeteilt wurden.

Von der Ebene bis ins Gebirge gab es viele Lager, unter anderem auch Sakritschurni-Lager, das waren solche mit Russen, die 25 Jahre Zwangsarbeit aufgebrummt bekommen hatten. Übrigens war das ganze Gebiet Verbannungsgebiet. Alle Russen, die hier tätig waren, Ingenieure, Offiziere, Unteroffiziere, Mannschaften und auch Beamte, alle waren sie Verbannte und durften dieses Gebiet nicht ohne Genehmigung verlassen. Es wurden eine Bahn und eine Straße gebaut, diese sollte zum Dreiländereck führen. Bedingt durch den Straßen- und Bahnbau, gab es verschiedene Arbeitskommandos.

Bevor ich ins Detail gehe, beschreibe ich noch die einzelnen Arbeitsplätze und den Schwierigkeitsgrad der einzelnen Kommandos. Der schwierigste Arbeitsplatz war die Schottererzeugung in Nachtschicht. Mit einfachen Hilfsmitteln musste die Arbeit bewältigt werden. Für die Vorbereitung gab es mehrere 10-kg-Hämmer und einige Eisenkeile, damit wurden die großen Felsblöcke für die Schotterschlaganlage zerkleinert. Im zweiten Arbeitsgang mussten die Steine zwischen 50 und 100 Meter mit Holzscheibtruhen herangekarrt werden. Der dritte Arbeitsgang war etwas leichter, denn man brauchte nur die Steine in eine Öffnung werfen, von dort rutschten sie direkt in den Trichter der Schotterschlagmaschine. Im vierten Arbeitsgang musste der Mann den Schotter wegschaufeln, das war wohl die schwierigste Arbeit, dafür waren auch zwei Männer eingeteilt. Es waren drei Maschinen zu bedienen, die Tag und Nacht in Betrieb waren. Alle Arbeitsplätze bei den Schottermaschinen wurden mit einem Zug abgedeckt.

Das zweite Kommando war auch nicht viel leichter, denn es mussten die Schwellen herangebracht und in bestimmten Abständen auf den Oberbau aufgelegt werden. Ein weiteres Kommando mit je zehn Mann musste vom Waggon die Schienen herunternehmen, auf die Schwellen auflegen und befestigen. Nun wurde Schotter gebracht und dieser mit einer Art Pickel unter die Schwellen eingearbeitet. Es gab auch beim Bahnbau leichtere Arbeiten, wie Böschungen abschrägen, bei den Brücken die Böschungen mit Steinen auslegen usw.

Beim Straßenbau mussten wir in den Abschnitten arbeiten, wo die Straße in den Berg hineingebaut wurde, hier waren Tausende Kubikmeter Steine zu bewegen und oft bis zu 100 Meter mit der Schubkarre zu transportieren. Die Felsen wurden heruntergesprengt und wir mussten sie zerkleinern und über den Hang hinunterwerfen oder wie schon erwähnt mit der Karre wegbringen. Einige wurden den Bohrmaschinen zugeteilt und andere wieder dem Abräumen mit Brechstangen. Pro Zug wurden auch zwei bis drei Mann der Dreier-Klasse eingeteilt, die zählen mussten, wie viele Scheibtruhen der Einzelne wegfuhr. Um die Norm zu erreichen, mussten Steine für 120 Scheibtruhen zerkleinert, aufgeladen und abtransportiert werden. Das waren im Wesentlichen die Arbeitsplätze, die vom Lager 41 beschickt wurden.

Es war Mitte April und die schöne Quarantänezeit war vorbei, die Züge wurden eingeteilt und los ging es. In der Früh um 6:00 Uhr wurde man geweckt, danach konnte man in den Waschraum und anschließend musste man antreten zum Frühstück, meistens gab es eine Wassersuppe und 250 Gramm Brot. Das wurde schnell verzehrt und schon mussten wir beim Lagertor antreten. Es wurde durchgezählt und wir marschierten aus dem Lager hinaus. Draußen warteten die Posten, zählten auch ab und wir wurden auf einen LKW verladen. Es ging ca. 1 Stunde die Berge hinein, bis wir unsere Baustelle erreicht hatten. Es war, wie schon beschrieben, ein felsiger Hang, aber nicht länger als 30 Meter. Vielleicht einen Meter hatten vor uns Gefangene bereits in den Hang hineingearbeitet. Wir wurden eingeteilt, ich war mit meinem Freund Lenz Karli zusammen und noch ein Dritter war dabei. Werkzeug wurde ausgegeben, ein 10-kg-Hammer, eine Brechstange und eine Schubkarre, die schon sehr mitgenommen war. Nun ging es los, Karli hatte schon zu Hause schwer gearbeitet und wusste auch, wie man die Steine mit dem Hammer zerlegt. Ich fuhr mit der Scheibtruhe, das konnte ich noch am ehesten, oder das Beladen der Scheibtruhe. Karli hatte in kurzer Zeit eine Menge Steine vorbereitet und half noch mit beim Verladen, fallweise fuhr er auch noch eine Schubkarre. Die Posten und die Brigadiere trieben die Leute zu äußerster Leistung an. Wir hatten einen Zugführer, der vollkommen verrückt spielte, es war ein Deutscher, der bei den Fliegern gedient hatte. Um 13:00 Uhr kam der Essenswagen mit Suppe und Kascha, auch ein Stück Brot gab es. Wir waren schon so kaputt, dass es uns schwerfiel, das Essen zu holen. Nach einer Stunde Mittagspause ging es weiter bis 18:00 Uhr abends. Am Nachmittag konnten uns der Brigadier und unser Zugführer antreiben, soviel sie wollten, die Leute konnten einfach nicht mehr. Wir hatten 80 Scheibtruhen gefahren, das entsprach 2/3 der Norm, etwa 67 %. Dafür würde es am Abend nur 100 Gramm Brot geben. Um 18:00 Uhr wurden wir wieder per LKW ins Lager gebracht und dort mussten wir nun zum Abendappell antreten. Man ließ uns scheinbar absichtlich recht lange stehen, da es mit dem Abzählen auch nicht klappte. Nun war es endlich so weit, dass wir wegtreten konnten, um unser Abendessen zu holen. Es bestand aus Suppe, Kascha und 250 Gramm Brot, scheinbar hatten wir noch eine Galgenfrist und es wurden die Leistungen noch nicht herangezogen, sonst hätten wir nur 100 Gramm Brot bekommen.

Nun hatten wir unsere Suppe und Kascha, setzten uns auf das untere Bett und begannen zu essen. Auf einmal hatte ich im Mund einen eigenartigen Gestank und ich glaubte, die Suppe sei nicht in Ordnung, aber ich wurde bald aufgeklärt. Es war nicht die Suppe, sondern die Wanzen ließen sich aufgrund des aufsteigenden Dampfes in die Suppe fallen und ich hatte eine zerbissen. Der Hunger war groß und ich wollte die Suppe nicht mehr essen, aber ein Kamerad meinte: »Wenn du hier überleben willst, musst du alles essen, was du bekommst.« Also entschloss ich mich, die Suppe mit den Wanzen zu schlucken, ohne zu beißen. Das nächste Mal war ich klüger und setzte mich auf mein Bett im ersten Stock und entging so der zusätzlichen Fleischration. Wir waren todmüde und jeder legte sich ins Bett. Bett ist gut gesagt, es war eine Holzpritsche mit einem Strohsack und auch der Kopfpolster war ein kleiner Strohsack. Als es finster wurde, kamen die Wanzen und sorgten dafür, dass wir nicht schlafen konnten. Am nächsten Tag schauten wir aus, als ob wir Scharlach hätten, da die Wanzen scheinbar ausgehungert waren. Um 6:00 Uhr ging es wieder los, es wiederholte sich das Gleiche wie am Vortag. Die Posten mit: »Dawei, dawei«, unser Zugführer hinter jedem her und keiner konnte seiner Aufgabe gerecht werden. Man drohte uns mit Maßnahmen, wie Entzug der Verpflegung, mit Katzer und Meldung an den Kommissar, dass wir Saboteure seien. Jetzt bekamen wir die volle Wucht der Gefangenschaft zu spüren.

Es sollte auf jeden Fall erreicht werden, die russischen Arbeitsnormen zu erfüllen oder sogar über 100 % zu arbeiten. Der Normschreiber auf der Baustelle, ein russischer Ingenieur, bestimmte, wie viel % wir erreicht hatten. Unsere Zugführer hatten Angst, diese Entscheidungen anzuzweifeln, und so waren wir Gefangenen die Dummen. Die erste Zeit wurde es toleriert, aber nach einigen Wochen schauten wir blöd aus, als es nur 100 Gramm Brot und keinen Kascha gab für jene, die nicht in der Lage waren, die Norm zu erfüllen. Nun begann der Kampf innerhalb des Zuges, die einen bekamen ein großes Stück Brot und die anderen mussten mit einem kleinen Stück zufrieden sein. Es sollte allerdings noch schlimmer kommen, man wollte aus uns die letzte Kraft herausholen.

Der 1. Mai 1945 war Ruhetag, die Posten feierten diesen Tag und so stand von der Garnison kein Wachpersonal zur Verfügung. Es zeichnete sich auch ab, dass der Krieg nur mehr wenige Tage dauern würde, und die große Siegesfeier der Russen stand bevor.

Am 8. Mai 1945 war es so weit und der Natschalnik ließ uns antreten und teilte uns mit: »Deutschland hat die bedingungslose Kapitulation unterschrieben.« Für die Garnison bedeutete dies drei Tage frei zum Feiern, Deutschland war nun endgültig besiegt. Für das Lager war es eine Gefahr, man musste damit rechnen, dass die Soldaten über den Durst trinken würden, und dies könnte für uns gefährlich werden. Mit sofortiger Wirkung durften Soldaten nicht das Lager betreten und dem Wachtior war es auch nicht erlaubt, mit einer Waffe ins Lager zu gehen. Diese Maßnahme sollte sich als richtig erweisen, denn am Abend wurde schon außerhalb des Lagers mit der Schießerei begonnen. Es waren für die Russen natürlich nur Freudenschüsse, aber die Kugeln pfiffen über unsere Baracken hinweg. Dieser Zauber dauerte drei Tage und wir konnten uns ganz gut erholen, da wir nicht auf die Baustelle brauchten. Die Garnison stellte wie am 1. Mai keine Posten für die Arbeitskommandos zur Bewachung und bei der Siegesfeier schon gar nicht. Es hatte nur die Lagerwache Dienst und diese mit eingeschränktem Dienstplan.

Obwohl wir darauf vorbereitet waren, dass der Krieg verloren ist, traf uns die Tatsache doch ziemlich. Wir konnten nicht verstehen, wie man Menschen in einen Krieg bis zum Letzten treibt, und nun war alles umsonst. Die ganzen Strapazen und alles, was man darauf als junger Mensch geglaubt hatte aufbauen zu können, war in nichts zerronnen. Wir sprachen die drei Tage viel, wie alles gewesen war und was nun aus uns werden würde. Der Russe würde uns als Arbeitskraft in Russland behalten und wir würden ihnen wieder alles aufbauen, was wir zerstört hatten. Eines war sicher, alle würden nicht nach Hause kommen, denn was wir bis jetzt erlebt hatten, war für viele auf längere Sicht das Todesurteil. Nun waren wir schon ca. drei Monate auf der gleichen Baustelle und die Probleme waren immer noch die gleichen, wir liefen der Norm nach, ohne sie zu erreichen. Jetzt hatten wir einen anderen Zugführer, der vorhergehende war verunglückt, von einem herabfallenden Felsen erschlagen und das zu einem Zeitpunkt, wo von unserem Zug einige mit Brechstangen lose Felsblöcke abräumten. Es gab eine Untersuchung und man vermutete, dass sich der Felsblock nicht zufällig gelöst hatte. Gesehen hatte niemand etwas, so verlief die ganze Sache als Unfall und der gute Fliegeroberfeldwebel war das Opfer.

Der neue Mann war etwas vorsichtiger und ließ die Leute beim Abräumen der losen Felsblöcke in Ruhe. Er versuchte auch mit den Leuten besser auszukommen und verteidigte uns, wenn dem Russen unsere Leistung zu wenig war. Nachdem es jetzt schon sehr heiß war, kam am Vormittag und am Nachmittag der Teewagen und brachte heißen Tee. Es war uns strengstens verboten, aus dem vorbeiführenden Gebirgsbach kaltes Wasser zu trinken. Einige versuchten es und mussten daraufhin großen Durst leiden, weil man von kaltem Wasser immer größeren Durst bekommt. Zur Abwechslung kam auch manchmal der Tabakhändler vom Tal herauf und tauschte Brot gegen Machorka oder Blättertabak. Dieser war so stark, dass, wenn man einen Zug inhalierte, man einige Sekunden keine Luft bekam, aber der Hunger verging und das war wichtig. Ende Juli war wieder die Kommission angesagt und da würde es viele Veränderungen geben, da die meisten Kameraden durch die schwere Arbeit bereits so geschwächt waren, dass von einer Erfüllung der Norm nicht mehr die Rede sein konnte.

Es war ein heißer Sommertag, als die Kommission eintraf, um das Lager zu kontrollieren und sich über den Gesundheitszustand der Kriegsgefangenen zu informieren. Es wurden viele Beanstandungen ausgesprochen, besonders störten die Kommission die vielen OK und Dreier-Männer. Es wurde angeordnet, die Baustelle zu wechseln, und so kamen wir zum Bahnbau, dort wurde auch die Gruppe 3 eingesetzt für das Abgraben von Böschungen und das Befestigen mit Steinen. Aber auch hier waren die Normen zu hoch und kaum zu schaffen. Unser Lagerkommandant war ein Jude und hatte seine Familie verloren, er selbst soll mit Glück dem Tod entgangen sein. Seine Geschichte, wie sie erzählt wurde, möchte ich hier wiedergeben, es ist natürlich nicht sicher, ob das alles auch stimmte.

Die deutschen Truppen waren im Vormarsch und in einem Dorf wurde der Kapitän mit seiner Familie erwischt. Die Juden wurden vom SD (Sicherheitsdienst) im Ort festgenommen und unser Lagerkommandant war dabei. Er hatte zivile Sachen angezogen, was natürlich völlig falsch war, denn russische Zivilisten hatten ihn verraten und nun nahm das Unglück seinen Lauf. Der SD unterstellte der Familie Sabotage und sie wurde zum Tode verurteilt, das Urteil war sofort zu vollstrecken. Seine ganze Familie kam ums Leben. Er selbst hatte Glück, wurde wohl getroffen, aber stellte sich tot. Das Beerdigungskommando erkannte, dass hier noch ein Lebender war, brachte ihn notdürftig verbunden weg und versteckte ihn. Hier muss sicherlich der Posten weggesehen haben, sonst wäre das nicht möglich gewesen. Diese Leute brachten den Kapitän in einer Nacht durch die Front zu den Russen. Schlimm genug für den Mann, seine Familie zu verlieren, nun wurde der Offizier nach dem Krieg auch noch für 15 Jahre in dieses Gebiet verbannt. Wenn man dieses Schicksal betrachtet, versteht man den Hass auf alles, was Deutsch war. Dass der Mann auch einen Fuß verlor und Kriegsinvalide war, wog das Vergehen (in den Augen der Russen), sich nicht rechtzeitig abgesetzt zu haben, nicht auf.

Obwohl der Lagerkommandant nur einen Fuß hatte, ritt er mit auf die Baustellen und wehe er sah einen Gefangenen herumstehen, dann war das Malheur bereits geschehen. Er holte sich den Verantwortlichen, der den Mann oder auch die Männer aufschreiben musste. Die Aufgeschriebenen hatten im Lager mit einer Tafel zu stehen, auf der Folgendes stand: »Ich bin ein Saboteur und lasse die anderen für mich arbeiten.« Damit war noch lange nicht alles erledigt, es gab kein Abendessen und man wurde in den Bunker geworfen oder anderen Schikanen ausgesetzt. Der Russe selbst brauchte nicht mehr viel zu machen, es waren die ungarischen und rumänischen Gefangenen gerne bereit, für den Russen die

Schmutzarbeit zu erledigen. Obwohl es strengstens verboten war, Gefangene zu verprügeln, gab es immer wieder Übergriffe durch die erwähnten Personen. Auch ich hatte das Pech, vom Kapitän der Baustelle ausgesucht zu werden, und wurde einer solchen Sonderbehandlung unterzogen. Am schlimmsten war die Behandlung durch den Lagerkommandanten Horvath und seinen Stellvertreter Parnutzky sowie den Dolmetscher des Kommissars, einen gewissen Kowatsch. Diese Männer behaupteten, ich hätte nicht gegrüßt, und holten mich auf ihre Bude, um mich auf die grausamste Weise zu quälen. Es war natürlich möglich, sich bei der Ärztin zu beschweren und die Verletzungen vorzuzeigen. Die russische Ärztin Lola, wie wir sie nannten, war bereit, obwohl selbst Jüdin, mit Nartschalnik einen Streit zu beginnen. Sie berief sich auf die Gesetze, dass jede Misshandlung von Gefangenen verboten sei. Dabei scheute sie sich auch nicht, im Beisein von Gefangenen, ihre Kritik auszusprechen. Ihr Mann war ein hoher Offizier der russischen Wehrmacht, man sprach, er sei General, unverständlich war es, dass diese Frau hier im Verbannungsgebiet Dienst tat. Jagdmuth war der Zahnarzt im Lager, und wenn er etwas brauchte, musste er dies bei der Lagerärztin anfordern. Man sprach unter vorgehaltener Hand, dass die beiden ein Verhältnis hätten. Für mich war es nun an der Zeit zu versuchen, im Lager eine Arbeit zu bekommen. Es ergab sich, dass der Helfer beim Zahnarzt Gruppe 1 bekam und Jagdmuth ihn nicht länger halten konnte, so war es für mich möglich, als Gruppe-3-Mann diesen Posten zu bekommen. Nun brauchte ich nicht mehr auf die Baustelle und konnte den Helfer beim Zahnarzt machen. Meine Tätigkeit bestand vorwiegend im Treten der Bohrmaschine, diese funktionierte wie eine Nähmaschine. Jagdmuth musste der Garnison die Zähne richten und bekam dafür auch entsprechend Material. Dieses wurde zum Großteil über den Wachtior wieder in Kirovabad verkauft und den Erlös teilten sich der Wachtior mit ⅔ und Jagdmuth mit ⅓. Jedenfalls ging es mir gut, es gab genug zum Essen und auch mit dem Rauchen hatte ich keine Probleme. Die Lagerärztin Lola unterstützte Jagdmuth, so war es auch möglich, sich im Lager gegen die Ungarn und Rumänen zu behaupten. Jedenfalls litt ich in dieser Zeit keinen Hunger und durfte in der Küche reichlich Essen holen und konnte sogar meinem Kameraden etwas abgeben. Er bekam aber trotzdem Probleme, denn er hatte einem russischen Sergeanten einen Eckzahn gezogen und ihm dabei das Kiefer gebrochen. Der Russe musste ins Spital gebracht werden und man legte ihm diese Behandlung als Sabotage aus. Nur durch das Einschreiten der Lagerärztin konnte das Ärgste verhindert werden. Jagdmuth und ich mussten einige Tage mit dem Arbeitskommando auf die Baustelle und wurden auf Befehl von Natschalnik für schwere Arbeit eingeteilt. Nachdem wir beide damit nicht zurechtkamen und nur 30 % Leistung brachten, gab es im Lager einen großen Wirbel. Der Baustellenleiter meldete uns als Saboteure, die nicht arbeiten wollen. Jagdmuth ist es jedenfalls gelungen, den Kommissar davon zu überzeugen, dass es nicht statthaft sei, einen Offizier gegen seinen Willen für diese schwere Arbeit einzuteilen. Das Resultat war, Jagdmuth bekam seine Zahnpraxis wieder und einen neuen Helfer dazu, aber ich musste weiter auf die Baustelle. Später hörte ich, dass sein Verhältnis zur Lageräztin nicht ohne Folgen blieb und er aus dem Lager 41 vom NKWD (russ. Nachrichtendienst) abgeholt wurde. Ob er nach Hause gekommen ist, konnte ich nicht in Erfahrung bringen.

Wir hatten nun schon September und man sprach schon davon, ob wir bis Weihnachten entlassen würden. Es machte ein Gerücht im Lager die Runde, alle Östereicher würden Weihnachten zu Hause sein. Wir wurden aber bald eines Besseren belehrt, man machte den Vorschlag, jeden zweiten Tag 2 dkg Mehl für eine zusätzliche Brotration zu Weihnachten einzusparen. Wir waren einverstanden und bekamen dafür zu Weihnachten 1 kg festes Brot. Die Tage bis zum Fest vergingen sehr schnell und mit der Entlassung aus der Gefangenschaft wurde nichts. Die Vorteile waren im Gesamten versiegt und ich hatte erneut noch und noch Schwierigkeiten. Die Verhöre wurden wieder öfter durchgeführt, ansonsten musste ich aufpassen, nicht dem Natschalnik über den Weg zu laufen, und auch vor den Ungarn und Rumänen war Vorsicht geboten. Weihnachten war nun da und wir brauchten am Christtag nicht auf die Baustelle.

Es war bereits finster, als wir am Heiligen Abend ins Lager zurück kamen. Es wurde wieder wie immer gezählt und das nicht nur einmal, sondern öfter, damit wir ja recht lange vor dem Tor stehen mussten. Nun war es so weit und wir konnten ins Lager marschieren, unsere Baracken aufsuchen und unser Essen empfangen. Es ging alles ziemlich schnell, auch die Lagerleitung und die Küche usw. wollten so schnell wie möglich fertig werden, um den Heiligen Abend so gut es ging zu feiern. Mit unserem angesparten Brot bekamen wir auch eine Ration Zucker und einige Zigaretten sowie Tabak. In der Baracke wieder angekommen, wurden der Zucker und der Tabak geteilt und jeder setzte sich auf seine Pritsche und dachte an zu Hause. Auf einmal fing einer das Weihnachtslied zu singen an, alle stimmten ein und das Lied »Stille Nacht, Heilige Nacht« brachte uns der Heimat näher. Wir saßen noch lange auf unseren Pritschen und dachten, wie es wohl unseren Eltern, Geschwistern, Verwandten und Freunden gehen würde. Eine tiefe Traurigkeit hatte alle in der Baracke erfasst und man hätte eine Stecknadel fallen hören. Nun bildeten sich Gruppen, die in den unteren Pritschen hockten. Alles drehte sich um die Heimat und wie es sein würde, wenn wir selbst wieder zu Hause sein würden. Ich saß mit Lenz Karli, Michel Kern und noch einigen Steirern beisammen und wir sprachen von Graz und den Orten, wo jeder Einzelne herkam. Es muss wohl schon weit nach Mitternacht gewesen sein, als wir unsere geschundenen Körper zum Schlafen hinlegten. Der nächste Tag war Christtag und man soll es nicht für möglich halten, die Russen ließen uns in Ruhe, nur der ungarische Lagerleiter Horvath musste einen Appell durchführen. Der Wachtior war nicht bereit, die Meldung abzunehmen, und schickte uns mit den Worten, »Ne nater« wieder in die Baracke. Wir saßen wieder in Gruppen beisammen, rauchten unsere Zigaretten; die keine mehr hatten, drehten aus Zeitungspapier und Tabak welche. Diese Ruhe wurde nur durch das Essenholen unterbrochen. Es gab Erbsensuppe und Hirsekascha, leider waren die Erbsen steinhart und dafür geeignet, mehrere Male verwendet zu werden. Nun würde das alte Jahr nur mehr einige Tage dauern und ein neues Jahr anbrechen. Ob es uns die Heimkehr bringen würde, war ein zentrales Thema. Ich hätte es nicht geglaubt, wenn mir jemand gesagt hätte, dass ich auch Weihnachten 1946 in diesem Lager verbringen würde.

Weihnachten war vorbei und es ging wieder im alten Trott weiter. Arbeiten, Norma und wieder Norma lautete der Tagesbefehl und wurde nicht genug gearbeitet, waren wir eben die Faschisten und Verbrecher. Es kam noch eine Schwierigkeit dazu, man hörte, es solle zwischen Russland und Amerika nicht mehr alles stimmen, auch der Pachtvertrag für dieses Gebiet solle vom Russen nicht unterschrieben worden sein. Nun war auch zu erklären, warum die Studebaker und andere moderne Geräte verschwunden waren. Auch die Verpflegung wurde schlechter und fallweise hörte man bereits über die Amerikaner schimpfen. Ob es stimmte, dass der Pachtvertrag für dieses Gebiet auf 99 Jahre abgeschlossen war, war nicht klar, aber laut den Gerüchten im Lager war es Tatsache.

Im Frühjahr 1946 wurde ich wieder »OK«, also arbeitsunfähig, und konnte im Lager bleiben. Für die Wäscherei suchte man einen Wäscherstasy (verantwortlich für die Wäscherei), der musste OK sein. Er sollte ja nicht mitarbeiten, sondern die Wäsche übernehmen und wieder übergeben, die Seife verwalten und schauen, dass die Männer der Stufe 3 auch fleißig arbeiteten. Ich glaubte, nicht zum Zug zu kommen, da meistens die Posten von den Ungarn besetzt wurden, umso überraschter war ich, als mich der ungarische Lagerleiter holte und mir den Auftrag gab, die Wäscherei zu übernehmen. Ich glaubte zu wissen, wem ich diesen Posten verdankte, es war sicher der Kommissar.

Nun war ich Wäschestasy mit drei Mitarbeitern und durfte das Lager bis zur Garnison ohne Posten verlassen. Die Hauptarbeit verursachte die Garnison mit ihren 40 bis 50 Soldaten. Die Küchen- und Sanitätswäsche sowie die Wäsche der Lagerbonzen und die Wäsche für einige Offiziere mussten in Ordnung gebracht werden. Ich hatte die Seife zu übernehmen, aber es war fast keine lagernd. Mein Vorgänger hatte den größten Teil der Seife auf dem

Basar verkauft, oder gegen Tabak eingetauscht. Ein Leutnant war für die Garnison zuständig und diesem musste ich melden, dass keine Seife mehr vorhanden war, worauf er einen neuen Bedarfschein ausstellte. Mit diesem bekam ich beim Verwalter die Seife ausgehändigt, aber so einfach war das nicht, mein Vorgänger hatte für 14 Tage ja bereits Seife geholt und die konnte laut Meinung des Verwalters nicht verbraucht sein. Ich ahnte Schlimmes. Es hatte den Anschein, der Verwalter wollte der Sache nachgehen, und dies hätte Folgen für meinen Vorgänger gehabt. Zufällig kam der Leutnant beim Lebensmittellager vorbei und fragte, warum ich nicht schon im Lager sei. Ich musste ihm sagen, dass der Verwalter keine Seife herausgebe. Es kam zwischen dem Leutnant und dem Verwalter zu einem furchtbaren Streit. Der Verwalter warf mir die Seife vor die Füße und verjagte mich. Meinem Vorgänger blieb viel erspart, denn hätte man festgestellt, was da abgelaufen war, wäre er sicher in einem Straflager gelandet. Ich erzählte ihm von dem Ereignis, er regte sich nicht besonders auf. Die Seife hatte der Wachtior mit nach Kirovabad genommen und dort verkauft, sicher war auch der Leutnant an diesem Geschäft beteiligt gewesen. Ich kannte die Vorgangsweise bereits als Zahnarzthelfer und wollte nicht glauben, dass scheinbar überall die gleichen korrupten Menschen am Werk waren. Zuerst dachte ich mir, das werde ich nicht machen, aber es kam der Wachtior vorbei und meinte, es wäre nicht sehr gescheit, die ganze Seife fürs Waschen zu verwenden. In gebrochenem Deutsch machte er mir den Vorschlag, ihm die Hälfte der Seife zu überlassen, und es würde mein Schaden nicht sein. Nun war ich in der Klemme, mache ich es nicht, bin ich den schönen Posten los, mache ich es und sie kommen drauf, bin ich meinen Kopf los. Er sah meine Bedenken und stellte trocken fest: »Du brauchst keine Angst zu haben, ich mache schon jahrelang solche Geschäfte.« Ich teilte die Seife und packte die Hälfte in eine Kiste, diese wurde am Abend vom Wachtior persönlich abgeholt. Einige Tage später kam er vorbei und brachte einige Brote, Zucker und ein großes Stück Speck sowie einen Beutel Tabak. Mit der Lagerwäsche hatten wir kein Problem, aber die Offizierswäsche war nicht gut genug gewaschen und musste auch noch gebügelt werden. Also hatten wir die Offizierswäsche nochmals zu waschen und zu bügeln. Überall mussten wir Seife sparen und so kamen wir auf den Gedanken, ins Schwemmwasser Kalk hineinzugeben und die Wäsche durchzuziehen und in die Sonne zu hängen. Und siehe da, die Wäsche war weiß wie Schnee. Wir wurden gelobt und bekamen vom Koch der Garnison jeder extra eine große Portion richtig fetten Kascha. Das ging einige Monate gut, aber die Unterwäsche der Soldaten begann sich schließlich aufzulösen. Die Folgen musste ich tragen, denn ich wurde abgelöst und der Wachtior meinte, es wäre nicht gewesen, für die Soldaten so weiß zu waschen, bis alles kaputt geworden sei. Nun war ich wieder Stufe 1 und musste auf die Baustelle, was mir sehr schwer fiel, da ich wusste, was mir bevorstand.

Mein Zug arbeitete noch immer an der gleichen Baustelle beim Schotterwerk und Oberbau, überall schwere Arbeit und kaum möglich, die Norm zu erfüllen. Was das Essen betraf und auch das Rauchen, so hatte ich in der Zeit als Wäscherstasy vorgesorgt. Im Lager auf meiner Pritsche gab es einen Kopfpolster, der mit Tabak vollgefüllt war. Ich hatte nur die Sorge, dass bei dem ständigen Filzen einer auf die Idee käme, meinen Kopfpolster genauer zu untersuchen, dies wäre ein enormer Verlust gewesen. Weiters wurde mein Kamerad Sepp Blatoschek wieder Koch und damit war eine doppelte Portion für den Abend gesichert. Man musste allerdings Geduld haben und hinter der Küche warten, bis die Gelegenheit günstig war und Sepp die Möglichkeit hatte, das Kochgeschirr zu füllen. Jedenfalls arbeitete ich wieder mit Karli zusammen, der ja die meiste Zeit Stufe 1 hatte. Er war ein richtiger Naturbursch und verstand von der Arbeit sehr viel. Er konnte die schwersten Tätigkeiten mit seiner Technik durchführen, ohne sich besonders anstrengen zu müssen. Das erste halbe Jahr 1946 war vorbei und ständig gab es Gerüchte im Lager, dass es mit russischen Gefangenen besetzt und wir nach Hause geschickt würden. Neben unserem wurde ein Sakretschurni-Lager eingerichtet und diese übernahmen beim Straßenbau bereits einige Abschnitte. Es waren Gefangene, die von 25 bis zu 150 Jahren Zwangsarbeit verurteilt worden waren, und sie wurden doppelt so stark bewacht wie wir Kriegsgefangene. Die Posten hatten den Befehl, wenn ein Gefangener näher als 10 Meter an sie herankäme, diesen sofort zu erschießen. Im Lager gab es Selbstverwaltung und der Stärkere hatte die besseren Chancen. Die Capos, die Antreiber, waren selbst Gefangene, meistens solche, die schon einige Male 25 Jahre bekommen hatten.

Auf unserer Baustelle gab es einmal ein besonderes Ereignis. Unser Bestkonvoi-Posten, es waren Gefangene der Gruppe 3, die das Vertrauen der Russen hatten, hatte die Aufgabe, uns auf der Baustelle zu bewachen. Sarmann und sein Freund Neff hatten sich von der Baustelle entfernt und als der russische Posten den Befehl gab, »Fertig machen zum Einrücken ins Lager«, fehlte Neff und niemand wusste, wo der Mann hingekommen war. Man dachte sofort an Flucht, aber es sollte alles anders sein. Sarmann gab zu, sich mit Neff von der Baustelle entfernt zu haben, aber behauptete, Neff wieder zurückgebracht zu haben. Die Freundlichkeit der Posten war verschwunden, man trieb uns in eine Mulde zusammen, sodass ein Posten zur Bewachung genügte. Die anderen Posten und auch Sarmann begaben sich auf die Suche nach dem fehlenden Neff. Ausgerechnet Sarmann fand Neff. Er hatte sich auf einem Baum mit einer Zündschnur erhängt, das glaubten zuerst die Posten. Nun konnten wir mit Stunden Verspätung zurück ins Lager fahren, aber wir durften nicht hinein, denn der Wachtior wusste nicht, was er mit 42 Mann und einem Toten anfangen sollte, und Offizier war keiner zu erreichen. Es blieb uns nichts anderes übrig, als sich vor dem Tor hinzusetzen und zu warten, was da kommen würde. Es war schon sehr spät, als der Kommissar auftauchte, uns ins Lager ließ und Sarmann sowie den Posten mit in seine Kanzlei nahm. Am nächsten Tag fuhren wir ohne Sarmann auf die Baustelle und das war sehr verdächtig. Auf der Baustelle gab es nur mehr das Thema Neff – Sarmann und die tollsten Vermutungen tauchten auf. Als wir am Abend ins Lager zurückfuhren und wieder in unserer Baracke waren, erfuhren wir, dass Sarmann gestanden hatte, seinen Geliebten Neff ermordet zu haben. Es wird wohl ein

Rätsel bleiben, wie es dem schmächtigen Mann gelungen ist, den 100-kg-Mann zu erhängen. Sarmann, der bei der Luftwaffe gedient hatte, wurde mit einem Auto abgeholt und man hörte in den folgenden Jahren nichts mehr von diesem Mann.

Unsere neue Baustelle war nun einige Kilometer von unserem Lager entfernt, in ca. 2.000 Meter Höhe. Wenn wir hinauffuhren, sahen wir am Gebirgsbach die Goldwäscher mit ihren einfachen Werkzeugen und auch eine Mine gab es unterwegs, die durch eine hölzerne Tafel als »Siemens-Stollen« gekennzeichnet war. Siemens hatte vor dem Ersten Weltkrieg hier Erz abgebaut, mit Eseln nach Kirovabad und mit der Bahn nach Deutschland gebracht. Das Erz soll so hochprozentig gewesen sein, dass es rentabel war, es von hier nach Deutschland zu verschicken. Dieses Land ist so fantastisch und von so großer Schönheit, die einem erst bewusst wird, wenn man die Kulturfilme sieht. Nur leider hatten wir nichts davon, da unser ganzes Bestreben in Richtung Überleben ging. Schlangen und Schildkröten gab es sehr viele, nur wir durften sie nicht erwischen. Für uns war ein solcher Fang eine zusätzliche Verpflegung und am Abend gab es Schildkrötensuppe oder Eintopf mit verschiedenen Kräutern und Schlangenfleisch, das hinter der Küche bei der Heizung zubereitet wurde. Vielen, die keine Möglichkeiten hatten, zusätzlich etwas zum Essen aufzutreiben, oder solche, die nie genug bekommen konnten, war diese Möglichkeit sehr willkommen. Einen nannten wir Micherl, er kam aus Oberösterreich und war ständig Stammgast in der Küche. Er fing jeden Tag irgendein Vieh, um es am Abend zu verzehren. Als aber eines Tages die Katze vom Natschalnik verschwand, fiel der Verdacht auf Micherl. Er verstand es, so unschuldig zu schauen, dass selbst der Natschalnik davon Abstand nahm, den armen Kerl zu bestrafen. Micherl ging auch nie auf die Baustelle, er verstand es sich bei Frau Natschalnik einzustellen und machte jede Drecksarbeit.

Es war schon Herbst 1946 und ich war wieder einmal OK, das heißt nicht arbeitsfähig. Nun verbrachte ich wieder den ganzen Tag im Lager und wurde nur fallweise zum Lagerkehren eingeteilt. Wir waren wieder ein ganzer Zug, der bei dieser Kommission OK geschrieben worden war. Abermals ging das Gerücht herum, alle OK-Gefangenen würden nach Hause geschickt. Ich dachte mir: »Gott sei Dank, da hast du den richtigen Zeitpunkt erwischt.«

Die Zeit im Lager verging sehr langsam und so versuchte ich, mich nützlich zu machen. Ich hielt mich ständig in der Nähe der Küche auf, wo mein Freund Josef Blatoschek als Koch tätig war. Fallweise gab es kleinere Arbeiten, wie einige große Häfen zu schrubben oder Kartoffeln zu schälen, einen Kessel sauber zu machen. Für diese Arbeiten gab es zusätzlich einen Topf mit Suppe oder Kascha und dies von unten, sodass der Löffel stecken blieb. Ich hatte zwar geschworen, nichts Zusätzliches zu essen, um ja nicht in die Gruppe 1 eingeteilt zu werden. Es dauerte nicht lange und ich wurde krank und bekam ein Kapunkel im Genick und auch sehr hohes Fieber. Zwei Kollegen brachten mich zum Arzt und dieser stellte fest, dass unbedingt geschnitten werden müsse. Außen sah man im Genick nur eine Wölbung, das Kapunkel hatte sich nach innen entwickelt. Die Schmerzen waren fast nicht zu ertragen und der österreichische Arzt Dr. Baustätter stellte mich der russischen Ärztin vor. Diese meinte, eine Operation sei nicht notwendig. Dr. Baustätter vertrat die Ansicht, sollte die Operation nicht stattfinden, würde der Gefangene sterben. Das machte auf die Ärztin doch Eindruck und sie erlaubte, dass Dr. Baustätter diese Operation durchführte. Es stellte sich heraus, dass kein Operationsbesteck vorhanden war, auch keine Spritzen für eine Narkose oder Mittel, um die Stelle lokal zu betäuben. Ich konnte den nächsten Tag kaum erwarten, die Schmerzen wurden unerträglich und ich war schon dem Wahnsinn nahe. Dann war es so weit, man setzte mich auf einen Sessel, band mich mit Lederriemen fest und zusätzlich hielten zwei starke Männer den Sessel und meinen Kopf. Die Geräte waren ausgekocht und die Operation konnte beginnen. Dr. Baustätter schnitt das Kapunkel auf, was nicht schmerzhaft war, sondern sogar etwas Erleichterung brachte. Aber dies war ja erst der Anfang und je weiter der Doktor in dieses Furunkel eindrang, umso schmerzhafter wurde es und ich musste auf ein Holz beißen, um nicht zu brüllen. Die Operation verlief unter großen

Schmerzen und es wurde schwierig, das Bewusstsein nicht zu verlieren, aber schließlich wurde ich doch bewusstlos. Als ich wieder zu mir kam, lag ich in der Krankenbaracke und mein Hals war dick verbunden. Die Schmerzen waren verschwunden, aber sonst fühlte ich mich elendig und bin wohl bald wieder eingeschlafen. Am Nachmittag kam dar Doktor mit der russischen Ärztin und sie sah sich die Arbeit des Doktors an und lobte ihn, dass es ohne besondere Hilfsmittel gelungen war, diese Operation durchzuführen. Ich hatte im Genick ein so großes Loch, dass man eine kleine Faust hineinlegen konnte. Die Genesung dauerte sehr lange, und als die Wunde einigermaßen verheilt war, bekam ich die Chance, beim Doktor als Sanitäter zu arbeiten. Nun ging es mir wieder gut und alle Vorsätze, nicht Gruppe 1 zu werden, waren dahin. Nach einiger Zeit beim Doktor wurde ich wieder für die Baustelle als Arbeiter der Gruppe 1 ausgemustert.

Auf der Baustelle herrschte immer noch die gleiche Antreiberei vor und besonders gefährlich waren die eigenen Leute. Sobald sie Zugführer wurden, brauchten sie nicht mehr zu arbeiten. Um diesen Posten um jeden Preis zu halten, waren diese Gefangenen auch bereit, jeden Landser, der seine Norm nicht erfüllte, im Lager zu melden. Außerdem holten sich diese Schweine das Essen separat in der Küche und bestahlen so den gefangenen Soldaten um das Wenige, was er hatte.

Die zweiten Weihnachten rückten immer näher und auch die Verhöre durch den Kommissar wurden häufiger. Eines Tages holte er mich und warf mir vor, mit Hunden im Kampf gegen die Partisanen im Mittelabschnitt gekämpft zu haben und an ihren Erschießungen beteiligt gewesen zu sein. Er versuchte mich durch den Kowatsch zum Sprechen zu bringen, wobei der Kowatsch mit allen Mitteln ein Geständnis aus mir herausprügeln wollte. Obwohl mich der Kommissar nicht persönlich angriff, versuchte er mit gutem Zureden und großen Versprechungen zum Ziel zu kommen. Er hatte Pech, ich blieb bei meiner ersten Aussage, was ihn wieder veranlasste, dem Kowatsch freie Hand zu lassen. Dieser Mann war ein Sadist, wie er im Buche steht, und alle hatten Angst vor ihm. Ich selbst hatte mich darauf eingestellt und er konnte zuschlagen, soviel er wollte, der Erfolg war null. Am nächsten Morgen musste ich auf die Baustelle und war bereits angetreten, da kam der Kommissar und holte mich aus den Reihen heraus. Er ging zum Arbeitsoffizier und teilte ihm mit, dass ich nicht mit auf die Baustelle ginge, was diesem wieder nicht passte. Es kam zu einem furchtbaren Streit, der vom Kommissar gewonnen wurde, und der Arbeitsoffizier zog wütend ab. Er nahm mich mit in sein Büro, gab mir Tabak und Zeitungspapier und ich konnte mir eine Zigarette drehen. Weiters ließ er aus der Küche einen Topf Kascha bringen, gab mir ein großes Stück Brot und forderte mich auf zu essen. Er sprach etwas Deutsch und ich etwas Russisch und so versuchte er mir zu erklären, dass ich es gut haben könnte und nur das Protokoll unterschreiben brauchte. Ich wiederum versuchte ihm zu erklären, dass ich nichts unterschreiben würde, weil ich nicht dabei und auch nicht beteiligt gewesen war. Er saß an seinem Schreibtisch und überlegte, wie er zu einem Resultat kommen könnte. Scheinbar kam er zu dem Schluss, dass auch die milde Tour nichts half, und er stand auf, fing an zu brüllen: »Faschist, Nazi!« und jagte mich aus seiner Bude. Ich dachte mir: »Jetzt bist du dran!« und wartete in meiner Baracke, was nun geschehen würde. Nichts geschah und der Tag verging, ohne dass ich vom Lagerkommandanten oder seinem Stellvertreter belästigt wurde. Nächsten Tag ging es auf die Baustelle, als wäre nichts passiert. Nach einigen Tagen wurde ich mit einem LKW von der Baustelle abgeholt und ins Lager gebracht. Vom Kommissar war weit und breit nichts zu sehen und ich musste beim Wachtior warten. Auf einmal kamen zwei Zivilisten und forderten mich auf, mit ihnen zu kommen. Ich dachte, jetzt gehe es ab ins Straflager, aber es war nicht so. Die beiden Zivilisten packten Geräte aus, der eine stellte mich in drei Metern Entfernung auf und ich wurde von links, von rechts und von vorne fotografiert. Von jeder Stellung machten sie viele Aufnahmen und bei dieser Arbeit verging sicherlich mehr als eine Stunde. Ich wurde wieder zum Wachtior gebracht und es kam wieder der LKW und führte mich zurück zur Baustelle. Für mich war es nicht klar, warum ich allein von der ganzen Baustelle zu diesem Fototermin geholt worden war. Viel später kam ich darauf, was es mit diesen Fotos für eine Bewandtnis hatte. Am Abend ging es zurück ins Lager, jeder wollte wissen, was mit mir los sei. Leider wusste ich es zu diesem Zeitpunkt selbst noch nicht.

Nun waren Weihnachten 1946 da und es gab wie im Vorjahr wieder das Laibchen Brot und etwas mehr Zucker. Die Stimmung war noch trauriger, von Heimkehr war wohl die Rede, aber keiner glaubte mehr daran. Der Winter im Lager 41 war nicht sehr schlimm, wenn auch die Nächte kalt waren, am Tag, wenn die Sonne schien, war es schön warm. Bis ins Frühjahr war ich in den Gruppen 1 und 2, sodass ich ständig Arbeitsstellen mit sehr schwerer Arbeit hatte. Uns fiel aber auf, dass ganz schwere Baustellen bereits mit russischen Gefangenen besetzt wurden und immer weniger Ungarn und Rumänen in den Lagern waren. Immer wieder gab es Parolen, vor allem die Posten behaupteten, dass wir bald nach Hause kommen würden.

Vielleicht sollte ich nochmals erwähnen, dass in diesem Gebiet auch sehr viele Frauen gefangen waren, die ebenso einige Jahre in diesem Verbannungsgebiet Zwangsarbeit leisten mussten. Der Grund für die Verschickung ins Verbannungsgebiet war gewesen, dass diese Frauen in Deutschland schon Zwangsarbeit leisten hatten müssen und der Russe behauptete, sie hätten damit den Feind unterstützt. Das gleiche Schicksal hatten auch sehr viele russische Soldaten zu erleiden, nur weil sie in Gefangenschaft geraten und nach Deutschland gebracht worden waren. Es gab keinen Unterschied, ob Offiziere oder Mannschaften, wenn sie in Gefangenschaft waren. Ob Männer oder Frauen, alle mussten einige Jahre in Verbannung verbringen, sie konnten allerdings die Familie nachholen.

Der Lagerkommandant wurde abgelöst und es kam ein Zivilist nach. Dieser erkannte nach wenigen Wochen, was in diesem Lager los war und warum so viele Gefangene OK und Gruppe 3 waren. Der alte Lagerkommandant hatte den Ungarn und den Rumänen freie Hand gelassen und diese Leute nützten die Möglichkeit aus, uns Österreicher und auch die wenigen Deutschen, die in diesem Lager waren, zu benachteiligen.

Nun wehte ein neuer Wind, der Lagerkommandant holte eine Kommission und diese musste die Gefangenen, ob Ungarn, Rumänen, Österreicher oder Deutsche, neu beurteilen und die Arbeitsfähigkeit der Einzelnen feststellen. So wurden alle Ungarn und Rumänen der 1. Gruppe zugeteilt und mussten auf die Baustelle. Alle Ämter im Lager gingen diesen Leuten verloren und nun bekamen sie auch einiges von der Gefangenschaft zu spüren. Wir Österreicher und die wenigen Deutschen waren zum Großteil nicht arbeitsfähig und blieben im Lager. Für die Ungarn und Rumänen war es nun schwierig, unter deutschem Kommando zu arbeiten, vor allem für jene Männer, die Lagerleiter und Kompanieführer spielten. Die Veränderung brachte für alle ein besseres Essen, der Kascha war dicker, in der Suppe schwammen Kartoffeln und Bohnen, das Brot war größer, weil die Bäcker nicht mehr so viel Wasser zusetzen durften. Gefangene, die vollkommen zerrissene Kleider hatten, wurden von den Beständen der Garnison eingekleidet. Die Verhöre durften in der Nacht nicht mehr durchgeführt werden und es war auch strengstens verboten, dass der Dolmetscher seine Methoden weiter anwandte. Dieser Zivilkommandant des Lagers ging sogar so weit, dass er beim Einkochen der Produkte selbst anwesend war und Hirse, Mehl, Bohnen usw. nachwiegen ließ. Ich habe die ganzen Jahre in der Suppe kein Stück Fleisch gefunden und siehe da, jetzt war sogar manchmal ein solches drinnen.

Mit sofortiger Wirkung gab es keine Ausnahmen beim Essenholen, für alle galt das Gleiche. Wenn etwas übrig blieb, kam jedes Mal ein anderer Zug an die Reihe, den Nachschlag zu holen. Wir glaubten im siebten Himmel zu sein, denn es war erstmalig, dass wir anständig behandelt wurden, und wahrscheinlich auch erstmalig, dass wir alles bekamen, was uns zustand. Der Mann kümmerte sich um alles, sorgte für die Kranken, dass sie im Lager bleiben konnten, überwachte den Ausmarsch und verlangte vom Arbeitsoffizier, dass keine 3er Leute für schwere Arbeit eingesetzt wurden. Leider war dieser Mann nur wenige Monate unser Lagerkommandant und wurde durch einen Major der russischen Wehrmacht abgelöst, der auch wie alle anderen kein »Verbündeter« war. Es dauerte nicht lange und die Suppe war wieder dünn und alles andere konnte man auch vergessen. Dieser Major setzte sofort wieder die Ungarn und Rumänen ein und alle Posten im Lager wurden wieder von Ungarn besetzt. Aber auch diese Situation dauerte nicht lange und die Ungarn und Rumänen kamen vom Lager weg und es ging die Parole, diese Gefangenen dürften nach Hause fahren. Später sollte ich doch noch einen Teil dieser Leute in einem anderen Lager treffen. Wie schon erwähnt wurden einige Lager von Russen belegt und es hatte den Anschein, dass auch unser Lager aufgelöst und mit russischen Gefangenen besetzt würde. Bereits im August, September zeichnete es sich ab, dass unser Lager aufgelassen würde. Die Posten erzählten, alle Österreicher würden nach Hause geschickt, im Lager 22 gäbe es schon viele Österreicher, die von überall zusammengezogen worden waren. Auch von uns wurden zwei LKWs voll Landser ins Lager 22 gebracht. Ich war leider nicht dabei und wurde zu einem Kommando mit der Aufgabe, das Lager sauber zu machen, überstellt. Nach einer Woche kamen auch ich und meine Freunde ins Lager 22. Dort waren schon Hunderte Österreicher zusammengezogen und man versicherte uns, dass wir in den nächsten Tagen die Heimreise antreten könnten. Wir alle glaubten daran und auch alle Vorbereitungen deuteten darauf hin, es gehe in Richtung Heimat.

Lager 22 – Bei Kirovabad

Im Lager 22 ging es emsig um, jeder suchte Bekannte, es standen Gruppen beisammen und man sprach von der Heimat und ob es bald losgehen würde. Auch ich suchte mit Karli nach Bekannten bzw. Männern, die aus der Steiermark kamen. Wir wurden auch sehr bald mit einem Mann bekannt, der aus Wundschuh, also aus meinem Nachbardorf stammte. Franz Kainz war schon länger in diesem Lager und seine Geschichte ist besonders interessant, weil sie zeigt, zu welcher Beherrschung Landser in der Lage waren. Kainz war OK, das heißt, er war arbeitsunfähig, da er in seinem Kopf mehrere Granatsplitter hatte und dadurch gelähmt war. Jedenfalls konnte ihm die Kommission das Gegenteil nicht beweisen. Er arbeitete für den Lagerkommandanten, indem er seine Schafe auf die Weide führte, und das machte er schon, solange er in diesem Lager war. Die Ärzte untersuchten ihn laufend, auch Fachärzte aus Kirovabad wurden bemüht, den Franz zu untersuchen. Sie kamen zu keinem anderen Ergebnis, obwohl die Ärzte die Lähmung nicht glaubten. Es kam sogar eine Kommission aus Leningrad, um diesen Fall zu lösen und zu beweisen, dass keine Lähmung vorliege. Er wurde der Kommission vorgestellt und diese untersuchten Franz, kamen aber auch zu keinem anderen Ergebnis. Er wurde mit Nadeln gestochen und verschiedene andere Methoden wurden angewendet, aber es konnten keine Reaktionen festgestellt werden. Auch wir glaubten an seine Lähmung und niemand von uns dachte, dass Franz vielleicht doch nicht gelähmt sein könnte. Erst als wir zu Hause waren und ich ihn besuchte, traf ich ihn bei einer schweren Arbeit an und fragte ihn: »Kannst du diese Arbeit überhaupt machen, da du ja gelähmt bist?« Er lachte und erzählte, dass er die ganzen Jahre aufgrund seiner Splitter im Kopf den Gelähmten gespielt habe und so eigentlich nie richtig zur Arbeit eingesetzt wurde. Nur bei dieser Kommission wäre es bald schiefgegangen. Sie hatten die Nadeln sehr tief in den Fuß hineingedrückt. Aber er hatte schon so ein gutes Training hinter sich, dass er auch bei dieser Anwendung keine Miene verzog. Man soll es nicht glauben, aber solche Fälle gab es immer wieder, dass Landser es fertigbrachten, Kommissionen zu täuschen. Er hatte aber Pech, der Natschalnik ließ ihn nicht früher nach Hause, so kam er auch erst im Herbst 1949 aus der Gefangenschaft zurück.

Im Lager 22 wurden keine Arbeitskommandos zusammengestellt, sondern bereits Gruppen für die Heimfahrt fertig eingekleidet und es kamen aus den Lagern noch immer österreichische Gefangene an. Das Warten wurde zur Qual und die Abfahrt von einem Tag auf den anderen verschoben. Die Verpflegung war gut und auch die Behandlung durch die russischen Soldaten und Zivilisten im Lager war korrekt. Nun war es scheinbar so weit, in der Früh nach dem Antreten und der Zählung kam der Befehl, alle Klamotten aus den Baracken zu holen und zugweise anzutreten. Nun wurde gefilzt und jeder Zug strengstens überwacht, dass ja keiner einem anderen Kameraden etwas weitergeben konnte. Das Filzen dauerte den ganzen Vormittag und dann ging es zugweise zum Arzt, der gab auch noch seinen Senf dazu. Spät am Abend saßen wir im Hof, niemand durfte in die Baracken zurück und das Abendessen wurde zugweise abgewickelt. Es war bereits 20:00 Uhr, als die ersten Kameraden aufgerufen wurden und vor dem Lagertor Aufstellung bezogen. Als 35 Kameraden vor dem Tor standen, kam ein LKW, und nachdem die Einzelnen nochmals gefilzt worden waren, konnten sie auf dem Wagen Platz nehmen. Er fuhr ab und ein neuer wurde bereitgestellt und so ging es die ganze Nacht. Es ist kaum zu beschreiben, mit welcher Spannung wir von Stunde zu Stunde warteten, dass auch endlich der eigene Name vorgelesen würde. Es war eine furchtbare Nacht, denn in der Früh um 6:00 Uhr wurden die letzten Männer aufgerufen und verladen und es kam kein LKW mehr. Wir schauten uns gegenseitig an und wussten, für uns würde es noch lange dauern, bis wir nach Hause kämen. Wir konnten nun wieder in die Baracken zurück und unsere Verpflegung holen. Man ließ uns diesen einen Tag in Ruhe und die Russen sagten: »Auch ihr kommt bald nach Hause.« Das Lager 22 wurde aufgelöst bzw. mit Russen belegt. Wir wurden in das Lager 27 gebracht, das war ein Lager mit Ungarn und Rumänen, die auch die Heimfahrt versäumt hatten. In diesem Lager gab es je eine Kompanie Ungarn und Rumänen und eine Kompanie Österreicher.

Lager 27 bei Kirovograd

Die Enttäuschung war sehr groß und für uns stand nun fest, dass die Gefangenschaft noch lange dauern würde, obwohl man uns versicherte, dass wir bald nach Hause kämen. Das Lager war wieder fest in ungarischer und rumänischer Hand; bis auf eine Ausnahme, unser Seppl wurde als Koch eingesetzt, was für Karli und mich besonders wichtig war. Wenn es auch keinen Nachschlag gab, aber Sepp sorgte dafür, dass in unserer Suppe etwas drinnen war. In diesem Lager würden wir nur für leichte Arbeiten eingeteilt, das wurde uns gesagt. Es kam wie immer anders. Unsere Kompanie musste in einem kleinen Berg einen Einschnitt graben und das Material entfernen. Dieser Einschnitt musste die Breite von 12 Metern haben. Die Hilfsmittel waren äußerst bescheiden. Es gab Brechstangen, Kreuzhaken, Schaufel und Hammer sowie Holzscheibtruhen, die schon sehr mitgenommen waren. Das Besondere aber war es, die Vorrichtungen für die Sprenglöcher zu bohren, dafür gab es einen Stangenbohrer, der vom Schmied scharfgemacht und gehärtet wurde. Mit diesem Bohrer und einem ca. 3-kg-Hammer sowie mit einem Draht, an dessen Ende sich ein Löffel befand, mussten die Sprenglöcher gebohrt werden. Eine schwere Arbeit, denn ein Mann musste den Bohrer ständig drehen und ein anderer schlug mit dem Hammer auf die Stange, an dessen Ende die Bohrkrone angeschmiedet war. Nach zwanzig Schlägen mit dem Hammer wurde etwas Wasser in das Loch geschüttet und mit dem beschriebenen Löffel das Material herausgeholt. Die Tagesnorm war ein Loch mit einem Meter und 30 Zentimetern und natürlich nicht zu erfüllen. Karli und ich hatten in einer Schicht 70 cm geschafft und das war schon sehr viel, denn andere Kollegen schafften 20 bis 40 Zentimeter. Auch hier zeigte sich bereits die bevorstehende Auflösung des Lagers, sonst wären bessere Geräte zur Verfügung gestanden. Solange wir im Lager 27 waren, wurden wir für diesen Durchbruch eingesetzt, wobei ein Drittel meistens KO war und im Lager arbeitete. Auch ich war zwischendurch wieder KO und wurde für leichte Arbeit eingesetzt. Einmal war ich bei der Wachmannschaft zum Saubermachen eingeteilt, da gab es genug zum Essen und auch Brot konnte man zusätzlich erwischen. Das beste Kommando war die Bekleidungsbaracke, hier mussten wir die guten von den schlechten Sachen trennen. Jeder nützte die Gelegenheit, um mehrere Hemden und Hosen anzuziehen und diese Klamotten ins Lager zu bringen. Die Ungarn tauschten alles für Tabak oder auch Brot, fallweise sogar auch Zucker oder Fett ein. Sie konnten sich ziemlich frei bewegen und so war es möglich, diese Sachen wieder an die Zivilisten zu verkaufen oder für Essbares einzutauschen.

Eines Tages durften wir nicht auf die Baustelle und alles wurde im Lager eingesetzt, um es ganz sauber zu machen. Es wurde bekannt, dass eine Schweizer Kommission käme, das Lager zu besichtigen. Nun wurde von der Bekleidungsbaracke Bettwäsche ausgegeben. Jeder bekam einen Kopfpolster und ein Leintuch sowie eine saubere Decke. Die Küche hatte vollen Betrieb, man brachte Fleisch und Säcke mit Produkten wie Reis und Mehl, alles Sachen, die wir seit Jahren nicht kannten. Es hatte ganz den Anschein, unser Lager sollte als Musterlager vorgestellt werden. Sogar Stroh wurde gebracht, um die Strohsäcke in den Betten nachzufüllen.

Die Landser unterhielten sich, ob man diese Gelegenheit nicht dazu benutzen sollte, der internationalen Kommission von den wirklichen Zuständen zu berichten und aufzuzeigen, dass, was jetzt zu sehen war, nur für diesen einen Tag Gültigkeit hatte. Unsere Beratungen gingen so weit, ob wir diese Kommission auch über die Arbeitsbedingungen und Schikanen, denen wir ausgesetzt waren, aufklären sollten. Es wurden Sprecher bestimmt und jeder, der angesprochen würde, sollte auf die Sprecher hinweisen und diese im Namen aller Gefangenen alles aufdecken, was nicht in Ordnung war.

Wir waren nun schon eine gute Stunde angetreten, aber von der Kommission war weit und breit nichts zu sehen. Die Zeit wurde dazu benützt, uns darauf aufmerksam zu machen, dass es uns ohnedies gut gehe und es ja keiner wagen solle, etwas anderes zu sagen. Die im Namen aller Gefangenen sprechen werden, waren bereits bestimmt und es sei nicht notwendig, noch mehr Gefangene als Sprecher auszuwählen. Man soll es nicht glauben, um ca. 11:30 tauchten drei PKWs auf, und als die Leute ausstiegen, konnten wir feststellen, dass zwei Frauen und drei Herren in Zivil wohl diese Kommission sein mussten, alle anderen Herren waren russische Offiziere. Die Gruppe kam auf uns zu und unser Lagerkommandant machte Meldung an einen hohen Offizier, dieser ging mit freundlicher Miene mit den Damen und Herren die Reihen durch, ohne dass ein Wort gefragt wurde. Jedenfalls lief das Ganze anders ab, als wir uns das vorgestellt hatten, und wir waren neugierig, wie es weitergehen würde.

Nun forderte der Major uns auf, sich zu melden, wenn Beschwerden vorzubringen seien. Es rührten sich unsere Männer, die wir für das Vorbringen der Beschwerden festgelegt hatten. Es kam aber doch ganz anders, denn es meldeten sich auch andere, die wir nicht bestimmt hatten. Der Major rief drei Männer auf, diese traten vor und wurden von den Damen und Herren der Kommission befragt. Die drei gaben Auskunft und die Kommission musste annehmen, dass alles in bester Ordnung sei. Wir blieben stehen, die Leute der Kommission gingen durch die Baracken, waren mit dem Resultat zufrieden und lobten die Russen, wie gut sie für uns sorgten. Nun ging es zur Küche und das Essen wurde probiert und in Ordnung befunden. Der nächste Weg war in die Krankenbaracke und auch der Behandlungsraum wurde besichtigt. Der Arzt wurde gefragt, ob er wohl Medikamente für die Behandlung der Gefangenen habe, dieser bejahte die Frage. In Wirklichkeit gab es nicht viele Arzneimittel und auch Verbandszeug war sehr beschränkt vorhanden. Niemand traute sich, die Wahrheit zu sagen, jeder hatte Angst, bei den nächsten Transporten nicht dabei zu sein. Einer wagte es, einen der Herren anzusprechen, und erzählte diesem, dass, was er hier sehe, nicht die Wirklichkeit, sondern extra für die Kommission hergerichtet sei. Die Russen waren entsetzt und qualifizierten den Micherl als Spinner ab. Die drei Gefangenen, die vorher befragt worden waren, erklärten, dass der Mann wirklich ein Spinner sei. Der hohe Offizier drängte zur Weiterfahrt ins nächste Lager, so kam es zur keiner weiteren Befragung, was wir alle sehr bedauerten. Es war aber auch sicher, dieser Zwischenfall würde Folgen haben. Es wurde noch eine Resolution gegen die Amerikaner in Form einer Holztafel im Namen des Lagers überreicht. Den Text hatten die russischen Offiziere und einige bevorzugte Gefangene festgelegt. Ich kann heute nicht mehr genau sagen, wie der Inhalt lautete, es war aber sicher gegen die Amerikaner gerichtet.

Die Kommission fuhr ab und schon kam der Befenl, Leintücher, Kopfkissen und Decke abzuliefern. Nun mussten wir wieder antreten und der Major schimpfte mit uns, warum wir nicht verhindert hätten, dass Micherl sich bei der Kommission zu Wort meldete.

Er holte Micherl zu sich und brüllte mit ihm, was er sich dabei gedacht hätte. Micherl sagte ruhig zum Lagerkommandanten, ob er denn nicht alles richtig vorausgesehen habe, denn die Leintücher, Kopfkissen und Decken seien wieder abgenommen worden und beim Abendessen werde die Suppe auch wieder wie immer sein. Der Major versetzte Micherl einen Fußtritt und schickte ihn zu seiner Frau, die Abendarbeit zu machen. Im Lager änderte sich nichts, die Ungarn und Rumänen herrschten, wie sie wollten, und für uns Österreicher wurde die Lage immer schlimmer.

Sehr überrascht war ich, dass es im Lager auch ungarische und rumänische Juden als Gefangene gab. Es muss scheinbar doch so gewesen sein, dass diese Juden auf der deutschen Seite gekämpft hatten. Auch diese Gefangenen stellten eine eigene Gruppe und wurden von der Lagerleitung bevorzugt behandelt. Zwei ungarische Zigeuner waren ebenso als Gefangene im Lager und warteten auf die Heimkehr. Lustig war zu beobachten, wenn die Juden oder Zigeuner mit den Armeniern handelten, da war schwer festzustellen, wer bei diesem Geschäft der Dumme war.

Wieder hörte man von den Posten, die Österreicher kämen vor den Ungarn und Rumänen nach Hause und das Lager 27 werde aufgelöst. Noch eine Woche mussten wir im Lager bleiben, danach hatten wir mit unseren Habseligkeiten anzutreten. Es wurde wieder gefilzt und jede Menge alte Rubel gefunden, die alle vom Handel mit der Bevölkerung stammten. Die Rubel wurden abgenommen, denn es war ohnedies eine große Abwertung des Geldes erfolgt, so war der Verlust nicht sehr groß. Niemand fragte, woher dieses Geld komme oder wie wir dazu gekommen waren, man wusste ja, es konnte nur von den gestohlenen Textilien aus der Kleiderkammer stammen.

Nach einer Woche kamen 3 LKWs und wir wurden auf diese verladen und wieder glaubten wir, man würde uns nach Kirovabad bringen, um so wieder ein Stück in Richtung Heimat zu kommen. Sehr bald merkten wir, es geht nicht hinunter ins Tal, sondern weiter hinauf. Nach einigen Stunden bergauf landeten wir im Lager 81. Es gab ein Hallo und wir merkten, nun waren wir in ein rein deutsches Lager gekommen. Also mit der Heimkehr in Richtung Österreich würde es nichts werden. Auch hier sagte man uns, wir würden bald nach Hause kommen, was wir aber nicht mehr glauben konnten. Das Lager war in der Nähe eines Dorfes angelegt, ich glaube, es hieß Türkistan.

Lager 81 – Bezirk Kirovabad

Die erste Zeit blieben wir im Lager und mussten weitere Baracken bauen. Diese wurden mit selbst gemachten Lehmziegeln errichtet. Der Lehm wurde mit LKWs gebracht und im Lager abgeladen. Wir mussten ihn mit Stroh durchmischen, Wasser beigeben und anschließend mit den Füßen durchtreten. Normal wurde das Durchtreten von Pferden besorgt, nachdem keine zur Verfügung standen, mussten wir den Lehm so lange treten, bis er schmierig war und zum Verarbeiten geeignet. Der Lehm wurde in Formen gefüllt, auf einem festgelegten Platz ausgeleert und von der Sonne getrocknet. Nach 24 Stunden waren die Ziegel fest und man konnte sie verarbeiten. Diese Arbeit war sehr schwer und es wurden nur Gefangene der Gruppe 1 eingesetzt.

Die Verpflegung in diesem Lager war schlecht und es gab auch keine Möglichkeit, Geschäfte zu machen. Unter schlechter Verpflegung ist zu verstehen, dass das Essen noch schlechter war als in den anderen Lagern. Auch hatten wir mit der Höhenluft große Probleme, denn die Luft war hier spürbar dünner als in den Lagern weiter unten. Das Lager 81 war vor uns mit russischen Gefangenen besetzt gewesen und das höchste Lager in diesem Distrikt.

Am Abend saßen wir Österreicher beisammen und versuchten uns gegenseitig über die Enttäuschung, dass es mit der Entlassung nicht geklappt hatte, zu trösten. Die deutschen Gefangenen hatten alle Lagerposten fest in der Hand und auch sie waren nicht besser, als die Ungarn und Rumänen es gewesen waren. Die Zug- und Kompanieführer waren den Russen ergeben und führten nahtlos jeden Befehl aus. Wir hatten in unserem Zug auch einige ältere Männer, für die war es ein besonderes Problem, mit der jetzigen Situation fertig zu werden. Da war unser Michel, ein Grazer, der so starkes Heimweh hatte, dass es fraglich war, ob er je nach Hause kommen würde. Er saß ständig auf seiner Pritsche, sang Heimatlieder und verweigerte das Essen oder er holte die Wassersuppe überhaupt nicht. Wir machten uns große Sorgen um ihn und versuchten ihm einzureden, dass dies das letzte Lager sei und wir von hier nach Hause kämen. Er glaubte uns nicht und erklärte, er habe bereits von seinen Angehörigen in der Heimat Abschied genommen. Nach einigen Tagen wurde er sehr krank und bekam ganz dicke geschwollene Füße. Nun musste er zum Arzt und dieser konnte für die Symptome keine Erklärung finden. Es war traurig, dass ein deutscher Landser seinem Zugführer mitteilte, dass der Michel Salzwasser und mit Tabak gekochten Tee trank. Zu solchen Mitteln griffen viele, um eventuell als Kranke nach Hause zu kommen. Leider ist es wenigen gelungen, mit diesen Methoden wirklich die Heimkehr zu erreichen. Die meisten mussten in Russland bleiben und sind auch dort gestorben. Jedenfalls kamen Michel und noch zwei Kameraden vom Lager in ein Lazarett und wir hörten später, dass alle drei nicht nach Hause gekommen sind.

Nun waren wir schon einige Wochen im Lager und hatten es wie vorgesehen ausgebaut. Wir hofften, jetzt eine andere Beschäftigung zu bekommen, und dies trat bereits in den nächsten Tagen ein. Ich kam zu einem Kommando, das die Aufgabe hatte, im Dorf ein Verwaltungsgebäude zu errichten. Nun trafen wir wieder mit Zivilisten zusammen und konnten diese um Tabak und auch um Brot anbetteln. Die Bevölkerung war froh, uns im Lager zu haben. Die Russen, die vorher hier waren, sollen lauter Mörder und Verbrecher gewesen sein. Es hatte Männer unter ihnen gegeben, die schon einige Male zu je 25 Jahren verurteilt gewesen waren und daher trotz Bewachung für die Bevölkerung gefährlich waren. Bei diesem Bau wurde sehr viel Marmor verwendet, der in der Nähe des Dorfes abgebaut wurde. Die Platten wurden mit primitiven Mitteln zersägt und für den Bau verwendet. Die Posten wie auch die Bevölkerung sagten, wir kämen bald nach Hause, dies solle auch in den Zeitungen stehen. In Wirklichkeit hatten die Menschen Angst, wir könnten flüchten, das Dorf lag ziemlich nahe der Grenze zum Dreiländer-Eck Russland, Türkei, Iran. Wir hofften doch, bald nach Hause zu kommen, nachdem wir nun bereits Herbst 1947 schrieben.

Vom Lagerleben gibt es nicht viel Neues zu berichten, es war überall gleich schlecht, bis auf ganz wenige Ausnahmen, deshalb möchte ich auf die hier lebenden Menschen näher eingehen und sie aus meiner Sicht beschreiben. Es kam in dieser Gegend vor, dass, obwohl verboten, die Männer mehrere Frauen hatten. Die Frauen waren sehr hübsch, sie hatten schwarzes, langes Haar und wenn man sie genau ansah, glaubte man sich in die Bibel versetzt. Das Gebiet war sehr fruchtbar und es wurde vorwiegend Schafzucht betrieben. Die Felder wurden vor allem von den Frauen bestellt. Man sah sehr oft die Männer unter einem Feigenbaum Würfel spielen und die Frauen arbeiteten auf dem Feld. Es ist eigentlich nicht zu glauben, dass es dem Kommunismus nicht gelungen ist, die Lebensgewohnheiten dieser Menschen zu ändern. Die Männer trugen ihre Gewehre, gingen auf die Jagd und kümmerten sich nicht im Geringsten um die kommunistischen Funktionäre. Es war schon ein sehr stolzes Bergvolk in diesem Gebiet und die Menscher verhielten sich uns gegenüber anders als die Russen. Hier gab es viele Steinadler und es war eine Pracht, diese Tiere in der Luft zu sehen. Es kam einem der Gedanke, dass diese Tiere denselben Stolz wie die Menschen hier in sich trugen.

Auf der Baustelle außerhalb des Dorfes kam uns einmal eine Frau entgegen, die einen bepackten Esel bei sich hatte. Wir fragten den Posten, was diese Frau transportiere, und bekamen die Antwort, dass sie ihren Mann in die Berge bringe. Mit dieser Auskunft konnte keiner etwas anfangen und so fragten wir weiter. Es ist in diesem Gebiet üblich, die Verstorbenen in die Berge zu bringen und dort zu bestatten. Viel könnte man noch über die Menschen hier berichten, es war nichts Besonderes, hier Leuten zu begegnen, die 100 Jahre und älter waren. Für uns war das Klima nicht sehr gut, in dieser Höhe ist die Luft noch dünner und unsere älteren Kameraden bekamen Schwierigkeiten und mussten ins Tal gebracht werden. Auch für uns wurden bereits Vorbereitungen getroffen, dieses Gebiet zu verlassen. Ich brauchte nicht mehr auf die Baustelle, denn ich hatte eine gute Arbeit bekommen. In der Gerätebaracke war ich damit beschäftigt, Geräte auszugeben und instand zu halten. Mein Chef war ein russischer Ingenieur, der 15 Jahre Verbannung verbüßen musste. Er war Jude, sprach aber nie davon, warum die Strafe so hoch war. Über alles andere konnte man mit ihm sprechen, so erzählte er, dass seine Eltern in Wien lebten und auch er als Kind in Wien gewesen war. Seine Stimmung sank auf den Nullpunkt, wenn er von Wien und Österreich sprach. Für mich war es eine Abwechslung, arbeiten brauchte ich bei diesem Mann nicht viel. Sein größter Wunsch war, nach Wien zu kommen, und er wollte sogar mit mir tauschen, denn irgendwann würde ich bestimmt nach Österreich zurückkommen. Er sprach auch davon, in Russland keine Geschäfte machen zu können, aber »in Österreich kann man machen gute Geschäfte«. Ich teilte ihm mit, dass ich bei der Waffen-SS gewesen war und es daher nicht so sicher sei, dass ich bald nach Österreich zurückkäme. Er vertrat die Ansicht: »Du warst Soldat und alle Soldaten werden entlassen«. Ich wollte wissen, woher er diese Information habe, er meinte, dafür würden schon die Verbündeten sorgen. Es würden zwar viele verurteilt, und zwar nach der russischen Norm »25 Jahre«, aber keiner würde so lange in Russland bleiben. Er sagte mir auch, dass ich wahrscheinlich nach Stalingrad kommen werde, denn es würden dort aus ganz Russland Gefangene zusammengezogen und dort würde auch für mich die Entscheidung fallen, »25 Jahre oder nach Hause«. Dieser Jude sollte mit seiner Vorhersage recht behalten, denn 1949 sollte das eintreten, was er im Herbst 1947 bereits vorhergesagt hatte.

Im Spätherbst 1947 war der Abschied vom Lager 81 (Türkestan) spruchreif. Wir waren nur mehr ein kleiner Haufen Österreicher, alles andere waren Deutsche oder Volksdeutsche. Die meisten Österreicher hatten in der Waffen-SS oder bei einer Polizeieinheit gedient. Es gab keine Verhöre mehr und es hatte den Anschein, dass unsere Akten abgeschlossen waren und wir zu einem Sammellager kämen, wo weitere Entscheidungen über unser Schicksal fallen sollten.

Der Abschied vom Lager 81 lief ab wie der Abschied von den anderen Lagern. Am Abend mussten wir antreten und die ganze Nacht wurden Namen verlesen und immer wieder versicherte man uns, dass wir in ein Sammellager kämen und von dort nach Hause. Weihnachten würden wir bereits zu Hause sein. Keiner von uns glaubte dieses Märchen, jeder hatte schon so viele Enttäuschungen hinter sich. Nachdem man aufgerufen worden war, musste man durchs Lagertor. Draußen wartete bereits die Begleitmannschaft, die uns natürlich, noch bevor wir den LKW besteigen konnten, wieder filzte und uns von dem Wenigen, was wir noch hatten, Gegenstände abnahm. In den Morgenstunden fuhren wir talwärts und kamen wieder nach Kirovabad, wo wir verladen wurden. Den ganzen Tag trafen von verschiedenen Lagern Gefangene ein, vorwiegend Deutsche, Volksdeutsche und auch Österreicher. Am nächsten Tag ging der Transport ab und wir fuhren über Baku einem unbekannten Ziel entgegen. Es war wieder die Zeit der Parolen, die einen wollten wissen, dass wir zur russischen Grenze gebracht würden und von dort nach Hause kämen. Die anderen sprachen wieder davon, dass wir nach Sibirien geschickt würden. Ich sagte nichts von dem Gespräch mit dem jüdischen Ingenieur, der behauptet hatte, wir kämen nach Stalingrad. Er hatte recht gehabt, wir kamen tatsächlich in den Raum Stalingrad, und zwar auf eine Baustelle, die den Auftrag hatte, den Wolga-Don-Kanal zu bauen.

Da wir aus dem Verbannungsgebiet kamen, wurde uns eine Quarantäne von sechs Wochen vorgeschrieben. Wir wurden zum Straßen- und Bahnbau in die Steppe gebracht. Die Arbeit beim Bau des Wolga-Don-Kanals war genauso anstrengend wie die Arbeit im Distrikt Kirovabad.

Die Normen waren hier genauso hoch und der Hunger verließ uns auch hier nicht. Nach sechs Wochen kamen wir abermals in ein anderes Lager, und zwar nach Beketowka.

Stalingrad 1947–1949 (Wolgagrad)
Wolga-Don-Kanal bei Stalingrad

In Stalingrad angekommen wurden wir in einen Außenbezirk gebracht und in ein beschädigtes Gebäude eingewiesen. Es wurde uns mitgeteilt, dass wir sechs Wochen in Quarantäne bleiben müssten. Für uns war das eine prima Sache. Wir brauchten nun sechs Wochen nicht zu arbeiten. Der Irrtum stellte sich schon am nächsten Tag heraus, als einige LKWs vorfuhren und wir antreten mussten. Gleich an Ort und Stelle wurde entschieden: arbeitsfähig oder nicht. Ich hatte das Pech, zum Arbeitskommando zu kommen, und ab ging es hinaus in die Steppe, dort sollten wir unsere Quarantäne verbringen. Dass der Russe uns sechs Wochen ohne Arbeit lassen würde, war wohl ein Traum gewesen. Nun stellten wir fest, dass die Baustelle zum Bereich Wolga-Don-Kanal gehörte. Unsere Aufgabe war, die Zubringerstraßen zu bauen. Wieder wurden wir in Züge und Kompanien eingeteilt. Die Führer dieser Züge und Kompanien waren freiwillige Offiziere, die sich zur Verfügung gestellt hatten. Diese Männer waren bis auf wenige Ausnahmen nicht besser als die Ungarn und Rumänen. So wurden wir von den eigenen Leuten angetrieben, die Normen zu erfüllen. Ich würde fast sagen, beim Feststellen der Kubikmeter, die aufgeschüttet und einplaniert wurden, waren sogar die Russen, Ungarn und Rumänen großzügiger, damit wir am Abend unsere Prozente hatten und ein großes Brot bekamen. Derartige Zug- und Kompanieführer sollte ich im Laufe der Gefangenschaft noch einige kennenlernen. Dieses Kommando dauerte nicht ganz sechs Wochen und währenddessen kamen Zivilisten aus den Steppendörfern, um uns zu besichtigen. Sie hatten erfahren, dass unter den Gefangenen auch Menschenfresser dabei seien. Diese Gerüchte waren in der Kesselschlacht um Stalingrad entstanden. Als die Schlacht verloren ging, wurden viele Tausende gefangen und in Lagern untergebracht, darunter auch viele Verwundete. Es soll vorgekommen sein, dass Baracken, in denen Verwundere untergebracht waren, abgebrannt sind. Die Verwundeten konnten nicht alle gerettet werden und so verbrannten einige im Feuer. Im Lager soll es nach dem verbranntem Fleisch gerochen haben und es wurde berichtet, dass es einige gab, die sich nicht beherrschen konnten und sich von dem Fleisch holten, um es zu verzehren. So entstand das Gerücht, es handle sich bei uns um Menschenfresser. Man weiß nicht genau, wie weit diese Geschichte von den Russen gezielt verbreitet worden war. Diese Geschichte sollten wir in den zwei Jahren in Stalingrad noch einige Male hören, nicht nur von den Russen, sondern auch von unseren Landsern, die in Stalingrad in Gefangenschaft gewesen waren.

Beketowka bei Stalingrad

Die Quarantäne war vorbei und wir wurden in ein Österreich-Lager nach Beketowka verlegt. Wir freuten uns, endlich in ein richtiges Österreich-Lager zu kommen und hofften, dass ein österreichischer Lagerkommandant für unsere Lage mehr Verständnis haben würde. Es sollte für uns eine große Enttäuschung werden, der Lagerkommandant, ein Wiener mit Namen Urbanek, sollte sich als ein ganz besonderer Gefangenenschinder herausstellen. Im Lager angekommen wurden wir schon vorgewarnt, dass wir vom Regen in die Traufe gekommen seien. Ganz wollten wir es nicht glauben. Als wir im Lager antreten mussten, hielt der russische Natschalnik eine Ansprache, in der er uns in Aussicht stellte, dass wir bald nach Hause kommen würden, wenn wir fleißig am Wiederaufbau von Stalingrad mitarbeiten würden. Neben dem Natschalnik (russischer Major) stand der Lagerkommandant Urbanek, ein ehemaliger Gefreiter der deutschen Wehrmacht. Der Major übergab einem Sergeanten das Kommando und verließ das Lager. Der Sergeant gab uns einen Vorgeschmack darauf, wie es weitergehen sollte, denn er vertrat die Meinung, bevor wir ein Abendessen bekämen, müssten wir Wasser von der Küche in die Badebaracke tragen. Nun übernahm Urbanek das Kommando und auch er musste eine Ansprache halten, der Mann kam sich unheimlich gut vor. Bei seiner Ansprache stellte er fest, wir seien Gefangene und es gäbe keinen Unterschied zwischen den Deutschen und den Österreichern. Er werde dafür sorgen, dass wir mehr als unsere Pflicht erfüllten, und es werde auch jeder den Russen gemeldet, der seine Norm nicht erreichte. Obwohl es schon Dezember war, ließ uns der Mann zuerst einmal eine Stunde bei minus 20 Grad im Freien stehen. Wir froren und hofften, nun bald mit dem Wassertragen beginnen zu können. Es dauerte noch einige Zeit, bis ein paar Gefangene mit Eimern eintrafen und uns einteilten. Dann kam auch noch der Urbanek, um persönlich die Wassertragerei zu überwachen. Nun ging es los, von der Küche zur Badebaracke waren es ca. 50 Meter und die mussten mit zwei vollen Kübeln im Lauf bewältigt werden. Eine Zeit lang ging es gut, aber je länger es dauert, umso mehr Wasser wurde verschüttet und die Bekleidung wurde nass. Es bildete sich Eis auf der Hose und auf dem Rock. Ich muss nicht näher erklären, welchen Hass wir bereits auf den Mann hatten. Die Aufgabe, in die Badebaracke Wasser zu tragen, war erfüllt, aber dieses Schwein ließ uns weiter Wasser in die Latrine tragen. Es war völlig sinnlos, was wir da machten, und jeder von uns wäre bereit gewesen, diesem Mann den Kragen umzudrehen. Dieses Theater dauerte bis ca. 24 Uhr, dann tauchte der Sergeant auf und beendete den Wahnsinn. Er schickte uns in die Küche, wo wir eine warme Suppe entgegennehmen konnten.

Dieser Mann sollte uns auch in die anderen Lager begleiten, wo wir hoffentlich Gelegenheit hätten, uns für diesen freundlichen Empfang im Österreich-Lager zu bedanken.

Es war eine kurze Nacht und noch finster, als man uns aus den Betten holte. Nach dem Essenholen ließ man uns kaum Zeit, das Frühstück zu verzehren, soweit man das als solches bezeichnen konnte. Wir mussten im Freien antreten, es wurden noch Änderungen bei den Zügen durchgeführt und schon ging es hinaus und wir wurden auf einen LKW verladen. Die Posten teilten uns mit, dass wir in einem Sägewerk arbeiten würden. Dort angekommen wurden wir den einzelnen Arbeitsplätzen zugeteilt. Ich und mein Freund Karl Lenz kamen in die Sägehalle und hatten die Aufgabe, Abfallbretter mit einer Trage aus der Halle zu einem großen Haufen zu tragen. Diese Schwartlinge wurden auf zwei Meter gekürzt und später von einem anderen Zug auf Waggons verladen. Den ganzen Tag ging es Halle rein, Halle raus und bei Arbeitsschluss um 17:00 Uhr waren wir kaputt. Nun fuhren wir ins Lager zurück und dort wartete mit Sehnsucht Lagerkommandant Urbanek, um uns wieder eins auszuwischen. Man ließ uns Brot und Suppe entgegennehmen und wir hatten noch gar nicht unser Essen drunten, da kam dieser Mann und verlangte, dass wir die Baracke schrubben sollten. Unser Hass auf ihn wurde immer größer und es blieb nicht aus, dass wir auch die anderen Wiener wie ihn einschätzten.

Im Sägewerk gab es verschiedene Arbeitsplätze und ich kam in eine Maschinenhalle, wo Holzwolle produziert wurde. Die Norm war sehr hoch und nicht erreichbar, meistens brachte ich es auf 70 bis 80 %, was unter anderem dazu führte, dass es im Lager Probleme gab. Dieser Urbanek wollte bei den Russen glänzen und dafür sollten seine Landsleute arbeiten bis zum Umfallen. Solche österreichische Kameraden sollte ich später auch noch treffen. Die Arbeit in der Halle war schon etwas besser, als im Freien Bretter stapeln oder Bretter aus der Sägehalle tragen, auch Waggonverladen war schwerer. Im Freien war man der Kälte ausgesetzt und im Winter 1947/48 herrschten ganz beachtliche Minusgrade. In der Nacht beim Waggonverladen mussten wir sogar Gesichtsmasken tragen, weil die Kälte mehr als minus 30 Grad erreichte. Die Waggons mussten trotzdem verladen werden, da die Bretter beim Wolga-Don-Kanalbau gebraucht wurden. Es war alles ziemlich trostlos, wir mussten in der Früh im Finstern aus dem Lager zum Arbeitsplatz und kamen im Finstern wieder ins Lager zurück. Einen Vorteil hatte die Arbeit im Sägewerk, wir konnten Holz zum Heizen mit ins Lager nehmen, ohne in Schwierigkeiten zu kommen. Die Abend- und Morgenappelle hingen uns schon beim Hals heraus, in der Kälte draußen stehen war bei Gott kein Vergnügen. In den Jahren der Gefangenschaft habe ich kaum einmal erlebt, dass die Russen beim ersten Mal Zählen die richtige Zahl zusammengebracht hätten. Im Sommer ging es ja noch, aber jetzt im Winter in Stalingrad, wo die Kälte am Abend 30 Grad erreichte, war es eine Qual. Sonntags ließen uns die Russen in Ruh, aber der Urbanek konnte sich damit nicht abfinden und ließ sich auch jeden Sonntag etwas einfallen. Die Zeit verging langsam und es wollte nicht Frühjahr werden. Auch von daheim kam keine Post und ich wusste nicht, ob meine Eltern noch lebten. Selbst konnte man auch nicht schreiben, denn die Russen gaben keine Karten aus, obwohl sie uns versprachen, wenn wir fleißig arbeiteten, dürften wir nach Hause schreiben, Karten seien genug vorhanden. In diesem Lager bekamen wir jedenfalls noch keine Karten, das sollte erst im nächsten der Fall sein.

Lager Stalingrad »Mitte«

Es war wieder so weit: »Österreicher antreten, es geht nach Hause!« Am nächsten Tag kamen einige LKWs, wir wurden verladen und ab ging es in Richtung Stalingrad. Wir kamen in ein Großlager, in dem alle Nationen untergebracht waren. Es war ein richtiges Sammellager und von hier sollten die Transporte Richtung Heimat fahren. Es stimmte, aber keiner sagte, in welchem Jahr die Heimkehr erfolgen würde. Eine Genugtuung hatten wir, unser Lagerkommandant von Beketowka wurde auch in einen Zug eingeteilt, und zwar bei einem deutschen Zug. Karli und ich kamen in einen österreichischen Zug und unser Zugführer war ein Kellner aus Wien. Ich glaube, er hieß Petroschek und sprach ein perfektes Russisch. Er verstand es auch sehr gut, mit den Russen auf der Baustelle umzugehen, so hatten wir, was die Prozente betraf, keine Probleme. Unsere Unterkunft waren feste Bauten und auch die Betten waren besser als in den bisherigen Lagern. Ebenso war die Verpflegung hier besser, am Abend bekamen wir immer 600 g Brot. Die Zucker-, Tabak- und Zigarettenzuteilung unterschied sich nicht von der in den anderen Lagern. Aber hier begann wieder das alte Leiden, der Kommissar holte wieder einen nach dem anderen zum Verhör. An einem Abend wurde auch Lenz Karli geholt und als er zurückkam, teilte er mir mit, dass der Kommissar ihn zu seinem Putzer eingeteilt hat. Für mich war klar, dass diese Bevorzugung gegen mich gerichtet war. Mit Karli war ich von Anfang an beisammen gewesen und bis jetzt hatte der Kommissar keinen Erfolg gehabt mit meinen Verhören, also versuchte er es über eine dritte Person. Es war auch interessant, der Kommissar holte mich nie zu einem Verhör. Sie fanden immer abends nach der Arbeit statt. Lenz Karli wurde über meine Person befragt und man glaubte ihm nicht, dass er nicht wusste, bei welchen Einheiten und wo ich überall gewesen war. Auch meinen Dienstgrad glaubte der Kommissar nicht. Nachdem Karli dem Kommissar nichts Neues berichten konnte, war er bald den schönen Posten los.

Karli und ich versuchten nun festzustellen, ob aus den Lagern von Aserbaidschan auch Kameraden in unserem Lager gelandet waren. Es gelang uns, einen Kameraden ausfindig zu machen, der auch im Lager 22 gewesen war und von dort unserer Meinung nach die Heimreise angetreten hatte. Er erzählte uns, wie alle voll Hoffnung die LKWs bestiegen hätten und wie enttäuscht sie wurden, als diese nicht zum Bahnhof in Kirovabad fuhren, sondern in ein Lager an der Kura, einige Hundert Kilometer von Kirovabad entfernt. Nur wenige hatten das Glück gehabt, von Lager 22 nach Hause zu kommen. Nach seiner Aussage waren Dr. Baustätter und der Koch Burli bei denen, die nach Hause fuhren. Unsere Freunde Kainz Franz, der Koch Blatoschek und viele andere mussten bis Herbst 1949 in Russland bleiben.

Wir hatten geglaubt, die Kameraden seien schon längst zu Hause. Unsere neuen Kameraden kamen aus sibirischen Lagern oder auch aus dem Norden von Russland, wo die Gefangenen für das Holzschlägern eingeteilt gewesen waren. Einige Kameraden möchte ich anführen: Lenz Karli aus Trahütten, Roschitz aus St. Anna, Liebenwein Heinerl aus Graz, Jammernegg Karli aus Gratwein, Ferdl Kormann aus Rottenmann, Pöllerbauer von der Teichalm, Petroschek aus Wien, Schwarz aus Eisenstadt. Zwei Männer möchte ich noch anführen, die nicht als Kameraden bezeichnet werden können: Urbanek aus Wien, Lagerkommandant in Beketowka, und Untersturmführer Hödl aus Graz, Zugführer eines Arbeitskommandos in der Fabrik »Roter Oktober«.

Diese Männer werden in den weiteren Erzählungen vorkommen und es sind auch ganz verschiedene Schicksale mit ihnen verbunden. Unsere erste Baustelle war in der Fabrik »Roter Oktober«, wo wir für Erdarbeiten eingesetzt wurden und Kabelschächte graben mussten. Unser Zugführer war der Kellner Petroschek und wir wurden zu je zwei Mann eingeteilt und sollten einen Graben von 10 Meter Länge und 60 cm Tiefe fertigbringen. Wir machten unsere Witze auf der Baustelle und hatten bis am Abend unsere Norm nicht erfüllt. Nun war ich neugierig, was unser Zugführer tun würde. Petroschek machte es sich ganz einfach, er nahm von dem bereits gegrabenen Graben so viele Meter dazu, als er für die Normerfüllung des Zuges brauchte. Der Russe kam nachmessen und Petroschek wurde mit dem Ingenieur nicht einig, er behauptete, die Hälfte sei bereits gegraben. Nun mischte sich auch noch unser Posten ein, er bestätigte, dass wir fleißig gearbeitet hätten und die angegebenen Meter stimmten. Weiters sagte der Posten zum Ingenieur, wenn er die Norm nicht schreibe, bekomme er morgen keine Leute. Es war alles klar, Brot und Kascha stimmten, ohne dass wir uns besonders anstrengten. Das alles war natürlich nur möglich bei einem Zugführer, der schon längere Zeit in Stalingrad gearbeitet hatte und die Gepflogenheiten der Russen kannte. Auf dieser Baustelle sollten wir noch einiges erleben.

Im Lager angekommen, wieder das Zählen beim Lagertor, Essen holen, antreten, einige Male zählen, bis die Zahl stimmte. Wegtreten in die Unterkunft und warten, ob noch etwas passierte. Diesmal sollte etwas passieren, der Karli kam und teilte mir mit, dass ich zum Kommissar kommen sollte. Roschitz und die anderen Kameraden fragten, warum, bis jetzt waren nur Offiziere geholt worden. Ich ging gleich los und Karli teilte dem Kommissar meine Ankunft mit. Dieser rief mich hinein und sah, dass ich ziemlich geschockt war, lachte und sagte, es gäbe eine große Überraschung. Ich wusste nicht, wie ich dran war, aber allzu schlimm würde sie anscheinend nicht ausfallen. Der Kommissar beschäftigte sich mit einigen Schriftstücken, sah mich von der Seite an und teilte mir mit, dass ein Brief für mich da sei, ob ich wüsste, von wo und von welcher Person dieser Brief sein könnte. Ich überlegte blitzschnell, von zu Hause glaubte ich nicht, die wussten nicht einmal, ob ich noch lebte. Aber aus Ungarn könnte dieses Schreiben sein.

Ich sagte es. Er gab mir keine Antwort, sagte dann, dieser Brief sei von einem russischen General nach Moskau gebracht worden, wo mein derzeitiger Aufenthaltsort ermittelt wurde. Jetzt wurde der Kommissar ganz böse und bezeichnete es als eine Frechheit, für einen Liebesbrief an einen Gefangenen einen russischen General zu bemühen. »Den Brief bekommst du nur, weil ich nach Moskau eine Rückmeldung machen muss.« Er folgte mir den Brief aus mit der Bemerkung: »Wir sprechen uns noch.« Wie sich das Ganze abgespielt hatte, sollte ich nach meiner Heimkehr erfahren. Ich ging mit dem bereits geöffneten Brief in die Unterkunft und die Kameraden wollten wissen, was los war. Als ich sagte, der Kommissar habe mir einen Liebesbrief übergeben, schauten alle blöd drein und keiner glaubte es. Ich verschwand auf meine Pritsche, um den Brief zu lesen. Er stammte aus Ungarn und war von meinem Mädchen aus Baja. Der Inhalt war sehr vorsichtig abgefasst, man konnte aber daraus entnehmen, dass die Russen in Baja waren. Weiters teilte sie mir mit, dass sie mit meinen Eltern im Briefwechsel stehe und ihnen mitgeteilt habe, dass ich noch am Leben wäre. Das muss sie wohl von diesem General erfahren haben, der wahrscheinlich in Baja stationiert war. Es ist wieder ein Beispiel, dass auch bei den Russen alles möglich war, wenn man die richtige Adresse gefunden hatte. An diesem Tag gab es auch noch eine weitere Überraschung. Es wurden von unserem Zug 10 Mann aufgerufen, wir mussten zum Appellplatz und antreten. Dann kam der russische Lagerkommandant mit dem Kommissar und sie teilten uns mit, dass wir aufgrund der Normerfüllung nach Hause schreiben dürften. Jedem von uns wurde eine Karte ausgehändigt, wir mussten sie schreiben und in zwei Tagen abgeben. Die Anzahl der Worte war beschränkt, ich weiß nur nicht mehr, wie viele erlaubt waren. Kameraden, die keine Karte bekommen hatten, waren traurig und andere wieder neidisch.

Wir wechselten den Arbeitsplatz in der Fabrik »Roter Oktober« und wurden für das Graben von Fundamenten in der Halle eingeteilt. Für diese schwere Arbeit sollten wir bei Erfüllung der Norm Rubel bekommen. Es wurden drei Züge aufgestellt, davon arbeitete ein Zug Frühschicht, der zweite Nachmittagschicht und der dritte Nachtschicht. Wir hatten die erste Woche Nachtschicht und als wir ausrückten, stand unser Posten bereits mit zwei weiteren Soldaten beim Lagertor. Rauf auf den LKW und ab ging es zum »Roten Oktober«. Dort drückte man uns Werkzeug in die Hand und wir wurden nochmals darauf aufmerksam gemacht, dass die Norm erfüllt werden müsse. Ich wurde mit zwei Kameraden zum Verladen der LKWs eingeteilt. Das Material von den Fundamenten musste sofort aus der Halle gebracht werden. Die Fahrer der LKWs waren Frauen und daran interessiert, so viele Fahrten wie nur möglich zu machen. Unser Zugführer sagte: »Lasst euch Zeit beim Verladen, die Fahrerinnen werden sich schon melden, dann werde ich mit ihnen sprechen.« Es kam auch so, aber die Frauen fingen an zu fluchen und verlangten, es müsse schneller gehen. »Wo ist der Brigadier (Zugführer)?« Petroschek meldete sich und fragte auf Russisch, was sie wollen. Die Pleni (Gefangenen) müssen schneller arbeiten, sonst nix Norma und auch nix Rubel, war die Antwort. Petroschek sagte: »Malo kusisch (wenig Essen), malo raporti (wenig arbeiten).« Die Frauen waren bereit, ihre Jause zu opfern, und sagten, bei der nächsten Fuhre würden sie Speck und Brot bringen. Nun wurden die 3 LKWs, einer nach dem anderen, bestens bedient und keiner brauchte zu warten. Dieses Kommando war gut, es waren auch fallweise Rubel zu verdienen. Leider wurde in der Nachtschicht von Petroschek ein großer Fehler gemacht. Er musste bei den Russinnen, die die LKWs fuhren, seine Männlichkeit unter Beweis stellen. Der Zwischenfall tat der Frau nicht gut und unserem Zugführer schon gar nicht. Petroschek wurde seinen Posten als Zugführer los und die Russin sah man auch nicht mehr auf der Baustelle. Unser Posten schimpfte, auch er bekam eine Verwarnung, weil die beiden ein Verhältnis hatten. In den nächsten Wochen wurden wir für die Tagschicht eingeteilt und mussten wieder im Freien arbeiten. Schade um den Petroschek, nun stimmte die Norm nicht mehr und auch sonst wurde es schwierig. Auch ich bekam wieder einmal Probleme und so blieb mir nichts anderes übrig, als zu streiken. Ich kletterte über eine Leiter in eine tief ausgehobene Grube, nahm die Leiter in die Grube hinein und machte mit dieser ein schönes Feuer. Meine Kollegen warfen noch Bretter und eine Holzscheibtruhe in die Grube. Nun zog ich meine ganzen Klamotten aus und setzte mich nackt zum Feuer. Der Posten kam und forderte, dass ich mich sofort anziehen müsse und aus der Grube herauskommen solle. Ich hatte keine Lust und der Posten war wütend auf mich. Nun kamen auch andere Gefangene, als auch die Frauen schauen gehen wollten, wurde es dem Posten zu viel und er verjagte sie. Es war eine Sensation und im Lager wurde bekannt, der Fürbaß hat sich nackt ausgezogen. Für mich war es nicht einfach, obwohl der Posten keine Meldung machte, gab es Mitgefangene, die sofort zum Natschalnik liefen und diese Neuigkeit berichteten. Ich wurde zu drei Tagen Bunker verurteilt und der Posten bekam einen Anschiss. Im Bunker gab es nur Wasser und etwas Brot, aber meine Kollegen ließen mich nicht im Stich und brachten nachts Verpflegung, so konnte ich es aushalten.

Die drei Tage Bunker waren vorbei und ich wurde einem anderen Zug zugeteilt. Der arbeitete auf einer Baustelle im Fabrikgelände der »Roten Barrikade«. Er wurde auch zur Nachtschicht eingeteilt und hatte unter anderem die Aufgabe, Waggons zu entleeren. Bei einer dieser Nachtschichten mussten wir Fensterglas entladen und der Posten meinte zum Brigadier, die Bevölkerung habe kein Glas und müsse frieren. In der Fabrik würde es niemand merken, wenn wir eine Kiste Glas mitnehmen und auf dem Basar verkaufen. Der Posten und der Zugführer waren sich einig und so wurde in der Essenskiste eine Kiste Glas versteckt und aus dem Betrieb geschmuggelt. Das war möglich, weil die Werkspolizei uns nicht genau kontrollierte. Am Basar wartete schon ein Banjawagen, um die Kiste Glas aufzunehmen, und der Posten bekam eine Menge Rubel. Die Hälfte behielt er und die andere Hälfte bekamen wir. Sie wurde aufgeteilt, wobei der Zugführer sich selbstverständlich einen größeren Anteil behielt. Diese Praktiken wurden noch einige Male angewandt und es ging immer gut. Es waren anscheinend alle korrupt und jeder machte Geschäfte auf Kosten des Staates. Nach einigen Wochen meinte der Posten, die Bevölkerung habe keine Motoren und könne viele Arbeiten nicht durchführen. Hier in der Fabrik gebe es viele davon und man könne ja einige aus den Hallen holen. Gesagt, getan. Wir gingen zu viert in eine Halle, in der nicht gearbeitet wurde, und bauten einige Motoren aus. Auch diese wurden auf dem gleichen Weg wie das Glas verkauft, nur war der Erlöß viel größer. Als wir am Abend des nächsten Tages in die Fabrik fuhren, wurde uns mitgeteilt, dass wir die Baustelle nicht verlassen dürften. Würde einer außerhalb der erlaubten Zone erwischt, gäbe es strenge Strafen. Bei dieser Art von Geschäften waren wahrscheinlich Direktoren der Fabrik und der Natschalnik des Lagers beteiligt, denn man kam nicht auf die Idee, dass vielleicht doch über die Gefangenen die Ware aus dem Lager geschmuggelt worden war. Einige Tage war Ruhe, aber danach wurde wieder nach der Arbeit über den Basar ins Lager gefahren.

Bei diesem Zug war ich einige Monate, wurde aber wieder versetzt und kam zum besten Zug in diesem Lager. Der Zug Hödl verdiente am meisten, pro Mann etwa 250 Rubel, das war viel Geld, wenn man bedenkt, dass ein Brioche (Mürbteiggebäck) 1 Rubel kostete.

Hödl war Untersturmführer der Waffen-SS gewesen und hatte sich freiwillig als Zugführer zur Verfügung gestellt. Man erzählte im Zug, er habe mit dem russischen Lagerführer und dem Direktor vom »Roten Oktober« Vereinbarungen. Der Zug hatte immer eine Leistung von 150 Prozent und mehr. Entsprechend hoch war auch der Verdienst. Weiters war dieser mit der Frau des Prokuristen bekannt und man erzählte, die beiden Kinder seien von ihm. Aber durch diese Machenschaften konnte ihm keiner an, auch nicht die Russen. Wenn man ihn durchs Lager gehen sah, bekleidet mit einem neuen Waffenrock, Reithosen und Reitstiefeln, konnte man glauben, dieser Mann bestimme alles. Bei einer Monatsauszahlung mussten wir höhere Summen unterschreiben, als uns ausgezahlt wurden, und auch schienen viele Namen auf, die gar nicht in der Fabrik arbeiteten. Nachdem wir Landsleute waren, machte ich ihn darauf aufmerksam, dass die ausbezahlte Summe mit der Summe der Liste nicht übereinstimme. Hödl sagte, die Summe stimme und damit basta und außerdem könne er mich im Zug nicht brauchen, da meine Leistung die Prozente für den ganzen Zug drücke. Schon am nächsten Tag wurde ich zu einem Zug versetzt, der am Bau beschäftigt war.

Mein neuer Zugführer war ein Lehrer aus dem Burgenland und Oberleutnant bei der Wehrmacht gewesen. Ich habe seinen Namen vergessen, also nenne ich diesen Mann Hirt. Er wurde vom Lager darauf aufmerksam gemacht, dass ich ein schlechter Arbeiter sei und er auf mich besonders aufpassen müsse. Der Oberleutnant war ein sehr netter Mann und wollte auf keinen Fall, dass ich weitere Schwierigkeiten bekäme und er womöglich die Schuld hätte. Er versuchte es mit gutem Zureden, ich solle etwas mehr arbeiten und er würde mir schon entsprechende Prozente schreiben. Auf dieser Baustelle musste ich aus Draht Nägel machen, eine leichte Arbeit und viele Prozente. Es war nicht kontrollierbar, nachdem die Russen immer Nägel wegnahmen. So kam es, dass ich nach einigen Wochen auf der Tafel als Bestarbeiter mit 130 Prozent aufschien. Diese Baustelle war das Richtige für mich, es waren auch sehr viele Frauen beim Bau der Schule der MP (Militärpolizei) beschäftigt. Es kamen Kinder mit Deutsch-Heften und fragten uns, wie man das und jenes schreibe. Im Zug hatten wir auch einen lustigen Kerl, der für jeden Spaß zu haben war. So wurde etwa im Lager eine Kuh geschlachtet, er holte sich das Kuheuter und nahm es mit auf die Baustelle. Er band es sich in der Hose fest und als die Frauen, Männer und wir Gefangenen zur Arbeitseinteilung angetreten waren, lief der Kerl zu einem Holzstock, holte ein Strichel heraus und hackte es ab. Zuerst war alles ruhig, dann ein Schrei der Frauen, die glaubten, er habe seinen Penis abgehackt. Der Posten lief hin und sah natürlich, was wirklich los war. Er brachte den Gefangenen in den Bau, so wusste niemand, was wirklich geschehen war. Der Soldat kam heraus und sagte zu den Frauen: »Leider hat er jetzt keinen Penis mehr.« Solche Geschichten kamen vor und machten die Gefangenschaft erträglicher. Diese Baustelle war angenehm, nur Geld konnte man keines verdienen.

Eines Tages kam eine Kommission aus Leningrad und sollte die Arbeit abnehmen. Nach den Kosten hätte die Schule fertig sein sollen. Dies war nicht der Fall, sie war höchstens halbfertig, auch beim Bau wurde viel beanstandet. So stellte die Kommission fest, dass der 3. Stock um 30 cm zu weit nach außen positioniert und daher die Wände vollkommen schief waren. Der leitende Ingenieur auf der Baustelle wurde sofort verhaftet, der Bau eingestellt und wir konnten zurück ins Lager marschieren. Nächsten Tag ging es wieder zur selben Baustelle, aber es waren neue Ingenieure da, die das dritte Stockwerk abtragen ließen. Einer der nächsten Tage brachte eine Überraschung. Die Führenden beim Bau der Schule MP marschierten bereits als Gefangene einher und mussten Kabelgräben ausheben. Eine Überraschung, wie schnell diese Leute verurteilt worden waren, oder vielleicht war diese Strafe auf Bewährung ausgesetzt.

Inzwischen war es Herbst 1948 und es gab nur Gerüchte über eine Heimkehr, aber keine Anzeichen dafür. Die Feiertage zur Oktoberrevolution standen vor der Tür und es wurden Vorbereitungen getroffen. Beim Antifa-Kurs wurde die Schulung noch intensiver durchgeführt. Ein Theaterstück wurde geprobt und es war alles gegen den Westen gerichtet.

Puppen, die amerikanische und auch westlich europäische Politiker darstellten, wurden aufgestellt. Wir hatten keine Ahnung, was damit bezweckt wurde, sollten aber in diesen Tagen merken, wohin der Wind wehte. Die Feiertage der Oktober-Revolution waren da und schon am frühen Morgen wurde vom russischen Lagerkommandanten eine Ansprache gehalten, die den Kapitalismus verurteilte und Amerika als eine schreckliche Nation hinstellte. Der mit den Russen in diesem Krieg verbündete Amerikaner war das Ziel der Hetze, die der Russe als Aufklärung für uns bezeichnete. Bei den Aufbauten mit den Politikerköpfen ging es hoch her, dort wurde mit Fetzenbällen auf diese Köpfe geschossen und für jeden Treffer gab es Zuckerl. Uns Gefangenen war es ziemlich gleichgültig, welchen Kopf wir trafen, es war nur wichtig, überhaupt einen Kopf zu treffen. Es gehört viel Einfühlungsvermögen dazu, um zu verstehen, warum der Russe solchen Hass gegen seinen ehemaligen Verbündeten entwickelt hatte.

Die drei Tage vergingen sehr schnell und man ließ uns einigermaßen Ruhe. Wir hofften, dass die Propaganda ihre Wirkung getan habe. Es gab sicher Gefangene, die in der Antifa-Umschulung zu treuen Kommunisten wurden. Der Russe hoffte, in diesen Leuten, wenn sie nach Hause kommen würden, gut vorbereitete Funktionäre zu haben. Er bedachte aber nicht, dass der Großteil die Antifa-Schule nur machte, um von der Arbeit freigestellt zu sein und noch zusätzliche Rubel kassieren zu können. So gesehen fuhren nicht viele umgeschulte Gefangene nach Hause. Das Theaterstück war auch politisch ausgelegt und man hoffte, dass es Wirkung bei den Gefangenen zeigen würde. Allerdings musste man bei der Kritik sehr aufpassen, überall lauerten Spitzel und in diesem Lager waren Gefangene aus ganz Russland. Spitzel gab es in jedem Lager, aber nach einer bestimmten Zeit war man im Bilde, wer für den Russen Spitzelarbeit leistete. Diese Leute wurden beim Essen bevorzugt und genossen auch viele Erleichterungen im Lagerleben. Es gab aber auch Männer, die sich für einen Spitzel nicht missbrauchen ließen, was der russische Kommissar meistens als Widerstand auslegte. Nicht alle Kommissare reagierten bei einer Ablehnung negativ, manche verachteten jene Gefangenen, die sich für solche Dienste zur Verfügung stellten.

In diesem Lager hielt man sich genau an die internationalen Vereinbarungen, so brauchten die Offiziere keine Arbeit verrichten und ihre Zimmer wurden von einem Putzdienst gereinigt. Die Verpflegung war besser als bei den gewöhnlichen Gefangenen, auch Geld bekamen die Offiziere und Zigaretten sowie Zucker und auch Butter. In den anderen Lagern, in denen ich vorher gewesen war, hatte es eine solche Bevorzugung der Offiziere nicht gegeben. Im Gegenteil, dort mussten diese Männer auch zur Arbeit gehen, wenn sie etwas mehr zum Essen haben wollten. Jene Offiziere, die freiwillig ein Kommando übernahmen, bekamen extra für diese bezahlt und doppelte Verpflegung. Man sollte es nicht glauben, dass ein Arbeiter im Arbeiterparadies soviel wie nichts war oder noch weniger.

Dieses System war auf Normen aufgebaut, und wenn man genau hinsah, so wurden diese Normen mit einer einmaligen Leistung erreicht. Die Leute, welche die Normen aufstellten, nannte man »Stachanov-Arbeiter«. Ich hatte einmal Gelegenheit, mit einem solchen Stachanov-Mann zu arbeiten. Es war ein Maurer in der Fabrik »Roter Oktober« gewesen und dieser Mann war als Bestarbeiter bekannt und akzeptiert. Er konnte es sich leisten, den ganzen Tag keine hundert Ziegel zu verarbeiten und hatte trotzdem hohe Prozente. Kein Ingenieur hätte es gewagt, diesem Mann weniger als 130 Prozent zu schreiben. Ich fragte ihn, wie es möglich sei, dass ich so viele Prozente bekäme, wo ich eigentlich sehr wenig gearbeitet habe. Er meinte: »Du bekommst genau so viele Prozente wie ich, da du als mein Helfer eingeteilt bist.« Ganz konnte ich das nicht verstehen, die Leistung muss doch auch mit dem Geld übereinstimmen, das man bekommt. Er hatte einige Tage eine Spitzenleistung erbracht, wurde von den hohen Funktionären in einer Betriebsversammlung zum »Stachanov-Arbeiter« ernannt und kein Untergebener wagte es seither, seine Leistungen anzuzweifeln. Er schrieb selbst seine Arbeit auf und der Baustellenleiter machte nur sein Zeichen darauf. Nun war ich aufgeklärt, einige Tage viel arbeiten und sich für diese Leistung feiern lassen, war sein Motto, und scheinbar konnte man längere Zeit davon leben.

Nun war ich wieder bei einer anderen Brigade und wir arbeiteten auch in der Fabrik »Roter Oktober«. Wir fuhren mit dem LKW zur Arbeitsstelle und hatten neue Posten als Bewachung. Der Portier und die Werkspolizei ließen uns beim Haupttor nicht hinein und so mussten wir vor dem Fabrikstor warten. Vor dem Eingang ins Hauptgebäude stand eine lebensgroße Stalin-Statue und es war geradezu eine Herausforderung, diese Statue anzusprechen. So sagte ich zu dieser Statue: »Lieber Seppl, sei so lieb und schicke uns bald nach Hause.« Alle lachten und keiner dachte daran, dass unser Posten es vielleicht verstanden haben könnte, was ich zum Seppl (Stalin) gesagt hatte. Der russische Posten hatte bis jetzt kein Wort Deutsch mit uns gesprochen und siehe da, der Mann sprach tatsächlich Deutsch und hatte alles verstanden. Auweh, das konnte nicht gutgehen. Er zeigte, ich solle zu ihm kommen, schaute mich sehr ernst an und sagte: »Du sprechen zu großen Führer Stalin und sagen Seppl, das nicht erlaubt, ich werde machen Meldung und du 25 Jahre hinter Gitter.« Ich versuchte zu erklären, dass Josef bei uns Seppl heißt und dass eine solche Ansprache etwas ganz Ehrfürchtiges sei. Er wollte diese Ausrede nicht recht glauben, da die Kameraden alle gelacht hatten. Jedenfalls hatte ich Glück, der Posten zeigte Verständnis für meine Ausrede und machte keine Meldung. Hätte er es getan, wäre es für mich bestimmt nicht gut ausgegangen. Es gab in der Zeit der Gefangenschaft einige sehr gefährliche Situationen, wenn der Russe davon Kenntnis erhalten hätte, wäre das Vergehen schwersten bestraft worden.

Nun war es schon wieder bald Weihnachten und wir befanden uns noch immer in Stalingrad. Die Tage vergingen langsam und wir wechselten von einer Baustelle zur anderen. Scheinbar hatte der Russe inzwischen festgestellt, dass bei Baustellen, wo wir längere Zeit arbeiteten, immer große Abgänge an Material und Werkzeug zu verzeichnen waren. Weiters wollte er wahrscheinlich nicht, dass wir mit der Zivilbevölkerung zu engen Kontakt bekämen.

Nun arbeitete ich mit Karli im Wasserwerk und wir mussten dort die Wasserkanäle säubern und das Wasserreservoir reinigen und ausbessern. Es war eine sehr schwere Arbeit, mit Drahtbürsten den Beton zu reinigen. Es herrschte eine große Kälte und wir hatten keine Möglichkeit, auf der Baustelle Feuer zu machen. Aber auch diese Zeit verging und es war wieder einmal Weihnachten, und zwar 1948. Der Russe kennt Weihnachten nicht in der gleichen Form wie wir und auch nicht zur selben Zeit. Aber es wurde bekannt, dass wir Weihnachten zwei Tage frei haben würden, das war eine Ausnahme, am Stefanitag frei zu haben.

Diese Weihnachten waren etwas Besonderes, der Russe hatte die Pakete aus der Heimat zurückgehalten und nun, zu Weihnachten, wurden sie ausgegeben. Ebenso die Post. Die Freude war sehr groß, als wir zum Post- und Paketempfang gingen. Aufgerufen wurde zugweise und es dauerte schon seine Zeit, bis man die Post und Pakete entgegennehmen konnte. Die Post war bereits geöffnet und auch die Pakete musste man vor den Russen aufmachen und es wurde sehr genau kontrolliert. Sachen, die wir nicht haben durften, wurden uns weggenommen, Dosen musste man öffnen und auch sonstige verpackte Lebensmittel musste man auspacken. Nach dieser Prozedur konnte man in die Baracke gehen und jeder war froh, nun mit seinen Sachen und Briefen allein zu sein. Kameraden, die nichts bekommen hatten, schauten traurig drein, es waren vorwiegend deutsche Kameraden. Ich hatte wie immer Glück und bekam sowohl von zu Hause Pakete als auch aus Ungarn. Es waren die ersten Weihnachten seit Jahren mit den köstlichen Sachen aus der Heimat. Roschitz Rudi aus St. Anna bekam Sterzmehl, Fett und Trockenwurst. Auch Lenz Karli bekam ein Paket und so tauschten wir drei gegenseitig Lebensmittel aus. Roschitz kochte für den Abend einen richtigen steirischen Sterz mit viel Fett für uns drei, wir anderen stellten Mehlspeisen zum Tee bei. Es war ein Festmahl und auch sonst war alles weihnachtlich. Die Männer lagen oder saßen auf ihren Pritschen und einer stimmte das Lied »Stille Nacht, Heilige Nacht« an. Lange unterhielten wir uns noch, wie es sein würde, wenn wir wieder zu Hause wären. Wir alle hoffen, dass wir im Jahre 1949 doch nach Hause kommen würden. Die restlichen Feiertage vergingen sehr schnell und wir konnten uns richtig ausruhen.

Zwischen Weihnachten und Neujahr hatten wir ein sehr schweres Kommando. Wir mussten Schiffe an der Wolga ausladen. Sie waren mit Zement beladen und wir mussten diesen über einen 50 Meter langen Steg vom Schiff über eine Böschung hinauftragen. Ich und Karli wurden dazu eingeteilt, den Männern den Zementsack auf die Schultern zu heben, und dies ununterbrochen. Pro Mann sollten 100 Säcke vom Schiff bis zum oberen Böschungsrand getragen werden. Diese Arbeit mussten wir die ganze Woche verrichten und es wurde in drei Schichten gearbeitet. Unsere eigenen Leute trieben uns an, die Schiffe sollten noch im alten Jahr entladen werden. Durch diese schwere Arbeit hatten wir vom Jahreswechsel überhaupt nichts, alle lagen in ihren Baracken flach und waren gänzlich fertig. Es war ein würdiger Abschluss des alten

Jahres und wir konnten nur hoffen, dass wir im neuen Jahr wieder andere Arbeitskommandos bekämen. Einige Kameraden hatten noch das Pech, dass sie einige Säcke in der Wolga versenkten, was den Russen überhaupt nicht gefiel. Sie mussten über Neujahr bei Wasser und Brot in den Bunker, das war die Draufgabe für fleißige Arbeit.

Neujahr war vorbei und wir mussten auch im neuen Jahr Schiffe entladen, der Zement für alle Baustellen in Stalingrad kam per Schiff. Auch ich musste zeitweise Zementsäcke schleppen, obwohl ich mit dieser Last fast auf den Knien daherkam. Es gab Leute, die zwei Säcke trugen, um ja viele Prozente zu erreichen und die Norm zu erfüllen. Weiters gab es Kameraden, die ihre Norm schon nach sechs Stunden erfüllt hatten, und dann zwei Stunden am Ufer der Wolga lagen, weil sie nicht bereit waren, mehr Zementsäcke über den Steg hinaufzutragen, als die Norm vorsah. Ich hatte mit der Norm keine Probleme und auch nicht mit der Zeit, denn ich erfüllte die Norm auch nicht in den neun Stunden, die uns zur Verfügung standen. Also gab es ein kleines Brot und auch keinen Kascha, was mir persönlich zurzeit egal war, da ich noch Reserven von zu Hause hatte, und auch Geld war noch vorhanden, so konnte ich mir Brot und Kascha kaufen.

Endlich kamen wir von dieser Baustelle weg und wieder zu einer in der »Roten Barrikade«. Im Jänner war es sehr kalt und es kam vor, dass die Arbeit eingestellt wurde, weil die Kälte 30 Grad minus betrug. Ich brauche nicht besonders zu erwähnen, dass es auch bei 20 Grad minus kein Vergnügen war, auf der Baustelle im Freien zu arbeiten. Um überhaupt arbeiten zu können, musste der Sand erwärmt werden und für das Mischen wurde heißes Wasser verwendet. Was bei den Russen sonst nicht üblich war, es wurde uns nach zwei Stunden immer eine Zigarettenpause gewährt. Das Jahr 1949 begann doch mit vielen Erleichterungen und immer wieder ging die Parole: »Ihr werdet bald nach Hause fahren.« Es gingen auch laufend Krankentransporte ab, dabei gab es keinen Unterschied, ob Deutscher, Österreicher oder Elsässer (Franzose), auch Niederländer, Belgier, Norweger, die freiwillig im deutschen

Heer gedient hatten, fuhren nach Hause. Auch Untersturmführer Hödl verließ das Lager und man erzählte, er hätte aufgrund seiner Verdienste als Einzelner die Heimreise angetreten, denn mit einer Gruppe aus Stalingrad hätte man diesen Mann sicher nicht heimschicken können. Wir, die noch in Stalingrad bleiben mussten, hatten noch viele Leistungen für die Wiedergutmachung zu erbringen. Es gab im Lager so viele Parolen und jeder wusste etwas anderes zu erzählen. Die Bevölkerung wäre auch schon froh gewesen, wenn wir nach Hause geschickt worden wären. Wir hatten ihnen die ganzen Normen verhaut und die Russen mussten mehr arbeiten, wenn sie mehr Geld verdienen wollten. Die Tage vergingen sehr langsam und der Winter wollte kein Ende nehmen. Ich musste auf verschiedenen Baustellen arbeiten und meistens hatte ich mit den Normen meine Schwierigkeiten. Im Lager hatte sich auch einiges verändert, für die Kranken kamen neue Plenis (Gefangene) aus verschiedenen Lagern, sogar aus Sibirien. Was damit bezweckt wurde, konnte man noch nicht erkennen, auch diesen Männern war gesagt worden, sie kämen nach Hause, gelandet sind sie aber in Stalingrad. Eines war sicher, Stalingrad war ein Sammellager für ganz bestimmte Gefangene. Unter den Ankömmlingen waren auch sehr viele Offiziere, die allerdings nicht arbeiten mussten. Wieder kamen aber auch viele Kameraden von Stalingrad weg in ein anderes Lager oder vieleicht sogar nach Hause. Karli und ich hofften, bei einem dieser Transporte dabei zu sein, aber diese Hoffnung ging nicht auf.

Als wir von der Baustelle nach Hause kamen, muss es April oder Mai gewesen sein. Wir sahen Kommandos um einen Häuserblock Löcher graben und Zaunsäulen aufstellen. Nun wurde wieder geraten, was das zu bedeuten habe. Es sollte noch einige Zeit vergehen, bis der Zaun um diesen Häuserblock fertig war. Er hatte eine Höhe von 2.50 Metern und jede einzelne Ritze wurde zugemacht, sodass man vom Lager in diesen Block nicht hineinschauen konnte. Dieser Häuserblock wurde geräumt, sodass die Zimmer alle leer waren. Auf den naheliegenden Gedanken, dass diese Vorbereitungen uns gelten könnten, ist zu diesem Zeitpunkt niemand gekommen. Wir alle glaubten, dort würden russische Gefangene einziehen. Auf den Baustellen hörte man von der russischen Bevölkerung, dass wir alle nach Hause kommen sollten. Der Austausch Gefangene rein und Gefangene raus aus unserem Lager wurde fortgesetzt.

Das russische Gericht

Inzwischen hatten wir den Häuserblock wieder vergessen. Im Lager war die Antifa hochaktiv und es gab sogar als Leistungsprämien Theaterbesuche in Stalingrad. Wir wurden zugweise mit einem LKW zum Theater gebracht und es waren für uns in einem eigenen Trakt Sitzplätze reserviert. Jetzt glaubten aber wirklich alle, dass dies veranstaltet wurde, weil wir bald nach Hause kämen. Es sollte aber noch weitere Überraschungen geben. Eines Tages, als wir von der Baustelle ins Lager kamen, durften wir nicht wegtreten. Der ganze Zug musste im Hof stehen bleiben, es wurden Namen aufgerufen und diese Männer wurden vom russischen Offizier beauftragt, die persönlichen Sachen zu holen und auf einem bestimmten Platz anzutreten. Als wir mit unseren Klamotten am Ende des Appellplatzes angetreten waren, war es nicht mehr möglich, mit den Kameraden wie zum Beispiel Karli Verbindung aufzunehmen. Nun kamen auch Männer aus den Offiziersgebäuden, unter ihnen Kormann. Dieses Auswählen bestimmter Personen dauerte bis spät in die Nacht hinein. Dann wurden wir wieder in Züge zusammengestellt und bekamen einen Raum zugeteilt. Wir waren ganz schön überrascht, als wir feststellen mussten, dass sogar die Betten bereits festgelegt waren, in denen wir zu schlafen hatten. An der Stirnseite der Betten waren unsere Namensschilder in russischer Schrift angebracht. Mein Schlafplatz war über meinem Freund Heinerl und im Nebenbett lag unser Petroschek sowie ein Niederösterreicher namens Genser. Die Offiziere waren zum Teil im Nebenraum untergebracht, dort schliefen auch Kormann und ein Polizeioffizier aus Wien, auch ein guter Bekannter von uns. Wir fragten Kormann, was das wohl zu bedeuten habe, aber er wusste es auch nicht.

Am nächsten Tag wurden wir geweckt und gingen etwas später als die anderen Gefangenen auf eine separate Baustelle. Die Posten wussten angeblich auch nicht, warum wir von unseren alten Kameraden getrennt wurden. Sonst kamen meistens zwei Posten auf einen Zug, aber nun hatten wir pro Zug vier Posten, das war sehr verdächtig und auch die Posten waren eigenartig, obwohl sie sonst oft für einen Spaß zu haben waren. Wir arbeiteten bereits die zweite Woche in dieser Zusammensetzung und es hatte sich bis jetzt nichts ereignet. Ich glaube, es war in der zweiten Woche am Donnerstagmorgen. Als wir aufstanden, fehlten zwei Mann. Einer in unserem Zimmer hatte bemerkt, dass diese beiden Männer von einem Sergeanten geholt worden waren. Jedenfalls kamen diese beiden Männer nicht mehr zurück und auch beim Marsch zur Baustelle tauchten sie nicht auf. Die Posten taten so, als sei alles in Ordnung und es fehle niemand. Als wir fragten, wo diese beiden Männer seien, meinte der Posten, dass sie sicher krankgeschrieben wurden. Eines war jetzt sicher, die Schilder auf unseren Betten dienten dazu, um uns in der Nacht zu finden. Sie würden uns abholen, ohne dass andere Kameraden geweckt wurden. Wir konnten uns natürlich auch denken, wo diese Männer hingebracht wurden, sicherlich in diesen separaten Häuserblock. Jede Nacht wurden ein oder auch zwei Männer aus den verschiedenen Zimmern geholt. Es war nur mehr eine Frage der Zeit, wann man selbst an der Reihe sein würde. Noch wussten wir nicht, dass in diesen Häuserblocks russische Gerichte tagten und über Heimkehr oder Verurteilung entscheiden. Nun waren auch Kormann und der Polizeioffizier verschwunden und es sickerte durch, dass bereits einige zu 25 Jahren Zwangsarbeit verurteilt worden waren. Die bereits Verurteilten mussten am Wolgakai arbeiten und so wurde trotz größter Vorsicht und Geheimhaltung bekannt, was sich in diesem separaten Häuserblock abspielte. Einige versuchten schon vorher nachzudenken, was der Russe ihnen vorwerfen könnte. Genser erzählte mir, der Kommissar hätte ihm vorgeworfen, an der Erhängung russischer Partisanen beteiligt gewesen zu sein. Der Kommissar legte ihm ein Foto vor, auf dem erhängte Russen zu sehen waren. Genser hatte dieses Foto von einem Kameraden bekommen und nach Hause geschickt. Es muss zusammen mit dem Brief zu Hause den Russen in die Hände gefallen sein. Genser wurde daraufhin zu 25 Jahren Zwangsarbeit verurteilt, was ich später im Traktorenwerk in Stalingrad erfuhr.

Auch der Fall eines Wiener Polizeioffiziers wurde bekannt, der verurteilt wurde, weil er als Feldgendarm russische Gefangene bewacht hatte, wobei es zu Erschießungen gekommen sein soll. Der Wiener bestritt diese Anschuldigung, was ihm aber nichts half, da das russische Gericht scheinbar Zeugen hatte. Auch Kormann wurde verurteilt, kam aber 1956 nach Hause und wir trafen uns in Wiener Neustadt bei einem Heimkehrertreffen. Auch Hödl war in Wiener-Neustadt dabei und wollte sich uns anschließen, was wir diesem Burschen aber vollkommen versalzten. Man könnte noch viele solche Schicksale aufzählen und festhalten, aber ich glaube, diese Beispiele zeigen schon, was in dieser Zeit alles möglich war.

Inzwischen wurden in der Nacht immer mehr Männer geholt, aber es kam keiner ins Lager zurück. Nun waren auch Heinerl und Petroschek verschwunden. An diesem Tag wurde aus zwei Zügen einer gemacht, denn es fehlten schon sehr viele Männer. Informationen konnte man nur von den freigestellten Gefangenen bekommen, da diese sich ohne Posten in der Stadt bewegen konnten. Einige Tage nach der Zusammenschließung der zwei Züge passierte es, dass ich um 1:00 Uhr geweckt wurde und der Sergeant mich aufforderte mitzukommen. Auch ich wurde in diesen separaten Häuserblock gebracht und dort in einen Raum eingewiesen. In diesem Raum waren schon Kameraden gewesen, die versucht hatten, eine Nachricht für ihre Angehörigen zu hinterlegen, dass sie von den Russen zu 25 Jahren Zwangsarbeit verurteilt worden waren, und sollte ein Kamerad früher nach Hause kommen, möge er die Eltern verständigen.

Um 8:00 Uhr wurde ich in einen anderen Raum gebracht und es wurde mir mitgeteilt, dass ich in das Lager Traktorenwerk versetzt würde und in nächster Zeit nach Hause komme. Ich war überrascht, wollte es auf keinen Fall glauben, denn was ich an der Wand und unter dem Sessel gelesen hatte, war nicht dazu angetan, an eine Heimkehr zu denken. Man brachte mich in ein anderes Haus und dort warteten einige Kameraden auf den Abtransport ins

Traktorenwerk-Lager. Nun wurde ich nochmals zum Kommissar gerufen, der mir mitteilte, er habe dafür gesorgt, dass das Gericht keine Anklage erheben werde. Ich konnte ihm nur für seine Fürsprache danken, sagte ihm aber, dass es auch keinen Grund gebe, mich zu verurteilen. Er lachte und meinte, es sei nicht schwierig, einen Grund zu finden. Das Gespräch lief sehr freundlich ab und hatte mit einem Verhör nichts zu tun, obwohl man sehr aufpassen musste, dass einem nicht im letzten Augenblick noch etwas passierte. Nächsten Tag wurden wir tatsächlich ins Lager des Traktorenwerkes gebracht und dort trafen wir viele Kameraden, die auch aus dem Gerichtstrakt kamen, aber es fehlten auch sehr viele und man musste annehmen, dass diese Kameraden verurteilt worden waren, und oft nur deswegen, weil der Zufall mitspielte.

Traktorenwerk Stalingrad

Das Lager war in der Nähe der Fabrik und bestand aus lauter festen Bauten. Im Traktorenwerk wurden während des Krieges Panzer erzeugt, unter anderem auch die berühmten T 34. In diesem Betrieb sollten wir bis zu unserer Entlassung aus der Gefangenschaft arbeiten. Eines ist festzustellen, die Behandlung war sehr gut, die Verpflegung ebenfalls und Bewachung gab es so gut wie keine. Nach der üblichen Einteilung in Züge und Kompanien wurde festgelegt, in welcher Zeche wir unsere Arbeitstelle haben sollten. Einige Tage konnten wir im Lager bleiben, mussten aber nach dieser Zeit ins Traktorenwerk zur Arbeit gehen. Wir kamen aus dem Staunen nicht heraus, es gab keinen Posten, der auf uns aufpasste, und so marschierten wir ganz ohne Bewachung zur Fabrik. Dort nahm uns ein Ingenieur in Empfang, der sehr freundlich war und uns für leichte Arbeiten einteilte. Wir durften uns mit den Zivilisten unterhalten, keinen störte es, so war es auch möglich, Näheres über die Verurteilten zu erfahren. Man erzählte, dass diese Gefangenen nach Sibirien kommen sollten, um dort in den Bergwerken ihre Strafe als Wiedergutmachung abzuleisten. Die nächste Überraschung war die Mitteilung, dass wir für die geleistete Arbeit einen Stundenlohn bekommen sollten. Keiner sprach von einer Norm, der einzige Unterschied bei der Bezahlung war, dass man als Facharbeiter eingesetzt war oder als Hilfsarbeiter. Die Facharbeiter bekamen einen höheren Stundenlohn. Nun konnte man doch an eine Entlassung aus der Gefangenschaft glauben und damit verbunden natürlich an eine Heimreise. Im Lager gab es auch eine Kantine, in der man vieles zu kaufen bekam, was man Jahre nicht einmal gesehen hat. Für die Körperpflege gab es Seife, Rasierapparate und verschiedene andere Artikel. Nach einer Woche Arbeit gab es Geld und man konnte auch Rauchwaren kaufen, eine Zuteilung von Rauchutensilien gab es nicht mehr. Dasselbe war auch beim Zucker der Fall, dafür konnte man in der Kantine verschiedene Lebensmittel bekommen. Im Traktorenwerk wurden wir wie die russischen Arbeiter behandelt und bekamen auch den gleichen Lohn. Im Lager wurden von dem verdienten Geld die Kosten für den Schlafplatz und das Essen einbehalten. Ich weiß nicht mehr, wie viel wir bezahlen mussten, jedenfalls blieben so viele Rubel über, dass man sich jede Woche in der Kantine einiges kaufen konnte.

Nun waren wir schon vier Wochen in diesem Lager und Weihnachten kam immer näher, sodass es kaum möglich sein würde, das Fest zu Hause feiern zu können. Die ersten Transporte wurden zusammengestellt, aber leider waren meine Freunde und ich nicht dabei und auch die anderen österreichischen Kameraden wurden nicht berücksichtigt. Der erste Transport bestand vorwiegend aus kranken Kameraden und nur wenige gesunde fanden Berücksichtigung. Am nächsten Tag gingen wir mit Widerwillen zur Arbeit, obwohl alle Russen zu uns sehr nett waren, denn ich glaube, auch diese Leute konnten es nicht mehr erwarten, dass wir aus Russland verschwänden. Es sollte noch fast zwei Monate dauern, bis wir an die Reihe kamen. Die Tage vergingen sehr langsam, ein Tag war wie der andere und auch die Parolen hörten auf. Als wir hörten, dass auch das Lager Stalingrad-Mitte aufgelöst worden war, waren wir überzeugt, bald nach Hause zu kommen. In das Lager kamen russische Gefangene und so konnten wir hoffen, dass auch das Lager Traktorenwerk bald aufgelöst würde. Es war um den 15.

Dezember 1949, als wir von der Fabrik ins Lager kamen und uns schon Kameraden mit der Mitteilung entgegeneilten, dass sie bereits neue Kleider empfangen hätten. Auch wir wurden vor dem Wegtreten aufgefordert, kaputte und schlechte Kleidung umzutauschen. Das brauchte nicht zweimal gesagt werden, schon waren wir bei der Kleiderkammer. Von der russischen Lagerverwaltung wurde angeordnet, beim Umtausch großzügig zu sein. Ich bekam zwei Garnituren neue Wäsche und einen mattierten Überzieher sowie eine Pelzmütze, ein russisches Überhemd und ein Paar neue Schuhe. Am nächsten Tag brauchten wir nicht mehr ins Traktorenwerk zur Arbeit gehen, man sagte uns, dass für uns die Arbeit in Russland vorbei sei. Es sollte aber doch noch einige Tage dauern und wir zweifelten schon wieder, ob wir wirklich nach Hause kämen. Unser Misstrauen saß so tief, dass jede Veränderung uns sofort den Glauben nahm. Die Russen sagten uns zwar, dass die angeforderten Waggons schon längst in Stalingrad hätten sein müssen. Die große Überraschung kam am Heiligen Abend, in aller Früh mussten wir antreten und ein hoher russischer Offizier kam ins Lager und hielt eine Ansprache. Er versuchte uns zu erklären, dass unsere Arbeit in Russland eine Wiedergutmachung sei. Das hatten wir schon bis zum Überfluss gehört und wir dachten nur: »Raus aus Russland!« Die Lage hatte sich wieder etwas verändert, nun traf ein ganzer Zug von russischen Soldaten ein, diese Männer waren sicher das Begleitpersonal für den Transport. Wir bekamen den Befehl, mit unseren Sachen anzutreten und wurden einzeln aufgerufen, mussten vortreten und konnten durch das Lagertor marschieren. Außerhalb des Lagers wurden wir von den Soldaten in Empfang genommen und sehr genau gefilzt. Nach dieser Prozedur konnten wir die bereitgestellten LKWs besteigen, die einer nach dem anderen abgefertigt wurden. Bei jedem LKW standen zwei Posten, scheinbar glaubten die Russen, wir würden gerne in Russland bleiben. Die Posten waren nicht unfreundlich, aber sie hatten eben dafür zu sorgen, dass kein Gefangener aus der Reihe tanzte. Dann ging es diesmal zum Bahnhof und wir mussten antreten, wieder wurde gezählt, einem Kapitän (Hauptmann) wurde

Meldung gemacht. Dieser Offizier und ein Leutnant waren scheinbar für den Transport verantwortlich. Nun wurden die Namen aufgerufen, man musste vortreten und es wurde nochmals gefilzt. Wenn alles in Ordnung war, konnte man in den zugewiesenen Waggon einsteigen. Vor jeder Waggontür stand ein Posten und es war nicht mehr möglich auszusteigen.

Zugfahrt von Stalingrad nach Máramaros-Sziget (Rumänien)
Das Ganze dauerte bis spät abends und vor lauter Aufregung vergaßen wir fast, dass Heiliger Abend war. Erst jetzt, nachdem alles erledigt war und die Waggontür geschlossen wurde, dachte man an zu Hause, an den Heiligen Abend und keiner konnte einschlafen. Wir warteten, dass sich der Zug in Bewegung setzte. Es muss so zwischen 2:00 und 3:00 Uhr gewesen sein, als ein Ruck durch die Waggons ging und die Lok anzog. Wir unterhielten uns noch etwas über zu Hause, wie es wohl sein würde und was sich alles verändert haben würde. Es wurde überall still im Waggon und auch ich muss eingeschlafen sein, denn als ich aufwachte, war es draußen bereits hell. Jetzt konnte man sich umschauen, mit welchen Kameraden wir den Waggon teilten. Die Heimfahrt war anders als die Fahrt in die Gefangenschaft. Als wir nach Russland fuhren, waren wir 100 Mann im Waggon, jetzt waren wir 60. Es war reichlich Stroh vorhanden und auch einen Ofen hatten wir. Gegen Mittag hielt der Zug, wurde auf ein Nebengleis geschoben und die russischen Posten riefen, dass je zwei Mann pro Waggon die Verpflegung holen sollten. Es gab Tee, Brot, etwas Zucker und Rauchwaren. Ein weiterer Mann durfte Holz und einen Eimer Kohle holen. Der Zug stand bis spät am Abend auf dem Nebengeleise und um ca. 19:00 Uhr wurde die Fahrt fortgesetzt. Im Waggon herrschte gute Stimmung, denn inzwischen hatten wir eingeheizt und saßen in Gruppen auf unseren Pritschen mit richtiger Feiertagstimmung, denn heute war ja Christtag. Wir waren im Waggon einige Steirer und auch mein Freund Karli war mit von der Partie. Die Versorgung mit Essen und Trinken war gut, auch die Behandlung durch die Russen war in Ordnung. Nur einen Fehler hatte das Ganze: Es

ging uns alles viel zu langsam. Nun waren wir schon einige Tage unterwegs und befanden uns in der Ukraine. Es war sicher, dass wir nicht über Brest fahren würden, also wahrscheinlich über Rumänien und Ungarn nach Österreich. Österreich – eigenartig, wie schnell man sich an dieses Wort gewöhnte, wir hatten ja zu unserem Land nur Ostmark sagen dürfen.

Es war der 31. Dezember 1949 und wir hatten die rumänische Grenze erreicht. Unser Zug hielt kurz vor der Grenze an, wir mussten alle aussteigen und auf dem freien Feld antreten. Unsere Sachen mussten wir vor uns niederlegen, ein Sergeant und ein Soldat filzten sie und auch der Körper wurde abgetastet. Als diese Prozedur vorbei war, kam ein zweiter Sergeant mit Listen. Er gab seinen Kameraden einen Teil dieser Listen und man teilte uns mit, wenn der Name aufgerufen würde, könne derjenige wieder in den Waggon zurückkehren. Der Sergeant, welcher die Listen gebracht hatte, war bald fertig, aber unser Sergeant hatte scheinbar das Lesen nicht erfunden, er stotterte einen Namen nach dem anderen mit Mühe heraus. Ich stand noch immer auf dem Feld und es waren nur mehr wenige Kameraden, die nicht aufgerufen worden waren. Nun waren auch diese bereits im Waggon und ich war übrig geblieben. Es kamen zwei Posten, die mich bewachen mussten, während die beiden Sergeanten zum russischen Offizier gingen. Es herrschte Aufregung, man war der Ansicht, ich hätte mich in Stalingrad in den Waggon geschmuggelt. Man wusste nicht, was zu tun sei, und ich hörte, wie der Offizier den Sergeanten fragte, ob er wohl alles richtig gelesen habe. Der Sergeant behauptete, alles genau gemacht zu haben, so wie es ihm befohlen worden war. Der Leutnant kam zu mir und fragte nach meinem Namen. Danach ging dem Offizier ein Licht auf und er beauftragte den anderen Sergeanten, die Listen nochmals nach meinem Namen zu durchsuchen. Es dauerte sehr lange und ich musste mit den zwei Posten allein im freien Feld stehen. Endlich wurde mein Name gefunden. Der Sergeant hatte einfach den Namen ausgelassen, weil er mit dem »Ü« nichts anfangen konnte. Nun war alles klar und auch ich konnte nach Stunden und viel Zittern den Waggon besteigen. Jetzt konnte sich der Zug in Bewegung setzen und wir fuhren über die Grenze nach Rumänien. Das Jahr 1949 hatten wir noch in Russland verbracht und mit dem Jahr 1950 hatten wir dieses Land verlassen und kamen nach Mamaros-Sziged in ein Entlassungslager. Hier sollten die Regierungsvertretungen uns übernehmen, es gingen auch täglich kleinere und größere Transporte ab. Wir Österreicher sollten noch einige Tage in diesem Lager bleiben, denn es kam keine Übernahmebestätigung von den österreichischen Verantwortlichen. Inzwischen war das Lager bis auf uns fast leer und endlich wurden auch wir zur Verladung aufgerufen. Wir sahen uns schon wieder auf der Rückreise nach Russland, denn die Posten sagten, wir würden mit dem gleichen Zug nach Russland fahren. Am 6.1.1950 verließen wir das Lager in Rumänien und am 8.1.1950 waren wir in Budapest. Dort wurde unser Zug auf ein Abstellgleis gebracht und man sagte uns, wir würden einige Stunden Aufenthalt haben. Jetzt war ich wieder in dieser Stadt, wo meine Gefangenschaft begonnen hatte und von wo ich den Todesmarsch nach Baja antreten musste. Es war fast nicht zu glauben, dass wir diese Jahre überlebt hatten. Wir durften aussteigen und uns auf dem Bahnhofgelände frei bewegen. Die Ungarn waren nicht sehr freundlich und warfen uns vor, Schuld und Verantwortung für die Zerstörungen zu haben. Auch jetzt konnte man die enormen Zerstörungen noch sehen, denn Budapest war durch die Kesselschlacht sehr stark in Mitleidenschaft gezogen worden. Wir unterhielten uns, wie es wohl zu Hause sein würde, was sich alles verändert haben würde und wie viele von den Kameraden den Krieg überstanden haben würden. Auch an das Mädchen in Baja dachte ich und wie es ihr in diesen Jahren der russischen Besetzung ergangen sein würde und ob sie durch die Freundschaft mit mir nicht Nachteile hat hinnehmen müssen. Jetzt konnte es nur mehr wenige Tage dauern, bis wir zu Hause sein würden, es sollte aber schneller gehen, als wir dachten. Es wurde schön langsam dunkel und die Posten forderten uns auf einzusteigen. Als der russische Leutnant vorbeiging, fragten wir, ob der Zug bald weiterfahren würde. Er antwortete, dass wir uns nicht vor 24:00 Uhr in Bewegung setzen würden, da unsere Ankunft in Wiener-Neustadt für 9:00 Uhr vorgesehen wäre. Wir versuchten zu schlafen, aber es war unmöglich, denn die Gedanken waren ständig zu Hause. Es dauerte sehr lange und es kam mir vor, es vergehe keine Zeit. Wir versuchten uns abzulenken, aber auch das war nicht möglich. So starrten wir in die Dunkelheit und warteten, bis der Zug anzog. Nach einer Ewigkeit ging nun doch ein Ruck durch die Waggons und der Zug bewegte sich. Trotz der Dunkelheit glaubte jeder, das glückliche Gesicht des anderen zu sehen. Wir waren wach und versuchten in den Bahnhöfen die Namen der Ortschaften zu lesen. Der Zug blieb wieder stehen und wurde auf ein Abstellgleis gefahren, wo er wieder einige Stunden stand. Es wurden nun schon etwas hell und der russische Offizier ging mit einem Ungarn die Waggons ab und zählte die Männer. Es war scheinbar alles in Ordnung. Wir durften weiterfahren und schon nach kurzer Zeit hatten wir die österreichische Grenze passiert. Wir waren nach vielen Jahren wieder in Österreich. Mit Tränen in den Augen sahen wir die ersten Häuser und einige Leute winkten uns zu.

Wieder in Österreich

Der Zug fuhr langsam in Richtung Wiener-Neustadt und wir sahen zum Teil noch die Zerstörungen durch den Krieg. Ich kann das Gefühl nicht beschreiben, das mich übermannte, je näher wir unserem Bestimmungsort kamen. Es ging nicht nur mir so, auch alle anderen Kameraden waren von dieser Stimmung eingefangen. Einige weinten und konnten es kaum begreifen, dass wir in der Heimat angekommen waren. Die Fahrt bis Wiener-Neustadt dauerte nur kurz und schon fuhren wir in den Bahnhof ein. Es standen eine Menge Leute da, offensichtlich Angehörige der Heimkehrer. Das »Rote Kreuz« hatte alle Hände voll zu tun, um die Kranken des Transports zu versorgen. Die Kranken wurden als Erste aus den Waggons geholt und auf dem freien Platz abgestellt. Dann waren wir an der Reihe und konnten aussteigen, es gab unvorstellbare Szenen des Wiedersehens. Nur einer wurde verachtet und musste von den Russen geschützt werden, es war der Urbanek, in Russland Antreiber der Gefangenen. Die Russen wollten, dass wir uns aufstellten, aber das gelang nicht mehr. Jene, die abgeholt wurden, blieben bei Frau und Kind oder bei den Eltern. Es gab auch solche, die nicht abgeholt wurden, das waren vorwiegend die aus dem Westen von Österreich. Nun wurde die Internationale gespielt und die österreichische Hymne und Ansprachen gehalten. Ein russischer hoher Offizier hielt eine Rede und nach ihm sprach Innenminister Helmer. Uns waren diese Ansprachen völlig gleichgültig, denn was wir in Russland erdulden hatten müssen, war mit Ansprachen und dem Abspielen der Internationalen nicht mehr aus der Welt zu schaffen. Nach diesen schönen Worten mussten wir uns zu den Baracken am Bahnhof begeben, dort wurde die Entlassung erst wirklich durchgeführt. Zuerst mussten wir an einem russischen Tisch vorbei, dort wurde der Entlassungsschein ausgestellt. Als Nächstes kamen wir zu einem österreichischen Tisch, hier mussten wir unseren Entlassungsschein vorzeigen, es wurden alle Daten aufgenommen und wir erhielten die Fahrkarten und 50 Schilling ausgefolgt. Nun waren wir vollkommen frei, mussten allerdings noch über den Semmering in die westliche Zone. Wir hatten noch Zeit und konnten uns etwas in Wiener-Neustadt umschauen. Was wir zu sehen bekamen, war eine vollkommen zerstörte Stadt, in der noch das letzte Kriegsjahr sichtbar war. Der Bahnhof war auch noch nicht aufgebaut und so mussten wir schauen, wie wir in die Steiermark kämen. Endlich fuhr am späten Nachmittag ein Zug Richtung Graz. Der Zug kam aus Wien und wir konnten einsteigen. Von den 50 Schilling, die wir bekommen hatten, war nicht mehr viel übrig, denn einen Teil hatten wir in Bier umgesetzt, von dem wir einen kleinen Schwips bekamen.

Auf der Semmeringer Höhe gab es eine Überraschung, denn der Zug hielt an und es wurde von den Russen eine strenge Kontrolle durchgeführt. Wir zeigten unsere Entlassungspapiere, aber der russische Soldat nahm diese nicht zur Kenntnis und verlangte einen Ausweis, den wir nicht hatten. Einige von uns konnten im Waggon bleiben, ich und noch zwei Kameraden mussten aussteigen und mitgehen zur Bahnhofs-Kommandantur. Mit welchem Gefühl wir mitgingen, braucht man nicht zu beschreiben, denn wir sahen uns bereits wieder in Russland. Wir wurden einem Offizier vorgeführt, dieser sah unsere Entlassungsscheine an und schimpfte mit den Soldaten, weil sie uns aus dem Waggon geholt hatten. Er ließ uns gehen und wünschte uns eine gute Heimfahrt. Wir kehrten zum Zug zurück, gleich darauf wurde er freigegeben und konnte die Grenze passieren. Ein Aufatmen ging durch den Waggon, jetzt waren wir endgültig in der Steiermark und aus dem Einflussgebiet der Russen. Es war schon sehr spät, als wir in Graz ankamen und es warteten viele Leute auf diesen Zug. Wir konnten aussteigen und der Erste, den ich sah, war mein Bruder Karl. Wir liefen aufeinander zu und umarmten uns nach so vielen Jahren. Auch meine Schwester Gusti war mit dabei und auch diese Begrüßung war stürmisch. Karli hatte die Erlaubnis von Dir. DI. Härtung erhalten, mich mit seinem Auto abzuholen. Die Landesregierung hatte alle Heimkehrer zu einem Abendessen eingeladen, aber darauf konnte ich leicht verzichten. Mein Wunsch war, nach Hause zu kommen und meine Eltern zu sehen.

12. Kapitel
Heimkehr nach Kalsdorf 9. 1. 1950

Wir gingen vom Bahnsteig zum Auto, wo ein guter Bekannter wartete, es war der Chauffeur des ehemaligen Betriebsführers der Lapp-Finze-AG, DI. Härtung. Nach der Begrüßung fuhren wir Richtung Kalsdorf. Obwohl es schon finster war, konnte man am Bahnhof und auf der Fahrt noch manche Zerstörung durch den Krieg sehen. Ich kann nicht mehr genau beschreiben, mit welchem Gefühl ich die letzten Minuten im Auto verbrachte, bevor wir die Personalhäuser erreichten. Wir fuhren in den Hof hinein, meine Eltern standen da und warteten auf meine Heimkehr. Ich sah niemand anderen als meine Eltern, ging auf sie zu und die Begrüßung war ergreifend. Mit Tränen in den Augen umarmten wir uns und keiner glaubte, dass es Wirklichkeit war und ich nun zu Hause sei. Die Tür war mit Tannenreisig verschönert und ein großes Schild mit der Aufschrift »Herzlich Willkommen« war über der Eingangstür angebracht. Nun ging ich nach so vielen Jahren durch diese Tür in die Wohnung und nichts hatte sich verändert, alles war noch so wie 1942, als ich einrücken musste. In der Küche stand ein junges Fräulein und sagte ein Gedicht auf, es war die Hütter Frieda, mit der ich vor dem Einrücken befreundet gewesen war. Es war ein sehr langes Gedicht und sollte ein Rückblick, aber auch ein Blick in die Zukunft sein. Sehr lobend muss man erwähnen, dass die Familie Hütter für das Essen und Trinken gesorgt hatte. Meine Eltern wären nicht in der Lage gewesen, mir einen solchen gedeckten Tisch zu bieten. Frau Hütter hatte meiner Mutter immer schon versprochen, wenn ich nach Hause komme, brauche sie sich keine Sorgen um das Essen und Trinken machen und es werde eine reichlich gedeckte Tafel geben. Noch konnte ich das Ganze nicht richtig erfassen, es war zu viel, was auf mich hereinbrach. Meine Eltern waren um 10 Jahre älter geworden, meine Geschwister hatten sich in diesen Jahren verändert und ich selbst war ein schwer gezeichneter Mann. Alle glaubten, ich würde mager aus Russland heimkehren, aber das Gegenteil war der Fall. Mein Körper war aufgedunsen und ich brachte fast 100 kg auf die Waage. Aber alles war Wasser und darauf zurückzuführen, dass wir die letzten drei Monate genug zu essen hatten. Mein ganzer Besitz war ein Holzkoffer und in diesem befanden sich eine Garnitur Wäsche, einige Schachteln Zigaretten und einige Pakete Machorka-Tabak, eine Zündschnur mit einem Feuerstein und ein Stück Stahl, um Feuer machen zu können. Mein weiterer Besitz war die Kleidung, die ich anhatte. Es war eine Pelzmütze, ein wattierter Rock, eine Militärhose und ein Paar Schuhe. Nun war ich fast 27 Jahre alt und mein ganzer Besitz war null. Beim Abendessen sollte ich erzählen, wie es mir ergangen war, aber ich wusste nicht, was ich erzählen sollte. Mein Herz war vor Freude voll zum Überlaufen, nun endlich daheim zu sein.

Nachdem ich keine Lust verspürte, vom Krieg und der Gefangenschaft zu erzählen, sprachen wir von den Russen, als sie in Kalsdorf aufgetaucht waren. Auch von guten Bekannten, die Nazis waren und mit einem Schlag Ultrakommunisten wurden. Nicht nur das, sie waren auch jederzeit bereit, andere bei den Russen zu denunzieren. Besonders gab es solche unter den Arbeitskollegen meines Vaters, da sie vom Ersten Weltkrieg etwas Russisch konnten und dies jetzt zu ihrem Vorteil ausnützten. Es waren auch die gleichen Leute, die den Getreidespeicher plünderten und sich die besten Sachen holten. Für meine Eltern muss es eine sehr schwere Zeit gewesen sein. Es war nicht leicht, nicht zu wissen, wo ich war und ob ich noch lebe. In Kalsdorf wurden von den Russen auch zwei SS-Männer erschossen, die sich hier verstecken wollten. Viele der ehemaligen Nazis hatten den Zeitpunkt der Umstellung versäumt und mussten Straßen kehren und andere niedrige Arbeiten verrichten. In der Firma gab es auch sehr viel Veränderungen, so musste der technische Direktor gehen und mit ihm noch einige Meister. Andere wurden wieder bestraft, weil sie Blockleiter oder auch nur einfache Parteigenossen gewesen waren. Es gab aber auch wieder solche, die es trotz höherer Funktion bei den Nazis verstanden haben, als politisch Verfolgte bei den Russen zu gelten. Mitten im Gespräch fragte ich meine Mutter, was im Februar 1949 passiert war. Ich hatte an einem bestimmten Tag in der Nacht das Gefühl, als ob ich zu Hause wäre. Ich saß auf meiner Pritsche, war hellwach und sicher, dass zu Hause etwas ganz Großes passiert sein musste. Meine Mutter sagte mir, dass zu diesem Zeitpunkt mein Großvater gestorben sei. Großvater hatte sehr viel von mir gesprochen und konnte sich in meine Situation hineindenken, da er ja selbst im Ersten Weltkrieg in Gefangenschaft gewesen war. Scheinbar war es Gedankenübertragung gewesen, ich spürte sehr intensiv, dass zu Hause etwas passierte. Meine Mutter erzählte, dass sie 1945 in Wildon beim Dechant gewesen war, um nach seiner Methode feststellen zu lassen, ob ich noch am Leben sei. Der Dechant beruhigte meine Mutter und teilte ihr mit, dass ich noch lebe, aber es werde noch lange dauern, bis ich nach Hause käme. Nun war ich zu Hause und es hatte auch sehr lange gedauert.

Es war schon sehr spät, als wir schlafen gingen, meine Mutter hatte das Bett in der Küche besonders schön hergerichtet. Ich legte mich als Letzter nieder, konnte aber trotzdem nicht einschlafen. Es war zu weich und so entschloss ich mich, auf dem Fußboden zu schlafen, was auch sofort mit Erfolg gelang. Ich muss sehr tief geschlafen haben, denn ich merkte nicht, dass meine Lieben schon alle auf waren. Nun war es auch für mich Zeit, aufzustehen und mich anzuziehen, dabei hatte ich ja kein Problem. Ich besaß ja nur die Klamotten, die ich aus Russland mitgebracht hatte. Es gab ein gutes Frühstück mit Gebäck und Butter, alles Sachen, die ich seit Jahren nicht mehr kannte. Durchs Radio wurde gemeldet, dass ich bei diesem Transport dabei war. Den ersten Tag zu Hause wollte ich ganz meinen Eltern widmen, was aber nicht gelang, da ständig Bekannte kamen, um mich zu begrüßen. Das gute Essen vertrug ich schlecht und so musste ich meine Mutter ersuchen, nicht so viel Fett beim Kochen zu verwenden. Der Tag verging sehr schnell und ich hatte vor, mich am nächsten Tag bei der Firma zu melden, um den Herren mitzuteilen, dass ich meine Arbeit, die ich vor vielen Jahren verlassen hatte müssen, wieder aufnehmen möchte.

Am nächsten Tag kam ich aber nicht dazu, ich musste mich auf der Gemeinde melden und traf zufällig den ehemaligen Ortsgruppenleiter Meyer, der mich ersuchte, bei ihm vorbeizuschauen. Ich ging gleich mit und er war sehr neugierig, wie es mir in Russland ergangen sei und was mit den Leuten passiert war, die in der Nazizeit höhere Funktionen gehabt hatten und von Russen aus der Heimat verschleppt worden waren. Soviel ich wusste, sind die meisten zu vielen Jahren Zwangsarbeit verurteilt worden. Er wurde ganz unruhig, ich glaube, er dachte darüber nach, wie es ihm wohl ergangen wäre, wenn der Russe ihn erwischt hätte. Frau Meyer bewirtete mich und ich musste zum Mittagessen bleiben. Wir unterhielten uns nach dem Essen noch einige Stunden und Frau Meyer richtete für mich ein Paket zurecht: mit Speck, Wurst, Mehlspeisen und einem selbst gebackenen Brot. Nun war es aber Zeit, nach Hause zu gehen, heute konnte ich nichts mehr erledigen. Für den nächsten Tag war fix eingeplant, mich in der Firma zu melden. Die Nacht verlief ruhig und es gelang mir sogar, im Bett zu schlafen. Um 8:00 Uhr stand ich auf, machte mich fertig und ging in die Firma, meldete mich beim ehemaligen Betriebsführer DI. Härtung und brachte mein Anliegen vor, dass ich aufgrund der Gesetzeslage wieder in der Firma eingestellt werden müsse. Herr Härtung teilte mir mit, er könne nichts machen, er sei nicht mehr Zentraldirektor, das sei Herr Kamschal. Ich fragte, ob es derjenige sei, der früher in der Buchhaltung gearbeitet hatte, als ich noch zu Hause war. Ich wusste natürlich von meinem Vater und Bruder, was sich alles verändert hatte, war aber neugierig, was Herr Härtung sagen würde. Ich bot ihm noch eine russische Paparossi an, die wir gemeinsam rauchten. Bevor ich die anderen Kameraden begrüßen konnte, musste ich zum Kamschal, um ihm mein Anliegen vortragen zu können. Als ich bei ihm eintrat, begrüßte er mich und sagte, wie er sich freue, dass ich nach so langer Zeit gesund nach Hause gekommen sei. Als ich dem Zentraldirektor mitteilte, ich sei eigentlich in erster Linie gekommen, um meine Einstellung in der Firma zu besprechen, machte er ein ganz ernstes Gesicht und sagte, im Moment sei es schwierig, jemanden aufzunehmen, und noch dazu einen Mann, der in der Waffen-SS gedient habe. Es wäre sicher besser, wenn ich darauf verzichten würde, denn es werde große Schwierigkeiten mit dem Arbeiterbetriebsrat geben. Ich konnte nur sagen, dass nach dem Gesetz Anspruch auf diese Arbeit habe, die ich beim Einrücken verlassen musste. Kamschal empfahl mir, in Krankenstand zu gehen, er werde in der Zwischenzeit alles regeln, mit dem Arbeiter- und Angestelltenbetriebsrat sprechen und mir Bescheid geben. Ich wollte aber selbst die Betriebsräte aufsuchen, konnte mir schlecht vorstellen, dass diese gegen meine Aufnahme wären. Als ich dies tat, war überhaupt keine Rede davon, dass ich nicht aufgenommen werden sollte, im Gegenteil, man bot mir jede Hilfe an. Ich erzählte von den Bedenken, die Kamschal geäußert hatte, und die Betriebsräte sagten sofort zu, mit Kamschal zu sprechen, damit diese Angelegenheit erledigt wäre. Nach 10 Minuten kamen die Männer zurück und ich konnte mich bei Dr. Hübel, dem Personalchef, melden. Er teilte mir mit, eine Einstellung im Verkauf II sei nicht möglich, da dort alle Stellen besetzt seien. Ich könnte aber in der Rechnungsabteilung anfangen, wo Herr Moderegger Abteilungsleiter sei. Herrn Wildner war aufgrund seiner Tätigkeit bei den Nazis die Abteilung abgenommen worden. Jetzt besuchte ich die Rechnungsabteilung und sprach mit Herrn Moderegger, dass ich als Mitarbeiter für seine Abteilung aufgenommen worden bin. In der Abteilung waren alte Bekannte wie Herr Wildner, Herr Palm, Ettl Christi und Viola Wenusch. Auch besuchte ich die Verkaufsabteilung meines letzten Chefs, Herrn Hagers, auch hier waren noch alte Bekannte wie Herr Steiger, Frau Kybel und Herr Wittmann. In der Buchhaltung waren Herr Prok. Kaufmann, Herr Bierbaum (Betriebsratsobmann), Frau Eschka und die Stelle von Kamschal wurde durch Herrn Grladinowitsch besetzt. Alle Abteilungen anzuführen, wäre zu aufwändig, es gab natürlich sehr viele Veränderungen. Viele, die sich sehr mit der Nationalsozialitischen Partei beschäftigt hatten, waren entlassen worden oder ihren Führungsposten los. Wenn ich 1945 oder 1946 nach Hause gekommen wäre, hätte ich keine Arbeitserlaubnis erhalten und damit auch keine Chance, meinen Posten wieder zu bekommen. In der Firma hatte ich nun alles erledigt und Dr. Hübel vertrat die Meinung, ich solle doch einige Wochen zu Hause bleiben, nachdem die Aufnahme erfolgt sei, würde die Firma für diese Zeit das Gehalt bezahlen. Meine Einstufung und auch das Gehalt waren nicht besonders und ich machte meinen Freund Röber, der Betriebsrat war, darauf aufmerksam. Er meinte, es sei nicht so schlecht, man habe mir die Jahre, die ich beim Militär und in der Gefangenschaft verbracht hatte, angerechnet. Ich konnte nichts dazu sagen, nachdem ich die nächsten Wochen in Krankenstand zu bleiben hatte. Im Großen und Ganzen war ich zufrieden und hoffte, dass die Untersuchungen im Graben-Lazarett gut ausgehen und keine allzu großen Schäden festgestellt würden. Ich konnte auch von Glück im Unglück sprechen, nachdem ich das Schicksal Einzelner in diesem Betrieb erfahren hatte. Wir waren vor dem Krieg vier Büropraktikanten gewesen, davon kamen mein Freund Röber und ich nach Hause. Hofer Kurt und Baumgartner Alois hatten nicht so viel Glück und sind fürs Vaterland gefallen. Auf das Schicksal jedes Einzelnen einzugehen, würde den Rahmen dieser Erinnerungen sprengen.

Einige wichtige Besuche waren noch ausständig, vor allem musste ich die Familie Hütter besuchen, die für eine festliche Heimkehr meine Mutter sehr unterstützt hatten. So ging ich mit meiner Mutter und meinem Bruder zu dieser befreundeten Familie. Wie nicht anders zu erwarten, wurden wir bewirtet und ich musste erzählen, was ich in Russland erlebt hatte. Später kam ein guter Bekannter der Familie auf Besuch, es war der Oberst Zehnter (Gendarmerie-Kommandant für die Steiermark), auch er war sehr interessiert an meinen Erlebnissen in Russland. Wir kamen auch auf den Krieg zu sprechen und ich erzählte von den Hunden, was dem Oberst besonders gefiel. Er fragte mich, ob ich bereits einer Arbeit nachgehe oder ob ich eine Arbeit suche, sollte dies der Fall sein, könnte er mir behilflich sein. Die Gendarmerie wäre an Hundeführern aus der Wehrmacht interessiert. Ich lehnte höflich ab, es war nicht meine Absicht, wieder eine Uniform anzuziehen. Nachträglich betrachtet wäre es vielleicht gut gewesen, dieses Angebot anzunehmen. Es war ein schöner Nachmittag, bis spät in den Abend saßen wir beisammen und ich erfuhr viel Neues. So etwa von Verhören, die von den Engländern durchgeführt würden. Es war wahrscheinlich, dass auch ich noch zu einem solchen Verhör musste.

Es waren einige Wochen vergangen und ich befand mich noch immer im Krankenstand. An einem Vormittag brachte der Briefträger eine Aufforderung, mich beim englischen Kommando in Graz Paulustor zu melden. Ich dachte nicht im Geringsten daran, dieser Aufforderung Folge zu leisten. Den vorgegebenen Termin ließ ich verstreichen und ich dachte überhaupt nicht an die Engländer. So kam es zu einer großen Überraschung. Es war im Februar 1950, als ein Jeep mit zwei Engländern und einem Herrn in Zivil im Hof der Personalhäuser vorfuhr. Sie stiegen aus und steuerten gleich auf die Wohnung meiner Eltern zu. Der Herr in Zivil fragte, ob ich der Heimkehrer sei, der von den Engländern eine Aufforderung erhalten hatte, sich in der Kommandantur zu melden. Ich bejahte seine Frage und sagte, dass ich in Russland und nicht in England in Gefangenschaft gewesen war und daher keinen Grund sehe, mich bei den Engländern zu melden. Der Herr in Zivil gehörte der Staatspolizei an und redete mir zu, ich solle doch freiwillig mitkommen. Die Engländer würden gerne einige Fragen an mich stellen. Es wäre nicht sehr gescheit, sich einer solchen Befragung zu entziehen, es könnten von den Engländern daraus falsche Schlüsse gezogen werden. Der englische Offizier war sehr höflich, bot mir eine Zigarette an und sagte, die Befragung werde nicht sehr lange dauern. Ich überlegte, was ich tun sollte, und kam zu dem Schluss, es sei doch besser mitzufahren. In Graz angekommen, wurde ich in einen Raum geführt, an dessen Wand eine große Russlandkarte hing, auf der verschiedene Standorte gekennzeichnet waren. Man bot Kaffee an und eine Schachtel Zigaretten lagen auf dem Tisch, ich konnte mich selbst bedienen. Nun kam ein weiterer Offizier dazu, ich glaube, der dürfte zur englischen Abwehr gehört haben. Nachdem er sich vorgestellt hatte, wurden von ihm sehr gezielte Fragen gestellt. Er musste von anderen Gefangenen bereits gewusst haben, in welchen Betrieben ich in Stalingrad (heute Wolgograd) gearbeitet hatte. Seine Fragen betrafen hauptsächlich, was in diesen Betrieben produziert würde, wie der Ausstoß sei und wie die Menschen zum Kommunismus stünden. Ich konnte dem Herrn nichts Neues berichten, heikle Fragen vermochte man ohnedies nicht zu beantworten, weil wir ja gar keinen Einblick gehabt hatten. Die Frage, wie der Russe zum Westen stehe, war leicht zu beantworten, man kann mit ruhigem Gewissen sagen, ganz schlecht. Nach einer Stunde gab man die Befragung auf, ich durfte die Schachtel Zigaretten vom Tisch nehmen und der Offizier gab mir noch eine dazu. Diese Befragung hat den Engländern sicher nichts Neues gebracht, denn auch andere Gefangene wurden befragt. Die Engländer waren auch genau informiert, dass im Dreiländereck eine Straße und eine Bahn von Kriegsgefangenen und russischen Gefangenen gebaut wurden. Auch hier konnte ich nicht mehr sagen. Man verabschiedete mich sehr höflich und der Fahrer bekam den Auftrag, mich wieder nach Kalsdorf zu bringen.

Von Kameraden erfuhr ich, dass es bei der Landesregierung für Heimkehrer Kleidung gäbe. Ich fuhr nach Graz in der Hoffnung, auch welche zu bekommen, aber ich sollte mich getäuscht haben, man musste pro Kleidungsstück einen bestimmten Betrag bezahlen. Geld war etwas, was ich nicht hatte, so fuhr ich wieder nach Hause, ohne etwas bekommen zu haben. Mein Vater borgte mir Geld und so konnte ich am nächsten Tag nochmals nach Graz fahren und dort einen Mantel sowie einen Anzug erstehen. Es war vom österreichischen Staat sehr kleinlich, von den Heimkehrern Geld für diese Kleider zu verlangen. Ich hörte, es solle angeblich eine Spende von Vorarlberger Firmen sein. Wie auch immer, die Enttäuschung war doch sehr groß, dass man nach den Entbehrungen vieler Jahre kein Verständnis für unsere Situation fand. Bei einem Besuch bei der Familie Hütter fragte mich die Hausfrau, ob ich meine Leidensgenossen einladen möchte. Sie wäre bereit, für Essen und Getränke zu sorgen. So konnte ich einige Kameraden, Jammernegg Karli, Heinerl Liebenwein, Gragoll und noch einige Kameraden zum Mittagessen einladen. Die Tochter von Frau Hütter half meiner Mutter beim Bewirten meiner Freunde und wir hatten vor, am Nachmittag zum Gasthaus Pendl zu gehen. Dort gab es Musik, es war ein schöner Nachmittag, leider war der Ausklang nicht besonders erfreulich, es kam mit den Engländern zu einem Streit, der in eine Rauferei endete. Nachdem wir die Engländer verprügelt hatten, mussten wir fluchtartig das Gasthaus verlassen. Es dauerte nicht lange und die englische Militärpolizei suchte nach uns, aber kein einziger Kalsdorfer war bereit zu sagen, wer diese Leute gewesen sind. Wir selbst brauchten nicht viel dazu beitragen, Hütter Erich und einige Burschen aus dem Dorf halfen uns, die Sache schnellstens zu bereinigen, und auf der Strecke blieben einige englische Soldaten.

Auch beim Sportlerball im Gasthaus Pendl gab es Probleme. Mein Bruder Karli kam mit den Kommunisten übers Kreuz und es entstand eine Rauferei. Die Ursache war meine Gefangenschaft in Russland, diese Leute wollten nur Gutes über Russland hören und damit konnte ich nicht dienen, es gab kaum was Gutes zu berichten. Uns selbst war es nicht gut gegangen und auch die Russen selbst hatten nicht viel, von einem Arbeiterparadies war dieses Land weit entfernt. Die Männer, die auf meinen Bruder losgingen, waren alles gute Bekannte und es war für mich beschämend, dass diese Leute unbedingt Positives über Russland hören wollten. Keiner von ihnen war in russischer Gefangenschaft gewesen. Sie waren von den westlichen Ländern schon 1945 bzw. 1946 nach Hause geschickt worden. Ich muss dies erwähnen, um aufzuzeigen, dass es auch noch 1950 Männer gab, die Russland glorifizierten. Ich konnte nur jedem empfehlen, wenn er glaube, in Russland gehe es den Menschen so gut, solle er den Mut haben, dorthin auszuwandern.